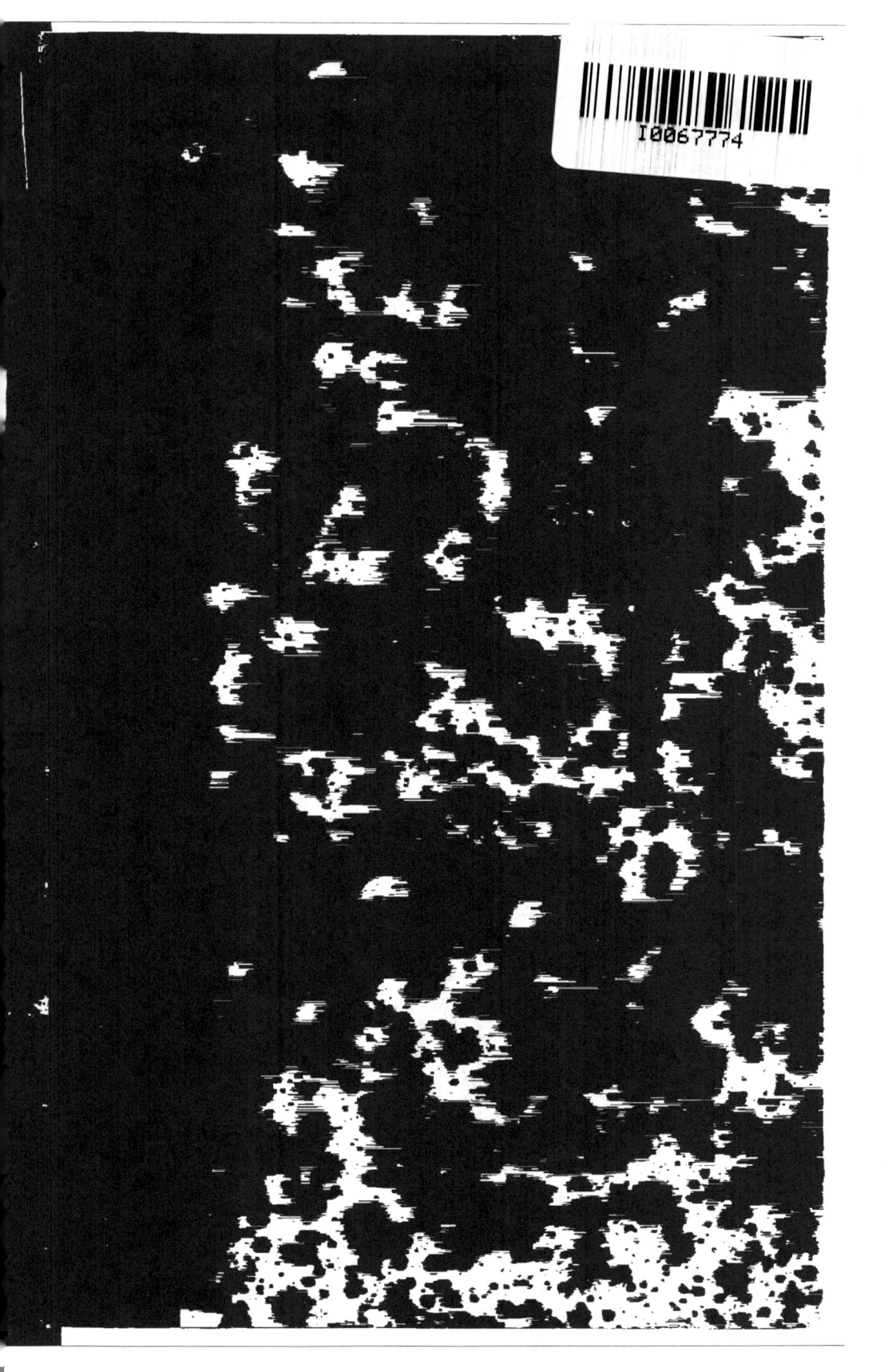

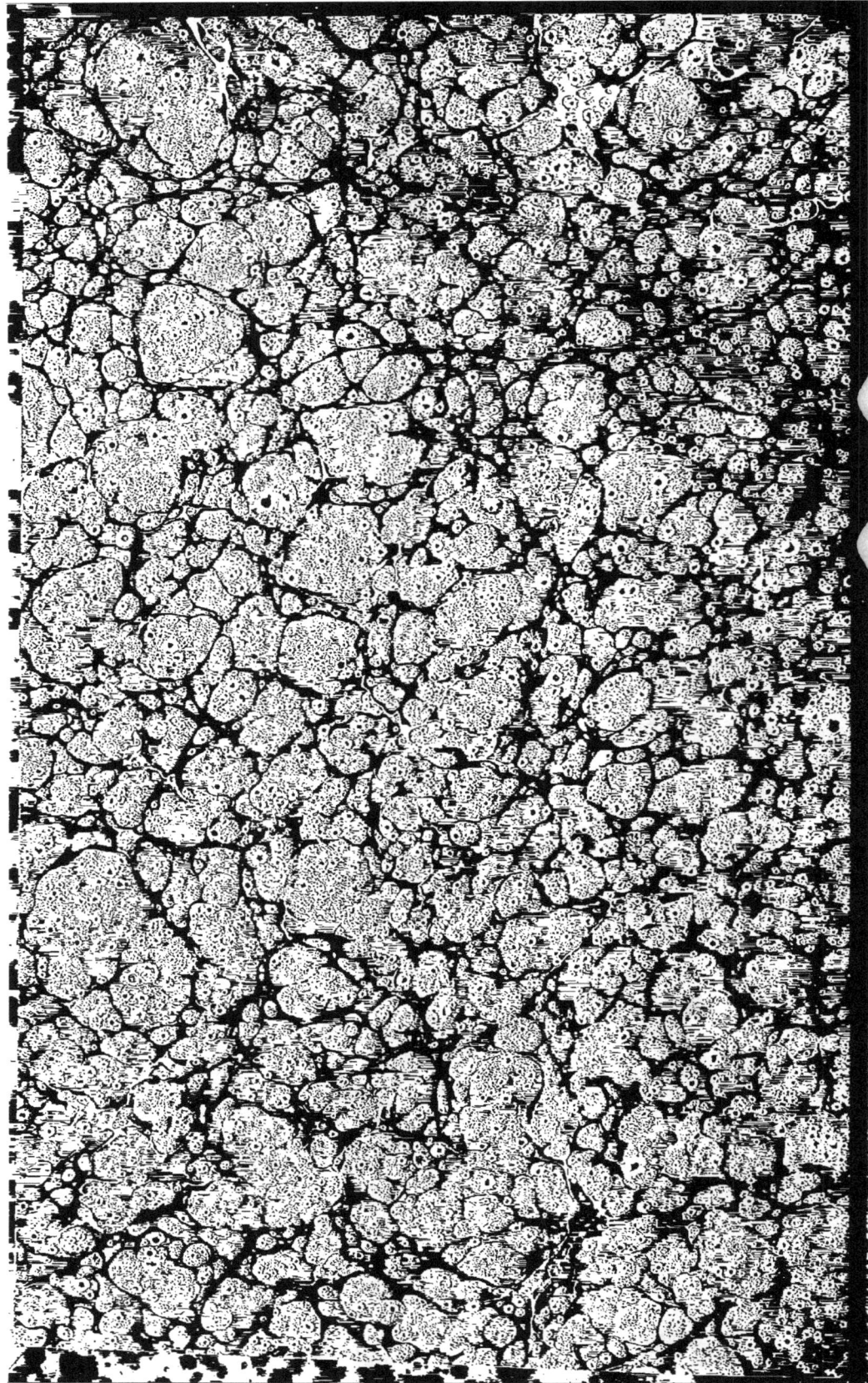

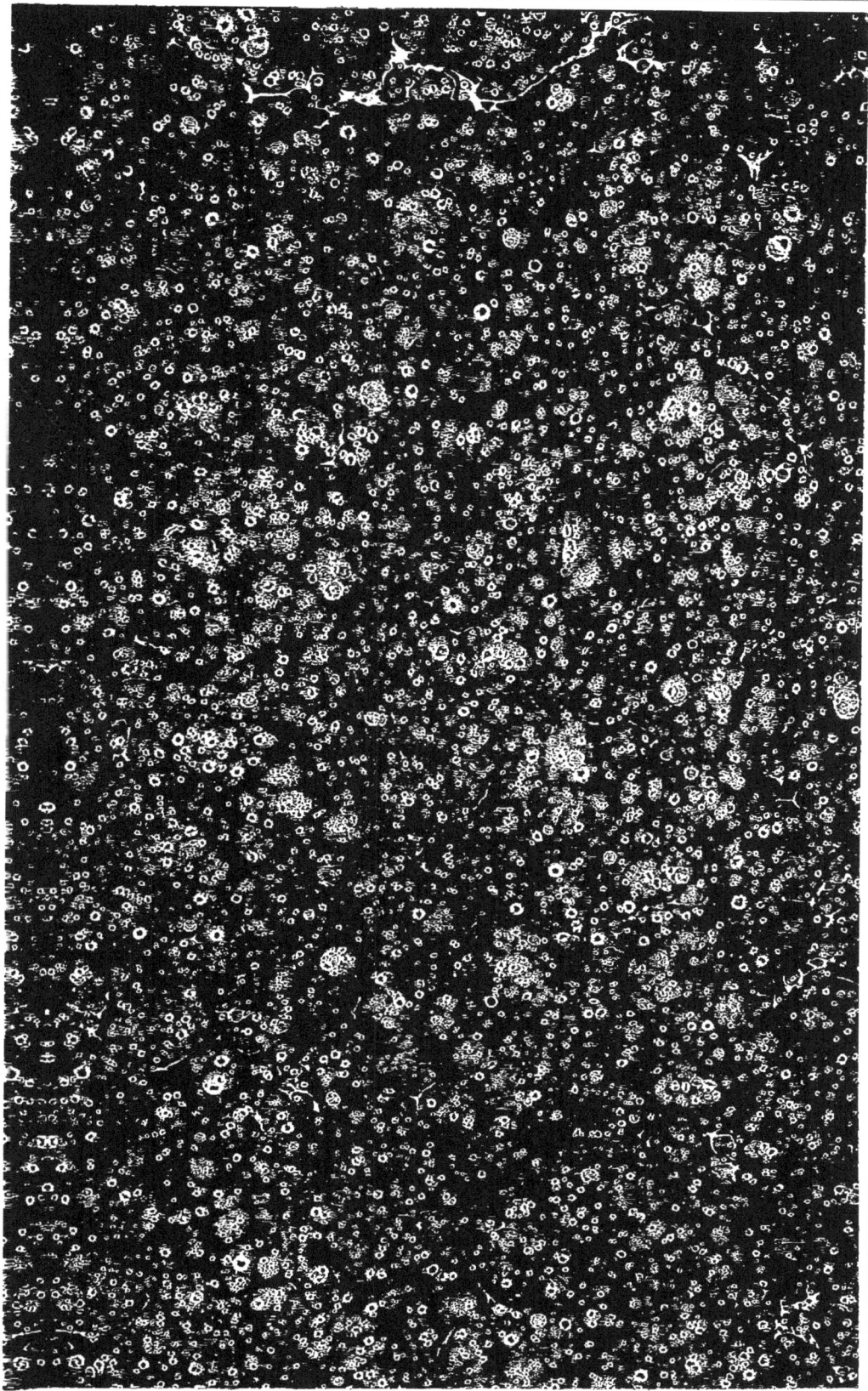

SCIENCE

DU PUBLICISTE.

Cet Ouvrage se trouve aussi chez les Libraires suivans :

A Paris,	Bossange frères, rue Saint - André - des - Arcs, n° 60.
	Rey et Gravier, quai des Augustins.
	J. Decle, place du Palais de Justice, n° 1.
	J. P. Aillaud, quai Voltaire.
	Fantin, rue de Seine.
	Arthus-Bertrand, r. Hautefeuille, n. 23.
	Delaunay, au Palais-Royal.
Madrid,	Juan Paz.
	Alfonzo Perez.
	Veuve Ramos.
Lisbonne,	Pierre et George Rey.
Coimbre,	J. P. Aillaud.
	J. A. Orcel.
Naples,	Borel.
Amsterdam,	G. Dufour.
	Delachaux.
Genève,	Paschoud.
Vienne,	Schalbacher.
Berlin,	Ad. M. Schlesinger.
Milan,	Giegler.
Florence,	Piatti.
Livourne,	Glaucus Mazi.
Rome,	De Romanis.
Turin,	Pic.
Manheim,	Artaria et Fontaine.
S. Pétersbourg,	Saint-Florent et comp.
	C. Cerclet.
Moscou,	Jean Gautier.
Odessa,	Alph. Collin.
Stokholm,	Em. Bruzelius.
Breslau,	G. Théophile Korn.
Wilna,	Joseph Zawadski.
	Fr. Moritz.
Nouv. Orléans,	Roche frères.
Mont-Réal (Canada),	Bossange et Papineau.

DE L'IMPRIMERIE DE FIRMIN DIDOT,

IMPRIMEURS DU ROI ET DE L'INSTITUT.

SCIENCE
DU PUBLICISTE,

OU

TRAITÉ

DES PRINCIPES ÉLÉMENTAIRES

DU DROIT

CONSIDÉRÉ DANS SES PRINCIPALES DIVISIONS;

AVEC DES NOTES ET DES CITATIONS TIRÉES DES AUTEURS
LES PLUS CÉLÈBRES.

Par M. Alb. FRITOT, Avocat.

TOME CINQUIÈME.

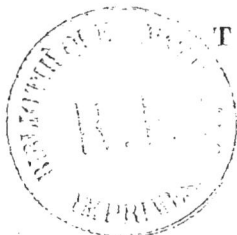

A PARIS,

CHEZ BOSSANGE, PÈRE ET FILS, LIBRAIRES.
rue de Tournon, n° 6 bis.

A LONDRES, chez Martin BOSSANGE et Compagnie,
Libraires, 14 Great-Marlborough street.

1821.

SCIENCE DU PUBLICISTE.

SECONDE PARTIE.

LIVRE PREMIER.

GOUVERNEMENS DIVERS:
INCONVÉNIENS ET AVANTAGES INHÉRENS A LEUR NATURE.

SUITE DU CHAPITRE II.

TITRE DEUXIÈME.

Gouvernemens mixtes ou composés.

SOMMAIRE. Leurs dénominations.

Sɪ, comme nous l'avons vu dans le titre qui précède, chacune des puissances constitutives, dans un Gouvernement mixte, peut et doit être exercée d'après le principe ou suivant la nature et la forme du Gouvernement simple qui lui convient davantage, on pourrait déja en faire résulter la preuve évidente qu'il existe un Gouvernement mixte, plus parfait, et remplissant mieux que les autres l'objet de l'association politique.

Mais, nous l'avons vu de même, en fait il arrive souvent que les puissances se trouvent réparties tout autrement qu'elles ne devraient l'être suivant les règles les plus claires de l'utilité, du droit, de la raison. Les attributions de ces puissances sont susceptibles de se répartir de telle sorte qu'elles seront, par exemple, exercées, une partie par le peuple, et une autre partie par des consuls, par un sénat, ce qui avait lieu à Rome, lorsque les plébiscites étaient créés par le peuple, et les sénatus-consultes par le sénat (a); ce qui même a encore lieu aujourd'hui, quoique d'après une

---

(a) Par les lois sacrées, les Plébéiens purent faire des plébiscites, seuls, et sans que les Patriciens fussent admis dans leurs assemblées.

Par la loi faite après l'expulsion des Décemvirs, les Patriciens furent soumis aux plébiscites, quoiqu'ils n'eussent pu y donner leur voix. Et cette loi fut confirmée

combinaison différente, chez les nations modernes, où le droit de faire les traités d'alliance
et de commerce, la paix et la guerre, en général,
ce que l'on pourrait appeler *la puissance lé-*

---

par celle de Publius Philo, dictateur, l'an de Rome,
416.

Les sénatus-consultes avaient force de loi pendant un
an, quoiqu'ils ne fussent pas confirmés par le peuple.
Voyez DENYS D'HALICARNASSE, liv. VI, p. 410 ; liv. VII,
p. 430 ; liv. IX, p. 595 ; liv. XI, p. 725 et 735. — TITE-
LIVE. liv. III et VIII.—Esprit des Lois, liv. XI, chap. XVI,
et XVIII.

« A Rome, dit M. de Montesquieu, le peuple ayant la
plus grande partie de la puissance législative, une partie
de la puissance exécutrice, et une partie de la puissance
de juger, c'était un grand pouvoir qu'il fallait balancer
par un autre. Le sénat avait bien une partie de la puissance exécutrice; il avait quelque branche de la puissance
législative : mais cela ne suffisait pas pour contrebalancer
le peuple. Il fallait qu'il eût part à la puissance de juger ;
et il y avait part, lorsque les juges étaient choisis parmi
les sénateurs ». (Esprit des Lois, liv. XI, chap. XVIII.)

John Adams remarque qu'il n'est pas exact de dire,
ainsi que le fait Marchamond Nedham, que, dans Sparte
et dans Athènes, le pouvoir de faire des lois, et celui
de les exécuter, fussent, sous chaque forme de Gouvernement, placés dans des mains distinctes; mais il ajoute
avec beaucoup de raison, « il fallait dire plutôt, que le
bonheur et la liberté de ces peuples furent toujours en

gislative extérieure, ou politique et du droit des gens, est exclusivement attribué au prince, et le droit de créer les impôts, de modifier la législation civile et pénale, ou ce que l'on peut en général appeler *la puissance législative intérieure ou de Droit public*, au prince et à des assemblées démocratiques et aristocratiques. Il se peut encore que chacune des puissances constitutives soit au contraire exercée cumulativement par divers Corps de nature différente ; de telle sorte, par exemple, que la puissance législative soit exercée par une assemblée démocratique et par un corps de nobles, par un sénat, des parlemens, ou par quelques autres classes du peuple, participant de l'aristocratie, ou de l'olygarchie, ou même encore par quelques réunions théocratiques, ainsi que nous verrons bientôt que cela a souvent eu lieu, particulièrement dans le Gouvernement de Rome moderne. Nous supposerons donc autant d'espèces

---

raison des précautions qu'ils prirent pour séparer ces pouvoirs ; mais le fait est qu'ils ne furent jamais bien et exactement séparés ». (Déf. des Const. amér., tom. II, p. 368.—*Voy. aussi ci-dessus* vol. IV, ch. II, p. 114.)

principales de Gouvernemens *mixtes*, que l'union des Gouvernemens *simples*, dénommés et définis dans le titre précédent, peut présenter de combinaisons diverses.

Or il peut résulter de cette manière de combiner les cinq Gouvernemens simples, cinquante-six formes principales et distinctes de Gouvernemens mixtes ou composés, si l'on considère que le gouvernement théocratique simple est lui-même susceptible de se modifier de trois manières différentes, ainsi que nous l'avons précédemment expliqué (a), savoir : théocratie d'un seul, théocratie de plusieurs, théocratie d'un plus grand nombre; et, si l'on écarte au contraire cette subdivision qui ne serait ici, comme nous le reconnaîtrons bientôt, d'aucune utilité, le nombre des Gouvernemens mixtes ou composés peut alors se réduire à vingt-six, que, faute d'expressions convenables pour les désigner, nous indiquerons par les dénomination réunies des divers Gouvernemens simples de la nature desquels ils participent, d'après le tableau qui suit.

(a) *Voy. ci-dessus*, vol. iv, tit. i, pag. 124.

TABLEAU

Des diverses combinaisons possibles des Gou-
vernemens simples dans la formation des
Gouvernemens mixtes ou composés.

———

1° Aristo-oligo-théo-démocrati-despotique.

2° Oligo-théo-démocrati-despotique.
3° Aristo-théo-démocrati-despotique.
4° Aristo-oligo-théocrati-despotique.
5° Aristo-oligo-théo-démocratique.
6° Aristo-oligo-démocrati-despotique.

7° Théo-démocrati-despotique.
8° Oligo-théocrati-despotique.
9° Oligo-théo-démocratique.
10° Oligo-aristocrati-despotique.
11° Oligo-démocrati-despotique.
12° Aristo-théocrati-despotique.
13° Aristo-théo-démocratique.
14° Aristo-oligo-théocratique.
15° Aristo-oligo-démocratique.
16° Aristo-démocrati-despotique.

17° Théocrati-despotique.

18° Théo-démocratique.

19° Oligo-théocratique.

20° Oligarchi-despotique.

21° Oligo-aristocratique.

22° Oligo-démocratique.

23° Aristo-théocratique.

24° Aristocrati-despotique.

25° Aristo-démocratique.

26° Démocrati-despotique.

Nota. Toutes les fois que les puissances sont distinctement réparties, et que le Gouvernement d'un seul se trouve combiné, soit avec le Gouvernement démocratique, soit avec un principe d'aristocratie, soit avec un Gouvernement théocratique, c'est alors que les Gouvernemens *mixtes* qui en résultent, peuvent prendre la dénomination de Gouvernemens monarchiques, parce qu'ils ont pour base la nature du Gouvernement d'un seul, modéré par cette combinaison d'un principe de théocratie, d'aristocratie, et sur-tout de démocratie (*a*).

(*a*) Monarchie est un mot grec composé qui, dans son acception la plus restreinte, signifierait Gouvernement *d'un seul.*

Cette expression serait alors le synonyme, l'équivalent

Si l'on parcourt l'histoire èn étudiant attentivement la constitution des divers Gouver-

---

du mot *despotisme;* mais les termes sont de convention,
et ne signifient que ce qu'on veut qu'ils expriment.

Or jamais on n'a entendu par *monarchie* un État dont
le Gouvernement serait absolu, et où conséquemment
les puissances législative, exécutive, judiciaire, se trouveraient réunies dans la main d'un seul homme, comme
elles le sont dans le Gouvernement spécialement dit *despotique.*

On a toujours compris et désigné par cette expression
de *monarchie* le Gouvernement d'un seul, admettant
dans sa constitution un principe quelconque de contre-
poids et de modération; et c'est ainsi que, généralement,
sans se rendre un compte parfaitement exact de cette
distinction toute naturelle, on met pourtant la monarchie
en opposition directe avec le Gouvernement despotique
simple.

Nous rappelons, à ce sujet, ce passage de l'Esprit des
Lois, liv. xi, chap. iv. « Les anciens, qui ne connaissaient
pas la distribution des trois pouvoirs dans le Gouvernement d'un seul, ne pouvaient se faire une idée juste de la
monarchie ». *Voy. ci-dessus*, vol. iv, tit. i, pag. 119,
n. a. de la pag. 116.

Nous avons aussi vu précédemment que, suivant Jean-
Jacques, la monarchie est une véritable république. (*Ci-
dessus*, tit. i, p. 120, *n. a.*): Ce qui doit s'entendre en ce sens
que ce Gouvernement est véritablement celui sous lequel,
s'il était organisé d'après ses bases et ses principes, les

nemens auxquèls les peuples ont été soumis jusqu'à ce jour, on y reconnaîtra certainement l'existence plus ou moins exacte et distincte de la plupart des diverses formes de Gouvernemens *mixtes* dont on vient de lire la nomenclature.

Les anciens Gouvernemens de l'Égypte et celui des Hébreux, par exemple, furent souvent théocrati-despotiques ;

Les Gouvernemens de Perse, oligo-théocrati-despotiques ;

Les Gouvernemens de plusieurs des anciennes républiques de la Grèce, particulièrement à Athènes, et à Lacédémone, aristodémocratiques et aristo-oligo-démocratiques.

Le Gouvernement de Rome, lorsqu'il y existait en même temps un empereur, des consuls, un sénat, des tribuns, des censeurs, des pontifes, des augures, qui prenaient chacun une certaine part à l'administration de la chose publique, peut être considéré comme un

---

affaires, par la force et la nature même des choses, seraient en effet conduites, le plus directement et avec le plus de succès possible, dans la vue des intérêts réels de la chose publique.

Gouvernement aristo - oligo - théo - démocrati-
despotique, et, ainsi qu'on le voit, comme le
Gouvernement le plus compliqué de tous ceux
dont nous venons de donner l'énumération.

Les Gouvernemens de quelques-unes des
républiques modernes d'Italie, et ceux de la
Suisse, ont été et sont peut-être encore oligo-
aristocratiques et aristo-oligo-démocratiques;
celui de Venise, fut oligo-aristocrati-despotique, sous le règne des Doges.

Le gouvernement de France, particulièrement sous la seconde et la troisième race de
ses rois, a été purement aristocrati - despotique.

Il est en ce moment aristo-démocrati-despotique (*a*).

Il en a été, et il en est encore de même
du Gouvernement de la Grande-Bretagne.

(*a*) Nous examinerons avec détail, dans la troisième
partie de cet ouvrage ; liv. 1, quelles ont été les différentes
formes du Gouvernement, en France, depuis l'établissement de la monarchie, jusqu'à ce jour ; et nous essaye-
rons de démontrer que toujours leurs résultats ont été
conformes à ce qui devait en résulter d'après les vérités
et les principes développés ici.

Mais nous l'avons déja remarqué·, et nous le reconnaîtrons.encore par la suite, l'histoire donne lieu de présumer que, dans les premiers temps de la monarchie, le Gouvernement de l'un et de l'autre de ces deux derniers royaumes était purement DÉMOCRATI - DESPO- TIQUE (*a*); Gouvernement, en un sens, le plus près de l'état de simplicité et de nature, chez tous les peuples et dans tous les pays du monde, et auquel il importerait de ra- mener, aussi promptement que le permettent les circonstances particulières et l'état actuel de la civilisation, le Gouvernement de toutes les nations civilisées, en appliquant avec une scrupuleuse exactitude· à tous les détails de son organisation, d'une part, le systême de la représentation, approprié à cet état actuel de la civilisation et des mœurs, et d'autre part, les principes déja adoptés par diverses nations

(*a*) Il ne faut attacher à cette expression, *démocrati- despotique*, d'autre idée que celle qui vient d'être immé- diatement expliquée.

Elle désigne une monarchie où les droits, les libertés, les intérêts de tous doivent être conciliés avec le Gouver- nement d'un seul.

de la distinction des trois puissances et de la division du pouvoir législatif ou suprême en trois branches indépendantes et distinctes.

C'est ce à quoi nous nous efforcerons de contribuer, par la démonstration de toutes les vérités qui peuvent conduire à la conviction que cette forme de Gouvernement, ainsi réglée et établie, est véritablement celle qui, avec le moins de complication possible, atteint le plus directement aux fins que doit avoir le meilleur de tous les Gouvernemens, et se trouve conséquemment le plus conforme à tout ce que réclament l'amour de l'ordre, le bon droit, et la raison (*a*).

(*a*) Pour cela, nous prouverons, entre autres choses, que, sous cette forme salutaire de Gouvernement, aucun homme, aucune classe de la société, ne verra ses véritables intérêts froissés ; et qu'en conséquence tout citoyen, zélé pour les principes, la morale, l'équité, le bon ordre, l'intérêt réel de ceux qui gouvernent, et la stabilité des institutions, ne doit craindre de le voir s'établir et se consolider sur ses plus fermes bases.

§ Ier.

PREMIER APERÇU.

SOMMAIRE. Sujet et division de ce paragraphe.

« La liberté politique ne se trouve que dans les Gouverne-
« mens modérés. Mais elle n'est pas toujours dans les États
« modérés. » MONTESQUIEU (a).

NOUS avons reconnu, dans le titre qui précède, que, faute d'une bonne organisation,
et particulièrement faute d'un systéme représentatif convenablement réglé et établi, la
pente naturelle des choses pousse successivement les peuples vers l'aristocratie, l'oligarchie, le despotisme, ou la théocratie, simples.

Quelques-uns sur-tout de ces divers Gouvernemens simples sont comme des abymes
toujours ouverts, comme un lieu de sépulture et de mort, où le temps, avec une infatigable persévérance, entraîne les peuples,
comme il conduit, avec une égale constance,
toutes choses vers leur ruine, tous les hommes
vers la vieillesse, la décrépitude et la mort.

(a) Esprit des Lois, liv. xi, chap. iv.

Cependant nous avons dit aussi que, soit par un sentiment vague, indéfini, mais naturel d'aversion, d'antipathie et de haine, soit par un sentiment de prévoyance, par amour de l'humanité, de soi-même, de sa postérité, il existe, pendant long-temps du moins, des hommes qui aiment à lutter contre le torrent, et qui préviennent, ou suspendent et retardent en effet, la chute de ceux qu'il entraîne ; qu'il existe presque toujours quelques hommes clairvoyans qui recherchent les moyens de détourner la multitude, imprévoyante et irréfléchie, trop souvent semblable au troupeau dont l'instinct borné ne prévoit pas le coup mortel. Comme il marche machinalement sur les pas de l'homme qui va l'égorger, elle suit ce vieillard inexorable qui la mène vers le lieu sanglant du supplice de ceux qui l'ont précédée et du sien : et cependant, graces à quelques efforts courageux, ces mêmes Gouvernemens *simples* dont les peuples, faute d'une sagesse et d'une raison assez affermies, ont toujours été jusqu'ici menacés, existent rarement aujourd'hui dans toute leur simplicité : et même, à bien approfondir la nature des institutions sociales actuellement existantes, peut - être parcourrait-on les continens de l'Europe et de l'Asie sans en trouver un exemple.

Par-tout il existe maintenant, selon toute apparence, quelque terme moyen, quelque combinaison plus ou moins parfaite des Gouvernemens simples.

Mais comment le hasard, les passions, l'intérêt du moment, dans ces mélanges, ces combinaisons, ces modifications, encore si compliqués, lors même que l'on parvient à les fixer, à les limiter et circonscrire par des classifications générales, auraient-ils pu opérer l'œuvre qu'une prévoyance éclairée, une impartialité inébranlable, une méditation persévérante, ne pourront démontrer et établir qu'après des travaux et des essais réitérés, et par les secours simultanés que les amis de la sagesse, de la justice et de la vérité dans tous les pays, peuvent désormais réciproquement se donner?

Cette réflexion doit donc encore soutenir notre zèle et nos espérances; elle doit nous exciter à redoubler d'efforts pour coopérer autant qu'il est en nous de le faire, à ce grand-œuvre de philantropie. Essayons d'y contribuer; ne redoutons pour cela ni sacrifices, ni veilles, ni travaux; et, dans cette vue, cherchons présentement à signaler les dangers qui doivent infailliblement résulter d'une combinaison fausse et défectueuse des Gouvernemens simples, dans la formation des Gouvernemens mixtes et composés.

Nous n'entreprendrons pas sans doute d'entrer dans l'examen de tous les Gouvernemens mixtes dont nous venons de donner l'énumération : il nous suffira d'étudier les résultats funestes des plus connus de ces Gouvernemens, pour mettre les lecteurs attentifs et pénétrans en état de les apprécier tous. C'est ici le lieu de dire avec Cicéron : « *Oportet ut is qui audiat et legat, cogitet plura quam videat* » (*a*).

. Nous parlerons donc, dans ce paragraphe, de l'incohérence et des dangers des Gouvernemens mixtes provenans, 1° de la démocratie et de l'aristocratie; 2° du Gouvernement

---

(*a*) *De. Orat.*

d'un seul et de l'olygarchie; 3° de la démocratie et de l'olygarchie; 4° du Gouvernement
d'un seul et de l'aristocratie; 5° du Gouvernement d'un seul, combiné avec les deux
principes opposés de la démocratie et de
l'aristocratie; 6° enfin nous traiterons aussi
des dangers inhérens à l'union de tous les
Gouvernemens, et particulièrement des Gouvernemens monarchiques, avec la théocratie
d'un seul ou même de plusieurs.

1° *Gouvernement aristo-démocratique.*

SOMMAIRE. Ses inconvéniens et ses dangers.

Dangers de l'aristocratie et de la démocratie combinées dans le même Gouvernement.

EN Pologne, dans le siècle dernier, la noblesse était encore seule en possession des dignités et des emplois.

Aucun autre citoyen n'y pouvait avoir part.

Aussi les artisans et les paysans y étaient-ils esclaves de cette même noblesse.

Ils ne pouvaient avoir aucune propriété.

Toutes leurs acquisitions étaient faites pour leurs maîtres, aux passions desquels ils étaient arbitrairement exposés, et qui pouvaient les opprimer avec impunité.

Voici quelques-unes des observations qu'on lit, à ce sujet, dans les œuvres du Philosophe bienfaisant : « Les violences que les patriciens exerçaient à Rome sur le peuple de cette ville, avant qu'il eût eu recours à la force et qu'il fût parvenu à balancer le pouvoir de la noblesse par ses tribuns, sont une peinture frappante de la cruauté avec laquelle nous traitons nos plébéiens.

« Cette portion de notre nation est plus avilie parmi nous, qu'elle ne l'était parmi les Romains, où ils jouissaient encore d'une sorte de liberté, même dans les temps où ils étaient le plus asservis au premier Ordre de la république. Mais nous pouvons dire, au contraire, que le peuple est en Pologne dans un état d'extrême humiliation. Pourtant nous devrions regarder ces hommes comme le principal soutien de la nation ; et je suis persuadé, que le peu de cas que nous en faisons, aura des conséquences fort dangereuses. Qui sont ceux, en effet, qui procurent l'abondance dans le Royaume, qui portent les fardeaux et paient les taxes, qui fournissent d'hommes nos armées, labourent nos champs, recueillent les moissons, nous soutiennent, nous nourrissent, et sont la cause de notre inaction, le refuge de notre paresse, la ressource de nos besoins, le soutien de notre luxe, la source enfin de tous nos plaisirs? N'est-ce pas ce peuple même que nous traitons avec tant de rigueur...? Leurs peines, leurs sueurs, leurs travaux ne méritent-ils pas de notre part d'autre retour que des dédains et des mépris...? Nous les distinguons à peine des brutes qu'ils entretiennent pour la culture de nos terres! nous avons quelquefois moins égard à leurs forces qu'à celles de ces animaux; et trop fréquemment nous les vendons à des maîtres aussi cruels que nous-mêmes, qui les forcent à payer de nouveau, par un excès de travail, le prix de leur nouvel esclavage! Je ne peux me rappeler sans horreur cette loi qui condamne à une amende de quinze francs seulement, tout gentilhomme qui aura tué un paysan (a). La Pologne est peut-être le seul pays où le peuple soit privé de tous les droits de l'humanité. Nous seuls regardons ces hommes comme des créatures d'une autre espèce, et nous voudrions presque leur refuser le même air que nous respirons. En créant l'homme, Dieu lui a donné la liberté; quel droit avons-nous de l'en priver? Comme il est naturel de secouer un joug, quand il est dur et pesant, ne peut-il arriver que ce peuple fasse un effort, pour se délivrer de notre tyrannie? C'est à quoi doivent les conduire tôt ou tard leurs murmures et

_____

(a) *Voy. ci-dessus*, 1re part., vol. i, pag. 347, *n. a.*

leurs plaintes. Jusqu'à présent accoutumés à leurs fers, ils ne songent pas encore à les rompre ; mais qu'il s'élève parmi ces infortunés un seul homme d'un esprit mâle, et assez hardi pour concerter et exciter une révolte, quelle barrière opposerons-nous au torrent? Nous avons un exemple récent dans l'insurrection de l'Ukraine, qui ne fut occasionnée que par les vexations de ceux d'entre nous qui avaient acheté des terres dans ce pays. Nous méprisions le courage des pauvres habitans de cette contrée; ils trouvèrent une ressource dans leur désespoir, et rien n'est terrible comme le désespoir de ceux mêmes qui n'ont point de courage. Quelle est la condition à laquelle nous avons réduit le peuple de notre Royaume? Abrutis et accablés de misère, ils traînent une malheureuse vie dans une indolente stupidité, qu'on prendrait presque pour un défaut absolu de sentiment; ils n'aiment point les arts; ils font fort peu de cas de l'industrie; ils ne travaillent qu'autant qu'ils y sont forcés par la crainte du châtiment; bien convaincus qu'ils ne peuvent jamais jouir du fruit de leurs talens, ils les étouffent, et ne font aucune tentative pour les développer. De là, cette disette effrayante des artisans les plus ordinaires ; est - il étonnant que nous manquions des choses les plus nécessaires, lorsque ceux qui devraient nous les fournir, ne peuvent espérer de retirer de leur travail le plus léger profit ? Ce n'est qu'aux lieux où se trouve la liberté que l'émulation peut exister » (a).

C'est là ce que l'on doit attendre de tout Gouvernement où nul principe de démocratie n'entre dans les bases de l'organisation, où la masse de la nation, c'est-à-dire, les classes plébéiennes ou les plus nombreuses ne sont pas admises à veiller à la défense de leurs droits et de leurs intérêts.

Il en sera de même par-tout où le caractère du Gouvernement sera semblable à celui qui existait en Pologne, et qui a fini par entraîner sa ruine ; le tableau historique que nous venons de rapporter, peut être considéré comme celui de tous les peuples où le

—————————————

(a) OEuvres du Philosophe bienfaisant, Tom. III . *Observations sur le Gouvernement de la Pologne.*

vice de l'organisation sera le même; et il peut
ajouter aux preuves déja si péremptoires que
nous avons données, dans le titre qui précède, des dangers d'une aristocratie simple.

Il en fut de même en Angleterre, en France,
en Espagne, à des époques différentes, mais
dans les mêmes circonstances, lorsque l'organisation sociale péchait, dans ces divers pays,
par la même exclusion.

Dans l'Indostan, le Mogol, le Calicut, où
la nation est divisée en castes ou classes déterminées, exclusives, héréditaires, qui semblent composer plusieurs États dans le même
·État, mais où les dernières classes n'ont aucune participation au Gouvernement, où les
naïres (nobles) et les brames (prêtres) ont seuls
des droits à l'exercice de l'autorité, le corps
de la nation, le peuple, est plongé dans une
abjection telle que les castes supérieures se
croient, ainsi que nous l'avons déja remarqué,
souillées et empestées du contact d'un pariah
ou simple laboureur.

A Rome, après l'expulsion des rois, mais
avant que le peuple ne fût parvenu à balancer
par ses tribuns, ses préteurs, ses édiles, le

pouvoir suprême des familles patriciennes, la tyrannie de celles-ci était excessive.

Mais de ce qu'un principe de démocratie serait admis dans les bases de l'organisation, il ne faudrait pas conclure que cette organisation touchât déja au dernier terme de perfection, que toute autre précaution devint désormais superflue, et qu'il ne restât plus rien à faire pour établir l'ordre et assurer la paix, la justice et la prospérité de l'État.

Sans doute, le peuple ne restera plus alors aussi servilement courbé sous le joug; il ne se laissera plus opprimer et fouler aussi impunément; mais sa résistance même occasionnera des crises terribles et funestes.

On doit présumer qu'alors sur-tout une lutte permanente divisera la nation en deux factions acharnées l'une contre l'autre, et mettra à tout moment le vaisseau de l'État à deux doigts de sa perte; que la force et la violence, décidant du triomphe et de la défaite de l'une ou de l'autre, deviendront les seuls arbitres de toutes les affaires publiques et privées; que, comme à Corcyre, le corps de la noblesse et le peuple, animés l'un contre l'autre d'une haine implacable, et toujours dans un véritable état de guerre civile, seront tour-à-tour triomphans et vaincus; que comme à Argos, les orateurs du peuple le soulèveront contre la noblesse, ou que les orateurs du peuple seront eux-mêmes massacrés, et le peuple de nouveau réduit en esclavage.

Il faudrait remonter à des époques antérieures même à celles dont les annales les plus reculées de tous les peuples nous ont conservé la mémoire, pour trouver un Gouvernement mixte, sans aucune sorte de système représentatif, et n'admettant dans les élémens de son organisation que les formes et les principes de la démocratie et de l'aristocratie (*a*); chez les Grecs, dès les temps héroïques, il s'était établi une sorte de monarchie, à laquelle succédèrent les archontes à Athènes, et les éphores à Sparte (*b*).

(*a*) Il faudrait encore, pour qu'un pareil Gouvernement pût exister, que le territoire eût très-peu d'étendue, et que la population même fût fort peu nombreuse. (*V. ci-dessus*, vol. IV, tit. 1, § 1, p. 155 *et suiv.*, 391 *et s.*)

(*b*) M. de Montesquieu dit, en parlant du Gouvernement de ces premiers temps : « Ceux qui avaient inventé des

A Rome, les Rois furent remplacés par des consuls, dont les plébéiens obtinrent de balancer le pouvoir par des tribuns, des édiles, des préteurs, des questeurs et des censeurs.

Cependant on peut encore juger des résultats probables de cette première combinaison de la démocratie et de l'aristocratie dans la composition des Gouvernemens mixtes, par quelques-uns des faits les plus connus auxquels elle donna lieu, lors même qu'un autre principe modérateur s'y trouvait déjà introduit.

---

arts, fait la guerre pour le peuple, assemblé des hommes dispersés, ou qui leur avaient donné des terres, obtenaient le royaume pour eux, et le transmettaient à leurs enfans. Ils étaient rois, prêtres et juges. C'est une des cinq espèces de monarchie dont nous parle Aristote ; et c'est là la seule qui puisse réveiller l'idée de la constitution monarchique. Mais le plan de cette constitution est opposé à celui de nos monarchies d'aujourd'hui.

« Les trois pouvoirs y étaient distribués de manière que le peuple y avait la puissance législative (PLUTARQUE, Vie de Thésée — THUCYDIDE, liv. 1) ; et le roi, la puissance exécutrice avec la puissance de juger : au lieu que, dans les monarchies que nous connaissons, le prince a la puissance exécutrice et la législative ; mais il ne juge pas. » (Esprit des Lois, liv. xi, chap. xi.)

Or on ne peut manquer de se rappeler
à ce sujet, les divisions fréquentes qui donnèrent lieu à l'apologue que Ménénius Agrippa
proposa au peuple romain, retiré sur le
mont Sacré, sous le consulat de Posthumus
Cominius et de Spurius Cassius, dès l'an 261
de la fondation de Rome.

C'est ici, dit Rollin, la première sédition
dont il soit parlé dans l'histoire romaine. J'en-
tends sédition entre les deux corps de l'État.
L'origine et la cause n'en est pas du tout honorable au sénat (*a*) : ce furent l'avarice et la
dureté de plusieurs de ses membres qui y donnèrent lieu. Des citoyens qui avaient perdu
leur bien par le malheur des temps, par les
incursions des ennemis et le ravage de leurs
terres, par des grêles, des incendies, et d'autres accidens pareils, quelques-uns aussi sans
doute par leur mauvaise conduite, n'étaient
plus en état de cultiver leurs champs, de con-
tinuer leur commerce, et de s'occuper de leurs
travaux ordinaires. Ils se virent donc obligés
d'avoir recours aux riches, qui leur ouvrirent

(*a*) Le Sénat n'était composé que de patriciens.

volontiers leurs bourses, mais à des conditions
fort dures et fort onéreuses, en leur prêtant
de l'argent à de grosses usures. Ce petit
secours présent et passager devenait leur
ruine. Les arrérages couraient toujours ; les
dettes s'augmentaient ; l'impuissance de s'acquitter croissait par le soulagement même.
Enfin devenus entièrement insolvables, ils
étaient livrés par la justice à leurs créanciers,
qui les traitaient avec la dernière dureté
comme des esclaves, jusqu'à les mettre dans
les fers, et à leur déchirer le corps à coups
de verges. Je sais bien que le Corps entier des
sénateurs n'était pas infecté de cette honteuse lèpre de l'avarice : nous en avons vu
plusieurs qui portaient le mépris des richesses et l'amour de la pauvreté jusqu'à l'excès.
On peut dire néanmoins, en un sens, que le
sénat entier se rendit en quelque sorte com-
plice de ce crime par sa mollesse et par sa
connivence. Un seul exemple de sévérité employé d'abord contre les coupables, aurait
arrêté le mal dans son origine ; mais les pauvres sont comptés pour rien, et l'on craint
de choquer les grands. Cependant, par cette

molle complaisance, le Gouvernement se rend responsable de mille désordres, qu'il était facile d'étouffer dans leur naissance, et qui deviennent ensuite plus forts que les remèdes.

« Une seconde faute du sénat, non moins opposée que la première aux principes les plus essentiels d'une saine politique, est le manque de parole et de bonne foi. Quand les ennemis sont presque aux portes de Rome, et qu'on a un besoin pressant du peuple, le sénat s'humanise, devient honnête et caressant, et fait les plus belles promesses du monde. Dès que le danger est passé, il s'en croit quitte, et les oublie absolument. Conduite indigne et misérable, et qui mit la république à deux doigts de sa perte! Si d'un côté il ne s'était pas rencontré dans le sénat de ces bonnes et sages têtes, qui sont le conseil et le soutien d'une compagnie; et que de l'autre le peuple romain eût été plus violent et plus emporté, c'en était peut-être fait de Rome pour toujours. Les ennemis aux portes, les Tarquins à leur tête, le peuple mécontent et révolté, que de sujets de crainte! On a bien raison de dire que la bonne foi est le fondement le plus ferme des États, et qu'elle doit faire le premier objet de tous ceux qui manient les affaires publiques » (a).

On se rappelle aussi les querelles qu'occasionnèrent la réunion des comices par tribus, le jugement de Coriolan, et sous le consulat de T. Romilius et de C. Véturius, la distribution des terres conquises, le partage du mont Aventin, et les propositions de guerre contre les Éques et les Sabins.

L'étude de ces premières révolutions de Rome suffit donc encore pour convaincre tout homme attentif et non prévenu que le mélange de la démocratie et de l'aristocratie serait bien éloigné de pouvoir assurer la tranquillité et la prospérité d'un État; que cette forme de Gouvernement fait du territoire d'un peuple une espèce de camp où deux partis ennemis sans cesse en présence l'un de l'autre finissent par en venir aux mains, et ne tar-

_____

(a) Hist. Rom., vol. 1, liv. 11, § 1v, p. 478, *édit. in-12*.

dent guères à se donner des chefs, des consuls, des tribuns, etc. (*a*), et à apporter ainsi dans tous les détails de l'organisation une combinaison nouvelle, plus ou moins défectueuse.

Enfin, « la noblesse, dit M. de Montesquieu, tient à honneur d'obéir à un roi; mais elle regarde comme une souveraine infamie de partager la puissance avec le peuple » (*b*).

Mais « c'est, dit encore Rollin, dans des mouvemens et des troubles tels que ceux dont je viens de parler, qu'on connaît parfaitement le caractère du peuple romain. Il faut se souvenir qu'il n'était point sujet du sénat, qu'il ne dépendait point de l'autorité de cette compagnie, mais formait, comme elle, un corps

---

(*a*) Il devient indispensable d'y recourir relativement à l'exercice de la puissance exécutrice, qui de sa nature a besoin d'être concentrée, et qui ne peut conséquemment résider dans les assemblées plébéiennes ou démocratiques, ni même dans les assemblées patriciennes ou aristocratiques toujours trop nombreuses. (*Voy. ci-dessus*, vol. iv, pga. 519.)

(*b*) Esprit des Lois, liv. viii, chap. iv.

de l'Etat. Ce que j'admire donc dans ce peuple, c'est la sagesse et la modération qu'il fait paraître dans le plus fort, ce semble, de son emportement. Il ne fait nulle hostilité, nul dégât, sur les terres des patriciens ses ennemis, et se réunit dès qu'on lui accorde des conditions raisonnables. Cette modération se soutint pendant plus de trois cents ans, malgré les querelles continuelles entre le sénat et le peuple. La première sédition où il y eut du sang répandu dans Rome, fut celle de Tib. Gracchus » (*a*).

(*a*) Hist. Rom. vol. 1, liv. 11, § IV, pag. 481.

2° *Gouvernement oligarchi-despotique.*

SOMMAIRE. Ses inconvéniens et ses dangers.

DEUX Gouvernemens simples, de natures différentes et pour ainsi dire opposées (la démocratie et le Gouvernement d'un seul, par exemple), plus favorables l'un à l'exercice de la puissance législative, l'autre à l'exercice de la puissance exécutive, peuvent se suppléer mutuellement, lorsque leurs élémens se trouvent comme réunis et fondus dans une seule et même constitution.

Mais un Gouvernement dont les avantages et les inconvéniens sont les mêmes et ont une direction semblable, ne peuvent que devenir rivaux, s'embarrasser et se nuire, bien loin de se soutenir réciproquement.

Il serait donc difficile d'en faire résulter une combinaison utile.

Ainsi le Gouvernement d'un seul et l'oligarchie ne donnant l'un et l'autre, de leur nature, qu'une garantie très-imparfaite du

Dangers de l'oligarchie et du Gouvernement d'un seul dans un même Gouvernement

respect dû aux droits et aux intérêts du plus grand nombre des membres de la société, et se trouvant conséquemment de tous les Gouvernemens simples les moins propres à l'exercice de la puissance législative (*a*), il en résulte évidemment deux inconvéniens très-graves. Non-seulement les droits et les intérêts généraux sont méprisés et violés, mais encore l'exécution même se trouve privée des avantages réels de la promptitude et de la force qui résulteraient de la combinaison de l'un de ces deux Gouvernemens seulement avec la forme aristocratique, ou mieux encore avec la démocratie.

Les dissensions continuelles des éphores et des rois à Sparte, et celles des premiers rois de Rome avec le sénat, pourraient encore ici servir de témoignages.

Romulus disparut sans qu'on pût découvrir de quelle manière on l'avait fait périr. « Le sénat, dit l'auteur de l'Histoire des révolutions romaines, qui ne voulait pas qu'on crût

---

(*a*) *Voy. ci-dessus*, vol. IV, tit. I, § 11, pag. 512, *et s.*

qu'il y eût contribué, lui dressa des autels, après sa mort, et il fit un dieu de celui qu'il n'avait pu souffrir pour souverain » (*a*).

« En Angleterre, dans la grande querelle qui s'éleva entre Henri III et les barons, qui réclamaient leurs libertés sous prétexte de réclamer celles du peuple, le roi, forcé à la fin de céder aux lords, au lieu d'affranchir le peuple de l'esclavage, cumula tout le pouvoir dans la main des grands sous le nom de conservateurs du Royaume, au nombre de vingt-quatre; et bientôt ceux-ci devinrent autant de tyrans : il négligèrent ou maîtrisèrent les parlemens; mais alors ne pouvant s'accorder entre eux, quelques-uns d'eux supplantèrent les vingt autres, et s'emparèrent du timon des affaires : ce furent les comtes de Leicester, Gloucester, Hereford et Spencer. Cependant les choses ne restèrent pas long-temps en cet état. Chacun sait comment Leicester s'étant emparé de tous les pouvoirs, et ayant été ensuite vaincu en bataille rangée, le roi

---

(*a*) Hist. des rév. de la répub. rom. par M. l'abbé Vertot, liv. 1, pag. 15, édit. in-12.

profita de cette occasion pour ressaisir l'autorité absolue. Ainsi le peuple versa son sang
et perdit sa tranquillité; et d'aussi précieux
sacrifices ne servirent qu'à lui donner premièrement, vingt-quatre tyrans; en second lieu,
quatre; et ensuite, un seul, qui fut Monfort,
comte de Leicester. Enfin, après la mort de
ce dernier usurpateur, la nation fut forcée de
se soumettre de nouveau à Henri III, son
ancien tyran, dont le despotisme n'en devint
que plus assuré » (*a*).

(*a*) Marchamont Nedham, et John Adams, *Déf. des
Constitutions américaines.*

3° Gouvernement oligo-démocratique.

SOMMAIRE. Ses inconvéniens et ses dangers.

LE mélange et la combinaison de la démo-cratie et de l'oligarchie ne sont pas exempts de dangers et de malheurs.

Dangers de l'oligarchie et de la démocratie réunies.

Si le système représentatif n'est pas admis et convenablement réglé, il sera, entre autres choses, toujours facile aux chefs composant le Corps oligarchique de tromper, d'abuser les assemblées du peuple qui en composeront la partie démocratique.

C'est alors bien sûrement que, par suite des brigues qui seront entretenues dans le sein de ces assemblées par les olygarques, les intérêts véritables des citoyens ne pourront être librement manifestés et connus (*a*).

Mais les tromperies, les abus, les excès de ces chefs ne tarderont pas non plus à soulever une partie du peuple contre eux-mêmes, et à exciter un bouleversement dans l'État.

D'un autre côté, ces chefs étant souvent

(*a*) *Voy. ci-dessus*, vol. IV, tit. I, § III, pag. 516, *et s.*

sans union entre eux (*a*), le Gouvernement,
par ce motif, ne saurait encore avoir de stabilité.

L'exécution y sera vacillante, lâche, molle,
incertaine; et ceux qui en sont chargés n'in-
spirant plus ni confiance ni respect, chercheront du moins à se faire craindre, et ils n'en
seront que plus promptement renversés.

Xénophon nous apprend que les trente
tyrans d'Athènes prenaient toutes leurs délibérations dans leurs cabinets, quoiqu'ils sem-
blassent ne rien décider que *calculis et suffra-
giis populi;* qu'ils avaient amené le peuple
au point de ne penser que par eux dans ses
assemblées, et d'approuver toutes leurs dé-
marches; que, si un individu, quel qu'il fût,
osait murmurer et se plaindre de leurs actions, s'il élevait la voix en faveur du peuple,
leur coutume était de l'arracher à la société,
en lui faisant perdre la fortune et la vie, sous
le prétexte qu'il était un homme séditieux,
et qui mal-à-propos troublait la tranquillité
de leur Gouvernement. Mais la conduite et les

(*a*) *Voy. ci-dessus*, vol. iv, tit. i. § i, p. 215, *et suiv.*

combinaisons de ces trente tyrans suscitèrent une guerre civile, qui se termina par leur bannissement : un Conseil de dix hommes les remplaça ; et le Gouvernement de ceux-ci n'ayant pas tardé à devenir aussi odieux, il fallut faire à ce Gouvernement de nouveaux changemens ; on le changea tant et tant de fois qu'à la fin le peuple tomba sous le joug d'un seul tyran.

« Une absurdité dans la forme du Gouvernement, dit Harrington, telle que deux rois dans une monarchie, menace de quelque malheur l'administration, ou de quelque scélératesse par raison d'État, comme le meurtre de Rémus par Romulus, et les monstrueux assassinats des empereurs romains » (a).

On pourrait encore, en preuve de ces vérités théoriques que la réflexion et le bon sens ne permettent pas de méconnaître, rappeler et l'exemple du Gouvernement des douze grands d'Égypte après la mort du Roi Sethos, et l'usurpation de Psamméticus l'un d'eux (b).

(a) Aphorismes politiques. 16.

(b) *Voy. ci-dessus,* vol. iv, tit. i, § i, p. 222 ; § ii, p. 434.

Peut-être même serait-ce ici le lieu de désigner plus spécialement le Gouvernement directorial de 1795 (vendémiaire an. 4), et la révolution rapide par laquelle ce Gouvernement déconsidéré fut si ignominieusement dissous et renversé. « Ce pouvoir exécutif, dit madame de Staël en parlant du directoire, n'avait point encore l'autorité nécessaire pour maintenir l'ordre : il lui manquait plusieurs prérogatives indispensables, et dont la privation doit amener des convultions destructives» (*a*).

Ainsi, quoique le premier des deux inconveniens que nous venons de signaler dans l'article précédent (*b*), n'existe pas dans la combinaison de l'olygarchie et de la démocratie; quoique la démocratie soit le Gouvernement simple qui, de sa nature, est, ainsi que nous l'avons aussi précédemment reconnu, le plus propre à l'exercice de la puissance législative (*c*), et que l'olygarchie soit, après le Gou-

---

(*a*) (Considér. sur les princ. évèn. de la rév. fr. tom. 11, pag. 153.) — *Voy. aussi ci-dessus*, vol. IV, pag. 223.

(*b*) *Voy. ci-dessus*, vol. V, pag. 33.

(*c*) *Voy. ci-dessus*, vol. IV, pag. 513, *et suiv.*

vernement spécialement dit *despotique* ou *d'un seul*, le Gouvernement dont la forme est la plus favorable à l'exercice de la puissance exécutive (*a*), la combinaison de ces deux Gouvernemens n'est pas encore celle à laquelle il est convenable de se fixer.

_____

(*a*) *Voy. cidessus*, vol. iv, pag. 519, *et suiv.*

4° *Gouvernement Aristocrati-despotique.*

SOMMAIRE. Ses inconvéniens et ses dangers.

Dangers
de
l'Aristocratie
et du
Gouvernement
d'un seul
réunis.

UN monarque ne peut jamais avoir qu'un seul intérêt véritable ; et cet intérêt est celui du peuple entier (*a*).

(*a*) Le prince et la patrie ne font qu'un.; aussi est-ce pour cela que l'on ne peut servir utilement l'un, lorsqu'on ne cherche pas à les servir en même temps tous deux.

Suivant Pline, le roi et la patrie sont tellement liés qu'on ne peut les diviser ; leur bonheur est tellement inséparable que l'avantage particulier du chef ne peut se concevoir sans celui du Corps entier « *Unus tu, in quo et respublica et nos sumus... ; nec magis sine te nos esse felices, quàm tu sine nobis potes* » (Panég. de Trajan.)

Bossuet, sous les yeux de Louis XIV, apprenait de même à l'héritier présomptif de la couronne, qu'il n'est pas possible de penser ni qu'on puisse attaquer le roi sans attaquer le peuple ni qu'on puisse attaquer le peuple sans attaquer le roi, et qu'il n'y a que les ennemis publics qui séparent l'intérêt du prince, de celui de l'État » (Polit. tirée de l'Écriture-Sainte, pag. 97, 249, 250, édit. in-4° 1709. — *Voy. aussi ci-dessus*, 1re part., liv. 1, pag. 121).

Ce fut, dit-on, pour faire sentir à je ne sais quel tyran

Mais l'Aristocratie, autrement dit, la noblesse, lorsqu'elle forme un Corps distinct dans l'État, et sur-tout la noblesse héréditaire, aura toujours un intérêt séparé; et cet intérêt sera diamétralement opposé à celui de la société.

Elle prétendra toujours avoir droit à s'arroger des exemptions, des prérogatives et des privilèges indubitablement nuisibles à l'intérêt général, et conséquemment à l'intérêt véritable du chef de la monarchie.

---

l'injustice et le danger de ses vexations, de la dureté avec laquelle il traitait ses sujets, et la dépendance réciproque et nécessaire qui unit les peuples et les rois, qu'un philosophe indien inventa le jeu des échecs. Il en donna des leçons au tyran, et lui fit remarquer que si, dans ce jeu, les pièces devenaient inutiles après la perte du roi, le roi, après la prise des pièces, se trouvait dans l'impuissance de se défendre, et que, dans l'un et l'autre cas, la partie était également perdue.

« Le principe de la monarchie se corrompt, dit M. de Montesquieu, lorsque des ames singulièrement basses tirent vanité de la grandeur que paraît avoir leur servitude, et qu'elles croient que ce qui fait que l'on doit tout au prince, fait que l'on ne doit rien à la patrie. » (ESPRIT DES LOIS, liv. VIII, *De la corruption des principes des trois Gouvernemens*, chap. VII. *De la corruption du principe de la monarchie.*)

L'esprit de l'aristocratie est tellement un esprit de vanité, d'orgueil et d'injustice, qu'il introduit l'inégalité jusque dans la famille, qu'il porte un père à violer, à méconnaître les premiers sentimens de l'équité naturelle; qu'il lui fait concentrer son affection et accumuler tous ses biens sur l'aîné de ses enfans, au préjudice de tous les autres; et cela, sous le frivole et absurde prétexte de conserver l'éclat ou plutôt l'orgueil de son nom, trop souvent si mal fondé.

On peut donc ne pas adopter sans restriction l'opinion que l'auteur de l'Esprit des Lois semble manifester, lorsqu'il dit, ainsi que nous l'avons précédemment rapporté : « La noblesse tient à honneur d'obéir à un « roi; mais elle regarde comme une souveraine « infamie de partager la puissance avec le peu- « ple » (a). La seconde partie de la proposition est seule fondée, et ne doit pas rencontrer de contradiction; et nous croyons qu'en général on partage pleinement avec nous le sen-

---

(a) ESPRIT DES LOIS, liv. VIII, chap. IX; *et ci-dessus*, même tit., même §, *art.* I, pag. 31.

timent de l'auteur de la Science du Gouvernement, lorsqu'il dit « que la réunion de la
monarchie et de l'aristocratie produira toujours les plus grands maux dans un État » (a).

Si le prince est assez faible pour consentir
à ne régner que par la caste aristocratique et
pour elle, pour sacrifier à l'ambition de cette
caste son propre intérêt et celui de l'État,
pour soutenir et favoriser ses injustes prétentions, quel que soit le préjudice qui doive
en résulter pour tous ; s'il est assez pusillanime
pour faire cause commune avec elle, afin d'as-
servir et d'opprimer toutes les autres classes
de la société, sans doute alors on pourra
voir cette caste aristocratique ou nobiliaire
portée à défendre le trône. Elle est née d'un
système de vassalité, de féodalité et d'esclavage ; et ce régime est le seul qui puisse lui
convenir. Elle consentira donc en effet à
n'être que l'esclave d'un plus fort et plus
puissant, pourvu qu'elle ait pour dédommage-
ment d'autres esclaves au-dessous d'elle ;
pourvu qu'à son tour et par une sorte de com-

(a) Science du Gouvern. vol. 1, ch. III, sect. III, n. 21.

pensation, elle puisse exercer sùr les faibles un véritable despotisme d'autant plus rude et plus insupportable pour ceux-ci, qu'il est plus divisé, plus multiplié, plus rapproché d'eux, et qu'il frappe de plus bas.

En un mot, l'aristocratie pourra être en effet disposée à obéir servilement au roi, à défendre le trône, si ses prérogatives et ses privilèges usurpés sont défendus par le roi.

Mais qu'il soit assez éclairé sur ses seuls et véritables intérêts pour vouloir maintenir les droits du peuple, pour chercher à établir l'égalité des droits et des devoirs, l'uniformité de la législation et l'équitable répartition des charges, des contributions, des impôts; et le trône n'aura pas d'ennemis plus réels, plus acharnés, plus prompts à saisir, disons même, à faire naître les occasions de le renverser.

Nous en attestons notre propre histoire, celles d'Angleterre, de Suède, de Pologne, de Venise, de la Grèce et de Rome.

Nous en attestons l'histoire de tous les siè-cles et de tous les pays du monde.

En France, les maires, après avoir détrôné les rois et usurpé le trône, soutinrent les usurpations de la noblesse pour être soutenus à leur tour dans leur propre usurpation; mais lorsque les rois, les descendans des maires eux-mêmes, voulurent protéger les citoyens, les paysans et le peuple, contre tant de vexations et d'iniquités des seigneurs et des nobles, lorsqu'ils voulurent rétablir les Communes et les mettre en état de défendre leurs droits, quelle lutte violente n'eurent-ils pas à soutenir de la part de la grande et de la petite noblesse? Quels bouleversements et quelles guerres intestines cette justice de quelques-uns de nos rois n'excita-t-elle pas? (*a*).

En Suède, un Corps monstrueux de deux mille nobles subjugua fréquemment et le peuple et le Roi.

Dans l'histoire de Pologne, comme dans celles de Venise, de Gênes, de Berne, de Soleure, on voit que les nobles ont de tous temps cherché sans relâche à empiéter sur l'autorité des rois, à accroître leurs privilèges, et à se saisir de tout le pouvoir exécutif; et que

_____

(*a*) On en trouvera quelque détail dans la troisième partie de cet ouvrage, liv. i.

définitivement ils sont souvent parvenus à former, sous un nom monarchique, une aristocratie directe où le petit nombre, ainsi que le dit John Adams, est élevé au-dessus des Lois, et la multitude privée de leur protection.

Il en fut de même à Athènes, à Sparte et à Rome.

Romulus, le premier des rois de Rome, fut tué par les nobles ou patriciens, pour le punir, disaient-ils, d'avoir voulu s'attribuer plus de droits qu'il ne lui en appartenait.

Tullius Hostilius, qui succéda à Numa, fut aussi mis à mort par ces mêmes patriciens, à la tête desquels s'était placé Ancus Marcus, petit fils de Numa, qui, en cette qualité, prétendait que ses droits au trône étaient mieux fondés que ceux de Tullius.

Lucius Tarquin, après un règne de trente-huit ans, fut assassiné dans son palais, par les ordres des deux fils d'Ancus Marcus, son prédécesseur; mais le peuple qui aimait Lucius, mit à mort ses assassins, bannit les deux fils d'Ancus et confisqua leurs biens.

Sous le règne de Servius Tullius, qui épousa

la fille de Lucius, et fut élevé au trône par le peuple, contre le vœu des patriciens; ceux-ci ne cessèrent de cabaler contre lui, et de chercher à placer sur le trône Tarquin, petit-fils de son prédécesseur, et qui était devenu son gendre; mais Tarquin, voyant que le vœu de la majorité était contraire à celui des patriciens, se détermina à assassiner son beau-père, et ensuite massacra indistinctement plébéiens et patriciens, jusqu'à ce qu'il fut enfin chassé par Brutus qui était aussi de famille patricienne.

Or ce n'était point dans l'intérêt de l'État et de la liberté que ces familles aristocratiques ou patriciennes s'acharnaient ainsi à élever ou à renverser leurs rois, mais uniquement dans leur intérêt particulier, et selon que les rois favorisaient plus ou moins leur tyrannie et leurs exactions.

« C'est une erreur presque ridicule, dit l'auteur de la Défense des constitutions américaines, que d'appeler fondateurs de la liberté ces aristocrates de Rome qui chassèrent leurs rois. Rien n'était plus loin de leur esprit et de leur cœur que la liberté nationale. Cet évènement ne fut que le résultat d'une lutte entre un roi et un corps de nobles envieux, hautains, ambitieux; l'intérêt du peuple et celui de la liberté n'y eurent aucune part.... *S'il n'en eût pas été ainsi*, au lieu de ce qu'ils firent, ce qu'ils eussent fait eût été de demander un corps de lois, une constitution définitive : ils auraient demandé pour le peuple une part intégrante dans la législature, et la description exacte des pouvoirs du premier magistrat et de ceux du sénat. Alors, ces hommes auraient eu quelque droit au titre de fondateurs de la liberté; mais ils ne firent que substituer un système de tyrannie à un autre, et le nouveau fut pire que l'ancien...

« Si l'on entend par le mot *patriote*, dit encore le même auteur, des hommes braves et actifs dans la guerre, toujours prêts à défendre au péril de leur vie la république contre ses ennemis, les sénateurs et les patriciens romains furent, sous leurs rois, aussi bons patriotes que les plébéiens, *et non pas meilleurs.*

« Sur la question de savoir s'ils furent soumis au pouvoir de leurs rois, ou si les rois

ne furent pas au contraire assujettis au pouvoir des sénateurs, je m'en rapporte à Tite-
Live et à Denys d'Halicarnasse; toute la race
de ces rois, Romulus, Rémus, Tullus, Ancus,
Lucius-Tarquin, Servius-Tullius, ne furent
pas des hommes sans mérite; cependant les
nobles patriciens et les sénateurs ne cessèrent
d'exciter contre eux des cabales et des conspi-
rations tendantes à élever l'un et à renverser
l'autre. Quelques-uns de ces princes furent
sacrifiés parce qu'ils étaient trop les amis du
peuple; d'autres, parce qu'ils n'étaient pas
assez servilement soumis aux volontés du
sénat.

« Si l'on doit appeler *patriotisme* cette fureur
d'immoler quiconque, étant leur roi, mon-
trait le désir d'être juste et de soulager le peuple du poids de son fardeau, cette fureur d'in-
triguer et de compter au nombre des crimes
d'état et des crimes les plus impardonnables,
l'affection, l'équité, l'humanité même, envers
les plébéiens, on peut dire que les patriciens
furent, sous leurs rois, d'excellens patriotes.

« Les mêmes excès de jalousie, d'ambition,
de haine, de fureur et de cruauté qu'on re-

marque parmi les hommes aristocratiques ou polygarchiques de Sparte, de Venise, de Pologne, et de toute aristocratie non balancée existèrent parmi les sénateurs et les patriciens romains, tant que Rome fut soumise à des rois.

« On ne trouve, dans toute l'histoire romaine, aucune période aussi heureuse que celle pendant laquelle Rome fut soumise à ses rois. Ce fut sous ses rois que la nation se forma, que ses mœurs, sa religion, ses maximes de Gouvernement s'établirent; sous leurs rois, les Romains se défendirent contre une foule innombrable de nations ennemies : enfin Rome ne fut jamais si bien gouvernée.

« Dès que la monarchie fut abolie, et que des nobles hautains et ambitieux y eurent substitué leur aristocratie, toute la nation fut saisie de la manie des conquêtes, et devint le fléau de ses propres citoyens et celui du monde entier.

« M. Nedham convient qu'après s'être délivrés du joug, et après avoir attiré tout le pouvoir dans leurs mains et dans celles de leur postérité, les patriciens se livrèrent

à des extravagances dont les rois avaient
su s'abstenir, en sorte que ce nouveau
joug devint plus insupportable que le premier. Il serait plus conforme à la vérité
historique de dire qu'ils continuèrent à se
conduire exactement comme ils s'étaient con-
duits depuis la fondation de Rome ; mais qu'a-
lors n'ayant plus de rois à détruire, ils se
firent un jeu de détruire le peuple. Le seul
changement opéré par la révolution fut de diminuer le respect qu'inspirait le nom de roi : la
royauté avec toutes les dignités, l'autorité et
le pouvoir qui en dépendent, passèrent aux
mains des consuls. La royauté ne fut plus alors
qu'élective, à la vérité ; mais aussi elle ne fut plus
que l'instrument des volontés du sénat. Il ne lui
resta ni le pouvoir ni la volonté de protéger
les plébéiens, disposition qui s'était toujours
manifestée plus ou moins dans les rois héréditaires, et qui les avait rendus si odieux au
sénat. Il est une vérité que nous ne cesserons
de répéter ; c'est qu'il n'est point de crime
aussi impardonnable aux yeux des patriciens
que celui de favoriser les plébéiens, d'être

léur patron, leur protecteur et leur ami... » (*a*).

Enfin le même auteur dit encore : « En-
tendant par le mot *roi* un magistrat investi
de tout le pouvoir exécutif, on peut poser en
principe que tout Gouvernement, qui n'a pas
trois branches indépendantes dans sa constitution deviendra bientôt une aristocratie absolue, autrement dit un Gouvernement despotique ; ou qu'on verra bientôt les nobles,
plus affamés chaque jour d'honneurs et de distinctions, anéantir le peuple, et, environnés
de leurs chevaux, de leurs chiens et de leurs
vassaux, donner la chasse au Roi, comme ils
la donneraient à un cerf, ne désirant rien
tant que de se trouver là à l'instant de sa
mort...

« Le philosophe roi Stanislas sentit peut-être
plus que tout autre, quel malheur c'est pour
un roi de n'avoir point de peuple. Dans ses
Observations sur le Gouvernement de la Po-

(*a*) Déf. des Const. amér., tom. II, lett. XIII et XIV.
Réfutation du systéme de Marchamond-Nedham. Argum.
5 *et* 6. Pag. 224, 245 et 250.

logne publiées dans les œuvres du Philosophe bienfaisant, il déplorait à cet égard, en termes pathétiques, la malheureuse situation du peuple polonais » (*a*).

Henri IV et Louis douze ont été appelés les pères du peuple; mais à la mort de Henri IV, on disait à la cour : « Le temps des rois est passé; celui des princes et des grands est venu; il ne s'agit que de se bien faire valoir » (*b*).

Un poète de nos jours fait dire à l'un de nos rois :

« Ces comtes qui, du haut de leurs châteaux antiques,
Font gémir mes sujets sous leurs lois despotiques,
Tyrans dans mon royaume, et vassaux turbulens,
Sans relâche occupés de leurs débats sanglans,
Détruisaient mes travaux, déchiraient la patrie,
Dans son premier essor arrêtaient l'industrie.
Divisés d'intérêts, unis contre leur roi,
Je les trouvais sans cesse entre mon peuple et moi.
Signalant tour-à-tour leurs fureurs inhumaines,
Ils promenaient la mort dans leurs vastes domaines,
Et des soldats français, l'un par l'autre immolés,
Le sang coulait sans gloire en nos champs désolés »(*c*).

(*a*) *Ibid.*, tom. 1, pag. 169.—*Ci-dessus*, p. 18, *et suiv.*
(*b*) *Voy.* les Mémoires de Sully.
(*c*) Tragéd. de Louis IX, *act.* 1, *scèn.* III.

—« Il ne peut exister, dans une monarchie, qu'un pouvoir héréditaire, et ce pouvoir est celui du monarque. Pour éviter les troubles d'une élection et les malheurs d'un interrègne, la nation a établi que le fils du monarque succéderait à son trône ; elle a préféré le malheur incertain d'avoir un chef imbécile, au malheur constant d'être déchirée par des divisions, à la mort de chaque prince. On n'a pas cru qu'un homme pût acquérir, par sa naissance, le droit de commander à d'autres hommes ; mais on a pensé qu'il fallait fixer la succession au trône d'une manière propre à arrêter toute dispute et toute prétention. En un mot, on a décidé que le fils aîné du Roi serait l'héritier de sa couronne, comme on décida jadis, en Perse, que celui dont le cheval aurait henni le premier, serait le chef de la nation. Telle est la véritable origine des monarchies héréditaires (a).

« Il ne faut pas confondre les motifs qui ont donné lieu à cette forme de souveraineté

(a) *Voy.* Sur les véritables motifs de cette préférence, *ci-dessus*, vol. IV, pag. 433, *et suiv. ; et ci-après*, tit. II, § II, *art.* 2 ; et liv. II, chap. II, tit. II.

avec ceux qui servent de base à toute autre
espèce de pouvoir héréditaire dans un État.
L'expérience a appris que les inconvéniens
d'une souveraineté héréditaire étaient moins
dangereux que ceux d'une souveraineté élective ; mais il n'y a que l'erreur, les préjugés
et l'ignorance de tous les principes de la raison et de la politique qui puissent faire regarder comme utile une autre sorte de pouvoir héréditaire. . . . Le fils d'un homme vertueux et éclairé en a-t-il donc nécessairement
les vertus et les lumières ? Il n'est au contraire
rien de plus commun, que de trouver dans le
fils d'un grand homme, l'être le plus stupide ou le plus pervers.

« Je le répète ; dans une monarchie où le
prince est obligé de voir une portion considérable de l'autorité publique passer sans
cesse des pères aux fils, et de familles en familles, comme un bien de patrimoine, ce
chef de la nation ne peut répondre au peuple
de l'exercice de sa souveraineté, puisqu'il ne
peut répondre des personnes qu'il n'a pas
choisies, et qu'il trouve en possession de

l'autorité , au moment qu'il monte sur le trône » (*a*).

Un magistrat s'exprime aussi en ces termes : « On a voulu faire considérer la noblesse comme le plus ferme soutien de la couronne, tandis qu'elle en arracha tous les fleurons, et qu'elle en usurpa les principaux droits sous le règne des princes faibles. Aurait-on oublié ce qui se passa sur la fin des deux premières races, et au commencement de la troisième? N'est-ce pas la noblesse qui, à ces différentes époques, envahit la propriété des domaines fiscaux et la majeure partie des droits régaliens? N'est-ce pas la noblesse qui précipita du trône les successeurs de Clovis et de Charlemagne ; qui substitua à la monarchie le régime féodal, c'est-à-dire, le plus absurde et le plus tyrannique des Gouvernemens? On a prétendu qu'elle formait une barrière redoutable contre les entreprises du pouvoir absolu , tandis que lorsque le Gouvernement

---

(*a*) FILANGIERI. Science de la Législ. liv. III , ch. XVIII, pag. 325.

a montré une tendance au despotisme, la noblesse a servi lâchement ses projets, et l'a aidé à opprimer et à ruiner le peuple, sans songer à le défendre. En un mot, au lieu de tenir la balance, et d'établir une sorte d'équilibre entre le souverain et le peuple, la noblesse s'est toujours rangée du côté du plus fort pour écraser et dépouiller le plus faible : la preuve de cette vérité se trouve consignée sur toutes les pages de notre histoire » (*a*).

— « La noblesse en France, dit l'auteur des constitutions (M. le comte Lanjuinais, pair de France), était si peu essentielle à la monarchie, si peu le ferme soutien de la succession légitime au trône et de la fortune du clergé, que d'abord elle se partagea les domaines et la puissance des rois ; qu'elle s'appropria plusieurs fois les biens ecclésiastiques, renversa les deux premières dynasties, fit deux fois la guerre pour anéantir la troisième, et se montra généralement oisive, frivole, intrigante, avide, exclusive, séditieuse et perturbatrice.. »

(*a*) De la Magist. en France, *considérée dans ce qu'elle fut et dans ce qu'elle doit être ;* par M. BOURGUIGNON, ancien magistrat. Pag. 75.

Puis il ajoute « plus les qualifications de noblesse ont eu des effets politiques et civils,
plus on a vu retarder la civilisation et la prospérité du genre humain » (a).

(a) *Voy*. les Const. de la nation fr. par M. le comte
Lanjuinais, pair de France, tom. 1, liv. 11, chap. x, p. 167.
— L'Hist. de la noblesse révolut., et des nobles sous les
soixante-huit rois de la monarchie. *Paris*, 1808, 11 vol.
in-8°, ouvrage cité dans le 1er. — L'ouvrage de M. Guizot,
récemment publié, ayant pour titre : *Du Gouvernement
de la France, depuis la restauration, et du ministère
actuel*, etc. etc.

5° *Gouvernement aristo-démocrati-despotique.*

SOMMAIRE. Ses inconvéniens et ses dangers.

Nous venons d'entrevoir comment on peut apprécier les dangereux résultats du mélange de la démocratie et de l'aristocratie; du Gouvernement d'un seul et de l'olygarchie; il nous faut maintenant indiquer quelles doivent être les suites funestes et inévitables de la combinaison du Gouvernement d'un seul, de l'aristocratie et de la démocratie, dans un même État.

Dangers de l'union du Gouvernement d'un seul, de l'Aristocratie et de la Démocratie dans un même Gouvernement.

A quelques nuances près que nous aurons lieu de faire remarquer par la suite (*a*), il existe encore, dans le fonds de la plupart des constitutions de l'Europe, un rapprochement, une analogie trop sensible avec cette forme de Gouvernement (*b*).

L'état actuel des choses, sur-tout en France, peut bien être déja considéré comme

(*a*) Entre autres, IIIe part. liv. I.

(*b*) Ce rapprochement est encore plus sensible en Angleterre qu'en France. La Chambre haute n'admet dans

un pas de fait pour la civilisation, comme un acheminement véritable vers le perfectionnement des institutions; mais qui serait assez aveugle et assez crédule pour se persuader que ce degré d'amélioration soit le plus parfait, auquel on doive atteindre? Qui n'aperçoit clairement, au contraire, que cette forme de Gouvernement laisse encore subsister en elle-même un foyer de discorde, des élémens de désordre et de division, qui peuvent aisément se reconnaître par les résultats?

N'admet-on pas encore la possibilité, l'existence des emplois, des distinctions, des titres, des honneurs, de la noblesse, héréditaires?

N'admet-on pas encore des exceptions, des majorats, des substitutions, des prérogatives, des privilèges; ou, s'il ne doit plus exister ni exceptions, ni prérogatives, ni privilèges, que signifient un corps, une chambre, une noblesse héréditaire...?

---

son sein que des lords, représentans naturels de l'aristocratie. (*Voyez aussi, ci-après*, à la fin de cet article, le *nota.*)

Cette noblesse héréditaire, sur-tout, ne devient-elle pas une chose totalement illusoire et chimérique; et le moindre mal qui puisse en résulter, n'est-ce pas d'altérer, de détruire tout le prix et l'éclat de la noblesse personnelle, de la véritable, de la seule et unique noblesse? N'est-ce pas de rendre insignifiant et nul l'un des plus puissans moyens d'encouragement et de récompense dont le Gouvernement puisse faire usage (a)?

De plus, il importe aussi de ne pas s'y méprendre, l'esprit de faction et d'injustice, d'inégalité et d'exaction, de prérogatives et de privilèges, est si fort inséparable de l'existence, de la nature même d'une noblesse héréditaire, que par-tout où les institutions et les mœurs en laisseront seulement subsister l'ombre et le moindre simulacre, l'inégalité des droits, les prérogatives, les privilèges chercheront, et ne tarderont peut-être pas, à renaître.

Nous avons déja vu, dans l'article qui précède, que l'esprit de l'aristocratie ou de la no-

---

(a) *Voy.* 1ʳᵉ part. vol. 1, pag. 130, *et suiv.*

blesse héréditaire, en général, est tellement
un esprit d'orgueil, d'injustice et d'inégalité,
qu'elle introduit cette inégalité, cette injustice, jusque dans la famille même; et nous
verrons, peut-être mieux encore, par la
suite (*a*), quels sont conséquemment, et à
plus forte raison, les effets pernicieux de ce
même esprit d'iniquité et d'orgueil, quant à
l'influence que l'admission d'un seul élément
d'aristocratie dans les institutions peut exercer sur la répartition des charges et des impôts publics, sur celle des emplois, des récompenses, des titres, des honneurs, sur le
partage et la liberté des biens, sur l'ordre des
successions, sur les principes et les règles de
l'éducation, sur toutes les parties du droit
civil et du droit pénal, en un mot, sur toute
la législation et sur la véritable prospérité de
l'État.

Mais, dès actuellement, ne pourrions-nous
pas demander que peuvent devenir les cadets,
les puinés, si l'aîné les dépouille, et s'empare

(*a*) *Voy. ci-dessus*, pag. 44, *et ci-après*, liv. 11, ch. 11,
tit. 1, § 2.

de l'hérédité?... Ce qu'ils deviendront...,
peu importe sans doute... Toutefois la conséquence est assez évidente; dans les temps
reculés, ils étaient conquérants ou brigands;
depuis, on leur a dévolu, et, par la suite, on
leur conférerait de même tous les bénéfices,
les grades, les hautes places; car, comme on
le sait aussi, exercer toute autre profession
utile et par conséquent honorable, pour un
cadet de bonne maison, c'est jusqu'ici, du
moins en France, se dégrader, s'avilir et déchoir...

Vainement prendra-t-on du reste toutes les
précautions possibles pour rétrécir la plaie,
pour arrêter les progrès du mal, pour lui in-
tercepter en quelque sorte le passage.

Vainement cherchera-t-on à confondre et
amalgamer dans une même assemblée, les
simples citoyens, les négocians, les propriétaires, et les membres tenaces de la caste nobiliaire.

Il suffira que les institutions laissent supposer quelque réalité, quelque possibilité de
retour à l'existence d'une corporation, d'une

distinction semblable, pour qu'il se forme inévitablement dans le sein même de cette assemblée une sorte de parti aristocratique, aspirant ouvertement ou secrètement à la progression rétrograde des lumières, de la saine morale et de la raison, à la renaissance des plus funestes préjugés, et au rétablissement des anciens privilèges, iniques résultats de l'abus de la conquête, de la force, de l'usurpation, et de voies plus ou moins irrégulières et détournées.

Semblable à la plante vivace et nuisible, jamais ce parti aristocratique, que tout État, tout Gouvernement est exposé à voir germer dans son sein, ne sera détruit entièrement, si le législateur prévoyant ne s'applique, par dessus tout, à en étouffer le germe et le principe jusques dans ses plus profondes racines; et, s'il ne le fait pas, bientôt on verra ce même parti, tantôt rampant et se glissant dans l'ombre; tantôt élevant une tige altière, et menaçant ouvertement de répandre au loin ses rameaux et ses poisons : bientôt, on verra les orateurs et les chefs de ce parti rendre en apparence hommage aux vrais principes du droit moral et de la saine philosophie, jusqu'à ce qu'ils puissent faire naître l'occasion de les violer tous, au préjudice du bien public, et dans leur intérêt personnel du moment.

De là, un schisme dangereux dans l'État; une lutte continuelle entre ce parti ambitieux et le parti démocratique; des méfiances, des craintes, des préventions, des préjugés, nécessairement nuisibles à la maturité, à la sagesse des délibérations; un germe toujours actif et fermentant de révolutions et de ruine; une source de trouble, de désunion, essentiellement contraire à l'amour de la patrie, au véritable esprit national, à l'intérêt du monarque, à la force de l'État, et au respect qu'il importe d'inspirer aux nations voisines, toujours trop jalouses de sa gloire et ennemies de sa prospérité (*a*).

_____

(*a*) De là, des reproches aussi fondés que celui-ci :

« Eh ! que n'a-t-on pas le droit de dire à cette tribune, quand on a entendu y proférer, y répéter ce blasphème anti-social, ce blasphème impie, qu'il est une classe *que sa naissance met au-dessus des autres ; et à qui son*

5.

Ce n'est pas cependant que l'autorité royale ne puisse, jusqu'à un certain point, servir de contre-poids, et maintenir la balance dans une sorte d'équilibre : ce n'est pas que cette autorité ne puisse quelquefois rallier, ou tout au moins, contenir les esprits.

Mais il faut encore apercevoir ici un grave inconvénient, un danger imminent, toujours

---

rang ne permet pas de réparer par le trafic ou l'industrie les brèches de sa fortune.

« Quoi ! c'est à la tribune de la plus ingénieuse des nations, de celle dont le goût fait rechercher les productions d'un bout à l'autre du monde, qu'on vient déverser le mépris sur les classes laborieuses, sur celles par qui seules l'Etat existe !

« La manufacture la plus simple attire plus d'aisance dans un canton, y apporte plus de richesses que cent châteaux de barons n'en produisent dans une province

« Leurs mains ne sont pas faites pour le travail ; mais l'artisan qui exerce la profession la plus mince, est plus utile à l'Etat que ce fainéant, qui surcharge la terre du poids le plus inutile, s'il n'est pas le plus dangereux ; que ce superbe qui consomme chaque jour, sans jamais rien produire ; que ces frélons, ces bourdons qui étourdissent par un vain bruit, et ne savent que dévorer les fruits de la vigilante abeille, qu'ils paient par leurs mépris». (Disc. de M. Labbey-Pompière. Chambre des Députés, session de 1820, séance du 9 mars 1821.)

résultant de la nature même de l'institution.
Avant peu le ministère, las du soin de prévenir les suites funestes d'une lutte continuelle et d'une animosité toujours prête à
éclater, fatigué de repousser sans cesse les
assauts auxquels il se trouvera lui-même exposé, tantôt d'un côté, tantôt de l'autre, et
même des deux parts à-la-fois, obsédé d'être
si souvent réduit à la nécessité de négliger
la surveillance des nombreux détails, des
objets vraiment essentiels, de son administration, pour songer à la défense du parti
qu'il croit le plus faible, ou à gagner, pour sa
propre sûreté, le parti qu'il croit le plus fort,
le ministère ainsi placé dans cet état permanent d'anxiété, de crise, d'agitation, pourra se
trouver aisément porté vers les idées de l'extension du pouvoir et du despotisme. Le désir,
l'espoir de prévenir sa chûte le feront trop
naturellement incliner vers le Gouvernement
absolu d'un seul, plus ou moins déguisé.

L'un de ces inconvéniens ne paraît pas,
il est vrai, appartenir exclusivement à l'ordre
actuel des choses. Dans ses Annales politi-

ques, M. l'abbé de Saint-Pierre dit : « Il y a toujours dans les Cours une sorte d'affaires qui occupent les ministres... Ce sont les intrigues des courtisans qui visent par leurs accusations à déplacer les ministres, pour en mettre d'autres à leurs places. Cette sorte d'affaires particulières partage quelquefois l'attention des ministres au grand préjudice des affaires publiques : car il faut que, pour conserver leur fortune contre les artifices de leurs ennemis, ils aient beaucoup d'espions et d'espionnages, beaucoup de ménagemens et de soins pour les favoris et pour les favorites, et qu'ils sacrifient souvent la justice et les intérêts du roi et de l'Etat à des intérêts particuliers » (a).

— « On peut affirmer, ce me semble, dit aussi madame de Staël, que l'histoire de France n'est autre chose que les tentatives continuelles de la nation et de la noblesse, pour avoir, l'une des droits, et l'autre, des privilèges, et les efforts continuels de la plu-

---

(a) Annal. polit. Disc. prélim. tom. 1, pag. 51.

part des rois pour se faire reconnaître absolus » (*a*).

Le ministère croira peut-être alléger dans
ses mains le fardeau du Gouvernement, en
appesantissant son autorité sur la tête de
tous.

Il croira éviter les écueils, en poussant de
nouveau le vaisseau de l'État dans le gouffre
même dont à peine quelque circonstance mi-
raculeuse l'aura sauvé.

Convaincu d'avance, et avec raison, que
toutes ses propositions seront attaquées sans
avoir été approfondies par la majorité, qu'un
faux et ridicule esprit d'opposition ou de parti
fera combattre et repousser tous les projets de
loi qui seront présentés par lui, par cela seulement qu'ils seront censés son ouvrage, de
son côté il s'appliquera à les soutenir par de
semblables moyens; et au lieu de les soumettre de bonne foi à une discussion indépendante, libre et éclairée, à laquelle, en effet, il
ne peut raisonnablement pas s'attendre, il ne

(*a*) Considér. sur les princ. évèn. de la rév. fr. tom. 1 ,
chap. xi, ayant pour titre : « *Y avait-il une constitution en
France, avant la révolution* », pag. 143.

songera tout naturellement qu'à les faire prévaloir tels qu'il les aura conçus, sans égard
pour aucun examen.

Il se trouvera donc contraint d'exercer une
influence indirecte, plus ou moins ostensible,
mais toujours contraire à l'esprit d'une véritable liberté, d'une saine politique et d'une
exacte et scrupuleuse probité.

Alors, à la place de la modération et de la
sagesse, de l'ordre et de la bonne foi, on
verra paraître le désordre, l'esprit de ma-
nœuvres et de corruption, la vénalité des
suffrages, et l'abus de pouvoir. On verra
les mêmes hommes tantôt parlant avec enthousiasme pour les principes, tantôt les
combattant avec plus d'emportement encore
et de chaleur; on verra, dans une même
assemblée, un parti aristocratique, un parti
ministériel, un parti démocratique, chaque
jour en venir aux prises, et ne l'emporter l'un
sur l'autre que par une majorité surprise
plutôt que réelle.

Alors rien de fixe, de stable, de certain,
de sacré; nulle idée positive et fondamentale,
qui puisse servir de point de ralliement et de

base à une discussion sage : chacun, au contraire, change à tout moment de rôle, d'opinion et de langage ; les uns cependant rêvant peut-être encore, par fois, le rétablissement d'un système féodal ; les autres, constamment et par-dessus tout, préoccupés du soin de lutter contre ces tentatives peut-être, parfois aussi, chimériques et supposées ; plusieurs tout disposés, soit par spéculation, soit par crainte, à favoriser la pente que le ministère pourrait avoir vers la cumulation du pouvoir ; et quelques autres enfin, en plus petit nombre, amis sincères des idées vraiement justes et *libérales* (*a*), intimement convaincus qu'il ne peut y avoir de salut, de prospérité réelle pour un peuple, sans un inviolable respect, sans une véritable religion

---

(*a*) La Libéralité est une vertu morale qui tient le milieu entre la prodigalité et l'avarice, la vertu de celui qui sait donner quand il faut, et qui ne donne ni trop ni trop peu. L'homme *libéral* est donc celui qui sait donner avec sagacité, justice et discernement, en sorte qu'il ne soit ni prodigue ni avare.

La Libéralité est même un synonyme de la générosité, en ce sens que la générosité n'est en effet qu'une sorte de justice et de sagacité, puisqu'il est naturel et raison-

pour la stricte et scrupuleuse observation des
principes sociaux, et désirant conséquemment, de voir les institutions se perfectionner
de manière à faire cesser cet état de division
si peu favorable au bonheur public et à la
stricte observation de ces principes élémentaires de justice et de droit, suivant lesquels
la nature crée, et sans lesquels elle ne saurait
conserver (a).

Voilà bien, à n'en pouvoir douter, quels

---

nable de donner aux autres ce que, si l'on était dans
leur position, on pourrait espérer d'eux, ou ce qu'on se
croirait en droit d'en attendre.

Enfin, quoique le mot *Libéralité* ne soit pas jusqu'à
présent employé pour signifier le désintéressement, le
courage, la probité, l'adjectif *Libéral* a acquis depuis
quelques années ce sens plus étendu.

Ainsi les *idées libérales* sont aujourd'hui des idées de
modération et d'humanité, de désintéressement et d'égalité, de courage et de noblesse ; et malheureusement,
comme l'on voit, on rencontre encore dans le monde
trop peu de personnes, dans l'esprit desquelles ces idées
se soient bien développées jusqu'ici, soit parmi celles qui
prétendent en faire un objet de dérision et de sarcasme,
soit même parmi celles qui prétendent au contraire s'en
constituer les plus zélés défenseurs.

(a) *Voy. ci-dessus*, 1re part. liv. 1, 11, 111.

sont les inconvéniens, graves sans doute,
mais comme inévitables et forcés, dont il faut
voir la cause principale dans le mélange de
l'aristocratie avec le Gouvernement d'un seul
et avec la démocratie ; et, si l'on en voulait
des preuves irrécusables et tranchantes, on
pourrait les trouver dans les aveux mêmes
des auteurs qui paraissent quelquefois avoir
écrit en vue de soutenir les systèmes favorables à l'existence des élémens d'aristocratie
dans les institutions.

M. de Montesquieu, par exemple, dit bien
que, sans monarque, il n'y a pas de noblesse,
et que, sans noblesse, il n'y a pas de monarque ; mais évidemment il émet cette pensée,
non comme voulant établir une maxime, une
règle d'organisation positive et invariable,
mais au contraire d'une manière purement
relative, ainsi qu'il le fait d'ailleurs presque
toujours, c'est-à-dire, eu égard aux mœurs,
aux institutions existantes dans tels ou tels
pays, à telles ou telles époques de l'histoire,
et au temps sur-tout où il écrivait ; évidemment il ne disait cela que parce qu'il considérait la noblesse, non pas tant comme le

seul ou le meilleur appui du trône, que
comme un contrepoids quelconque de l'autorité royale, et parce qu'il n'existait pas encore dans les élémens de la constitution une
balance mieux calculée, suffisante, ou assez
solidement établie pour qu'on ne dût pas craindre de retomber, celle-ci venant à manquer,
sous le despotisme et le joug du Gouvernement absolu d'un seul, Gouvernement dont
il a si bien compris et signalé tous les inconvéniens, les vices et les dangers. Peut-on douter réellement du fond de sa pensée d'après
ses propres expressions, et lorsqu'il dit en
termes formels : « Point de monarque, point
« de noblesse; point de noblesse, point de mo-
« narque ; *mais on a un despote*» (a): peut-on
douter du fond de sa pensée, lorsque, dans

(a) (Esprit des Lois, liv. II, chap. IV : *et ci-dessus*, tit. I,
§ 3, pag. 472.)

Il est un autre proverbe vulgaire qui dit aussi « *Point
d'évêques, point de roi.* Mais ce serait, remarque John
Adams, une vérité bien plus exacte et bien plus importante de dire : *Point de peuple, point de roi ; et point de
roi, point de peuple* ». (Déf. des Constit. améric. tom. I,
pag. 169.)

un passage, entre .autres, que nous avons
eu lieu de citer de même précédemment, il
dit, en traitant de la corruption du principe
de l'aristocratie, que « son extrême corrup-
« tion est lorsque les nobles deviennent hérédi-
« taires » (*a*); et s'il semble, ailleurs, en parlant de la constitution d'Angleterre; avoir
voulu justifier l'existence de cette même noblesse et motiver son hérédité, on ne doit
pas sur-tout perdre de vue les raisons qu'il en
donne; il suffit de les lire pour savoir quelles
sont les conséquences les plus importantes
qu'il en faut tirer. « Le Corps des nobles, dit-
il, doit être héréditaire. Il l'est premièrement
par sa nature; et d'ailleurs il faut qu'il ait
un très-grand intérêt à conserver ses prérogatives, *odieuses par elles-mêmes, et qui,
dans un État libre, doivent toujours être en
danger* » (*b*).

Sans doute s'il était reconnu en principe
que les prérogatives de la noblesse, quoique
odieuses par elles-mêmes, doivent cependant

(*a*) Esprit des Lois, liv. vIII, ch. v.— *Ci-dessus*, vol. IV.
pag. 484.

(*b*) *Ibid*, liv. XI, chap. vI. — Et *ci-dessus*, *ibid.*

subsister, il ne serait pas contre les règles de la logique et du bon sens d'en tirer cette conséquence que, l'hérédité de cette noblesse pouvant être un moyen d'affermir et de perpétuer ces prérogatives, il conviendrait d'admettre dans la base des institutions un élément d'aristocratie, de noblesse héréditaire. Mais, si l'on est au contraire parvenu à un assez haut degré de lumières et de civilisation, pour que l'on soit obligé de convenir unanimement que toutes prérogatives et tous privilèges sont en eux-mêmes des injustices palpables, et que conséquemment ils ne peuvent manquer d'être essentiellement opposés au bien être général, au véritable intérêt de l'État, lesquels ne peuvent jamais se trouver où la justice n'est pas, il faudra aussi nécessairement en conclure que tout élément d'aristocratie, de noblesse héréditaire, devra être, avec le temps, proscrit entièrément de tout Gouvernement libre, précisément comme ayant en effet une tendance trop réelle à la conservation ou même au rétablissement des prérogatives et des privilèges.

Si on lit avec quelque attention les ouvra-

ges d'un écrivain qui s'est acquis, de nos
jours, une célébrité plus grande en littérature
romantique qu'en politique, et qui s'est hau-
tement déclaré le défenseur zélé, disons-même,
l'organe de l'aristocratie, on reconnaîtra facilement que l'aveu des plus grandes vérités
lui échappe trop souvent, pour qu'il puisse
raisonnablement se flatter de l'espérance de
voir ses efforts obtenir quelques succès durables.

Pour tout lecteur attentif, et le nombre aujourd'hui en est déja plus grand que peut-être
il ne le pense, plusieurs de ses éloges pour
la classe aristocratique ou nobiliaire, ressem-
blent beaucoup trop à des menaces adressées,
soit au prince, soit à la société elle-même,
et donnent trop évidemment lieu de lui demander si c'est en raison des *irascibilités de
l'aristocratie*, qu'il prétend engager le roi et
la France à reconnaître de nouveau les anciennes prérogatives, les anciens privilèges,
de cette ancienne aristocratie, et à plier sous
le joug de son orgueil insupportable et de son
injuste ambition.

Voici comment s'exprime M. Guizot dans la préface d'un ouvrage récemment publié.

« En disant que depuis l'origine de notre monarchie, la lutte de deux peuples agite la France..., je n'ai point entendu établir une filiation historique, ni supposer que le double fait de la conquête et de la servitude s'était perpétué constant et identique à travers les siècles. Une telle assertion serait évidemment démentie par les réalités. Dans ce long espace de temps, les vainqueurs et les vaincus, les possesseurs et les possessions, les deux races enfin se sont rapprochées, déplacées, confondues; elles ont subi, dans leur existence et leurs relations, d'innombrables vicissitudes. La justice, dont la complète absence anéantirait aussitôt la société, s'est introduite dans les effets de la force. Elle a protégé les faibles, contenu les puissans, réglé leurs rapports, substitué progressivement de l'ordre à la violence, de l'égalité à l'oppression. Elle a fait la France, enfin, telle que le monde le l'a vue, avec son immense gloire ses époque de repos.

« Mais il n'en est pas moins vrai que, depuis treize siècles, par le résultat de la conquête et de la féodalité, la France a toujours renfermé deux situations sociales profondément diverses et inégales, qui ne se sont point amalgamées ni placées l'une envers l'autre dans un état d'union et de paix ; qui n'ont cessé enfin de lutter, celle-ci pour conquérir le droit, celle-là pour retenir le privilège. La vérité philosophique de cette assertion est incontestable : c'est notre histoire. Tous les esprits éclairés ont reconnu le fait même, en en déduisant les conséquences les plus contraires. Il est la base de l'ouvrage de M. de Montlosier sur la monarchie française.

« C'est en ce sens que j'ai parlé de deux peuples, de vainqueurs et de vaincus, d'amis et d'ennemis, et de la guerre, tantôt publique et sanglante, tantôt intérieure et purement politique, que se sont faite ces deux grands intérêts » (*a*).

(*a*) Du Gouvernement de la France, et du ministère actuel, *Préface*, pag. 3. — *Voy. aussi* la Réclamation de l'auteur contre le journal des Débats, insérée dans

Tome V. 6

Que si l'on nous demande maintenant comment il est enfin possible d'anéantir dans un État tout principe, tout élément d'aristocratie, nous répéterons que ce n'est ni par la force, ni par des meurtres et des crimes, ni même par des lois sévères, mais par l'irrésistible influence d'une opinion publique éclairée, et en se rapprochant de plus en plus d'une certaine forme de Gouvernement, et de toutes les institutions qui, loin de satisfaire la vanité, l'orgueil et l'ambition, ne leur donnent, au contraire, ni aliment, ni crédit, ni espérance. « En politique, ainsi que s'exprime madame de Staël, persécuter ne mène à rien, qu'à la nécessité de persécuter encore ; et tuer, ce n'est pas détruire. On a dit, avec une atroce intention, que les morts seuls ne reviennent pas ; et cette maxime n'est pas même vraie, car les enfans et les amis des victimes sont plus forts par les ressentimens que ne l'étaient par leurs opinions ceux mêmes qu'on a fait périr. Il faut éteindre les haines, et non

le journal Constitutionnel, du lundi 9 octobre 1820, n° 286.

pas les comprimer. La réforme est accomplie dans un pays, quand on a su rendre les adversaires de cette réforme fastidieux et non victimes... L'on peut toujours dans les troubles civils rendre un crime politiquement utile; mais c'est par les crimes précédens qu'on parvient à créer cette infernale nécessité » (a).

C'est donc sur-tout à ceux mêmes qui gouvernent, c'est aussi aux écrivains sages et patriotes, c'est aux journalistes encore, qu'il appartient d'agir, et d'éclairer l'opinion ; c'est à ces derniers de répéter ce que l'un d'eux disait récemment avec force et vérité : « qu'une noblesse héréditaire et oppressive, née de l'abus de la force et du droit de l'épée, et qui accuse la barbarie d'un siècle, ne peut sortir que des ténèbres, et s'évanouit lorsque la raison, dans ses progrès lents, mais inévitables, vient l'entourer de lumière; qu'une fois connue et jugée, on tenterait en vain de la rétablir; que ce serait essayer de saisir une

---

(a) Consid. sur les princ. évèn. de la révol. fr. tom. 1. pag. 83 : et *ibid.* tom. 11, 111.e part. chap. 1x, pag. 60.

ombre ou de donner des formes solides à un fantôme » (*a*).

On peut faire, principalement ici, une juste application des paroles prononcées à la tribune, dans la session de 1817, par l'un des membres de la Chambre des Députés : « On a souvent cité, dit-il, et même à cette tribune, le mot de Solon : *Athéniens, je ne vous ai pas donné de bonnes lois, mais les meilleures que vous puissiez supporter;* et l'on n'a pas fait attention qu'un peuple païen, dont l'esprit était faussé par des erreurs invétérées sur les premiers principes de l'ordre (*b*), ne pouvait supporter dans les lois qu'un degré de bonté relative, parce qu'il n'avait pas même l'idée de la perfection absolue; mais que les peuples chrétiens, qui ont au milieu d'eux la vérité et la lumière, peuvent supporter les meilleures lois, qu'ils

---

(*a*) *Voy*. le journal Constitutionnel du 22 décembre 1816, n° 358, *art. signé* JAY.

(*b*) Ces vérités ne peuvent être autres que les principes élémentaires du DROIT PHILOSOPHIQUE ET MORAL développés dans la première partie de cet ouvrage, liv. I, II et III.

ne peuvent même en supporter d'autres sans rétrograder de la civilisation, et que, pour eux, il n'y a de bonnes lois que des lois parfaites » (a).

Nota. Ce n'est pas non plus sans quelque apparence de raison que, dans la session de 1816, le même membre de la Chambre des députés disait : « La Chambre des Pairs tend continuellement à s'accroître. La Chambre des Députés au contraire est fixée à un nombre précis, et ne peut s'étendre : l'une est héréditaire, et l'autre dans une mobilité perpétuelle. Tout équilibre, toute proportion entre elles sont donc rompus ; et si quelque orage ne nous rejette pas dans la démocratie, nous tomberons sous l'aristocratie, le pire de tous les gouvernemens,

(a) Disc. de M. de Bonald, *sur la discussion du projet de Loi relatif à la liberté de la Presse.* (Moniteur du 21 décembre 1817, n° 355.)

— On pourra trouver à faire aussi plusieurs applications à cet article, dans le Discours de M. Benoit, même session et même discussion, (Moniteur du 30 décembre 1817, n° 354, *supplément*); dans les discours de MM. Courvoisier, de Causans, Dupont de l'Eure, de Corbières, sur la discussion du projet de Loi relatif au recrutement (Moniteur du 25 janvier 1818) : et dans les Discours de MM. Duvergier de Hauranne et Cornet d'Incourt (Moniteur du 27 janvier 1818.)

selon J. J. Rousseau, parce qu'il a tous les inconvéniens de la monarchie (c'est-à-dire, sans doute,
du gouvernement d'un seul) et de la république
(c'est-à-dire, de la démocratie), sans avoir aucuns
de leurs avantages » (a).

Cependant cette observation critique serait beaucoup plus juste et mieux fondée, si la Chambre des
Pairs était destinée à représenter exclusivement la
noblesse héréditaire, à-peu-près comme la Chambre
des Lords en Angleterre; et que cette noblesse fût
ainsi reconnue ouvertement pour former un Corps
distinct dans l'État : c'est sur-tout alors que le Gouvernement en France serait réellement *aristo-démocrati-despotique.*

Dans l'état des choses, si les membres de cette
même Chambre, sans être les représentans exclu-
sifs de la noblesse héréditaire, n'étaient pas à la
nomination du chef de la puissance exécutive; si
leur nombre n'était pas indéfini au gré de l'autorité royale ou du ministère; si leurs fonctions
étaient déclarées essentiellement incompatibles avec
celles du ministère ou autres de semblable nature;
en un mot, si l'indépendance morale de ce Corps
était plus réelle, plus entière, mieux garantie, le
gouvernement participerait par lui du caractère de

_____

(a) Discours de M. de Bonald, lors de la discussion sur
le projet de Loi relative aux élections : Moniteur du 4
janvier 1817, *n.* 4.

l'olygarchie; et alors l'un des inconvéniens serait au moins encore celui d'une complication inutile, ainsi que nous le prouverons par la suite (*a*).

Mais, tant que, par la nature et les bases de son institution, cette même Chambre sera placée, plus ou moins, sous l'influence de l'autorité royale, quel que soit d'ailleurs le caractère particulier, bien connu, de désintéressement, d'honneur, de liberté, d'indépendance, de franchise, de loyauté de plusieurs de ses membres, quel que soit l'esprit frondeur et d'opposition de quelques autres, il n'en est pas moins certain que, dans la réalité, elle ne sera jamais en masse qu'un instrument passif du ministère, et non pas un moyen propre à maintenir un sage et utile équilibre entre les principales branches de la Souveraineté : nous en reconnaîtrons bientôt plus spécialement les inconvéniens et les dangers particuliers (*b*).

(*a*) Voy. *aussi*, *ci-dessus*, même §, art. 2, pag. 33.
(*b*) *Voy. ci-après*, § III, art. 2.

6° *De la Théocratie dans les Gouvernemens mixtes ou composés.*

SOMMAIRE. Ses dangers, particulièrement dans les Gouvernemens monarchiques.

Dangers
de la
combinaison
de la
Théocratie
avec les
Gouvernemens
mixtes,
et particulière-
ment avec les
Gouvernemens
monarchiques.

LES inconvéniens, les dangers, déja si grands, d'un Gouvernement théocratique simple (*a*), s'augmentent, et tous les avantages qui pourraient en résulter disparaissent, par sa réunion avec toute autre forme de Gouvernement.

Il est de la nature, de l'essence même d'un Gouvernement théocratique, de chercher à accroître sans cesse sa force et sa puissance. Il doit être absolu; il ne peut souffrir de contrepoids, aucun principe modérateur, aucune source de discussion. Son autorité et ses lois devant être considérées par le peuple comme celles de Dieu même, elles ne doivent éprouver nulle résistance, nulle espèce d'opposition; et c'est sous cette forme de Gouvernement, plus encore que sous aucune autre,

(*a*) *Voy. ci-dessus*, vol. IV, tit. I, § I, *art.* 5, pag. 345.

que l'obéissance doit être extrême, qu'il ne peut être permis de délibérer, d'examiner, de discuter, de vouloir raisonner et approfondir; que tout se réduit à commander et à se faire obéir. Ou s'il est encore possible que l'on y discute, que l'on y argumente, ce n'est plus que sur d'insignifiantes et misérables arguties.

C'est ainsi, par exemple, que lorsque Cantacuzène prit Constantinople, il trouva l'empereur Jean et l'impératrice Anne dominés par les moines, occupés d'un concile contre quelques ennemis de ceux-ci (*a*) : et, quand Mahomet II l'assiégea, il ne put suspendre les haines théologiques (*b*); on y était plus occupé du concile de Florence, que de l'arrivée des Turcs.

« On se demandait si on avait entendu la messe d'un prêtre qui eût consenti à l'union; on l'aurait fui comme le feu : on regardait la grande église comme un temple profane. Le

---

(*a*) Cantacuzène, liv. III, chap. 99.

(*b*) Ducas, Histoire des derniers Paléologues.

moine Gennadius lançait ses anathêmes sur tous ceux qui désiraient la paix » (*a*).

Dans un Gouvernement mixte quelconque, et plus encore peut-être dans un Gouvernement monarchique, l'admission d'un élément de puissance théocratique temporelle devient donc infailliblement une cause active et pernicieuse de trouble et de bouleversement.

Cet élément, ce principe de théocratie renversera tôt ou tard le Gouvernement dans lequel il se sera introduit, s'il n'est pas lui-même détruit et repoussé par celui-ci.

Toutes les fois que cette autorité théocratique ne sera pas seule et absolue, au lieu d'activer l'exécution, d'assurer, de fortifier la marche du Gouvernement, elle la suspendra, l'entravera, la paralysera sans cesse.

L'histoire en offre plus d'un exemple.

Lorsque les Chaldéens, les mages, les prêtres d'Isis, les augures, les aruspices, les saliens, ou autres corps théocratiques, vou-

(*a*) Ducas, Histoire des derniers Paléologues. — Et Considér. sur les causes de la grandeur des Romains, et de leur décadence, chap. XXII.

laient mettre obstacle aux entreprises des peuples ou de leurs Gouvernemens, il leur suffisait pour cela d'invoquer et de faire parler les dieux.

Les prêtres d'Égypte assujettirent les rois à des règles très sévères et très-gênantes. Ils dictaient leurs discours, et surveillaient leurs moindres actions. Jusqu'aux besoins et aux délassemens de l'humanité, tout était prescrit par eux. Le bain, la promenade, les repas, l'amour même, étaient soumis à leurs lois; l'appartement de la reine était par eux ouvert ou fermé pour le prince.

Les prêtres de Méroé, dans l'Éthiopie, dépêchaient, quand il leur plaisait, un courrier au roi, pour lui ordonner de mourir (a).

Cécrops, le premier législateur des Athéniens, en leur recommandant d'offrir aux dieux les prémices de leurs fruits et de leurs moissons, leur défendit expressément d'immoler aucun être vivant : il prévoyait que si l'on commençait une fois à sacrifier des animaux, les prêtres, pour établir leur despo-

(a) *Voy.* Diodore.

tisme et faire trembler les rois mêmes, ne tarderaient pas à demander des victimes humaines, comme plus honorables.

« Osons demander, disait Calchas, le sacrifice de la fille d'Agamemnon, le plus puissant prince de la Grèce ; si ce trait d'audace me réussit, me voilà reconnu pour l'organe fidèle et infaillible des volontés du ciel ; je dominerai sur les rois ; ils seront contraints de s'humilier devant moi, en voyant la superstition toujours prête à marcher à ma voix, et tenant sans cesse un glaive sacré suspendu sur leurs têtes » (a).

(a) *Voy*. Saint-Foix. *Essais sur Paris*, tom. v, p. 233.
— « Dans un des temples de l'empire de Pégu, on élève des vierges. Tous les ans, à la fête de l'idole, on sacrifie une de ces infortunées. Le prêtre, en habits sacerdotaux, la dépouille, l'étrangle, arrache son cœur, et le jette au nez de l'idole. Le sacrifice fait, les prêtres dînent, prennent des habits d'une forme horrible, et dansent devant le peuple.

« Dans les autres temples du même pays, on ne sacrifie que des hommes. On achète, pour cet effet, un esclave beau, bien fait. Cet esclave, vêtu d'une robe blanche, lavé pendant trois matinées, est ensuite montré au peuple. Le quatrième jour, les prêtres lui ouvrent le ventre, arrachent son cœur, barbouillent l'idole de

Tacite remarque qu'aucun Gouvernement n'a jamais été assez puissant pour réprimer la fougue séditieuse d'un peuple que l'on a porté une fois à la révolte, et *à sanctifier les artifices de certains hommes comme des actes religieux.*

« Plus d'une fois, dit l'auteur de l'Histoire de la Législation, en parlant de celle des Assyriens, plus d'une fois les insurrections furent inspirées par le fanatisme ou excitées par les prêtres. Daniel venait de détruire une idole; le roi l'avait permis : des clameurs séditieuses retentissent de toutes parts : « Il vient, s'écriait-on en parlant du prince, d'abandonner le culte de ses pères pour le culte des Hébreux; il a laissé porter, il a dirigé sur nos dieux une main sacrilège; la religion est détruite; ses ministres ont reçu la mort; l'impiété

---

son sang, et mangent sa chair comme sacrée. *Le sang innocent,* disent les prêtres, *doit couler en expiation des péchés de la nation; d'ailleurs il faut bien que quelqu'un aille près du Grand-Dieu, le faire ressouvenir de son peuple.* « Il est bon de remarquer, dit Helvétius, que les prêtres ne se chargent jamais de la commission. » (De l'Esprit, tom. 1, Disc. 2, chap. xiv, pag. 286.)

triomphe; ce n'est point du misérable intérêt de quelques hommes qu'il s'agit, mais
de l'intérêt du ciel; que le ciel soit vengé;
que Daniel soit livré à notre juste indignation; ou si le roi le protège encore, que le
roi lui-même expie par sa mort une criminelle apostasie. Le prince tremble, et Daniel
est abandonné » (a).

— « C'est un pontife qui ordonne, ajoute le
même auteur, de se saisir d'une reine coupable (d'Athalie), de la transporter hors du
temple, et de lui arracher la vie, en menaçant ceux qui oseraient la défendre d'être
condamnés eux-mêmes à la mort. Si les soldats et une foule de citoyens armés reconnaissent et proclament Joas, s'ils lui donnent
les marques augustes de la royauté, c'est dans
le temple que se fait la cérémonie; c'est le
grand-prêtre qui pose le diadème; c'est par
ses ordres ou par ses conseils qu'une partie de la nation a été rassemblée; c'est lui
qui fait prononcer au peuple le serment

(a) (Hist. de la Législ. tom. 1, chap. 11, pag. 135 et
136. — Daniel. xiv, v. 22, etc.)

d'être fidèle à son nouveau roi, de veiller à sa conservation, à l'affermissement de son empire; et au roi, le serment d'honorer Jéhova, d'obéir à la législation de Moïse; c'est lui enfin qui, sous le nom du jeune monarque, gouverne long-temps le royaume de Juda » (a).

— « Absolu sous Moïse, dit-il encore, le Gouvernement sembla prendre une forme aristocratique sous Josué, et plus encore sous les juges; il la conserva jusqu'à Saül. Le trône devint héréditaire sous les successeurs de David : Mais la monarchie, qui s'affermissait pour le pouvoir, d'abord divisée par une insurrection, vacilla ensuite dans sa marche et dans ses effets, *suivant que les efforts des prêtres pour en rivaliser la puissance étaient plus ou moins heureux*; et les Juifs, tour-à-tour protégés et vaincus par Babylone et par l'Égypte, et tour-à-tour infidèles aux rois de ces deux empires, finirent par être esclaves

(a) Hist. de la Législ. tom. iii, chap. v, , pag. 134 et 135. — 4 Reg. xi, v. 4—21. 2 Paral. xxii, v. 1—21. —*Voy.* aussi Josèphe, *Antiquités judaïques*, ix, ch. vii, § iv et v.

d'un peuple étranger, situé loin de leur patrie, eux qui avaient toujours redouté d'être
vassaux et tributaires » (a).

—«Lorsque le vieux Andronic (b) fit dire au
patriarche qu'il se mêlât des affaires de l'église,
et le laissât gouverner celles de l'empire ; c'est,
lui répondit le patriarche, *comme si le corps
disait à l'ame : Je ne prétends avoir rien de
commun avec vous, et je n'ai que faire de
votre secours pour exercer mes fonctions.*

« De si monstrueuses prétentions étant in-
supportables aux princes, dit encore l'auteur
des Considérations sur les causes de la grandeur des Romains et de leur décadence, les
patriarches furent très-souvent chassés de leur
siège. Mais, chez une nation superstitieuse,
où l'on croyait abominables toutes les fonc-

(a) (Hist. de la Législ., tom. III, chap. VI, p. 173
et 174.)

On peut aussi revoir, sous le point de vue qui nous occupe ici, quelques-uns des faits, empruntés du même
ouvrage, et que nous avons rapportés en traitant du
Gouvernement despotique simple, *ci-dessus*, vol. IV,
tit. I, § I, *art.* 4. pag. 282 *et suiv.*

(b) Paléologue. *Voy.* l'Hist. des deux Andronics, écrite
par Cantacuzène, liv. I, chap. 50.

tions ecclésiastiques qu'avait pu faire un patriarche qu'on croyait intrus, cela produisit des schismes continuels; chaque patriarche, l'ancien, le nouveau, le plus nouveau, ayant chacun leurs sectateurs » (*a*).

Que si le Chef de l'autorité théocratique se trouve être placé hors de l'État, les inconvéniens et les dangers d'admettre, en quoi que soit, le mélange de son autorité temporelle dans les élémens et les bases de l'organisation du Gouvernement et des institutions, sont bien plus graves et plus imminens encore : car alors non-seulement les principes élémentaires du Droit public peuvent en éprouver quelque atteinte ; mais de plus l'indépendance, la liberté *politique* (*b*) en est manifestement choquée.

Les patriarches et les papes, en s'élevant, ont renversé les empereurs d'Orient et d'Occident ; et par la suite les empereurs d'Allemagne et les rois de France virent leur autorité s'avilir, et furent plus d'une fois ébranlés sur leurs trônes, dépouillés et rendus tribu-

(*a*) Grandeur et Décadence des Romains, chap. XXII.
(*b*) *Voy.* 1re part. Vol. III, pag. 219.

Tome V.   7

taires, par l'effet des interdits, des anathêmes
et des excommunications : ce qui ne serait
jamais arrivé, si l'influence du clergé eût toujours été renfermée dans ses justes et véritables limites.

« Jean - Sans - Terre , roi d'Angleterre, du
consentement de ses barons et seigneurs, se
constitua vassal et tributaire du pape en 1212;
et rendit son hommage l'année suivante entre
les mains du légat d'Innocent III.

« On compte dans les registres du Vatican,
parmi les feudataires du saint-siége, les
royaumes de Naples, de Sicile, d'Aragon,
de Sardaigne , de Corse, de Jérusalem , de
Hongrie, d'Écosse. Les papes, en partageant
le Nouveau-Monde entre les rois d'Espagne
et de Portugal, en retinrent la suzeraineté.
Jules III en fit de même pour les royaumes
de Grenade et de Navarre, en permettant au
roi d'Espagne de chasser de l'un les Maures,
et de l'autre le roi légitime. Enfin, des auteurs
ultramontains ont écrit que tous les rois sacrés
étaient vassaux du saint-siége » (a).

_____

(a) Abrégé de la République de Bodin, par M. de

Le Droit canon décide nettement que l'empire est soumis au sacerdoce « *Imperium non præest sacerdotio , sed subest et ei obedire tenetur* » (*a*); et quelques historiens ont pensé que ce fut d'après ce systême que le cardinal Cajétan, envoyé en France, et se rendant au parlement où ses bulles furent enregistrées (*b*), allait se placer sous le dais qui était réservé pour le roi, lorsque le président Brisson, qui était à la tête de la Compagnie, le retint par le bras, et fut obligé de l'avertir que cette place était celle du roi, et que personne autre que lui n'avait le droit de l'occuper (*c*).

« Il n'aurait plus manqué, dit à ce sujet l'auteur des Essais historiques sur Paris, que de garnir le banc des Pairs, de Cordeliers et de Capucins...

Lavy, président à Bordeaux, tom. i, liv. i , chap. xx, pag. 175 et 176.

(*a*) Rubric. cap. vi , *de major. et obed.*

(*b*) Le 15 janvier 1590.

(*c*) Hist. Thuan. lib. 98. Edit. ann. 1590. — Journal de Henri IV, l'Étoile, 1590. — Sc. du Gouvernement. tom. v, chap. i, sect. v, § vii.

7.

« La cour de Rome qui n'avait jamais eu sujet de se plaindre de Henri III, fut toujours son ennemie, et porta même l'horreur jusqu'à donner à son exécrable assassin les noms respectables de martyr et de bienheureux...

« On lit dans un des exécrables libelles (*a*) du temps de la ligue, que *les Ecclésiastiques qui avaient assisté à la prétendue conversion de Henri IV, méritaient d'être attachés en Grève comme fagots depuis le pied jusqu'au haut de l'arbre du feu de la Saint-Jean; que ce prince devait être mis dans le panier où l'on met les chats, et que cela ferait un sacrifice agréable au ciel et délectable à la terre* » (*b*).

(*a*) Le Banquet d'Arête, par Louis d'Orléans.

(*b*) Il y avait encore, du temps de Saint-Foix, quelques villes dans le Royaume, où le maire et les échevins faisaient mettre dans un panier une ou deux douzaines de chats, et les brûlaient dans le feu de joie de la veille de la Saint-Jean. « Cette barbare coutume, dont j'ignore l'origine, dit l'historien, subsistait même dans Paris, et n'y a été abolie qu'au commencement du règne de Louis XIV ». (Essais historiques sur Paris, par Saint-Foix, tom. v, pag. 30, 31 et 32. — Chronologie novenaire, tom. 11, pag. 226.)

A diverses époques du siècle dernier, les prêtres molinistes, malgré les ordres exprès du Gouvernement, refusèrent les fonctions de leur ministère aux jansénistes, sous le prétexte qu'il valait mieux obéir à Dieu, *qui s'exprimait par l'organe du pape,* qu'au roi.

Le père Bellarmin osa soutenir que si le pape défendait l'usage de la vertu, et commandait le vice, l'Église romaine, sous peine de péché (*nisi vellet contra conscientiam peccare*) serait obligée d'abandonner la vertu pour le vice.

Aussi fut-il élevé au cardinalat.

Suivant le jésuite Santarel, le pape a le droit de punir les rois. Dans un traité de l'hérésie, du schisme, de l'apostasie et du pouvoir papal, traité imprimé à Rome, avec permission des supérieurs (*a*), ce jésuite a dit : « Si le pape a sur les princes une puissance directive, il a aussi sur eux une puissance corrective. Le souverain pontife peut donc punir les princes hérétiques par des peines temporelles ; il peut non - seulement les excommu-

_____

(*a*) En 1626. *Chez l'héritier Berteliny Latony.*

nier, mais encore les dépouiller de leurs
royaumes et absoudre leurs sujets du serment de fidélité; il peut donner des cura-
teurs aux princes incapables de gouverner; il
le peut sans concile, parce que le tribunal du
pape et celui de Jésus-Chrit est un seul et
même tribunal.... » (*a*).

« Le pape, disait encore le même auteur,
peut déposer les rois, lorsqu'ils sont incapables de gouverner ou *lorsqu'ils sont trop
faibles défenseurs de l'Église;* il peut même,
pour les causes susdites, et pour la correc-
tion et l'exemple des rois, *punir de mort* les
négligens.... (*b*).

« Étienne *Patracene* a écrit que, dans le
pape, réside tout pouvoir sur les puissances
du ciel et de la terre « *In papá est omnis
potestas supra omnes potestates tam cœli
quàm terrœ...*

(*a*) Jésus-Christ disait au contraire: *Mon royaume n'est
pas de ce monde. Voy. ci-dessus,* 1re part. vol. 1, p. 225.

(*b*) Voyez-en un exemple dans l'Histoire Gall., liv. 1,
par Gramond : et M. Levassor, dans son Histoire de
Louis XIII, tom. 11, pag. 74.— *Thomasius, Fundamenta
juris nat. et gentium,* lib. 111, cap. vj, § ix, 4e édit.

« Les théologiens ont déclaré, dans les Canons, « que le pape est autant au-dessus de l'empereur, que l'or pur est au-dessus du plomb vil; que les empereurs reçoivent leur autorité du pape *comme la lune reçoit sa lumière du soleil.*

« Un des docteurs canoniques, plus hardi encore, a osé dire : « *Papa est supra me, extra me; Papa est omnis, est supra omnia; papa est dominus dominantium ; papa potest mutare quadrata rotunda* : le pape est dans moi, hors de moi; le pape est tout, au-dessus de tout; il est le seigneur des seigneurs, et d'un carré il peut faire un cercle. »

— « La plus odieuse de toutes les prétentions de la Cour de Rome, dit l'auteur de l'Exposition de la Doctrine de l'Église gallicane, c'est le prétendu pouvoir qu'elle s'attribue de priver les rois de leurs États, d'en transférer le domaine et le titre à qui lui plaît, et de dispenser les sujets du serment de fidélité.

« Les théologiens ultramontains et les Papes des derniers siècles, qui ont voulu s'attribuer une puissance absolue et sans bornes sur le spirituel et le temporel, prétendent

que la puissance temporelle des rois est soumise et surbordonnée à la puissance spirituelle des clefs; que le pape a les deux glaives,
le spirituel et le temporel. Cette doctrine est
contraire à l'Évangile et à l'esprit humble de
la religion chrétienne ; elle est directement
opposée aux paroles de Jésus-Christ » (*a*).

(*a*) *Voy.* l'Exposition de la Doctrine de l'Église Gallic.
1re part. *Prétentions de la Cour de Rome, contre l'indépendance de la Puissance séculière.*

« On peut encore remarquer avec étonnement, dit le même
auteur, que la plupart des Canonistes ultramontains prétendent que le Pape peut dispenser du Droit divin, du
Droit naturel, et des Lois évangéliques et apostoliques ;
ils n'exceptent que les articles de Foi. *Papa contra Evan-
gelium et Apostolum dispensare potest, et contra jus na-
turale.* (Glos. in C. auctoritatem, causa 15, quæst. vi).
— Exposition de la doctrine de l'Eglise Gallic., iie part.,
pag. 134.

« Les Calvinistes, et ceux qu'en Angleterre on appelle
presbitériens, regardent le Pape comme l'ante-christ et
la bête de l'Apocalypse... : ils disent que les Papes ont
introduit la tyrannie dans la Chrétienté, par le pouvoir
absolu qu'ils prétendent avoir sur le spirituel et sur le
temporel; et la simonie, par les annates et les autres ré-
tributions qu'on exige à Rome, à l'occasion des bénéfices
et des dispenses. (*Ibid.* pag. 159.)

« L'erreur des ultramontains sur le pape, consiste à

A Bagdad, en Tartarie, au Japon, à Rome, le Pape, les Califes, le Lama-Daïro, ont fait baiser leurs pieds aux Empereurs, et ont exigé d'eux qu'ils tinssent la bride de leur mule, et qu'ils les promenassent ainsi par les rues.

« Du moment où les prêtres se chargent d'annoncer les volontés du ciel, dit avec raison, en ce sens, et à ce sujet, l'auteur de l'Éducation de l'homme, ce ne sont plus des hommes, ce sont des divinités. C'est en eux, ce n'est point en Dieu, que l'on croit.

---

soutenir que Jésus-Christ n'a bâti son église que sur saint Pierre ; que c'est à lui seul et à ses successeurs que Jésus-Christ a donné la puissance des clefs, et non à l'Église ; qu'ainsi les autres Évêques n'ont de pouvoir qu'autant que le Pape leur en communique ; qu'il a un pouvoir absolu de gouverner l'Église, indépendamment des Canons ; qu'il est l'Ordinaire des Ordinaires, et qu'ainsi il a un pouvoir immédiat dans tous les diocèses ; qu'il est infaillible et supérieur aux Conciles ; que l'autorité temporelle des rois est soumise et subordonnée à sa puissance spirituelle ; qu'ainsi il a un pouvoir souverain sur toutes les couronnes du monde ; qu'il est le maître des bénéfices, et qu'enfin il a un pouvoir *absolu* sur le spirituel et sur le temporel, et qu'il n'y a pour lui d'autres lois que sa volonté. (*Ibid.* pag. 163 et 164).

Ils peuvent, en son nom, ordonner la violation de toute loi contraire à leurs intérêts,
et la destruction de toute autorité rebelle à
leurs décisions.

« L'esprit religieux, par cette raison, fut
toujours incompatible avec l'esprit législatif,
et le prêtre toujours l'ennemi du magistrat.
Le premier institua les lois canoniques ; le
second les *lois politiques* (a) ; l'esprit de domination et de mensonge présida à la confection des premières : elles furent funestes à
l'Univers. L'esprit de justice et de vérité présida plus ou moins à la confection des se-
condes ; elles furent en conséquence plus ou
moins avantageuses aux nations.

« Si la justice et la vérité sont sœurs, il
n'est de lois réellement utiles, que les lois
fondées sur une connaissance profonde de
la nature et des vrais intérêts de l'homme.
Toute loi qui, pour base, a le mensonge ou
quelque fausse révélation, est toujours nuisible. Ce n'est point sur un tel fondement

---

(a) Il faut entendre ici par cette expression *lois politiques*,
les lois fondamentales ou *constitutives*, *et les lois civiles et
pénales.* — *Voy.* 1re part. PRÉFACE, pag. LXV *et suiv.*

que l'homme éclairé édifiera les principes de l'équité...

« L'église une fois reconnue infaillible et la seule interprète des Écritures, tout droit prétendu par elle, est un droit acquis ; nulle décision qui ne soit vraie : en douter est une impiété. Déclare-t-elle un roi hérétique? ce roi le devient. Le condamne-t-elle au supplice? il faut l'y traîner... » (*a*).

Ce sont particulièrement de si étranges prétentions de la part de la Cour de Rome, qui ont, en France, donné lieu à cette maxime de droit : « *Le roi ne tient que de Dieu et de son épée* », ou, comme le disait saint Louis, en ses établissemens (liv. 1, ch. 78.) « *Le roi ne tient de nului fors de Dieu et de lui.* » (*b*).

(*a*) De l'homme et de son éducation, tom. 11, p. 200.

— *Ibid.* tom. III, sect. IX, chap. XXX : *Des prétentions de l'Église prouvées par le fait*, pag. 113.

(*b*) *Voy. aussi* Max. du Dr. publ. fr. tom. IV, ch. VI, pag. 392, édit. *in-12, Amsterdam,* 1775.

« Nos rois, disent les auteurs de cet ouvrage, ne reconnaissent point de supérieurs sur la terre pour le temporel; ce que nous entendons par cette maxime : *Le Roi ne tient que de Dieu et de son épée ; ou, comme le dit* St. Louis, *Le Roi ne tient de nului que de Dieu et de lui.*

Dans le cahier que les États généraux du
royaume, assemblés à Tours, présentèrent à
Charles VIII, en 1483, on trouve des plaintes
amères sur les différentes voies par lesquelles
la Cour de Rome épuisait la France d'argent.
On y lit, entre autres, cet article : « *Sembla-*
« *blement, depuis le dit temps, sont venus trois*
« *ou quatre légats, qui ont donné de merveil-*
« *leuses évacuations à ce povre royaulme, et veoit*
« *s'en mener les mulets chargés d'or et d'argent ;*
« *et pour ce, semble aux dits trois États, que*
« *le roi ne doit recevoir le cardinal d'Angiers,*
« *ne permettre que lui ou autre légat entre*
« *en ce royaulme : car Dieu mercy, ce dit*
« *royaulme est en si bon état, union et dispo-*
« *sition, qu'il n'a besoing de légat pour le*
« *présent et pour aucunes autres choses justes*
« *et raisonnables que l'on pourroit alléguer*
« *en cette partie... »* (a)

Plusieurs Papes avaient même établi la
peine de l'excommunication contre tous ceux
qui ne payeraient pas *l'annate*, qui était le

(a) *Voy*. la Sc. du Gouvern., tom. v, ch. 1, sect. v,
§ vii, pag. 68.

revenu d'un an ou une taxe sur le revenu de la première année d'un bénéfice vacant, exaction contre laquelle la faculté de théologie de Paris, toutes ou presque toutes les universités de France, les parlemens de ce royaume, et ses rois eux-mêmes, se sont souvent élevés (*a*).

Pendant la célébration du concile de Trente, Henri II, après avoir protesté, à Rome et à Trente, contre le concile, et menacé d'en faire tenir un national, fit un édit à Fontainebleau (le 5 septembre 1551, enregistré au parlement de Paris, le 7), où il exposa qu'il n'était pas juste que le Pape tirât l'argent de France, pour lui faire la guerre, et où il défendit expressément d'envoyer des courriers à Rome, d'y faire tenir des lettres de change, et d'y porter de l'argent pour bénéfices, dispenses et autres graces, sous peine de confiscation pour les Ecclésiastiques, et encore de punition corporelle pour les Séculiers.

(*a*) On peut voir, à ce sujet, le Bullaire, t. 1, p. 801 ; et le Traité qui a été imprimé sur cette matière, en 1718, *in*-12.

Suivant M. de Voltaire, l'argent de France était encore retiré et transporté à Rome, sous le règne de Louis XIV, dans une telle proportion, que le saint-siége dépouillait l'État, dans l'espace d'un siècle, de plus de quatre cent mille marcs d'argent (a).

« Dans l'origine, dit Blackstone, la perception des premiers fruits et des décimes sur tous les bénéfices du clergé, faisaient partie des usurpations du pape sur le clergé d'Angleterre. Ils furent introduits d'abord dans le diocèse de Norwich par Pandolphe, légat du pape, sous les rois Jean et Henri III. Au commencement du quatorzième siècle, les papes Clément V et Jean XXII essayèrent de les étendre dans tout le royaume.

« Les premiers fruits, *primatiæ* ou *annates*, consistaient dans le produit entier de la première année du bénéfice ecclésiastique, d'après l'évaluation faite, de l'ordre du pape Innocent IV, par Walter, évêque de Norwich, dans la trente-huitième année du règne de Henri III ;

(a) *Voy.* l'Essai sur l'Hist. gén. des nations, ch. ccvɪ. *Affaires ecclésiastiques et Disputes mémorables.*

et depuis portée plus haut par les commissaires du pape Nicolas III, en 1292, vingtième année du règne d'Édouard I.

« On conserve encore leur évaluation dans les archives de l'Échiquier.

« Les décimes, *décimæ*, étaient la dixième partie du revenu annuel de chaque bénéfice ecclésiastique, d'après la même évaluation ; droit réclamé de même par le saint-siége, sans autre prétexte que l'étrange et fausse application du précepte des lois des Hébreux (*nombre* XVIII, 26 *et* 28), qui porte que *les lévites donneront au grand-prêtre Aaron la dixième partie de leurs dixmes, comme une offrande des prémices au Seigneur.* Mais le parlement d'Angleterre s'opposa avec vigueur à cette prétention du pape ; divers actes furent passés pour l'arrêter et la restreindre, en particulier le statut de l'an 6 du règne de Henri IV, qui l'appelle une horrible vexation, un usage damnable. Néanmoins le clergé, aveuglément dévoué aux volontés d'un maître étranger, continua de satisfaire à cette prétention, tantôt plus et tantôt moins ouvertement : en sorte que sous le règne de Henri VIII, on calcula que dans l'espace de cinquante années 800,000 ducats avaient été envoyés à Rome pour les annates seulement. Le Clergé ayant ainsi consenti volontaire-- ment à payer un pareil tribut, sur ses reve- nus, au Chef de l'Église, il parut convenable (lorsque sous le même règne le pouvoir du siége de Rome fut aboli et le roi déclaré le Chef de l'Église d'Angleterre) d'annexer ce revenu à la couronne : ce qui fut effectué par le statut de l'an 26 du règne de Henri VIII, lequel a été confirmé par le statut de l'an Ier du règne d'Élisabeth. On fit alors une nou- velle évaluation des bénéfices (*valor benefi- ciorum*) d'après laquelle le Clergé est aujour- d'hui taxé » (a).

C'est par la persuasion, ainsi que nous l'avons établi en principe dans la première

---

(a) (Commentaires sur les Lois anglaises, t. 1, liv. 1, chap. VIII. Trad. sous presse de M. Chompré.)

« Quand les Annates et les Décimes furent transférés à la couronne d'Angleterre, par le statut de l'an 26 du règne d'Henri VIII, c. 3, il fut ordonné en même temps que la va- leur de tout bénéfice ou emploi ecclésiastique serait certifiée par des commissaires désignés à cet effet dans chaque dio- cèse, et que la perception à l'avenir se ferait conformément

partie de cet ouvrage (*a*); c'est en éclairant les hommes sur les principes de la morale, sur leurs véritables droits et devoirs, que les ministres de la religion peuvent être utiles à l'humanité et à la société; mais ils deviendront toujours dangereux, sitôt qu'ils seront parvenus à s'emparer d'une portion quelconque de la puissance temporelle.

Suivons religieusement en ceci le précepte du divin législateur : *Rendez à César, ce qui est à César : rendez à Dieu, ce qui est à Dieu* (*b*).

« Laissons la religion s'efforcer de consoler les hommes par ses bienfaisantes promesses, sanctifier leur morale, épurer leurs mœurs, réprimer leurs vices, et perfectionner, si elle

---

à cette évaluation. Cette *valor beneficiorum* est ce qu'on appelle communément les Livres du Roi (The king's books); ils sont transcrits dans le *Thesaurus* d'Ecton , et le *Liber Regis* de Bacon ». (*Note de M. Christian, sur le texte de Blackstone.*)

(*a*) *Voy.* vol. 1, liv. 1 , ch. II , tit. II , § I. — *Voy. aussi*, IIe part., pag. 212 *et suiv.*

(*b*) (Évang. St. Matthieu. 22 , v. 15 , 21.)
Reges gentium dominantur eorum, vos autem non sic.

le peut, leurs habitudes et leurs principes; mais que son empire soit toujours distinct de celui du législateur. Si ce dernier réclame son autorité, il verra bientôt s'affaiblir la sienne propre, et quand il voudra devenir son pontife, il ne sera plus que son esclave» (a).

M. l'abbé de Saint-Pierre pensait aussi, «que les prêtres ne pouvaient jamais être utiles que comme des officiers de morale» (b).

Et M. de Monstesquieu a dit encore, en traitant de la faiblesse de l'empire d'Orient: « La source la plus empoisonnée de tous les malheurs des Grecs modernes, c'est qu'ils ne connurent jamais la nature ni les bornes de la puissance ecclésiastique et de la séculière; ce qui fit que l'on tomba, de part et d'autre, dans des égaremens continuels.

« Cette grande distinction, qui est la base sur laquelle repose la tranquillité des peuples, est fondée, non-seulement sur la religion, mais encore sur la raison et la nature, qui

(a) Discours prononcé en 1795, dans l'assemblée de la Convention nationale, par M. Boissy d'Anglas, aujourd'hui pair de France.

(b) *Voy.* ses Annales politiques.

veulent que les choses réellement séparées, et qui ne peuvent subsister que séparées, ne soient jamais confondues » (*a*).

Un auteur anglais dit aussi, « que la première erreur dans l'ancienne politique chrétienne, et celle qui a le plus souvent servi de base à la tyrannie, est cette division mal entendue d'un État en ecclésiastique et en civil » (*b*).

—« Le magistrat (ou plutôt le législateur) qui se flatterait, dit Helvétius, de faire concourir les puissances spirituelle et temporelle au même objet, c'est-à-dire au bien public, se tromperait; leurs intérêts sont trop différens. Il en est de ces deux puissances, quelquefois réunies pour dévorer le même peuple, comme de deux nations voisines et jalouses, qui, liguées contre une troisième, l'attaquent, et se battent au partage des dépouilles. Nul empire ne peut être sagement gouverné par deux pouvoirs suprêmes et indépendans.....

(*a*) Considérations sur les causes de la grandeur des Romains, et de leur décadence, chap. XXII.

(*b*) Marchamont Nedham. *Voy. aussi* John Adams, *Déf. des Constit. améric.*

8.

« La tolérance soumet le prêtre au prince; l'intolérance soumet le prince au prêtre, et annonce deux puissances rivales dans un empire » (a).

— « Si l'intérêt du Corps des Bonzes, dit-il ailleurs, n'est point lié à l'intérêt public; si, par exemple, le Bonze ne se marie pas, si son crédit tend à l'aveuglement des peuples, ce Bonze, nécessairement ennemi de la nation qui le nourrit, sera, à l'égard de cette nation, ce que les Romains étaient à l'égard du monde: honnêtes entre eux, brigands par rapport à l'Univers. Chacun des Bonzes eût-il en particulier beaucoup d'éloignement pour les grandeurs, le Corps n'en sera pas moins ambitieux. Tous ses membres travailleront, souvent sans le savoir, à son agrandissement; ils s'y croiront autorisés par un principe vertueux. Il n'est donc rien de plus dangereux dans un État, qu'un Corps dont l'intérêt n'est pas attaché à l'intérêt général (b).

(a) De l'Homme et de son éducation, t. III, chap. XXXI, sect. IX. *Des moyens d'enchaîner l'ambition ecclésiastique*, pag. 117.

(b) De l'Esprit, tom. I, Disc. 2, chap. XIV, p. 258.

—«La vertu du prince, dit aussi l'auteur de la Science du Gouvernement, consiste dans l'union parfaite de ces deux sentimens, piété envers Dieu, et bonté envers le peuple. La piété envers Dieu est aveugle, lorsqu'elle nuit à la société humaine ; et la bonté envers le peuple est pernicieuse, lorsqu'elle favorise l'oubli de Dieu. Il ne suffit pas que le prince soit religieux, il faut qu'il soit homme d'État : il doit laisser aux membres de la religion un pouvoir raisonnable pour former ou entretenir les peuples dans des exercices de piété ; mais il doit empêcher que les Ecclésiastiques ne gênent trop la liberté des peuples, et n'usurpent l'autorité des officiers séculiers, qui est celle du souverain lui-même....

« La dévotion doit être gouvernée : elle ne doit jamais gouverner. *Il est louable d'agir soi-même par des principes de dévotion ; mais on ne doit agir avec les autres que par la raison :* car la religion est un sentiment intérieur qu'on persuade, et qu'on ne commande pas. Les hommes qui, pleins d'un zèle aveugle, n'ont point de plus grande passion que de conduire les autres, ont besoin eux-mêmes

d'être surveillés attentivement par le prince,
de peur qu'après avoir jeté le trouble dans les
consciences timorées des citoyens, ils n'en
viennent par degrés à troubler l'ordre commun de la société » (a).

— « On peut proposer à tous les princes les
sages précautions que la république de Venise
prend contre les Ecclésiastiques : 1° Nobles ou
citadins, les Ecclésiastiques sont exclus de
toutes les charges et de tous les conseils publics, et cette loi ferme la porte à toutes les
entreprises de la Cour de Rome sur le temporel..... 2° La loi exclut encore les nobles
qui ont un frère, un oncle ou un neveu cardinal, de toutes les délibérations concernant
les Ecclésiastiques. 3° Elle interdit pareillement l'entrée du saint-office à tous ceux qui
postulent à Rome le cardinalat ou quelqu'autre
dignité. 4° Les nobles qui se font chevaliers
de Malte n'ont plus de part au Gouvernement.
5° Le patriarche de Venise, *qui est élu par le*

(a) Sc. du Gouvern., tom. vi, De la politique, ch. i,
sect. iv, § xxi, ayant pour titre : *Que le prince doit renfermer les Ecclésiastiques dans les bornes de leur ministère.*

Sénat, ne met point dans ses titres les marques de dépendance que les évêques des autres États étalent à la tête de leurs mandemens (*a*).

« En Écosse, on a tant d'attention à ne laisser prendre aux ministres de la religion aucune connaissance des affaires temporelles, qu'un Ecclésiastique, de quelque religion qu'il soit, n'est pas reçu en témoignage devant les tribunaux séculiers.

« Il se peut qu'il y ait des pays où la religion fasse plus de bien qu'en Hollande ; mais il n'y en a point où elle fasse moins de mal. La

---

(*a*) « La République de Venise ne souffre point dans son Sénat ceux qui sont engagés dans les Ordres sacrés. Ils doivent à la Cour de Rome une soumission d'un caractère distingué de celle du général des peuples ; ils peuvent en espérer des récompenses ; il leur est permis d'en recevoir des graces. L'ignorance antique força les États à se servir du Clergé dans les affaires civiles et politiques. Cette nécessité n'est plus. On pense à Venise que c'est faire tort à l'Ecclésiastique, lorsqu'on l'enlève aux fonctions de son état pour le rappeler au siècle qu'il doit quitter, et on croirait blesser en même temps la politique ». (Abrégé de la Répub. de Bodin, tom. 1, liv. III, chap. II, pag. 357.)

—*Voy. aussi* l'Exposition de la Doct. de l'Eglise Gallic. IIIe part., pag. 44.

précieuse tranquillité dont les États jouissent, doit être rapportée à la sagesse du Gouvernement, qui ne confie aux ministres de la religion aucune portion de l'autorité publique » (*a*).

« Charles VII fut obligé de chasser du royaume le cardinal d'Amiens ; et Louis XI, de faire emprisonner le cardinal Balüe. Après la mort de Louis XI, le même Balüe cabala pour revenir en France ; mais les États du royaume assemblés à Tours (*b*) firent des remontrances à Charles VIII sur les inconvéniens qui pouvaient arriver de la présence au Conseil d'un personnage de cette qualité.

« Un grand historien (de Thou), qui nous apprend ces faits, remarque, que la France n'a eu que deux cardinaux dont l'admission ait été utile à l'État : d'Amboise, sous Louis XII, et Duprat sous François Ier. Il ajoute que, quoique leur conduite fût exempte de toute sorte de soupçons, les rois, leurs maîtres, ne

(*a*) Science du Gouvern., tom. vi, ch. i, sect. iv, § 24, ayant pour titre : *Sages précautions que prennent quelques États, à l'égard des ministres de la religion.*

(*b*) En 1483.

les admirent jamais dans les Conseils, lorsqu'il s'y agissait d'affaires où la Cour de Rome
était intéressée. Ils ordonnèrent « que nuls
« cardinaux, évêques ou autres, ayant ser-
« ment spécial du pape, ne seraient du Conseil;
« ne mesmement le cardinal de Bourbon, s'il
« ne renvoyait le chapeau » (*a*).

« Les cardinaux tirent toute leur élévation
de la Cour de Rome, toujours active sur les
progrès de sa domination, et nous connaissons
l'ambition des autres Ecclésiastiques. Outre
que les intérêts d'un Corps, dont on est membre, inspirent presque toujours le désir d'en
accroître la grandeur, *les gens d'église forment,*
à parler en général, comme un État au milieu
de l'État; ils y sont comme étrangers, et dé-
pendans d'une Puissance étrangère; et, s'ils
prévariquent, il est impossible de leur faire
leur procès. La saisie de leur temporel est
un frein médiocre. Il semble d'ailleurs qu'un
prince doive moins compter sur l'affection d'un Ecclésiastique que sur celle d'un

_____

(*a*) *Voy.* la Lettre de M. le président Hénault, Mercure
du mois de janvier, 1760, pag. 143.

Séculier. *Les personnes qui vivent dans le célibat ne sentent pas les mouvemens de la tendresse paternelle , et ce sentiment est le plus vif qui puisse animer les hommes à servir l'État*, pour faire rejaillir sur leurs enfans la récompense de leurs services. Les Ecclésiastiques peuvent-ils avoir une affection naturelle pour un pays qui ne peut servir de patrie *à une postérité qu'ils n'ont pas?* Le désir qu'ont les Gens d'Église de parvenir aux honneurs que la Cour de Rome distribue, les peut rendre justement suspects de condescendance *pour la politique qui règne dans cette Cour, au préjudice des droits des souverains (a).*

« Cet inconvénient n'est pas à la vérité si grand en la personne des Ecclésiastiques qui sont parvenus au faîte des honneurs de l'Église, et qui n'ont rien à espérer ni à craindre que de leurs souverains ; mais c'est toujours un assez grand mal que de confier l'administration des affaires publiques à des personnes qui n'ont pas été élevées dans les principes

---

(a) *Voy. sur tout ceci, ci-après*, l'Appendice, liv. 1, n. 42.

du Gouvernement, et qui ont pu prendre, dans les livres de leur profession, sur l'autorité des Papes, des préjugés dangereux à l'égard de la puissance des princes » (*a*).

—« Quels obscurcissemens n'ont pas reçus, dans des temps d'ignorance, les vérités les plus certaines...? Combien de fois la religion mal entendue n'a-t-elle pas armé des hommes crédules, qui croyaient gagner la palme du martyre en combattant contre leur souverain...?

« Comme l'autorité du Pape est fondée sur la religion, il n'est pas étonnant que de sa part, le désir de s'élever, et de la part des

---

(*a*) (Sc. du Gouvern. § 25 : *Si les Ecclésiastiques doivent être admis dans les Conseils de l'État.*)

Voy. aussi, ibid., tom. VII. *Droit ecclésiastique*, ch. III. *Du Gouvernement du prince par rapport aux affaires, aux personnes et aux biens ecclésiastiques*, sect. III. *Si les biens ecclésiastiques sont assujettis au paiement des taxes.*—Ibid. § XLVI. *Motifs pour soumettre les Ecclésiastiques aux mêmes impositions que les laïques.* — Ibid. chap. V, sect. 2, § 47. *Que les papes ni l'Église n'ont aucun pouvoir sur le temporel des princes.*

Voy. aussi VATTEL. Droit des gens, liv. I, chap. III, § 146. Détail des abus : *De la Puissance du pape, etc.*

fidèles, la crainte de manquer à des devoirs sacrés, aient porté cette autorité trop loin. L'ambition est ardente, et le superstitieux ne croit jamais avoir satisfait à des obligations dont il ne connaît ni l'étendue ni les bornes. Le seul remède, c'est que les princes instruisent leurs peuples des vrais devoirs que la religion a consacrés (*a*), et qu'ils fassent intervenir dans cette instruction la religion même, à l'exemple de la Cour de Rome, mais dans des vues plus légitimes.....

« S'il fallait en croire les flatteurs de la Cour de Rome, le Pape serait *l'Ordinaire des Ordinaires*; il serait le maître de tous les bénéfices; il serait réputé *infaillible* et supérieur aux Conciles; la puissance *temporelle* serait soumise à son autorité *spirituelle*; et maître *absolu* du spirituel et du temporel de tous les États, il foulerait aux pieds toutes les couronnes du monde....

« Du temps de Gerson, il y avait encore, comme il s'en plaint (*b*), des Canonistes qui

---

(*a*) *Voy.* vol. 1ᵉʳ, liv. 1, 11 et 111.
(*b*) *De Potestate ecclesiast. Const.* 8.

élevaient la puissance du Pape jusqu'à dire qu'il était le maître de tous les biens ecclésiastiques ; qu'il en pouvait disposer comme il lui plaisait ; qu'il ne pouvait commettre de simonie à cet égard ; qu'il était au-dessus du droit (*quòd super jus est*) ; qu'on ne pouvait appeler de lui, sinon en cas d'hérésie ; et que tout ce qui était décidé par tout autre que par lui n'avait de force qu'autant qu'il l'approuvait. Le nombre de ces lâches Canonistes n'était pas petit : car Gerson assure que ces fausses opinions avaient, pour parler ainsi, jeté des racines profondes dans l'esprit de plusieurs ; qu'avant le Concile de Constance, on s'exposait à passer pour hérétique dans l'esprit de ces gens-là, en combattant leurs folles prétentions....

« La Cour de Rome, qu'on pourrait appeler un peuple de prêtres, aussi justement que Florus l'a nommée dans sa Fondation un peuple d'hommes (*populus virorum*), est une assemblée de courtisans attentifs à relever la grandeur du Pape, pour y trouver leur propre élévation ; c'est une foule de flatteurs qui attribuent au Pape des perfections que Dieu seul possède, et qu'il n'a communiquées à aucun homme mortel ; ils n'oublient rien pour changer l'humilité sainte et le désintéressement des premiers apôtres en une gloire mondaine et en une domination *absolue*. C'est une société de personnes qui mesurent la religion et le mérite des hommes par le degré de soumission que les hommes ont pour leurs sentimens, et pour l'autorité de celui auquel ils veulent que tout soit soumis. On y agit par des principes humains et par les maximes d'une politique purement civile ; les choses les plus certaines s'y tournent en problème, et les plus douteuses en certitude...

« Pour le dire en un mot, les Ecclésiastiques qui ne tiennent leur opulence que des libéralités des princes, affectent en tout de se distinguer des usages des laïcs, pour usurper leurs droits. Ils n'ont de commun avec eux que le terme de juridiction, qui régulièrement ne leur appartient pas ; mais qu'ils ont usurpé, pour usurper insensiblement la chose qu'il signifie. C'est peu pour eux d'avoir une juridiction intérieure, s'ils n'en ont une extérieure ; c'est peu qu'ils aient une juridiction extérieure, s'ils

n'ont un pouvoir *coactif. Bientôt, si on lais-*
sait faire le Clergé, les princes ne régneraient
plus qu'au gré des Ecclésiastiques, et nous
verrions renaître les usurpations du Clergé
avec les siècles d'ignorance, de ténèbres et
d'illusion.

« Je ne dis rien ici dont je ne puisse citer
des garans dont le témoignage est hors d'atteinte.... Adrien VI ne dissimula pas les maux
de la Cour de Rome; mais ce bon Pape ne fut
pas assez long-temps sur la chaire de Saint-
Pierre, pour exécuter le dessein qu'il avait
formé de faire une réformation générale dans
l'Église. Tous les bons catholiques ne cessèrent de la demander, comme le seul moyen
de ramener à l'Église ceux qui s'en étaient
malheureusement séparés.

« Ce fut dans cette vue que Paul III indiqua enfin le Concile général (*a*) qui était
demandé depuis plusieurs années par toute
la Chrétienté. En attendant qu'il se tînt, il
nomma des cardinaux et des prélats, pour
lui représenter avec liberté les principaux

. (*a*) Sous Charles-Quint, dans le 16ᵉ siècle.

abus de la Cour de Rome. Ces députés, à la tête desquels était le célèbre cardinal Contarini, dressèrent un écrit qui avait pour titre : *Avis pour la réformation de l'Église.*

« Après avoir remercié Dieu d'avoir donné à son Église un pape qui avait de si bonnes intentions, ils disent dans cet écrit *que l'esprit du Seigneur qui a affermi les cieux, va se servir du pape pour raffermir l'Église de Jésus-Christ, laquelle est sur le penchant de sa chûte, ou plutôt est presque entièrement tombée.* Ils déclarent ensuite que la source des désordres venait de ce que quelques-uns des Pontifes prédécesseurs avaient été environnés de ministres qui flattaient leurs desirs, et qui n'étaient pas auprès de leur personne pour leur apprendre ce qu'ils devaient faire, mais pour inventer des raisons spécieuses qui rendissent permis ce qui leur était agréable. — *Comme l'ombre suit le corps,* ajoutent-ils, *l'adulation suit tout état élevé ; la simple vérité ne parvient presque jamais aux oreilles des personnes constituées en dignité.* — Et c'est de là que sont venus ces Docteurs qui ont enseigné que le souverain Pontife était le maître de tous les bénéfices, et que, comme le maître a droit de *vendre* ce qui lui appartient, il ne saurait y avoir de simonie dans tout ce qui se traite avec le souverain pontife; en sorte que, selon ces docteurs, la volonté du souverain pontife est la règle de ses actions, qu'il peut tout ce qu'il veut; or, *de cette source* (ce sont toujours les prélats qui parlent), *comme du cheval de Troie, sont sortis tant d'abus qui déshonorent l'É-glise* » (*a*).

——« L'esprit de domination, dit encore l'auteur de la Science du Gouvernement, naquit malheureusement de la subordination, qu'on avait sagement introduite pour prévenir les maux qu'une anarchie générale eût produits. Sous prétexte de maintenir l'unité, on voulut tout réduire en servitude, et changer un Gouvernement de charité en un despotisme arbitraire. La grossièreté des erreurs qui s'élevèrent d'abord, ne laissa pas lieu de sentir

_____

(*a*) *Consilium delectorum cardinalium de emendanda Ecclesia jussu Pauli III.*—Frapaolo, Hist. du Concile de Trente, trad. d'Amelot, *Amsterdam*, 1674, *in-4*, p. 79. ——Hist. Thuan, *lib.* 1.

tout le danger de cet esprit d'empire et de ces décisions perpétuelles. A force d'anathèmes et de constitutions, le monde s'est réveillé; mais on ne s'est ensuite élevé contre les abus, qu'en rompant tous les liens de la charité et de la subordination, sous prétexte de rétablir la foi et de maintenir l'indépendance, excès de part et d'autre également condamnables. Il faut adorer les secrets de la Providence, et cependant tenir toujours par la charité à des peuples, qui, quoique séparés de nous par leur croyance, n'en sont pas moins nos frères en Jésus-Christ » (a).

Il ne faut pas considérer comme une pure chimère philanthropique la pensée d'une association solide entre les nations : mais c'est sur-tout un aussi vaste édifice qu'il ne faut pas tenter de construire par le faîte, sans en asseoir les bases sur des fondemens fermes et immuables.

(a) Sc. du Gouvernement, tom. vii. Droit ecclésiastiq. chap. i, §§ 5, 28, 41. — *Ibid.* chap. ii, sect. 9, § 80.

Voy. aussi, l'Exposition de la Doctrine de l'Église Gall. ii⁰ part., pag. 175. — Et l'ancien Dictionnaire de Jurisp. par Guyot, au mot *Libertés de l'Église gallicane.*

Il ne faut pas considérer comme chose absolument impossible l'existence de la grande
association du genre humain ; mais un tel
édifice ne peut être élevé que sur des principes de vérité, de raison, de justice, de
liberté, et non point sur des principes de
mensonge, de superstition, de despotisme,
d'intolérance et d'esclavage. (*a*) (15).

(*a*) *Voy.* 1e part., vol. III, *Conclusion.* Et *ci-après*,
IIe part., liv. II , chap. II , tit. I.

§ II.

DEUXIÈME APERÇU.

SOMMAIRE. Sujet et division de ce Paragraphe.

« Le système représentatif a besoin d'être réglé d'après des bases sages et solides, pour qu'il en puisse résulter un avantage réel, même dans les Gouvernemens mixtes.

« L'Élection et l'hérédité, quant à la transmission des Droits du trône, ont moins de dangers dans les Gouvernemens mixtes que dans les Gouvernemens simples: l'hérédité y est toujours préférable à l'élection.

« La fédération des Gouvernemens mixtes bien constitués doit avoir plus de stabilité que celle des Gouvernemens simples ».

DANS le second paragraphe du premier titre, nous avons envisagé les Gouvernemens *simples* sous les points de vue différens que peuvent offrir la représentation, l'élection et l'hérédité, et la fédération. Pour suivre la progression naturelle des idées, d'après la méthode et le plan que nous avons adoptés, nous traiterons de même, dans ce second paragraphe du titre deuxième, relativement aux Gouvernemens *mixtes ou composés*, 1° de la représentation, 2° de l'élection et de l'hérédité, quant à la transmission des droits du trône, et 3° de la confédération.

Nous nous appliquerons, en suivant cette marche, à démontrer la nécessité d'admettre le système de la représentation dans cés Gouvernemens mixtes; à établir que la représentation n'y est pas sans inconvéniens et sans dangers, s'il n'est pris, pour les écarter, des précautions sages, et prescrites par la nature même des choses; à faire remarquer que l'admission du système réprésentatif, qui ne change réellement pas le premier caractère essentiellement distinctif des Gouvernemens simples, n'altère pas non plus le premier caractère essentiellement distinctif des Gouvernemens mixtes.

Nous nous attacherons à prouver plus spécialement que nous ne l'avons encore fait jusqu'ici, que l'hérédité des droits du trône, dans les Gouvernemens vraiment monarchiques, est la seule hérédité de pouvoir qui puisse être sans dangers, et procurer de véritables avantages, soit sous le rapport de la participation à la puissance législative, soit quant au plein et entier exercice de la puissance exécutive.

Enfin, nous ferons de nouveau remarquer que la fédération des Gouvernemens mixtes doit être plus durable et plus solide que celle des Gouvernemens simples, et que cette fédération serait sur-tout d'autant plus parfaite que la constitution particulière de chacun des Gouvernemens faisant partie de la fédération serait plus proche d'un seul et même degré de perfectibilité, c'est-à-dire, plus propre, par sa nature et par les détails de son organisation, à remplir les différentes fins que les trois puissances constitutives doivent par-tout remplir pour atteindre le but commun des associations humaines.

1° *Représentation.*

SOMMAIRE. Nécessité d'admettre le système de la Représentation, même dans les Gouvernemens mixtes ou composés.

Ses inconvéniens et ses dangers, si l'on ne prend, pour les prévenir, les précautions que prescrivent la nature des choses et l'imperfection humaine.

Son admission ne change pas le caractère essentiellement distinctif des Gouvernemens mixtes ou composés.

PAR les motifs que nous avons exposés dans le titre qui précède, en traitant de la représentation dans les Gouvernemens simples; lors, par exemple, que la population est devenue trop nombreuse et le territoire trop étendu pour que la société tout entière, ou quelques classes seulement de la société, puissent se réunir près du prince afin de délibérer et de prendre ainsi part à l'exercice de la puissance législative; il est nécessaire d'admettre le système de la représentation même dans les Gouvernemens mixtes ou composés qui participent de la nature de l'aristocratie ou de la démocratie; et plus encore dans un Gouvernement qui participerait uniquement de la démocratie et du Gouvernement d'un seul.

Nécessité d'admettre le système de la représentation dans les Gouvernemens mixtes.

Évidemment, dans toutes ces circonstances, il est de nécessité absolue que les
membres des classes aristocratiques ou polygarchiques trop nombreuses pour pouvoir
prendre part, directement et par elles-mêmes,
à l'exercice de la puissance législative, et en
général que tous les membres de la société,
aient des représentans, des mandataires ou
députés, par lesquels ils puissent être censés
faire entendre librement leur voix et exprimer leur volonté.

Dans le titre qui précède, en traitant de la
représentation dans les Gouvernemens *sim-*
ples, nous avons même déja entrevu que
l'admission de la représentation ne peut
avoir, dans les Gouvernemens mixtes, où
les représentans ne doivent prendre part qu'à
l'exercice de la puissance législative, les inconvéniens qu'elle doit avoir dans ces Gouvernemens simples, où la puissance législative, la
puissance exécutive, et souvent la puissance
judiciaire, se trouvent unies et concentrées
dans les mêmes mains.

En effet, dans les Gouvernemens simples,
par cela seul que l'autorité y est entière, sou-

-veraine et absolue, il est facile à ceux qui en sont les dépositaires d'abuser, ainsi que nous l'avons vu, de l'excès de cette autorité, de commettre des exactions et des violences, de se rendre redoutables et tyrans; il leur est naturel, par cela seul que leur autorité est absolue et excessive, de perpétuer eux et leurs descendans dans la possession de cette autorité, quoiqu'elle ne leur ait été confiée que pour être exercée par eux, et seulement pour un temps.

Mais dans les Gouvermens mixtes, au contraire, la puissance exécutive (sur-tout quand elle participe elle-même à la puissance législative, comme cela doit être), et la puissance judiciaire, distinctement exercées, peuvent facilement mettre obstacle aux projets d'usurpation que des représentans ambitieux viendraient à concevoir; et c'est sans doute pour avoir bien senti la force et toute l'étendue de cette vérité, que l'auteur de la Défense des constitutions américaines a dit fort judicieusement « que, dans le cas même où le Gouvernement est composé de deux branches, soit que le pouvoir exécutif ré-

side en totalité dans l'une, ou qu'il soit partagé, on a toujours à craindre que les disputes qui s'élèveront entre elles n'ouvrent
la porte à la tyrannie de quelque individu ;
mais que, lorsque le pouvoir exécutif réside
dans une seule main, le législatif dans trois,
et le judiciaire dans d'autres mains encore,
la continuation du pouvoir est rarement à
craindre » (a).

La représentation n'est pas sans dangers, même dans les Gouvernemens mixtes, si l'on ne prend, pour s'en préserver, les précautions que prescrit la nature des choses.

Cependant, dans un Gouvernement mixte
où les puissances se trouveraient ainsi convenablement réparties, il peut encore résulter un grand nombre d'inconvéniens et de
dangers de l'admission du système représentatif, si la loi constitutionnelle et fondamentale de l'État n'a pas réglé certains points
d'une haute importance ; si, par exemple,
les pouvoirs des représentans, soit des classes
aristocratiques, soit de la société tout entière, ne sont pas, par de sages précautions
et une habile combinaison, rigoureusement
circonscrits dans les justes limites des attributions de la puissance législative, à l'exer-

_____

(a) Défense des constit. améric. tom. ii, p. 391.

cice de laquelle ils doivent strictement se borner; si cette même puissance législative, dans toute l'étendue de ses véritables attributions, n'est pas exercée d'une part par le prince ou les autres chefs investis de la puissance exécutive, et d'autre part par les représentans; si, par de certaines règles fondamentales, reposant sur la nature des choses, le choix des électeurs n'est pas spécialement dirigé sur des hommes qui puissent avoir des intérêts communs avec ceux qu'ils doivent représenter; si ces représentans ne sont pas exclusivement choisis parmi les citoyens qui réunissent en leur personne les qualités propres à donner de leur patriotisme, de leurs lumières, de leur sagesse, de leur droiture, de leur moralité, les plus fortes garanties possibles; si, sous divers rapports, ces représentans ne sont pas en outre *individuellement* responsables de leur conduite, et, dans certains cas, justiciables d'une autorité judiciaire dont l'indépendance morale ne soit pas moins scrupuleusement garantie que la leur; si de plus l'incompatibilité absolue des fonctions de ces

représentans avec toutes celles qui , de leur
nature, se rattachent à l'exercice de la puissance exécutive et à l'exercice de la puissance
judiciaire, n'est pas universellement reconnue ; en un mot, si toutes les précautions
qu'un observateur du cœur humain, attentif
et pénétrant, peut, en théorie, considérer
comme utiles, ne sont pas, autant qu'il se
pourra, mises en usage, dans la pratique,
pour placer les représentans dans une position qui ne soit en rien contraire à la plus
scrupuleuse observation de tous les devoirs
que leur imposent d'aussi éminentes fonctions.

Sans toutes ces précautions de détail, qui,
en semblable matière, ne sauraient paraître
minutieuses ou superflues, il sera encore
trop vrai de dire, avec l'auteur que nous
venons de citer, « Les passions et les préjugés de chaque votant seront mis en jeu ;
on emploiera tour-à-tour la flatterie et la
menace, la ruse et la séduction ; et, ce qu'il
est affreux d'imaginer, le candidat ou l'agent
qui aura le moins de scrupules, celui qui
propagera avec le plus de confiance et d'a-

dresse le mensonge ou la calomnie, celui qui saura le mieux flatter et séduire le peuple par de douces paroles, par des festins, par des présens, celui-là même aura le plus d'amis : l'honneur, l'intégrité, la vertu ne pourront résister à son influence ; et lorsque l'impudence et la fourberie auront ainsi présidé aux élections, ces vices acquerront bientôt de nouvelles forces....

« Les attachemens de famille, les préjugés de la superstition, les liaisons d'habitude, les fausses impressions, un caprice, déterminent trop souvent les suffrages de la multitude, même sans qu'une coupable intrigue y ait aucune part...

« Il est donc une amélioration dont il est, avant tout, indispensablement nécessaire de s'occuper ; c'est de remédier aux vices des élections, et d'opposer à la corruption quelque obstacle invincible.... » (a).

Un membre de la Chambre des Députés, parlant en faveur du projet de loi relatif aux

---

(a) Défense des constitutions améric. tom. II, lett. 12, pag. 209 : et *ibid.* tom. II, pag. 381.

élections, dans la session de 1816, disait aussi avec vérité : « Depuis vingt-cinq ans, le système représentatif est admis en France; mais nous devons convenir qu'aucun des modes adoptés jusqu'à ce jour pour son organisation, n'a encore offert cette perfection qui réunit tous les esprits, en prévenant toutes les objections. Chacun de ceux que l'on a essayés, ont eu leurs inconvéniens : et si nous examinons les systêmes adoptés par les autres nations, nous trouverons les mêmes défauts, et nous finirons par cette réflexion, que rien n'est plus difficile que d'organiser l'ordre social » (a).

Nous entrerons donc, par la suite, dans un examen plus approfondi des détails de l'organisation à ce sujet.

L'admission de la Représentation ne change pas le caractère essentiellement distinctif des Gouvernemens mixtes.

Mais, en terminant cet article, nous croyons devoir faire remarquer pour l'intelligence de ce qui nous reste à exposer avant d'arriver

---

(a) Discours de M. Favart de Langlade. — Moniteur du 28 décembre 1816.

On sait qu'à cette époque, plusieurs autres membres de la Chambre des Députés ont fait de semblables réflexions.

à ce dernier examen, que, le premier caractère essentiellement distinctif des divers Gouvernemens résultant, comme nous l'avons
établi, de la confusion ou de la distinction
des trois puissances constitutives (*a*), le systême de la représentation peut être admis dans
les Gouvernemens mixtes, plus encore que
dans les Gouvernemens simples, sans en
altérer réellement la nature.

_____

(*a*) *Voy. ci-dessus*, vol. IV, pag. 112, *et suiv.*

2° *Transmission des Puissances; ou de l'Élection et de l'Hérédité.*

SOMMAIRE. L'Hérédité des Droits de la Couronne, soit sous le rapport de la participation à l'exercice de la Puissance législative, soit relativement au plein et entier exercice de la Puissance exécutive, est la seule hérédité de pouvoir qui puisse être sans danger, et avoir de véritables avantages dans les Gouvernemens *monarchiques*.

L'Hérédité des Droits du trône est la seule hérédité de pouvoir qui puisse être sans danger, et avoir quelques avantages réels dans les Monarchies.

EN replaçant dans sa mémoire ce que nous avons établi dans la première partie de cet ouvrage (*a*), et ce que nous avons dit dans le titre qui précède (*b*), on est déja convaincu qu'en général tout système de transmission héréditaire quant à l'occupation des emplois et des places, aussi bien que relativement à la possession des titres, des honneurs, de la noblesse, doit être rigoureusement exclu d'un Gouvernement mixte, pour que les institutions s'y trouvent réellement en harmonie avec les principes élémentaires de l'équité, de la morale et du droit.

(*a*) *Voy. entre autres*, vol. 1, pag. 122 *et suiv.*
(*b*) *Ibid.*, vol. IV, pag. 179, *et suiv.*

En effet, n'avons-nous pas clairement démontré, n'est-il pas d'ailleurs mille et mille
fois évident, que, dans l'intérêt général de
la société entière, comme dans l'intérêt
particulier véritable de chacun de ses membres, il serait de la plus haute importance
que tous les emplois et toutes les places,
publics, civils, judiciaires, administratifs, militaires et autres, fussent toujours occupés,
par des citoyens animés d'un amour véritable pour la patrie et pour la paix, d'un
sentiment d'égalité fraternelle et de justice,
éloignés de ce caractère de vanité, de mor-
gue et d'orgueil, vice diamétralement opposé
à l'esprit d'équité, aux principes solides de
la morale et d'une vraie religion, et malheureusement inséparable, ainsi que le prouve
trop l'expérience, de toute noblesse héréditaire ; par des citoyens qui ne répandissent
pas non plus, dans toutes les branches de
l'Administration, ces sentimens de parti et
de faction, de haine, d'animosité et de
vengeance ; cette soif ardente et difficile à
apaiser, d'exemptions, de prérogatives, de
priviléges ; ces germes odieux de troubles,

de guerres civiles et de révolutions; enfin, par des citoyens doués de la capacité, de l'instruction, de l'intégrité, de la prudence, du courage, et de toutes les autres qualités nécessaires pour remplir leurs fonctions utilement pour tous et honorablement pour eux? N'est-il pas évident aussi, n'est-il pas démontré par tous les faits de l'histoire, par une longue et journalière expérience, que généralement les enfans n'héritent pas du désintéressement, des talens, des vertus, du courage de leurs parens; et que le plus souvent même les descendans des hommes justes, sages, instruits et éclairés, sont au contraire d'autant plus vains, et dépourvus de sagesse, d'instruction et de lumières; qu'ils s'imaginent pouvoir considérer le patriotisme, le mérite et l'habileté de leurs ancêtres comme une dispense de qualités personnelles, ou comme un droit à l'égoïsme, à l'ignorance, à la sottise et à la nullité?

Ces vérités d'observation, universelles et immuables, une fois gravées dans notre esprit, si l'on ne veut pas agir dans une direction manifestement contraire au bon sens et à la raison, il faut que les considérations les plus puissantes, les motifs du plus grand poids se réunissent pour que l'on doive apporter une seule exception à la règle naturelle et de toute équité qui s'y rattache et en découle immédiatement.

Or, nous aurons encore plus d'une fois l'occasion de le prouver par la suite, ces motifs puissans d'exception n'existent pas plus pour l'admission du principe de l'hérédité, quant à la transmission de toutes les fonctions représentatives dans les Gouvernemens mixtes, modérés ou composés, que dans les Gouvernemens simples; conséquemment, dans les uns comme dans les autres, les pouvoirs des représentans en général doivent être conférés, non par voie d'hérédité, mais par voie d'élection; et ce n'est pas sans juste raison que l'auteur de la Défense des constitutions, dit à ce sujet : « Les Américains ont fait leurs premiers magistrats et leurs sénateurs électifs et non héréditaires; et c'est en quoi ils se sont encore fort sagement écartés des constitutions d'Angleterre » (*a*).

_____

(*a*) Défense des constitutions améric. tom. 1, p. 143.

10.

Mais au contraire, dans les Gouvernemens monarchiques, les raisons les plus péremptoires existent réellement, ainsi que nous l'avons déja fait pressentir (a), pour déterminer à y admettre le principe de la transmission des droits du trône, par voie d'hérédité, et non par voie d'élection.

En premier lieu, dans un pareil Gouvernement, le prince ne devant exercer la puissance législative qu'avec le concours et l'accord de la société tout entière (ou de ses représentans), ou du moins avec le concours de certaines classes (ou de leurs représentans); dans ce Gouvernement, la puissance judiciaire devant aussi être indépendante et distincte de la puissance exécutive ; il s'ensuit que les abus et les malheurs qui résultent naturellement de l'excès d'un pouvoir despotique et absolu, ne seraient pas à redouter, comme ils le sont dans les Gouvernemens *simples*, lors même que l'héritier du trône par droit de naissance n'aurait pas hérité de

---

(a) *Voy*. entre autres, à ce sujet le passage de Filangieri, ci-dessus transcrit, vol. v, tit. ii, § i, pag. 56 *et suiv*.

la sagesse et des vertus de ses prédécesseurs.
Et il est d'ailleurs fort essentiel de se bien
pénétrer de cette vérité, que l'imperfection
du gouvernement, le despotisme, l'excès du
pouvoir, est précisément l'une des principales causes de la mauvaise éducation des
princes destinés à régner ; celle dont le résultat le plus immédiat est de détruire la
bonté naturelle de leur caractère, la justesse et la sagacité de leur jugement.

Dans un Gouvernement despotique, si le
trône y est héréditaire, les courtisans, dont
l'héritier présomptif est environné dès sa
naissance, ne manqueront jamais de lui parler
de l'étendue de son pouvoir ; ils lui diront,
et lui répéteront sans cesse, que lui seul est
tout, que les autres hommes ne sont rien,
que tous ses sujets ne sont que des esclaves
semblables à eux, que les peuples entiers ne
sont que des troupeaux qui doivent obéir
servilement à sa voix, qu'ils ne sont faits que
pour être le jouet et les instrumens de ses
volontés les plus irréfléchies, de ses caprices et
de ses passions, qu'il ne doit éprouver aucune résistance au moindre de ses désirs, et

que sa parole est la loi suprême ; ils lui donneront de fausses idées de la gloire, de la
grandeur, de l'honneur ; ils lui parleront de
conquêtes et de victoires ; ils emploieront
constamment leurs soins à éveiller son ambition, à exciter la fougue de ses passions : et
c'est ainsi qu'en dénaturant entièrement à ses
yeux les sentimens les plus nobles et les plus
généreux, ils parviendront infailliblement à
égarer sa raison, à pervertir son esprit et son
cœur, et à lui faire ignorer ses devoirs et ses
obligations les plus sacrés.

Ce serait donc le lieu d'appliquer utilement
la réflexion suivante de l'auteur du livre de
l'Esprit et de l'Éducation de l'homme : « Ce
que j'ai dit des visirs, je le dis des sultans.
Les princes n'échappent point à l'ignorance
générale de leur nation. Leurs yeux mêmes à
cet égard sont plus couverts de ténèbres
épaisses que ceux de leurs sujets. Presque
tous ceux qui les élèvent ou qui les environnent, avides de gouverner en leur nom,
ont intérêt de les abrutir. Aussi les princes
destinés à régner, enfermés dans le sérail

jusqu'à la mort de leur père, passent-ils du harem sur le trône, sans avoir aucune idée de la science du Gouvernement, et sans avoir assisté une seule fois au divan » (*a*).

L'auteur du Système social, dit aussi : « La vraie morale n'entre habituellement pour rien dans l'éducation des princes : ce n'est pas ordinairement dans les Cours qu'on apprend la vertu. Ces Cours sont les cloaques des nations; tout y respire la licence, la volupté, la débauche, la perfidie, le mensonge; tout y conspire à détourner de la raison, de la réflexion, de la probité. L'école des courtisans n'est que l'école de la dissipation, de l'intrigue et du crime; un jeune prince n'y prend que des leçons de vanité, de dissimulation, de tyrannie; il y apprend à regarder les hommes comme des êtres d'une espèce différente de la sienne, comme les jouets de ses propres caprices, comme une race abjecte et peu digne de ses soins. Quelles idées peu-

(*a*) OEuvres d'Helvétius, t. ii, de l'Esprit, Disc. iii, chap. xviii, intitulé : *Principaux effets du despotisme.* pag. 106.

vent se former dans la tête d'un mortel à qui tout persuade que Dieu, en le faisant naître, a voulu qu'il fût le maître absolu de la liberté, des biens, de la vie de ses sujets ?

« Sous un Gouvernement despotique, qui toujours est ombrageux, ajoute le même auteur, le successeur au trône ne peut communément acquérir ni connaissances ni talens. Ses lumières et ses vertus causeraient des inquiétudes au despote régnant, fait pour craindre les qualités dont il se sent lui-même dépourvu. La sûreté de l'État, ou plutôt la tranquillité du maître et de ses favoris, exige que son héritier soit retenu dans l'ignorance, engourdi dans la mollesse, et même totalement abruti. Le tyran regarde son fils comme un ennemi : il aime bien mieux le voir stupide que dangereux. Le prince qui doit régner un jour sur les Ottomans, privé de toute instruction, confiné dans un sérail, entouré de vils eunuques, ne lit que l'Alcoran, et ne voit le Divan qu'après la mort du sultan. Des breuvages dont l'effet est de rendre hébété, rassurent un Mogol contre les craintes qu'il pourrait avoir de ses propres enfans » (*a*).

C'est peut-être aussi par de semblables motifs que, chez un peuple nègre de l'Afrique, l'usage veut que l'héritier présomptif de la couronne soit, au moment de sa naissance, enlevé de la Cour de son père, et relégué dans un village où, jusqu'à la mort du roi, il vit dans une ignorance complète du rang qu'il doit un jour occuper.

C'est évidemment par toutes ces causes, qu'un despote est toujours ou un être efféminé, sans vertus, sans force ni courage, dégradé et affaibli par tous les excès de la volupté, un être stupide qui sommeille au fond de ses palais, tandis qu'à ses côtés des animaux dévorans se gorgent du sang des malheureux ; ou bien un tigre, furieux et altéré de carnage, qui lui-même cherche avec rage à déchirer ceux qui entreprennent de lui résister, comme ceux qui sont assez lâches pour se soumettre et trembler devant lui.

(*a*) Système soc. IIe part. chap. IX, intitulé : « *Causes de l'abus du pouvoir et de la corruption des princes* ».

Assurément il serait bon que les jeunes princes destinés à régner fussent élevés au sein même de leur famille, et dans une sorte de retraite, jusqu'à ce qu'ils eussent atteint l'âge de raison ; et que la législation en même temps pourvût efficacement à leur instruction. « Dans les monarchies gouvernées par des monarques héréditaires, dit encore M. le baron d'Holbach, les lois devraient au moins pourvoir à leur éducation... » (a).

Les Gaulois ne permettaient pas que leurs enfans parussent devant eux en public avant l'âge de puberté; ils auraient rougi que leur fils, enfant, eût paru publiquement en leur présence avant qu'il pût porter les armes (b).

Aujourd'hui, au contraire, chez des nations qui se regardent comme les plus civilisées du monde, chez des peuples qui se persuadent quelquefois qu'ils sont parvenus au plus haut degré de civilisation et de perfectionnement dans toutes leurs institutions, l'héritier du trône est encore au maillot, en-

---

(a) Système soc., IIe part., chap. IX.
(b) *Voy.* les Commentaires de César, liv. VI.

veloppé de ses langes, que les grands et les courtisans, que les plus hauts personnages de l'État, lui parlent la tête inclinée et les genoux pliés, qu'ils prononcent devant lui de brillans discours, de flatteuses harangues. « Cet enfant qui doit régner, est élevé au milieu de la Cour. Sa faiblesse repose dans un berceau; mais ce berceau est déjà entouré d'adorations, c'est le trône de son enfance. Personne, après le souverain, n'est servi avec plus d'orgueil, et ne reçoit plus d'hommages. Il marche, on se prosterne; il bégaye quelques mots, on écoute avec respect; il se fâche, on tremble; il pleure, on dirait que l'ordre du monde est interrompu. On veut l'instruire; mais qu'aurait-il à apprendre? Est-il un enfant? Est-il un homme? N'est-il pas un Dieu? On ose quelquefois lui parler de ses devoirs; mais tout ce qui l'environne ne lui retrace que ses droits et sa puissance. Rois, c'est ainsi que l'étiquette des Cours a réglé l'instruction de votre jeunesse! Peuples, c'est ainsi que l'on forme ceux qui doivent vous gouverner » (a)!

_____

(a) M. DE LACRETELLE. Eloge du duc de Montausier.

Ce sont tous ces motifs réunis, qui sûrement avaient porté l'un des auteurs déja cités à penser que les meilleurs rois seraient ceux qui, avant de régner, auraient vécu dans une condition privée. « Avec les peines que l'on se donne, dit-il, pour cacher aux princes ce qu'ils doivent aux autres, avec l'ignorance où on les tient des rapports qui les lient avec leurs sujets; si l'on doit être surpris de quelque chose, c'est de ne pas les voir cent fois pires qu'ils ne sont. Ceux qui sont chargés d'élever un jeune prince, lui apprennent avec soin ce que les peuples lui doivent ; rarement lui parlent-ils de ce qu'il doit à ses peuples. Prosternés aux pieds de leur disciple, ces vils instituteurs ne l'habituent ni à régler ses passions, ni à modérer ses désirs, ni à résister à aucune de ses fantaisies. Qui est-ce qui aurait le courage de contredire un enfant dans lequel son gouverneur voit déja son maître? Rien de plus important que de briser de bonne heure les volontés de l'homme, afin de l'accoutumer à plier ses caprices aux lois de la raison; mais on craint d'affliger les princes ; on écarte de leurs yeux tous les objets propres à les émouvoir; on ne leur permet point de connaître les infortunes des hommes; ils semblent faits pour ignorer qu'il existe des malheureux sur la terre; leur cœur ne s'attendrit jamais sur les maux de leurs semblables. Ne sont-ils pas des dieux que leur rang sépare du reste du monde?

« Que faire d'un enfant volontaire, inappliqué, continuellement dissipé, corrompu par la flatterie dès le moment qu'il est né, que tout le monde entretient de sa grandeur future, à qui ses maîtres ne parlent qu'en tremblant, que son gouverneur est forcé d'appeler *Monseigneur?* Comment trouver de la docilité dans un jeune homme impérieux, que, depuis son berceau, tout enivre sans cesse et d'orgueil et d'encens? Comment faire sentir les droits de l'équité, de l'humanité, de la décence, à un être à qui tout le monde s'empresse de céder, à qui personne n'a le courage de résister? Il est presque impossible qu'un prince, sur-tout s'il est né sur le trône, ait la plus légère idée de la justice et de la vertu. Aussi les meilleurs rois ont-ils été ceux qui, avant de régner, ont éprouvé les coups du sort, ou bien ceux qui ont vécu dans une condition privée. » (*a*).

C'est dans ce sens aussi que l'on pourrait dire :

« Il faut peser le sceptre avant de le porter » (*b*).

Mais l'auteur de l'opinion que nous venons d'exposer sans déguisement, n'a pas, à ce qu'il paraît, assez senti que, sous aucun rapport, il n'en serait de même, que les inconvéniens qu'il signale n'existeraient pas, qu'il leur serait du moins apporté facilement remède, dans une monarchie véritable et bien organisée, où l'autorité, loin d'être absolue, serait au contraire sagement répartie, où les trois puissances seraient parfaitement distinctes, et toutes leurs attributions scrupuleusement classées et distribuées selon leur nature et leur caractère particulier ; enfin, où le peuple, autant que le monarque, serait appelé à participer à l'exercice de la puissance législative par ses représentans. Et peut-être n'est-il pas hors de propos de citer de suite

(*a*) Système soc., IIe part., chap. IX.
(*b*) Démétrius, tragéd. de M. Delrieux, *act. I, scèn.* I.

à ce sujet l'exemple d'une nation où, le Gouvernement se rapprochant déja de la forme de ce Gouvernement *mixte*, l'état de maladie, d'incapacité, de démence même du prince régnant, n'a pas entravé la marche des affaires publiques, et n'a occasioné ni malheurs, ni révolutions, ni changemens dangereux dans les bases de la constitution : tandis que, dans un Gouvernement despotique, ou plus éloigné de la perfection, une semblable circonstance eût certainement causé ou un changement de dynastie, ou quelques secousses et bouleversemens.

Ainsi, pour produire un exemple différent, sans nous écarter de nos climats, ce n'est pas de la même manière que les choses se passèrent autrefois en France sous le règne et pendant la démence de Charles VI : cette époque fut au contraire l'une des plus désastreuses de l'ancienne monarchie. Le royaume fut alors déchiré par les factions des princes, souillé de crimes, et livré à une déplorable anarchie. On vit la reine Isabeau de Bavière déshériter son fils, et placer la couronne sur la tête d'un roi d'Angleterre. Un des articles du traité

de Troyes portait que « les grands seigneurs,
barons et nobles, les États du royaume, les
cités et les communautés, les citoyens, et
bourgeois des villes feraient serment d'o-
béir en toutes choses au roi d'Angleterre,
comme établi dès-lors régent du royaume,
et de ne reconnaître jamais d'autre roi que
lui après la mort de Charles VI. » (*a*).

D'autre part (ce que nous avons dit précédemment (*b*) le fait assez connaître), combien la transmission des droits de la Couronne par voie d'hérédité, n'est-elle pas
propre à prévenir les brigues et les dissensions funestes qui ont inévitablement lieu
lorsque la couronne est élective, à chaque
décès du prince régnant, les guerres intestines et tous les malheurs dont les élections
sont infailliblement la source, et dont l'histoire nous a fourni et peut encore offrir à

(*a*) *Voy*. les Maximes du Droit publ. fr., t. vi, ch. vi,
pag. 299. — Les Ordonnances du Louvre, tom. ii, p. 86.
— L'Abrégé chronol. de l'Hist. de France, par Mézeray,
tom. vi. — L'Histoire de Paris, par Félibien, t. iv, p. 371,
380, 381, 390, 396.

(*b*) *Voy. ci-dessus*, tit. i, § 2, pag. 427 *et suiv*.

tout lecteur attentif des exemples nombreux et frappans.

M. le Marquis de Pastoret, dans son Histoire de la législation, dit en parlant de celle des Égyptiens « qu'une longue anarchie succéda au règne de Mendès, et qu'elle était le résultat naturel de ces combats de l'ambition et de l'orgueil qu'excite toujours la faculté laissée au peuple d'élire ses rois...

« Sabacon, continue-t-il, qui gouverna l'Égypte plusieurs siècles après, était né en Éthiopie, et revint y terminer ses jours. La vacance du trône et la possibilité d'élire amenèrent encore l'anarchie; douze hommes puissans se partagèrent l'autorité : un seul finit par la conquérir toute entière, la conserver et la transmettre (*a*).

« Quand la fin d'une dynastie donnait lieu à l'élection d'un roi, cette élection se faisait avec une grande solennité, non loin du Nil, sur une montagne sacrée. Tous les sujets n'y concouraient pas, mais uniquement les guer-

---

(*a*) Diod. 1, §§ 65, *et suiv.* — Hérod. 11, §§ 147, 151, *et suiv.*

riers et les prêtres (a) : on eût dit que c'était pour eux seuls qu'un prince gouvernait l'empire : seuls aussi ils pouvaient être élus. Plutarque annonce (b) qu'on choisissait le roi parmi ces deux classes de sujets ; mais, dans cette lutte de l'ambition, les armes furent toujours plus puissantes que le sacerdoce. L'adresse peut égaler la force dans les moyens de conquérir un trône ; mais, sans la force, comment le garder et le défendre » (c).

— « En Pologne, dit John Adams, la noblesse était captivée par les attraits de la magnificence et le vin de Hongrie. Elle se déclarait infailliblement en faveur de celui qui le faisait couler avec le plus d'abondance. Les ambassadeurs formaient publiquement des intrigues, la noblesse recevait leurs présents, vendait ses suffrages avec impunité, et rendait ainsi le trône vénal ; mais il arrivait souvent que ces vendeurs se conduisaient infidèlement envers ceux qui les avaient payés, et

---

(a) *Voy.* Synésius, *De la Provid.* 1, pag. 56.
(b) PLUT. *d'Isis et d'Osiris,* pag. 354.
(c) Hist. de la Législ. tom. II, ch. VI, p. 109 et 110.

qu'oubliant leur générosité, ils se déclaraient sans hésiter en faveur d'un compétiteur plus riche » (*a*).

Souvent le sang inondait leurs assemblées.

Que l'on se rappelle encore à ce sujet l'assertion formelle d'un auteur polonais, rapportée dans le titre précédent. « Parcourez nos annales, dit-il, et vous n'y trouverez pas l'exemple d'une seule élection libre, et que l'intrigue ou la force n'ait pas faite : *Revolvite annales nostros; vix unum exemplum liberæ electionis invenietis, cui aliqua vis aut ars immixta non fuerit* » (*b*).

— « Si les cabales, les factions et les partis dont la Pologne est le théâtre, disait Mably, lui permettent de placer sur le trône le citoyen le plus digne de cet honneur par ses vertus et par ses lumières; si les Polonais, incorruptibles, sont incapables de vendre leurs suffrages; s'ils peuvent résister aux sollicitations des princes étrangers; s'ils sont assez forts pour imposer aux puissances, voi-

---

(*a*) Déf. des Const. améric. tom. 1, pag. 147.

(*b*) *Voy. ci-dessus*, vol. IV, tit. 1, § 2, pag. 437.

sines qui voudront disposer de leur couronne; dans ce cas, ils peuvent conserver l'élection.

« Mais si cette élection, toujours vicieuse, doit être toujours l'ouvrage de la violence et de la corruption, si elle ne sert qu'à renouveler sans cesse les abus, les vices et les désordres qui affligent la Pologne et qui la perdent, je crois qu'il est absolument nécessaire de recourir au remède unique de l'hérédité » (a).

— « Assez et trop long-temps, dit encore John Adams, on a fait l'expérience des monarchies électives, en Bohême, en Pologne, en Hongrie, en Suède. Il est certain que des calamités sans nombre, les guerres et le carnage, furent par-tout l'effet de cette institution; et tout concourt à prouver que les princes héréditaires sont encore préférables aux princes électifs » (b).

On peut enfin rattacher ici les réflexions

(a) Œuvres de MABLY, tom. VIII. Du Gouvernement et des Lois de la Pologne, 11ᵉ part., chap. v, ayant pour titre : « De l'Hérédité de la Couronne, pag. 280.

(b) Défense des Constit. améric., lett. 11, ayant pour titre : « Réfut. du 12ᵉ argument du Syst. de M. Nedham.

suivantes du professeur Félice : « Aristote, en
parlant des différentes espèces de roi, dit que
dans les temps héroïques, ils étaient électifs :
la couronne héréditaire, ajoute-t-il, est propre
aux peuples barbares. Il est probable que
les hommes, en se soumettant volontairement
à un homme, l'ont choisi comme digne et
capable de gouverner. Ce sont ses qualités
personnelles qui les ont déterminés à le préférer à tout autre. Sans doute ils n'ont pu
croire que ces qualités se transmissent avec
le sang : et vraisemblablement ils n'ont pas
voulu, par ce premier choix, dépendre d'un
successeur qui pourrait n'avoir ni la droiture ni les lumières convenables pour les
conduire; ni soumettre leur sort le plus précieux, à l'incertitude des qualités d'un héritier.
Il est donc naturel et conforme à la raison,
qu'ils n'aient élu que pour la vie, et que la
mort de l'élu ait été suivie d'une nouvelle
élection.

« En suivant ces idées de collége, continue Félice, l'élection paraît avoir des avantages si supérieurs, que l'on serait tenté de
croire que le droit héréditaire ne s'est intro-

duit que peu à peu, soit par une suite de la vénération pour la mémoire d'un père respectable, soit par surprise, par autorité, ou par argent. Peut-être les grands déja courtisans et corrompus, n'ont pas voulu se donner le meilleur roi.

« On peut, il est vrai, se tromper dans le choix. Tel paraît généreux, doux et populaire, comme *homme privé*, qui, souverain, devient avare, arrogant et cruel. Les vices cachés se manifestent sur le trône; celui qui ne connaissait pas la flatterie, s'y trouve exposé : l'amour-propre se déploie, et croît à la mesure des titres et des honneurs; mais du moins on n'en souffre que pendant la vie du monarque. La nation abroge les mauvaises lois et les défend au successeur. Chaque élection forme une nouvelle convention : elle est susceptible de toutes les conditions que suggère l'expérience du passé, pour assurer la liberté et borner l'autorité. Celui auquel on donne un royaume, ne refuse point d'y souscrire et de les jurer; les sujets attachent leur obéissance et leur fidélité à l'exécution de ses promesses. Il semble donc que c'est là un moyen infaillible pour mettre les peuples à l'abri des maux qu'ils craignent de l'abus de la souveraineté, et qu'il ne faut pas chercher d'autre forme de Gouvernement lorsqu'on peut être commandé par le prince qu'on a le droit de choisir et de changer.

« Mais aucune question ne mérite autant que celle-ci d'être examinée d'après l'expérience, après avoir été présentée du côté de la spéculation.

« L'interrègne est un mal inévitable de l'élection, et plus fâcheux que la minorité : c'est le temps des intrigues et des crimes. On a vu le peuple lui-même briser alors les prisons, et délivrer les criminels. Un avénement à la couronne par élection est un temps de faiblesse et d'amnistie. Un nouveau roi veut gagner le cœur de ses sujets, par la réputation de sa clémence : cet espoir d'impunité invite à bien des espèces de désordres. Leur excès a obligé à Rome et à Malte d'enfermer les électeurs pour que l'ennui de la clôture fît hâter l'élection. Cette méthode peut être bonne et remplir plus d'un objet. Elle empêche la division entre les électeurs,

autre inconvénient des élections, aussi terrible que la tyrannie. Louis de Bavière et
Albert d'Autriche furent tous deux élus empereurs : ils se firent pendant huit ans une
guerre barbare : ce feu ne s'éteignit qu'avec
le sang des peuples. Les élections fréquentes
de deux papes ont scandalisé l'église, et
porté de grands préjudices à la religion.

« Quelques précautions que l'on prenne,
il est bien difficile d'éviter que la corruption
ne se rende maîtresse des élections : dès lors,
on ne doit plus compter sur les avantages du
choix. Si les voix sont achetées, on est aussi
incertain des bonnes qualités du prince élu,
que si la naissance le donnait, et de plus on
est assuré que l'on s'est choisi pour maître
un roi corrupteur.

« Si une nation entière ne peut élire que par
des représentans ; les voix seront souvent
vénales. Si on suppose que tout un peuple
donne sa voix par tribus, la corruption se
glissera de même parmi les principaux, dont
le crédit maîtrise les autres. Si ce n'est pas la
vénalité qui décide, ce seront les factions.
On ne peut se flatter qu'il ne s'en formera

point; au contraire, elles se multiplieront : l'envie, la jalousie déchireront l'État, si pour première règle il n'est pas statué que les nationaux seront exclus. Il est naturel que des sujets ambitionnent le trône, lorsqu'ils auront le même droit que tout autre d'y aspirer. Les partis se formeront, et souvent l'impatience fera assassiner le monarque. Combien d'empereurs, après Auguste, ont essuyé cette catastrophe? Elle ne devint moins commune, que lorsqu'ils eurent l'attention de se désigner un successeur, par l'association ou l'adoption. On compte de même neuf empereurs germaniques poignardés ou empoisonnés. Ces attentats n'ont cessé que depuis que cette couronne est devenue comme héréditaire; et qu'à l'exemple des empereurs de Rome, ils ont fait nommer un *roi des Romains*, de leur vivant. Charles VI ne fut pas le maître de prendre cette précaution : nous avons vu sa mort suivie d'une guerre considérable.

« Un roi cherchera toujours les moyens de faire passer sa couronne à ses descendans; il aura, il est vrai, deux voies pour y parvenir : celle de gouverner à la satisfaction des sujets; mais elle est peu sûre; et si le fils dégénère, elle ne vaut rien. On embrasse la seconde par préférence : on gagne les grands par des bienfaits, on leur sacrifie le peuple, ou l'on s'assure de l'État par des troupes, souvent étrangères. La couronne élective est de toutes la plus facile à usurper. Le moindre des projets d'un roi électif, sera de rendre sa maison puissante pour l'avenir : ce qu'il ne peut faire qu'aux dépens de l'État. Raoul aliéna de l'empire les villes de la Toscane; Robert en donna plusieurs autres à son fils. L'histoire, même celle des papes, ne cesse d'offrir de pareils exemples.

« Le droit d'élire est à-peu-près un droit chimérique. Si l'on choisit un roi dans une maison souveraine, on ne donne, il est vrai, aucun droit réel à cette maison, mais on lui donne une couleur : cependant il n'en faut pas davantage; le prétexte le plus éloigné suffit à celui qui a la force en main. On ne voit pas, depuis long-temps, la couronne, quoique élective, sortir de la famille où on l'a une fois placée. Tant que les rois Piastes, les Jagellons, les Sobieski, ont eu des mâles, la

Pologne n'a point cherché de rois ailleurs.

« Pour comble de maux, les puissances voisines se mêlent de l'élection ; elles sollicitent quelquefois avec des armées : si la nation qui a le droit d'élire, veut éviter les guerres étrangères et civiles, elle est forcée de prendre pour roi le plus proche héritier : le droit d'élection devient un pouvoir sans effet : le nom demeure., l'État est héréditaire.

« Un élu peut devenir dans la suite roi d'un autre royaume : c'est alors un malheur pour l'un des deux. L'un ou l'autre sera gouverné par des lieutenans : l'un ou l'autre peut devenir province ; et ce sera, selon toute apparence, l'électif. Le prince assuré de son État héréditaire, cherchera à subjuguer celui qui ne l'est pas ; plus affectionné à son héritage, il y portera les richesses du dernier : les grandes charges passeront sur la tête de ses sujets naturels. S'il ne parvient pas à envahir cet État, du moins il en retirera tous les avantages qui seront en sa puissance : ses véritables sujets l'aideront à le fouler. Les Polonais se conduisirent en sages politiques, lorsqu'ils déclarèrent Henri, devenu

Roi de France, déchu du royaume de Pologne. Mais il ne serait pas toujours permis de suivre cet exemple. L'éloignement des États échus à leur Roi, les mettait à l'abri de son ressentiment ; dans d'autres circonstances, on exposerait l'État à de grands dangers.

« On peut empêcher une partie de ces inconvéniens par de bons règlemens ; mais il y en a d'inévitables. On peut dire, il est vrai, qu'il reste toujours à l'État électif une espérance : on entrevoit un terme auquel il sera permis de changer une situation dont on serait mécontent. Le monarque élu a encore des craintes que ne connaît pas le monarque héréditaire ; elles peuvent le rendre moins entreprenant : ce sont là, peut-être, des avantages du royaume électif, mais ils n'en balancent point les inconvéniens » (a).

Dans un Gouvernement vraiment monarchique, et organisé d'après la nature et les bases de cette forme de Gouvernement, rien

---

(a) FÉLICE sur Burlamaqui. Princip. du Droit de la nature et des gens, IIe part., tom. VI, chap. III, *rem.* 55, pag. 282 *et suiv.*

d'essentiel ne doit être abandonné au hasard : il est indispensable au contraire que tous les principes d'organisation en général, et particulièrement ceux qui sont relatifs aux droits de la couronne et à sa transmission, y soient prévus, réfléchis, calculés et prescrits d'avance; et c'est de là que résulteront en partie ses avantages sur un Gouvernement despotique, et sur toutes les autres formes de Gouvernemens *simples*, où tout est incertain, variable et arbitraire : c'est par là, entre autres, que l'attachement du peuple pour l'héritier du trône s'y accroîtra d'autant plus que sa dynastie sera plus ancienne; que cet attachement se fortifiera par degrés à chaque génération, se propagera et deviendra inébranlable avec le temps.

Alors une longue et paisible possession sera une véritable garantie pour l'avenir; et les pères qui auront vu naître celui qui devra protéger et défendre un jour leurs enfans contre les injustices du dedans et contre les violences et les usurpations du dehors, s'y attacheront sincèrement, d'affection et de cœur; ils transmettront à ceux-ci leurs sentimens, et leur apprendront dès leur bas âge quel est celui sur lequel ils doivent diriger et fixer leur espérance, leur fidélité et leur amour.

Alors sur-tout on pourra à ces considérations ajouter celles que fait valoir M. de Réal en faveur du même principe. « Un roi, dit-il, qui n'a rien à espérer pour ses descendans, n'est occupé que de ses vues particulières ; au lieu que le prince dont la couronne est héréditaire, regarde l'État comme un héritage qu'il doit laisser à sa postérité. En travaillant pour son royaume, il travaille pour ses enfans ; et l'amour qu'il a pour son peuple, confondu avec celui qu'il a pour sa famille, lui devient naturel.

« Les Grands d'ailleurs ne s'accoutument pas aisément à regarder comme leur souverain un homme avec qui ils avaient vécu comme avec leur égal; ils n'obéissent qu'avec peine à un roi qui est leur ouvrage.

« Les peuples respectent bien davantage un prince que la naissance a appelé au trône, que celui qui ne doit la couronne qu'à l'élection ; ils attachent leur vénération à une maison toujours régnante, et la jalousie qu'on a naturellement contre ceux qu'on voit au-dessus de soi, se tourne ici en amour et en respect.

« Les Grands même obéissent sans répugnance à une maison perpétuellement maîtresse et à laquelle on sait que nulle autre ne peut être comparée » (*a*).

— « On supporte sans beaucoup de peine, dit M. Necker, la supériorité de ses égaux, lorsqu'ils sont uniquement appelés aux fonctions législatives; leur autorité n'agit sur nous qu'en masse, et nous pouvons les considérer comme des moralistes accrédités, ou des philosophes en action. La sombre envie se console des hommages qui leur sont rendus, en calculant le nombre des copartageans, et en voyant la mince quotité qui forme le lot de chacun.

« L'autorité exécutive se présente à nous sous un aspect bien différent, sur-tout lorsqu'elle est essentiellement confiée à un seul homme et à l'un de nos pairs; aucune abstraction ne la généralise; tout est précis, tout est individuel dans son application; et

---

(*a*) Science du Gouvern., t. 1, ch. III, sect. 4, § 2.

cette espèce de supériorité, en se diversifiant de toutes sortes de manières, devient plus sensible et plus irritante.

« Ainsi l'institution politique qui fit de la naissance la condition du pouvoir suprême, fut une loi d'indulgence pour les faiblesses humaines. Elle éteignit les prétentions et les rivalités, en fixant d'une manière immuable les droits de la couronne; elle prévint les dépits et les ressentimens, en remettant les exclusions entre les mains du hasard; enfin, plaçant, loin de tous, le premier de tous, elle rendit plus doux à nos yeux l'éclat de sa grandeur et l'appareil de sa dignité....

« Il ne faut, ajoute-t-il, qu'une médiocre sagesse de la part des législateurs pour contenir dans les limites de la loi, celui qui est heureux par elle, et pour attacher à la constitution du Gouvernement, celui qui doit à ce pacte national son rang et sa grandeur; mais les usurpateurs d'une autorité légitime ont franchi tant de devoirs pour arriver à ce terme, qu'on ne peut attendre d'eux aucune retenue; et les projets les plus extrêmes, les moyens d'exécution les plus violens, sont trop souvent la suite inévitable d'une première atteinte à l'ordre social » (*a*).

Nous pouvons encore extraire, à l'appui du principe général que nous voulons établir, le passage suivant de l'un des discours prononcés au tribunat, dans le mois d'avril ou de mai 1804 (floréal an XII) : « Le Chef héréditaire est un don de la Providence, sollicité par les vœux, accueilli par la joie du peuple ; la mission éclatante à laquelle il est appelé dès qu'il respire, imprime à sa personne un caractère auguste et même sacré.

« Le vulgaire se persuade facilement que Dieu honore de faveurs et de dons particuliers ceux qu'il a marqués de tous les temps pour gérer de si grands intérêts : il n'a jamais eu d'égal, il est impossible qu'il connaisse de jaloux ; l'amour et le respect s'attachent à son berceau et croissent avec lui.

« Comme il ne s'est point mis sur les rangs, comme on l'a placé sans le consulter, on trouverait injuste d'exiger de lui cette supé-

---

(*a*) Du Pouvoir exécutif dans les grands États. t. II, chap. VII, pag. 101, 112, *et suiv.*

riorité qui peut seule justifier les grandes prétentions.

« Il a été pris au sort, ses talents sont un lot incertain : on n'avait droit de rien espérer; c'est un motif pour qu'on lui tienne compte de tout. L'amour et le respect exagèrent ses bonnes qualités, et trouvent des excuses pour ses faiblesses : on lui pardonne l'erreur : on suppose qu'il peut avoir besoin de conseils, et que ses conseils peuvent l'égarer; tout le bien lui appartient, le mal est un tort de ses ministres.

« *S'il le savait*, dit celui qu'on opprime; et une larme étouffe le murmure prêt à éclater!

« *S'il le savait !* Cette phrase consolante n'est point appliquée au chef électif; il a présumé de ses forces, il s'est porté comme supérieur à tous. Il doit tout voir, tout savoir; il n'a le droit de s'en reposer sur personne, et l'orgueil humilié se console en l'accablant de tout le poids de son immense responsabilité.

« La première condition pour la bonne administration d'un État, c'est que celui qui le gouverne n'ait point d'intérêt séparé des intérêts du peuple. Dans l'ordre électif, le Chef a presque toujours des espérances et des

craintes étrangères à la prospérité de la nation. Chaque mutation est une crise, et présente une nouvelle famille à orner et à enrichir, de nouvelles créatures à enchaîner dans
les liens de la faveur et des bienfaits, d'anciens ennemis à punir ou dont il faut paralyser le ressentiment.

« Le chef héréditaire est en communauté
de gloire et de puissance avec l'État; il arrive
entouré de l'immense clientelle de ses ancêtres, et tranquille sur l'avenir lorsqu'il acquitte la dette de la nature, il dépose sans
crainte sa famille et ses amis sous la protection de son successeur. »

Blackstone dit aussi (et cette dernière citation d'un publiciste célèbre suffira sans doute
pour entraîner une entière conviction) : « Il
faut avouer qu'une monarchie élective semblerait appeler la préférence, comme plus
conforme aux principes raisonnés de Gouvernement, et au penchant de l'homme pour la
liberté. Aussi l'histoire nous dit-elle que, dans
l'enfance, dans la première esquisse de presque
tous les États, le chef, le premier magistrat ou
le prince ont été communément choisis par voie

d'élection. Et si les individus qui composent un pareil État pouvaient rester toujours fidèles aux premiers principes, toujours à l'épreuve de la corruption, résistant à la violence, inaccessibles aux passions comme aux préjugés, le système électif conviendrait autant à un grand royaume qu'à de plus petits États. L'homme le meilleur, le plus sage, le plus brave, serait assuré d'arriver à la couronne due à sa supériorité; et l'opinion d'une majorité impartiale serait adoptée sans peine par ceux en petit nombre qui s'en seraient d'abord écartés. Mais l'histoire et l'observation nous font connaître que les élections de toute espèce, dans l'état présent de la nature humaine, sont trop fréquemment l'œuvre de la partialité, de l'influence et de l'artifice; et même quand il en est autrement, on soupçonne trop souvent que ces pratiques ont été mises en usage; et une minorité, aigrie parce qu'elle n'a pas pu réussir, en accuse constamment ceux qui ont été plus heureux. C'est un mal auquel toutes les sociétés sont exposées, tant les sociétés intérieures et de famille, que la grande société publique qui règle et renferme

les autres. Mais les premières ont cet avantage, que, si de tels soupçons ne sont pas
fondés, ils ne produisent que des jalousies
et des murmures que le temps fera cesser; et
que, s'ils sont fondés, on peut obtenir répa-
ration de l'injustice par des moyens légaux,
par un appel à ces tribunaux auxquels chaque
membre de la société a virtuellement contracté, en y entrant, l'engagement de se
soumettre. Mais dans la grande société indépendante, qui compose une nation, il n'y
a d'autre supérieur auquel on puisse recourir
que la loi de la nature, d'autre moyen pour
remédier aux infractions faites à cette loi que
l'emploi effectif de la force privée. Et de
même qu'entre deux nations qui se plaignent
d'offenses mutuelles, la querelle ne peut être
décidée que par la loi des combats; de même
aussi, dans une seule nation, lorsque les
principes fondamentaux de l'union commune
sont supposés être attaqués, lorsque sur-tout
on prétend que l'élection du magistrat en
chef est illégitime, le seul tribunal où les plai-
gnans puissent porter leur appel, c'est celui
du dieu des batailles; la seule procédure à

suivre sur l'appel est celle d'une guerre civile intestine. On a donc établi, dans ce pays (l'Angleterre) et dans la plupart des autres contrées, la succession au trône par droit héréditaire, pour prévenir ces retours périodiques de scènes sanglantes et déplorables, fatales conséquences des royautés électives, comme nous le prouvent l'histoire de l'ancien Empire romain, et l'expérience plus moderne de la Pologne et de l'Allemagne » (*a*)(16).

(*a*) (Commentaires sur les Lois angl. tom. 1, liv. 1, chap. 111. Traduct. sous presse de M. N. M, Chompré.)

— On peut encore indiquer, comme ayant trait à la démonstration de ce principe essentiel et fondamental d'organisation, plusieurs passages de l'Esprit des Lois, liv. v, vers la fin du chap. xiv, ayant pour titre : « *Comment les Lois sont relatives aux principes du Gouvernement despotique* ».

3° *Fédération.*

Sommaire. S'il est vrai « *que la Constitution fédérative*, comme le reconnaît en principe M. de Montesquieu, *doit être composée d'États de même nature* », il n'est pas également exact de dire avec lui, et ainsi qu'il s'exprime, « *que la nature des Monarchies* (grandes ou petites) *n'est pas la Confédération.*

Le perfectionnement des Gouvernemens *mixtes*, qui les rapproche nécessairement de la Constitution proprement dite *monarchique*, loin d'être un obstacle à la Fédération de ces Gouvernemens, serait au contraire le moyen le plus efficace de favoriser cette sorte d'association politique, et de la rendre et plus parfaite et plus durable.

Voici le texte littéralement transcrit du chapitre de l'Esprit des Lois, dont nous avons fait connaître l'intitulé dans le troisième paragraphe du titre qui précède : « Les Cananéens furent détruits, parce que c'étaient de petites monarchies, qui ne s'étaient point confédérées, et qui ne se défendirent pas en commun. C'est que la nature des petites monarchies n'est pas la confédération.

« La république fédérative d'Allemagne est composée de villes libres et de petits États soumis à des princes. L'expérience fait voir qu'elle est plus imparfaite que celle de Hollande et de Suisse.

« L'esprit de la monarchie est la guerre et l'agrandissement : l'esprit de la république est la paix et la modération. Ces deux sortes de Gouvernemens ne peuvent que d'une manière forcée, subsister dans une république fédérative.

« Aussi voyons-nous dans l'Histoire romaine, que lorsque les Véiens eurent choisi un roi, toutes les petites républiques de Toscane les abandonnèrent. Tout fut perdu en Grèce, lorsque les rois de Macédoine obtinrent une place parmi les Amphictyons.

« La république fédérative d'Allemagne, composée de princes et de villes libres, subsiste, parce qu'elle a un chef, qui est en quelque façon le magistrat de l'union, et en quelque façon le monarque. » (a).

L'étendue des développemens auxquels nous nous sommes livrés sur cette matière, dans le titre premier de ce chapitre, nous interdit d'entrer ici, sur le même sujet, dans de trop

---

(a) Esprit des Lois, liv. IX, chap. II.

grands détails; mais nous ne pouvons nous dispenser de faire remarquer que ce passage de l'Eprit des Lois contient en effet deux assertions très-différentes, et entre lesquelles il faut nécessairement distinguer, ainsi que nous l'avons dit.

Par la première, M. de Montesquieu pose en principe que la confédération des peuples soumis à des Gouvernemens de même nature, est plus solide et plus parfaite que celle des peuples soumis à des Gouvernemens de nature différente : proposition vraie, et que, d'après lui, nous avons déja cherché à démontrer (*a*).

Par la seconde, il prétend de même établir en principe que les États non républicains, les monarchies sur-tout, et plus particulièrement encore les petites monarchies, ne sont pas propres de leur nature à être unies par une alliance fédérative : proposition que nous soutenons complètement erronée.

Le raisonnement et quelques-uns des faits par lesquels M. de Montesquieu essaie de

---

(*a*) *Voy. ci-dessus*, vol. iv, tit. 1, § 3, p. 447 *et suiv.*

soutenir, conjointement et sans les distinguer, ces deux propositions fort distinctes,
ne sont pas d'une grande exactitude.

Selon toute apparence, les Gouvernemens
des Cananéens étaient plutôt des Gouvernemens despotiques que des monarchies, ou du
moins n'étaient-ils pas des monarchies très-
parfaites; et M. de Montesquieu prend la
première de ces deux formes de Gouvernement pour la seconde, lorsqu'il suppose que
l'esprit de la monarchie est la guerre et l'a-
grandissement : car l'esprit d'une véritable
monarchie, c'est-à-dire, d'un Gouvernement
organisé suivant la nature même des choses,
et pour atteindre ses meilleures fins, est précisément celui qu'il attribue ici exclusivement à la république, c'est-à-dire, suivant sa
définition, à l'État aristocratique ou démocratique.

M. de Montesquieu lui-même, par ses considérations sur l'histoire romaine, a prouvé
assez disertement que l'esprit de la première
de ces deux sortes de Gouvernement n'est pas
la paix et la modération.

Les autres faits invoqués par l'auteur de

l'Esprit des Lois, celui de la république fédérative d'Allemagne, celui des Véiens et des
petites républiques de Toscane, celui de la
Grèce et des rois de Macédoine admis au
nombre des amphictyons (et l'on peut même
y ajouter celui de la Hollande et de la Suisse;
car nous avons eu l'occasion de voir que les
Gouvernemens des États compris dans ces
fédérations, ne sont pas non plus d'une nature parfaitement identique), tous ces exemples ne viennent qu'à l'appui de la première
assertion.

Ils peuvent contribuer en effet à démontrer que le pacte fédératif de peuples soumis
à des Gouvernemens de nature différente,
est moins durable et moins solide que celui
qui serait contracté entre des États de même
nature ; mais ils ne se rattachent nullement
à la seconde proposition , et ne sauraient avoir
pour conséquence d'établir par l'expérience
que de véritables monarchies ne puissent
pas se fédérer entre elles , que leur alliance
ne fût pas solide et durable.

Nous avons reconnu, au contraire, et nous
répéterons, par forme d'analyse, de simple

résumé, que les constitutions fédératives ont pour but immédiat et pour résultat de resserrer les liens naturels par lesquels les vrais principes du droit politique et ceux du droit des gens doivent unir les peuples entre eux; que le perfectionnement des Gouvernemens mixtes a aussi pour but et pour résultat infaillible de conduire progressivement les peuples et leurs Gouvernemens à une observation plus entière et plus parfaite de ces mêmes principes du droit politique et du droit des gens, aussi bien qu'au respect des principes universels et immuables du droit public; qu'ainsi, et puisque ces deux voies différentes conduisent toutes deux vers une même fin, quoique par des moyens divers, il est conséquent et naturel qu'elles atteignent l'une et l'autre plus sûrement et plus promptement le but, si elles se soutiennent mutuellement.

Cette réflexion seule doit suffire, quant à présent du moins, pour ajouter à la démonstration d'un principe entièrement opposé à l'assertion de M. de Montesquieu, et pour nous convaincre que la constitution d'un Gouvernement mixte, et spécialement des monarchies, n'est pas réellement en elle-même un obstacle à ce que les nations parvenues à ce point de perfectionnement dans leurs institutions puissent s'unir et se fédérer, soit entre elles, soit même avec celles dont les Gouvernemens sont encore loin du même degré de perfectibilité.

A la vérité, le plus haut période de cette perfection praticable des Gouvernemens mixtes serait une chose toute favorable à la fédération de ceux qui, se rapprochant de ce même degré de perfection, se trouveraient par là avoir déja entre eux une plus grande affinité d'organisation et de principes : et s'il est en effet permis d'espérer qu'un système de fédération puisse se réaliser et s'établir du moins en Europe, il n'est guère possible d'en imaginer l'existence durable, antérieurement à l'époque où les peuples qui habitent cette première partie du monde seront parvenus à assurer chez eux, par cette identité de civilisation, par cette unité d'organisation sociale, le triomphe de la justice, des lumières, de la sagesse et de la raison.

Ainsi, à l'une des assertions de l'Esprit des Lois que nous venons de rapporter, nous croyons pouvoir substituer la proposition suivante, mais précédemment développée. « Les hommes ne se sont unis et ne vivent en état de société que parce que la nature leur donne, dès en les formant, une même conformation, les mêmes besoins et les mêmes désirs : de même aussi les peuples en général, et, si l'on veut, plus spécialement ceux d'Europe, ne parviendront à s'unir, à former entre eux, une véritable ligue européenne, une alliance solide et durable, une société de Corps politiques considérés comme sujets ou individus de la grande association du genre humain; ils ne pourront se lier et s'unir intimement *par un code de lois politiques,* que lorsqu'ils auront acquis une conformation identique, une organisation intérieure également rapprochée du degré de perfection praticable, et lorsque, se trouvant par là d'accord sur les véritables bases fondamentales de leur bien-être universel, pénétrés des mêmes vérités, fixés sur les mêmes principes, ils éprouveront tous en effet mêmes besoins, même ambition, mêmes désirs; lorsqu'ils seront tous réellement animés d'un même esprit d'ordre, d'harmonie, de vérité, de paix, et de prospérité universelle ».

En d'autres termes encore. « Si par-tout la forme du Gouvernement était la même, et par-tout la meilleure qu'il soit possible à l'humanité d'obtenir, par-tout aussi les vérités positives seraient plus généralement avouées; les sentimens naturels, mieux connus; les mêmes principes, les mêmes droits et devoirs, plus respectés; le même plan de conduite, plus constamment adopté, plus exactement suivi : et conséquemment aussi les efforts, tendant plus uniformement vers un seul but, pourraient plus efficacement concourir à l'établissement d'un système d'association favorable au maintien de la paix universelle ».

Nous devons donc toujours chercher à nous fixer d'une manière définitive et invariable sur l'appréciation des différens degrés de perfection des Gouvernemens mixtes, et spécialement sur la véritable nature du plus parfait de ces divers Gouvernemens, afin de pouvoir ensuite nous livrer utilement à l'examen ap-

profondi de tous les détails de son organisation, d'après des bases et des élémens en tous
points conformes au caractère distinctif que
nous serons définitivement parvenus à lui
reconnaître. .

§. III.

TROISIÈME APERÇU.

Sommaire. Sujet et division de ce paragraphe.

« Tout Gouvernement qui commence par la fraude, finit par la tyrannie ». Deslandes.

« Le Gouvernement de la multitude, et le Gouvernement absolu d'un seul, ne sont pas propres à faire le bonheur d'un Peuple, et les meilleurs Gouvernemens sont ceux qui sont tellement tempérés, qu'ils s'éloignent également de la tyrannie et de la licence ». Bullamaqui.

Dans le premier paragraphe de ce second titre, nous avons reconnu les inconvéniens probables du mélange de quelques-uns des Gouvernemens simples dans la composition des Gouvernemens mixtes ou composés; nous avons ensuite considéré ces derniers Gouvernemens, comme nous avions étudié les premiers dans le second paragraphe du titre précédent, sous un autre point de vue, celui des modifications que peuvent y introduire la représentation, l'élection et l'hérédité, la fédération : un troisième et dernier paragraphe aura encore pour objet, 1° de signaler les dangers des Institutions propres à dénaturer les Gouvernemens mixtes, et à y substituer le despotisme ; 2° d'indiquer les inconvéniens graves du désordre, de la confusion, de l'inexactitude et de la mauvaise foi, au sujet de la répartition des attributions des puissances constitutives dans les Gouvernemens mixtes ; 3° nous nous attacherons ensuite à déterminer d'une manière précise quel est celui de tous les Gouvernemens mixtes qui doit être généralement reconnu, par les hommes doués d'impartialité et de jugement, comme étant le plus parfait de sa nature, et sauf l'examen des détails de son organisation, objet du livre suivant.

— M. de Montesquieu a dit : « Je voudrais rechercher dans tous les Gouvernemens modérés que nous connaissons, quelle est la distribution des trois pouvoirs, et calculer par là les degrés de liberté dont chacun d'eux peut jouir. Mais il ne faut pas toujours tellement épuiser un sujet, qu'on ne laisse rien à faire au lecteur. Il ne s'agit pas de faire lire, mais de faire penser » (a).

(a) Esprit des Lois, liv. xi, chap. xx.

En effet, il faudrait écrire des volumes à l'infini si l'on voulait successivement indiquer toutes les conséquences plus ou moins funestes ou favorables qui peuvent résulter de toutes les combinaisons possibles dans la formation des Gouvernemens mixtes; si l'on voulait rechercher et prévoir toutes les nuances et modifications qui peuvent résulter de l'admission de la représentation, de l'élection ou de l'hérédité, de la fédération, dans chacun des Gouvernemens simples et des Gouvernemens mixtes ou composés; si l'on voulait encore préciser tous les dangers des Institutions propres à déguiser ces divers Gouvernemens, et à y substituer un despotisme toujours mal dissimulé; enfin, si l'on essayait de calculer et de spécifier, sans aucune omission, quels peuvent être dans chacun des Gouvernemens mixtes les inconvéniens des répartitions plus ou moins inexactes des attributions des trois puissances constitutives.

Sans doute ce travail immense ne serait pas sans quelque intérêt : sans doute il ne

13.

serait pas sans une utilité réelle s'il était fait
par un homme dont les talens, le génie éga-
leraient celui de l'immortel écrivain qui en a
si bien senti l'importance.

D'autres par la suite pourront l'entreprendre et l'exécuter.

Quant à nous, nous aurons fait au-delà
même de nos forces, si nous parvenons à
atteindre complètement le but que nous
nous sommes proposé, si nous parvenons à
donner la solution des deux dernières questions que nous venons d'indiquer relativement aux Gouvernemens monarchiques, et
si nous établissons d'une manière suffisamment claire, intelligible et concluante pour
les esprits sensés, quel est le plus parfait de
tous les Gouvernemens mixtes; et si nous
réussissons ensuite à rattacher exactement
tous les détails de son organisation au caractère véritablement distinctif des Gouvernemens mixtes en général, et spécialement des
Gouvernemens monarchiques, au principe
fondamental de la distinction des trois puissances.

Heureusement il n'est pas rigoureusement nécessaire, de calculer un nombre infini de termes, pour parvenir à la connaissance de l'un d'eux.

1° *Des Institutions propres à dénaturer les Gouvernemens mixtes, et à leur substituer le Despotisme déguisé.*

SOMMAIRE. Dangers inévitables de ces Institutions.

Quelques-uns de leurs plus mémorables exemples.

Il y a impossibilité réelle, ainsi que nous l'avons vu dans le titre premier, de balancer et répartir convenablement les puissances dans les Gouvernemens simples (*a*).

Dans la formation d'un Gouvernement mixte, la combinaison de quelques-uns des Gouvernemens simples doit avoir des inconvéniens graves (*b*).

L'inexacte répartition des attributions des trois puissances constitutives produit aussi, et nous le verrons dans l'article suivant, le désordre et la confusion, même dans les Gouvernemens mixtes (*c*).

Mais il est un autre vice d'organisation qui

(*a*) *Voy. ci-dessus*, vol. IV, tit. I, § 3, p. 502 *et suiv.*

(*b*) *Ibid.* vol. V, tit. II, § I, pag. 18 *et suiv.*

(*c*) *Voy. ci-après*, même §, *art.* 2.

ne peut manquer d'avoir des suites funestes
et qu'il faut d'abord signaler ici.

Nous voulons parler de ces institutions
fallacieuses et mensongères qui ne servent
qu'à couvrir, favoriser, établir le despotisme,
au lieu de le combattre et d'en préserver la
société.

Chez une nation noble et généreuse, chez
une nation où le goût des lettres et des
sciences morales s'oppose aux progrès d'une
dépravation stupide et grossière, le despotisme ne peut se présenter à nu, du moins
à sa naissance, et avant qu'il n'ait changé et
perverti les mœurs.

Ainsi que les plus sages publicistes le disent,
il combat si directement le véritable but du
Gouvernement, les fins de toute société;
il offense tellement la nature et la raison, il
est tellement contraire au droit naturel et au
droit divin (*a*), qu'il ne peut s'introduire ou
se maintenir chez un peuple où la voix de
la nature et les lumières du bon sens ne sont
pas entièrement éteintes, qu'en empruntant

(*a*) *Voy. ci-dessus*, tit. 1, § 1, *art.* 4, pag. 256 *et suiv.*

les formes extérieures d'un Gouvernement mixte et modéré : et c'est ici le lieu d'appliquer les réflexions suivantes : « Quelle que soit l'origine du despotisme, dit Fergusson, ses prétentions, dès qu'elles sont mises au grand jour, produisent entre le souverain et ses sujets une contestation que la force seule peut décider. Ces prétentions offrent une perspective menaçante pour la liberté, les propriétés et la vie de tout sujet : elles alarment toutes les passions du cœur humain; elles troublent le repos de l'homme nonchalant; elles privent souvent l'homme vénal de son salaire; elles déclarent la guerre même à l'homme corrompu, aussi bien qu'à l'homme vertueux. Il n'y a que le lâche qui les admette avec soumission : encore faut-il qu'elles soient étayées par une force capable de tenir ses frayeurs en activité. Cette force, le conquérant la tire du dehors; et l'usurpateur domestique cherche à la trouver dans sa faction au sein même de l'État » (a).

(a) Essai sur l'hist. de la Société civ., 5e part., ch. v, ayant pour titre : « *De la corruption en tant qu'elle conduit à l'esclavage politique* ».

On verra donc, quelquefois, le despotisme s'envelopper d'institutions qui sembleront, destinées à contrebalancer le pouvoir, à établir une sorte d'équilibre, un principe modérateur d'organisation dans l'exercice de la puissance législative.

On le verra s'environner d'un divan, d'un sénat, de quelques autres corporations propres, en apparence seulement, à la constitution d'un Gouvernement mixte et modéré. Mais il aura soin de s'y ménager une influence secrète, assez active pour que, malgré les efforts des hommes les plus sages et les plus éclairés, le résultat habituel de toutes les délibérations amène toujours l'adoption des projets conçus ou par le prince ou par le ministère : de sorte qu'en approfondissant un peu les choses, il n'est assurément pas difficile d'apercevoir que, dans la réalité, la puissance législative n'en résidera pas moins tout entière dans la même main; que, dans le fait, cette puissance législative, la puissance exécutive, et même aussi la puissance judiciaire, n'en seront pas moins réunies et confondues, et qu'en conséquence le Gouver-

nement n'en sera pas moins au fond un Gouvernement plus ou moins despotique quant
aux élémens de son organisation et, par suite,
quant à ses effets, et non pas un Gouvernement mixte, modéré, et vraiment monarchique (a).

Dès-lors, en beaucoup de points, les dangers de ce despotisme déguisé seront les
mêmes que ceux du despotisme le plus pa-
tent : et l'on peut se rappeler, pour en faire
ici une très-exacte application, ce que nous
avons exposé au sujet des dangers et des inconvéniens d'une police active et nombreuse,
d'ailleurs devenue peut-être nécessaire (b) :
et c'est sur-tout ici que ce que dit M. de
Montesquieu sur la corruption des Cours et
des courtisans dans les monarchies reçoit
aussi son application la plus directe : « L'ambition dans l'oisiveté, la bassesse dans l'orgueil, le désir de s'enrichir sans travail, l'aversion pour la vérité, la flatterie, la trahison,
la perfidie, l'abandon de tous ses engagemens,

(a) *Voy. ci-dessus*, vol. iv, tit. i, p. 118 *et suiv.* — Et
vol. v, tit. ii, pag. 7.

(b) *Ibid.* vol. iv, tit. i, § i, *art.* 5, pag. 232.

le mépris des devoirs du citoyen, la crainte de la vertu du prince, l'espérance de ses faiblesses, et plus que tout cela, le ridicule perpétuel jeté sur la vertu, forment le caractère du plus grand nombre des courtisans..... Or, il est très mal-aisé que la plupart des principaux d'un État soient mal honnêtes gens, et que les inférieurs soient gens de bien; que ceux-là soient trompeurs, et que ceux-ci consentent à n'être que dupes » (a).

Dès-lors, en beaucoup de points, le mal sera d'autant plus grand, les progrès de la corruption seront d'autant plus étendus et plus rapides, que les membres des Corps qui devraient être appelés à participer librement à l'exercice de la puissance législative et de la puissance judiciaire, se trouveront eux-mêmes exposés à devenir courtisans, et directement en butte aux attaques multipliées de tous les genres possibles de séduction.

Des titres, des honneurs, de l'avancement dans les emplois, de l'argent même, leur seront successivement offerts comme des

---

(a) Esprit des Lois, liv. iii, ch. v. —*Et ci-dessus*, p. 267.

appâts propres à exciter leur ambition et à capter leurs suffrages. Mille moyens seront mis en usage pour fasciner leurs yeux, pour égarer leur raison, leur patriotisme, leur vertu, pour saper et détruire insensiblement toute leur indépendance morale (a).

Un assez grand nombre d'exemples nous font voir que toujours les Corps institués d'après de semblables vues, sont tombés bientôt dans le dernier degré de l'avilissement et du déshonneur.

« Le sénat de Rome, après le passage du Rubicon, se réfugia dans le camp de Pompée, qu'il nomma son vengeur et son appui.

« Après la bataille de Pharsale, il ordonna des prières publiques pour remercier les

---

(a) Un Roi qui veut exercer une influence indirecte quelconque dans l'une ou l'autre des Chambres législatives, s'il est permis de comparer les petites choses aux grandes, ressemble à un banquier qui payerait un grand nombre d'agens et de commis, non pour lui faire connaître la véritable situation de ses affaires, mais uniquement, au contraire, pour lui dérober la vérité, pour approuver d'avance et favoriser sans aucun examen ses projets, ses spéculations les plus hasardeuses et les plus propres à l'entraîner à sa ruine.

Dieux de la victoire qu'ils avaient accordée à César. Ainsi l'heureux vainqueur fut déclaré le père de cette même patrie qui, pendant le triomphe de son rival, l'avait flétri comme coupable de trahison.

« Qu'on se rappelle que la même Compagnie qui consacra, par un sénatus-consulte, l'expulsion des Tarquins, fit reconnaître la loi *regia* en faveur d'Auguste, et plaça au rang des dieux Héliogabale, Néron, et Caligula » (a).

Caligula n'avait que projeté de faire son cheval consul; Néron fit ses chevaux sénateurs, de même que le roi de Siam donne à ses éléphans favorisés les mêmes titres qu'il donne aux Grands de sa Cour.

Domitien convoqua le sénat pour lui faire décider à quelle sauce il ferait cuire un turbot dont on lui avait fait présent; et César ne pouvait cacher le mépris que lui-même avait conçu pour le sénat. Au rapport de Tacite, il ne sortait jamais de ses assemblées qu'il ne s'écriât à peu près comme Tibère

---

(a) Princip. étern. de polit. constit., t. ii, liv. i, ch. ii.

depuis lui : « Oh ! hommes nés pour la servitude » : *O homines ad servitutem nati* (*a*) !

Sous ce dernier empereur, le même Corps
tomba dans un état de bassesse qui ne peut
s'exprimer ; les sénateurs allaient en effet au
devant de la servitude ; et, pendant la faveur de Séjan, les plus illustres d'entre eux
faisaient le métier de délateurs.

M. de Montesquieu, dans ses Considérations sur les causes de la grandeur des Romains et de leur décadence, dit à ce sujet :
« Il me semble que je vois plusieurs causes
de cet esprit de servitude qui régnait pour
lors dans le sénat. Après que César eut vaincu
le parti de la république, les amis et les
ennemis qu'il avait dans le sénat concou-
rurent également à ôter toutes les bornes que
les lois avaient mises à sa puissance, et à lui
déférer des honneurs excessifs. Les uns cher-
chaient à lui plaire, les autres à le rendre
odieux. Dion nous dit que quelques-uns
allèrent jusqu'à proposer qu'il lui fût permis
de jouir de toutes les femmes qu'il lui plai-

(*a*) ANNAL. *lib.* IX.

rait (*a*). Cela fit qu'il ne se défia point du sénat et qu'il y fut assassiné; mais cela fit aussi que, dans les règnes suivans, il n'y eut point de flatterie qui fût sans exemple, et qui pût révolter les esprits....

« Auguste avait ôté au peuple la puissance de faire des lois, et celle de juger les crimes publics; mais il lui avait laissé, ou du moins avait paru lui laisser, celle d'élire les magistrats. Tibère, qui craignait les assemblées d'un peuple si nombreux, lui ôta encore-ce privilége, et le donna au sénat, c'est-à-dire, à lui-même (*b*) : on ne saurait croire combien cette décadence du pouvoir du peuple avilit l'ame des Grands. Lorsque le peuple disposait des dignités, les magistrats qui les briguaient faisaient bien des bassesses; mais elles étaient jointes à une certaine magnificence qui les cachait, soit qu'ils donnassent des jeux ou de certains repas au peuple, soit qu'ils lui distribuassent de l'argent ou des

_____

(*a*) *Voy. ci-dessus*, 1ᵉ part., vol. 1, pag. 69; et 2ᵉ part. vol. iv, pag. 302, *note* (*a*).

(*b*) Tacite, Annal. liv. 1. — Dion, liv. lvi.

grains : quoique le motif fût bas, le moyen
avait quelque chose de noble, parce qu'il
convient toujours à un grand homme d'obtenir, par des libéralités, la faveur du peuple (*a*).
Mais, lorsque le peuple n'eut plus rien à
donner, et que le prince, au nom du sénat,
disposa de tous les emplois, on les demanda,
et on les obtint par des voies indignes ; la
flatterie, l'infamie, les crimes furent des arts
nécessaires pour parvenir.

« Il ne paraît pourtant point que Tibère
voulût avilir le sénat : il ne se plaignait de
rien tant que du penchant qui entraînait ce
Corps à la servitude ; toute sa vie est pleine
de ses dégoûts là-dessus : mais il était comme
la plupart des hommes, il voulait des choses
contradictoires ; sa politique générale n'était
point d'accord avec ses passions particulières.

(*a*) Un homme véritablement grand a-t-il donc besoin
de briguer la faveur du peuple ? ne doit-il pas l'obtenir
par ses vertus et ses talens ? L'assertion contraire ne peut
être soutenue en thèse générale ; si elle a quelque chose
de vrai, ce ne peut être au contraire que dans quelques
circonstances particulières, comme, par exemple, dans
un état de désordre et d'anarchie. *Voy.* l'Appendice,
liv. 1, *note* 21.

Il aurait désiré un sénat libre, et capable de faire respecter son Gouvernement; mais il voulait aussi un sénat qui satisfît, à tous les momens, ses craintes, ses jalousies, ses haines: enfin, l'homme d'État cédait continuellement à l'homme » (*a*).

Charles XII, retenu prisonnier à Bender où l'avaient conduit ses idées extravagantes de conquêtes, que le sénat de Suède n'avait eu ni le courage ni la force de réprimer, écrivait à ce même sénat qu'il lui enverrait une de ses bottes pour le gouverner. « Et cette botte, dit M. de Montesquieu, aurait gouverné comme un roi despotique » (*b*).

En Angleterre, le parlement, la chambre-haute sur-tout, a souvent soutenu les propositions de la Cour, quelque injustes qu'elles fussent, quelque dangereuses qu'en pussent être les résultats. Et il y a déja plus d'un demi-siècle que l'auteur de la Science du

---

(*a*) Considérations sur les causes de la Grandeur des Romains et de leur Décadence, chap. XIV.

(*b*) Esprit des Lois, liv. V, ch. XIV, ayant pour titre: *Comment les Lois sont relatives aux principes du Gouvernement despotique.*

Gouvernement censurait, dans le Gouvernement de ce pays, un vice d'organisation qui y subsiste encore, et que nous avons pour objet de signaler ici. «Tant qu'on ne limitera pas, disait-il, le nombre des personnes qui, recevant des pensions de la Cour ou occupant des emplois dont elle dispose, pourront avoir séance au parlement, et tant que le roi comptera parmi ses prérogatives, celle d'ôter les grands emplois à ceux qui auront pris la liberté de voter contre les intentions du ministère, on ne pourra pas dire que la nation britannique jouisse réellement de la liberté dont elle se vante » (*a*).

Madame de Staël qui loue tant de choses dans la constitution anglaise, *voire même* l'admission d'un principe d'aristocratie dans la chambre-haute, dit cependant « qu'il est de la nature de cette chambre-haute en général de s'appuyer au trône; et que l'opposition des Grands-Seigneurs en Angleterre est presque toujours en minorité » (*b*) : et

---

(*a*) Sc. du Gouvernement, tom. II, sect. VII, p. 334.

(*b*) Considér. sur les princ. Evén. de la Révol. franç. tom. III, 6e part., chap. IX, pag. 337.

ailleurs : « Le parlement qui avait comparé
Henri VIII à Samson pour la force, à Salomon
pour la prudence et à Absalon pour la beauté,
envoya son orateur déclarer à genoux à la
reine Élisabeth qu'elle était une divinité. Mais
ne se bornant pas à ces servilités fades, il
se souilla d'une flatterie sanglante, en secondant la criminelle haine d'Élisabeth contre
Marie Stuard; il lui demanda la condamna-
tion de son ennemie, voulant ainsi dérober
à la reine la honte de ce qu'elle désirait; mais
il ne fit que se déshonorer à sa suite » (*a*).

C'est ici qu'il convient d'appliquer encore
ces réflexions du même auteur :

« Une représentation nationale imparfaite
n'est qu'un instrument de plus pour la tyrannie. On a vu dans l'histoire d'Angleterre combien les parlemens asservis ont été plus loin
que les ministres eux-mêmes dans la bassesse
envers le pouvoir....

« Il n'y a pas de meilleur instrument pour
la tyrannie, qu'une assemblée quand elle est
avilie. La flatterie se cache sous l'apparence

(*a*) *Ibid.* tom. III, 6ᵉ part., chap. II, pag. 174.

de l'opinion générale, et la peur en commun ressemble à du courage, tant on s'anime les uns les autres dans l'enthousiasme du pouvoir » (a).

·En France enfin, sous Louis XIII·, le Chancelier Sillery avait dit, avec une sorte de logique, au parlement, au sujet de l'arrêt du Conseil du mois de mars 1615 : « Votre Compagnie qui est la première du royaume, *tenant son autorité du roi*, ne doit s'employer qu'à faire valoir celle de sa majesté » (b).

Et plus récemment, malgré le courage et le noble caractère de quelques-uns de ses membres, le Sénat ne sut jamais qu'aller au-devant des projets les plus insensés du despote qui l'avait institué. Il fut toujours l'instrument le plus servile de sa tyrannie ; et cette faiblesse des esclaves, loin d'être profitable à leur maître, fut au contraire l'une des causes les plus actives de sa ruine. «Les sénateurs, remarque encore madame de Staël, n'existaient que par

(a) Considér. sur les princ. Evén. de la Rév. fr. tom. I, pag. 291. — *Ibid.* tom. III, chap. II, pag. 171.

(b) *Voy.* les Maximes du Droit publ. fr., t. V, ch. VI, pag. 492.

les appointemens qu'ils récevaient du pouvoir exécutif. Le sénat n'était en effet que le masque de la tyrannie; il donnait aux ordres d'un seul l'apparence d'être discutés par plusieurs » (*a*).

« Dans le sénatus-consulte du 16 thermidor an X, qui semblait offrir des garanties, disait l'un des membres de la Chambre des députés, en discutant, dans la session de 1816, le projet de loi relatif aux élections, on ne vit pas, on ne fit pas réflexion que le Corps législatif était composé de muets, et le Sénat, d'aveugles, tous les deux payés l'un pour ne rien dire, et l'autre pour ne rien voir » (*b*).

Il ne faudrait pas s'imaginer d'ailleurs que, dans un Gouvernement mixte bien organisé, le Monarque eût besoin d'aucun appui indirect et secret placé hors de lui-même ou de son ministère, pour maintenir les Corps représentatifs dans les bornes de leurs attributions.

(*a*) Considér. sur les princ. Evén. de la Révol. franç. tom. II, pag. 250.

(*b*) Disc. de M. Josse de Beauvoir. — Moniteur du samedi 28 décembre 1816.

Dans un Gouvernement monarchique bien constitué, le plus ferme appui du trône, c'est de n'en avoir aucun qui ne soit fondé sur la distinction des trois puissances, et sur la bonne foi, l'équité, la raison ; et tous ceux qui auront au contraire pour bases des élemens d'organisation que cette bonne foi, la justice, la droite raison ne pourraient approuver, seront ébranlés par le temps, insensiblement minés et détruits par l'ascendant des progrès irrésistibles des lumières et de la civilisation.

La défiance, la ruse, la violence, sont les ressorts dont un despote peut être contraint de faire usage pour régner sur un peuple d'esclaves et de barbares.

Mais la loyauté, la confiance, le bon sens, la vérité, l'évidence de l'intérêt commun, d'accord avec celui du prince, sont les seuls auxiliaires dont un vrai monarque ait besoin pour affermir son Gouvernement, pour le faire chérir et respecter, pour le rendre indestructible et inébranlable.

Lorsque les attributions de la puissance législative auront été exactement circonscrites et fixées dans leurs véritables limites ; lorsque la participation que les Corps représentatifs doivent prendre à l'exercice de cette première puissance aura été sagement déterminée; lorsqu'enfin ces Corps auront été composés comme ils doivent l'être, c'est-à-dire, avec toutes les précautions et les règles que la nature des choses indique et prescrit; alors, convenablement organisés, et ne pouvant étendre leurs attributions au-delà des bornes qui leur appartiennent et que la nature des choses, la justice même établissent; de leur part, n'ayant pas non plus à craindre que ces mêmes attributions puissent être envahies, resserrées et restreintes; ces Corps représentatifs seront bien réellement, par une suite nécessaire de leur indépendance, les plus fermes et inébranlables soutiens du trône et de toutes les parties de la constitution; et cela, lors même qu'ils n'adopteront pas tous les projets de loi que pourra leur présenter le ministère, et précisément parce qu'ils ne les adopteront pas sans une véritable liberté de conscience, sans une entière et complète conviction de leur utilité : car alors il ne leur arrivera plus de les repousser par d'absurdes, de funestes motifs de système, d'opposition, de rivalité, d'ambition, en un mot par esprit de parti (*a*); mais uniquement parce qu'ils les reconnaî-

---

(*a*) Nous croyons pouvoir citer ici un passage qui aurait trouvé mieux sa place dans le premier ou le second volume de cet ouvrage, mais qui est extrait d'un discours non encore publié lorsque cette première partie a paru :

« De tous les sentimens déréglés que l'orgueil peut produire, le plus subtil et le plus entraînant, parce qu'il est le plus déguisé, parce qu'il marche sous la bannière de l'intérêt public, parce qu'il semble inséparable des délibérations de cette nature, et que toujours il a pour mot d'ordre la nécessité; le plus capable, enfin, d'égarer l'orateur de la tribune; fâcheux, sur-tout, en ce qu'il peut surprendre et tromper jusqu'à l'homme de bien; c'est l'esprit de parti, qui, sans qu'on le soupçonne, a l'orgueil pour auteur caché; enfant aveugle et sourd, qui vit d'obstination, et veut parce qu'il a voulu; incurable maladie, source de haine, d'emportemens et d'excès qu'on a peine à concevoir.

« Hâtons-nous, pour éviter toute méprise, hâtons-nous de dire qu'il ne faut pas confondre la nécessité de se ranger à une opinion, avec l'esprit de parti.

« L'esprit de parti est personnel, attaché aux personnes plus qu'aux choses : il n'éclaire pas son opinion, il l'épouse, parce que c'est la volonté et l'intérêt du parti : il ne choisit pas, il est décidé d'avance, et n'écoute plus rien. L'homme de bien que l'esprit de parti n'a pas sur-

tront contraires aux principes du Droit et de
la morale, et réellement préjudiciables à l'intérêt de la société et de l'État.

Pour ce qui est, au contraire, d'un Sénat ou
de tout autre Corps, dont les fonctions ne
seraient pas incompatibles avec les fonctions
du ministère et autres de même nature, dont
les membres seraient nommés par le prince
et pourraient être comblés par lui chaque
jour de nouvelles dignités, de titres, d'honneurs, de richesses, de faveurs; pour ce qui
est, en un mot, de tout Corps soumis à quelque influence extérieure, apparente ou oc-
culte, fût-il d'ailleurs composé de tout ce
qu'il y aurait d'hommes les plus vertueux
et les plus habiles, vous n'en obtiendrez pas,
du moins pour long-temps, les résultats

---

pris, apporte une sérieuse attention, délibère avec lui-
même, embrasse une opinion avec une entière indépendance, la défend avec bonne foi, l'abandonne s'il est
détrompé; et, quoiqu'il y persiste, si elle ne prévaut pas,
se range à celle qu'il croit la plus conforme aux principes
d'ordre et d'intérêt public ».

(Discours qui a remporté le prix d'éloquence proposé
par l'Académie Française, en 1820; par M. de La Malle,
ancien avocat, conseiller d'État, etc. etc.)

heureux que vous auriez cru pouvoir vous en promettre; et vous vous abusez si vous pensez qu'il puisse être, de sa nature, propre à maintenir l'équilibre entre le Monarque et un autre Corps de représentans.

L'expérience du passé, nous venons de le voir, aussi bien que celle du présent, prouve qu'il sera bien plutôt propre à détruire cet équilibre; que généralement il ne sera autre chose qu'une sorte de divan, naturellement, indubitablement enclin à favoriser les entreprises ambitieuses, les usurpations soit intérieures soit extérieures, les projets les plus funestes de celui de qui il tiendra son autorité, son existence, qui le composera, et le fera mouvoir par des ressorts qui, pour être cachés, n'en seront pas moins visibles pour les hommes tant soit peu clairvoyans et observateurs.

Ce sénat sera donc plus propre qu'aucune autre institution à conduire le Prince et l'État vers leur ruine.

« La monarchie se perd, dit M. de Montesquieu, lorsqu'un prince méconnaît son autorité, sa situation, l'amour de ses peuples; et lorsqu'il .ne sent pas bien qu'un monarque doit se juger en sûreté, comme un despote doit se croire en péril » (*a*).

« Le principe de la monarchie se corrompt, dit-il encore, lorsque les premières dignités sont les marques de la première servitude, lorsqu'on ôte aux Grands le respect des peuples, et qu'on les rend de vils instrumens du pouvoir arbitraire » (*b*).

C'est ici qu'il convient sur-tout de faire l'application de ces vérités, aussi bien que de celles qui suivent :

« Après avoir mis les garanties individuelles au nombre des lois fondamentales, on a quelquefois conçu l'idée d'instituer un Corps permanent, je ne sais quel sénat plénipotentiaire, dont l'unique fonction devait être de veiller à la conservation des lois. Mais il est encore prouvé par les faits comme par la nature des choses, qu'un tel Corps ne songe jamais qu'à se conserver lui-même ; qu'il a

(*a*) Esprit des Lois, liv. viii, ch. vi, ayant pour titre: « De la corruption du Principe de la monarchie ».

(*b*) *Ibid.* chap. vii, intitulé : « Continuation du même sujet ».

peur de compromettre sa propre existence
en s'efforçant de maintenir les autres institutions; qu'il se hâte de les sacrifier pour ne
pas tomber avec elles, et que c'est lui qui
leur porte les premiers coups. Il prétend que
le moyen de les conserver est de les amender
sans cesse, et le soin qu'il prend de les amé-
liorer ne tarde point à les détruire. Les garanties particulières dont ses membres jouissent,
les trésors qui s'accumulent entre leurs mains,
les rendent très-indifférents sur ces garanties
vulgaires que tous les citoyens réclament. Des
plaintes qu'ils ne craignent pas d'avoir à former eux-mêmes, ne leur sont qu'importunes,
ils font en sorte de ne pas les entendre; et
s'il arrive que, reniant un tyran qu'il ne leur
est plus possible de soutenir, ils entreprennent de renouveler la constitution de l'État, ils
oseront y stipuler encore leurs propres intérêts pécuniaires, et les placer au nombre
des fondemens de l'ordre social. Assurément
aucun peuple ne doit moins compter sur des
garanties, que celui qui en confierait le maintien à ceux auxquels il donnerait en même
temps d'autres besoins et d'autres sécurités.

« Proscrire et conscrire, moissonner chaque année une génération nouvelle, désorganiser les élections publiques et la représentation nationale, annuler des déclarations de jury, anéantir toute résistance au pouvoir absolu, fonder le despotisme, le nourrir et le bénir, se charger de son opprobre et s'enrichir de ses faveurs : voilà le résumé de l'histoire de tous les Sénats» (a).

A des époques reculées de la monarchie française, les choses, quoiqu'imparfaites, ne touchaient pas du moins en tous points, à ce profond degré de dégradation. Les gentilshommes et les ecclésiastiques ne paraissaient aux États qu'en vertu du choix de leurs pareils. Les maires eux-mêmes, dont la puissance égalait presque celle des rois, étaient élus par la nation ; « et, dit M. de Montesquieu, si Protaire fut élu par Théodoric, et Landeric par Frédégonde, la nation reprit ensuite ses droits » (b) ; pendant long-temps,

(a) Essai sur les Garanties individ., par M. C. F. Daunou, chap. ix, pag. 114 *et suiv.*

(b) Esprit des Lois, liv. xxxi, ch. iii. — Frédégaire, Chronique, chap. liv, *sur l'an* 626; et son continuateur

enfin, les pairs du royaume ne furent pas choisis et nommés par le roi.

Que si l'on veut donner quelque relâchement aux liens de la servitude qui étreignent un Corps institué sur des bases si dangereuses et si fausses, quelle que soit d'ailleurs la dénomination qu'on lui donne, il devient en effet comme nécessaire d'en rendre les fonctions héréditaires, parce qu'alors cette hérédité est le seul moyen de leur conserver quelque reste de liberté et d'indépendance. Mais aussi voilà comment en choquant l'équité et le bon sens, en violant un des principes les plus certains de droit constitutionnel, on se met dans la nécessité d'en violer un autre de droit public, qui se rattache si fortement à tous les autres; voilà comment on se place dans la nécessité de choquer ouvertement les règles les plus essentielles, les notions premières de la droite raison, de la prudence, de la sagesse, de l'équité; « voilà comment, ainsi que le dit un auteur, le peuple

---

anonyme, ch. ci, *sur l'an* 695; et ch. cv, *sur l'an* 715. — Aimoin, liv. iv, ch. xv. — Eginhard, Vie de Charlemagne, ch. xlviii. — *Gesta regum Francorum*, ch. xlv.

se trouve exposé et astreint à se voir gouverné par des fils aînés sans mérite, à l'exclusion des puînés dont il connaîtrait les talens et les vertus, par quelques rejetons d'une famille dégénérée, à l'exclusion d'une autre famille respectable » (*a*).

Du reste, même dans une Chambre dont les fonctions seront héréditaires, si ces fonctions ne sont pas essentiellement et irrévocablement incompatibles avec toutes celles qui se rattachent d'une manière plus ou moins directe à l'exercice de la puissance exécutive; si même leur dignité, leur titre, n'est pas également inconciliable avec tous les titres et honneurs, les graces et faveurs qui peuvent émaner de la munificence royale, que devient encore son indépendance...?

L'hérédité même est alors une bien faible et insuffisante barrière pour garantir et conserver cette précieuse indépendance dans l'un des premiers Corps de l'État.

_____

(*a*) (JOHN ADAMS. Défense des Constit. améric. tom. II, *Lettre* 16ᵉ, 8ᵉ *argument*, pag. 270.) C'est encore ici que s'applique particulièrement le passage de Filangieri, ci-dessus rapporté. *Voy.* pag. 56 *et suiv.*

Et de plus, si le nombre des membres de
ce Corps est illimité, si du roi seul dépend
d'en créer de nouveaux chaque jour, qu'y
aura-t-il de plus facile que de recourir à l'u-
sage de cette faculté, lorsqu'on aura le projet
de faire adopter une loi d'une haute importance, et qui même pourra peut-être altérer
essentiellement la constitution de l'État jusque
dans ses bases? Selon toute apparence, les élus
d'une date récente, éblouis, dévoués et trompés par le sentiment de la reconnaissance, en
cas de doute et même hors de ce cas, feront
aisément pencher la balance (a).

En Angleterre comme en France, le nombre
des Pairs n'est pas limité. «Il y a même, dit
Blackstone, un exemple sous la reine Anne,

(a) Ceci était écrit avant l'Ordonnance du 5 mars 1819,
laquelle a précédé la discussion à la Chambre des Pairs,
de la Loi relative aux Elections. Cette Ordonnance contient institution et nomination de *cinquante-neuf* Pairs,
dérogation formelle à la disposition de l'art. 1er de l'Ordonnance du 25 août 1817, et autorisation à ces Pairs
de *prendre immédiatement séance dans la Chambre, lors
même qu'ils n'auraient pas encore institué le majorat
exigé par l'article précité.* (*Voy.* le Moniteur du samedi
6 mars 1819, n° 65.)

de douze Pairs faits à-la-fois : ce qui donna lieu, sous le règne de Georges I, à un bill passé dans la Chambre des pairs, et qui fut appuyé par le ministère d'alors, pour limiter le nombre des pairs. On pensait fortifier de beaucoup la constitution en empêchant le roi de se servir d'une telle prérogative pour gagner la prépondérance dans cette auguste assemblée, en y introduisant à sa volonté, un nombre illimité de nouveaux lords. Mais le bill ne plut pas à la Chambre basse, qui le rejeta; les membres qui y avaient la principale influence, voulaient que les avenues conduisant à l'autre Chambre, demeurassent libres et faciles » (*a*).

Et si dans un tel état de choses, le ministère peut en outre, avec une sorte de légalité apparente, exercer de mille manières une influence, soit ouverte et ostensible, soit indirecte et cachée, dans celle des deux Chambres qui peut encore être considérée comme un Corps représentatif; si avec cela les emplois

---

(*a*) Commentaires sur les Lois anglaises, t. 1, liv. 1, chap. II. Traduction de M^r. N. M. Chompré.

mêmes de la magistrature, de l'ordre judiciaire, ne sont pas davantage réputés rigoureusement incompatibles avec ceux qui peuvent
émaner du ministère ou y conduire; si encore
les attributions de cette puissance judiciaire se
trouvent cumulées et confondues avec celles
de la puissance exécutive ou de la puissance
législative, quoique les attributions de ces trois
puissances soient si essentiellement distinctes
de leur nature, qu'elles ne devraient jamais
être ni exercées de la même manière, ni réunies dans les mêmes mains; si les magistrats,
quoique étant inamovibles, ne peuvent cependant attendre leur nomination, leur avancement que des hommes entre les mains de
qui repose de droit ou de fait l'exercice des
deux premières puissances, ou seulement de
l'une des deux ; comment le désordre ne serait-
il pas grand? comment les inconvéniens ne
seraient-ils pas graves et nombreux, et les
dangers imminens...? La justice sera bientôt
corrompue ou asservie; les formes les plus
solennelles ne seront plus qu'un piège; la
responsabilité ministérielle sera évidemment
feinte et illusoire ; la représentation elle-même,

quelque exagérée qu'elle soit dans son opposition, ne sera qu'un vain simulacre, la monarchie qu'un fantôme; et les principes les plus
certains d'organisation, ceux du Droit philosophique et moral les plus incontestables et les
plus sacrés, ne seront nullement respectés.

Or, dans un gouvernement despotique pur
et simple, si la crainte et la terreur sont nécessaires pour contenir dans l'obéissance et
la soumission des esclaves stupides et insu-
bordonnés, si sous ce rapport ces mobiles sont
l'unique ressort du gouvernement, d'une autre
part, la crainte aussi peut quelquefois contenir
le despote dans de certaines bornes. Sa volonté étant, ainsi que nous l'avons vu plus
haut, la loi suprême, tout le mal qui se com-
met dans son empire ne peut être attribué qu'à
lui; et son peuple en effet le rend souvent seul
responsable des événemens mêmes qui sont
placés par la nature des choses hors du cercle et bien au-dessus de la puissance et de la
prévoyance humaine (*a*).

Mais lorsque des Institutions plus ou moins

(*a*) *Voy. ci-des.*, vol. iv, tit. i, § i, *art.* 5, p. 318 *et suiv.*

15.

insidieuses sont imaginées et établies pour
tromper les yeux vulgaires et masquer le despotisme, lorsque le tyran qui l'exerce peut
facilement se croire à l'abri derrière les retran-
chemens dont une politique peu éclairée lui
a suggéré la pensée, et dont il est parvenu à
s'environner, son audace s'accroît, bientôt elle
ne connaît plus de bornes; ce dernier frein
que pouvait lui inspirer la crainte, ne le retient plus, et les coups qu'il porte alors à la société tout entière, sont d'autant plus rudes, les
plaies qu'il lui fait, d'autant plus profondes et
plus cuisantes, qu'il se flatte que ces méfaits
n'attireront pas sur lui de réaction, que peut-
être même en effet il n'en sera pas considéré
comme le véritable auteur. Nous le répétons
donc ici avec M. de Montesquieu : « Il n'y a
véritablement pas de plus cruelle tyrannie que
celle que l'on exerce à l'ombre des lois et avec
les couleurs de la justice, lorsqu'on va, pour
ainsi dire, noyer des malheureux sur la plan-
che même sur laquelle ils s'étaient sauvés....

« Le principe de la monarchie se corrompt
lorsque des ames singulièrement basses tirent
vanité de la grandeur que paraît avoir leur

servitude ; et qu'elles croient que ce qui fait que l'on doit tout au prince, fait que l'on ne doit rïen à la patrie....»

Et « s'il est vrai (ce que l'on a vu dans tous les temps) qu'à mesure que le pouvoir du monarque devient immense, sa sûreté diminue ; corrompre ce pouvoir jusqu'à le faire changer de nature, n'est-ce pas un crime de lèze-majesté contre lui » (*a*)?

Les plus importantes de ces vérités ont été senties par Filangieri, sans qu'il en ait néanmoins tiré la seule conséquence juste et véritable « Un des vices particuliers au Gouvernement mixte, dit-il, est l'influence secrète du prince dans les Congrès qui représentent la souveraineté. Dans les Gouvernemens de cette espèce, le roi a une double influence dans ces Congrès. Considéré comme l'un des·trois Corps qui les composent, il est juste qu'il ait l'autorité négative, c'est-à-dire, le droit de s'opposer aux résolutions des deux

(*a*) Grandeur et Décadence des Romains, chap. xiv. — Esprit des Lois, liv. viii, ayant pour titre : *De la Corruption des principes des trois Gouvernemens ; ch.* vii. *Suite de la Corruption du principe de la monarchie.*

autres Corps, d'abord parce que la constitution du Gouvernement exige le concours unanime de ces trois Corps pour l'exercice de la
puissance législative; ensuite parce que si ce
droit n'appartenait pas au Roi, la puissance
exécutive pourrait être anéantie par la puissance législative, qui ne trouverait aucun obstacle à son usurpation : cette première influence est légitime et nécessaire (a).

« Mais le Roi, considéré dans ces mêmes
Gouvernemens comme le seul distributeur de
toutes les charges tant civiles que militaires,
et comme le seul administrateur du revenu
public, possède alors tous les moyens d'acheter à son gré la pluralité des suffrages, et de
faire, du Congrès qui représente la nation,
l'organe de sa volonté ; et c'est là cette influence secrète (ou plutôt indirecte) qui peut
anéantir la liberté du peuple sans même que
la constitution en soit altérée ; qui peut opprimer la nation, sans faire trembler la main
qui l'opprime.

(a) *Voy. ci-après*, le développement de ce principe,
liv. II, chap. I, *art.* 4.

« Dans tous les autres Gouvernemens, la crainte est la compagne inséparable de l'oppresseur (*a*). Si un souverain, dans une monarchie absolue, veut resserrer les fers de ses peuples, s'il veut rompre les pactes en vertu desquels il est monté sur le trône, s'il veut opprimer ses sujets par des impositions excessives, du moins il a toujours devant les yeux la fureur du peuple qui l'épouvante; il sent son trône chanceler sous ses pieds; il voit le danger auquel il expose sa vie (*b*). Mais, dans les Gouvernemens mixtes, le roi, qui peut se servir du bras du Congrès pour opprimer la nation, peut le faire aussi sans avoir tant de motifs d'effroi; il sait que ce Congrès sera responsable de tout auprès de la nation; il sait que ce ne sera jamais sur sa personne que viendra fondre la fureur du peuple. Il a donc un instrument de plus, et autant

---

(*a*) Cela est vrai; mais sans rendre le Despote plus heureux, elle le rend plus cruel. *Voy. ci-dessus*, vol. IV, tit. I, § I, pag. 231 *et suiv.*

(*b*) Cela est vrai encore; mais un état de défiance et de guerre aussi funeste, n'est-il pas le premier des malheurs à éviter?

d'obstacles de moins, pour devenir un oppresseur; et il le deviendra facilement, si, à la volonté de l'être, il réunit les talens nécessaires pour y réussir. Il suffit qu'il respecte (*en apparence*) les droits du Congrès, et qu'il se contente d'en disposer : alors il fera toujours sans danger ce qu'il lui plaira.

« Lorsque Auguste rétablit l'autorité du sénat, il vit bien que son objet principal devait être de pouvoir disposer de cette assemblée, et non de l'affaiblir. Occupé à entourer de nuages le trône où il était assis, à dérober aux regards de ses sujets son pouvoir absolu, il ne chercha qu'à paraître le ministre du sénat, et l'exécuteur de ses décrets suprêmes toujours dictés par lui. Bien loin de voir dans cette assemblée un obstacle à ses vues et un contre-poids à son autorité, il sut y trouver le soutien de sa puissance secrète et le fondement de sa sûreté. Il est évident qu'il n'y a pas de despotisme plus terrible que celui qui est caché sous le voile de la liberté (*a*).

(*a*) *Voy.* GRAVINA : *De romano imperio.*

« Si Jacques II eût eu recours au Parlement pour rétablir le Catholicisme ; si, pour le rappeler dans ses États, il se fût servi des mêmes instrumens que ses prédécesseurs avaient employés pour le proscrire ; si, au lieu de suivre l'exemple de Jacques Ier, son aïeul, et de Charles Ier, son père, il eût eu la politique de Henri VIII et d'Élisabeth ; s'il eût su, comme eux, faire du Parlement l'exécuteur aveugle, non-seulement de la volonté, mais encore des caprices du prince ; s'il n'eût pas commis un attentat manifeste contre la Constitution, en promulguant de nouvelles lois et en abolissant les anciennes sans l'autorité du Parlement ; la couronne d'Angleterre n'aurait point passé sur la tête du prince d'Orange, et la nation ne se serait pas élevée contre son roi. Le parti de l'église anglicane aurait tout au plus brûlé les maisons de quelques parlementaires, et tout aurait fini là. Le seul règne de Henri VIII est une preuve incontestable de cette vérité.

« En effet, que ne fit-il pas sous les auspices du Parlement ? Quels attentats ne commit-il point contre la liberté du peuple, contre la sûreté publique, contre la décence des mœurs, et contre le respect dû à la religion ? Ne fut-ce pas le bras même du Parlement qui fit élever ces gibets où les mères des héritiers du trône allèrent expier le malheur d'avoir cédé à l'amour du plus abominable des hommes ? Ne fut-ce pas par les mains du Parlement qu'il fit allumer ces bûchers où périrent tant de sujets de l'État ? Ne fut-ce pas le Parlement qui décida que la simple volonté du prince avait force de loi (*a*) ? Tous les blasphêmes de la tyrannie ne furent-ils pas adoptés par le Parlement, sous le règne de ce prince, comme autant de principes de jurisprudence et de religion ? Les crimes de lèze-majesté ne devinrent-ils pas plus nombreux et plus bizarres dans le code anglais qu'ils ne le furent jamais dans celui des Nérons et des Tibères ? La manie commune des tyrans, de dominer sur les esprits de même que sur les corps, cette manie qui a coûté si cher au genre humain, ne fut-elle pas légitimée par cette auguste assemblée ?

(*a*) Statut XIII, de Henri VIII, chap. III.

Non, il n'y a d'autre différence entre l'histoire de ce prince et celle de tous les monstres qui ont souillé de sang le trône sur lequel ils étaient assis, si ce n'est que ces derniers ont fait d'une main tremblante ce que Henri fit avec la plus grande assurance sous la protection du Parlement.

« A défaut de toute autre raison, ce trait seul de l'histoire de la Grande-Bretagne suffirait pour démontrer que, dans les Gouvernemens mixtes *de cette espèce*, le roi pourra toujours faire ce qu'il voudra ; qu'il pourra opprimer la nation sans altérer la constitution et sans courir aucun risque pour sa personne. Il suffit qu'il ait l'art de corrompre l'assemblée qui représente (*concurremment avec lui*) la souveraineté ; il en a les moyens » (*a*).

(*a*) (Filangieri. Science de la législation, t. I, liv. I, chap. XI, pag. 152 *et suiv.*)

Ajoutons, pour être exact et pour tirer de tout ce qui précède la seule conclusion juste et utile qui puisse en découler, que cela se passera ainsi si les détails de l'Organisation n'y ont pas scrupuleusement pourvu sur tous les points que nous venons déja d'indiquer dans cet article, et que nous traiterons avec développement sur le livre suivant.

C'est alors aussi que les impôts les plus oné-reux, les lois les plus absurdes, les projets les plus ambitieux, les guerres les plus iniques ou les plus intempestives et les plus désastreuses sont indistinctement sanctionnées, et semblent même avoir obtenu l'assentiment national : C'est alors que l'État est sourdement obéré, le trésor public dilapidé, la richesse nationale dissipée ; que de folles et extravagantes pro-digalités enrichissent les hommes les plus lâches, les plus vils, les plus corrompus. La société est épuisée, et le peuple cependant est étourdi par des réjouissances et des fêtes ; dans son ivresse, dans son délire, il n'entend plus que les chants de la victoire, il ne voit que des conquêtes, il ne rêve que de nou-veaux succès. Mais le réveil n'est pas éloi-gné, et chacun déja touche au moment des revers, des désastres, de la misère (a).

_____

(a) (*Voy. ci-dessus*, 1ᵉ part., liv. II, p. 242 et 243.)
Quoi de plus triste à observer pour les hommes jaloux de l'honneur de l'humanité, de la sagesse de leur Gou-vernement, que ces jours d'orgie, de cohue populaire, où pour éblouir et tromper la multitude sur l'état de la prospérité, ou plutôt de l'asservissement, de la ruine

« Esclavage , dépendance , abjection au-
dedans, domination au-dehors, tel est l'objet de tous les désirs, le rêve de tous les
esprits. On ne connaît plus d'autre grandeur,
d'autre prospérité, que la gloire qui accom-
pagne les conquêtes, et les richesses *que l'on
croit en être le fruit.* La frénésie des armes
et la fièvre de l'or agitent, consument les
peuples. La science de les gouverner, science
plus morale que physique, se perd, et je ne
sais quel art faux et purement matériel d'ad-
ministrer (*a*) lui succède, aux dépens de ce

---

nationale, l'autorité dissipe en fumée des sommes assez
considérables pour sauver des provinces entières de la
plus affreuse indigence, où l'autorité prend elle-même
soin de provoquer le peuple à tous les excès de l'intem-
pérance et de la débauche, et semble ainsi s'efforcer de
le ravaler au niveau des brutes, dans le temps qu'elle
étale à ses yeux le spectacle fastueux d'un luxe effréné,
dans le temps qu'elle saisit et s'applique à faire naître
toutes les occasions de lui faire éprouver l'énorme poids
de son excessive puissance.

(*a*) Mais, il faut le dire aussi, l'erreur extrême de bien
des gens est, comme nous le verrons par la suite, de
croire que l'ordre, l'harmonie des combinaisons dans
l'Organisation sociale, n'est utile à rien, et n'entre pas
pour quelque chose dans les vues et les desseins véritables
de la Providence.

qui constitue la stabilité, la vigueur et la
félicité réelle des empires. Les finances,
transformées en vil agiotage......, les armées, deviennent toute la politique; parce
que l'argent est toute la soif des États,
et le canon toute leur force. Les nations,
avides de jouissances, s'isolent du passé
et de l'avenir; et, tourmentées, ce semble,
du pressentiment de leur fin, ne voient
que le présent, et se hâtent de l'engloutir.
Sous prétexte d'accélérer la circulation des
richesses, c'est-à-dire, pour donner plus
d'énergie et de mouvemens aux desirs, aux
craintes, aux espérances, à toutes les passions et à tous les vices, on favorise, autant qu'on le peut, les progrès du luxe; on
va même jusqu'à tendre des piéges à la cupidité; on multiplie les spectacles (a), les filles
publiques, les désastreuses loteries et les
maisons de jeu, banques affreuses du crime,
où l'innocence même, entraînée par une fai-

(a) On ne doit pourtant pas s'imaginer que les spectacles ne pussent pas être dirigés de manière à servir
efficacement la morale publique.

blesse imprudente, va, sous la protection de l'autorité publique, s'ouvrir un compte fatal, qui trop souvent se solde par le suicide ou sur l'échafaud. La morale et la conscience tombent dans un tel mépris, qu'on n'ose plus même en prononcer le nom, et s'il se présente quelques-unes de ces grandes et simples questions que la justice immuable a décidées, pour ainsi dire, de toute éternité (*a*), ne vous attendez pas que sa voix se fasse entendre, ou soit écoutée ; on traitera ses maximes de scrupules, peut-être de scandale ; et entre le spoliateur opulent et sa victime défaillante, la sagesse du siècle ne verra que des intérêts à garantir et des plaintes à étouffer » (*b*).

(*a*) Ces questions ne peuvent être autres que celles qui ont été examinées et résolues dans la première partie de cet ouvrage. *Voy.* liv. I, II, III ; et particulièrement le Corollaire « *De la Prescription, quant à la propriété, en matière de Droit public* » , vol. I, pag. 96 *et suiv.*

(*b*) (Essai sur l'indifférence en matières de religion, tom. I, pag. 377.)

—« A mesure que la vérité disparaît de la constitution, des lois, des mœurs, continue l'auteur de cet ouvrage, l'État s'affaiblit, sa vie s'éteint, et il arrive un moment

Si les méditations et les avertissemens des publicistes ont été jusqu'ici trop infructueux pour les législateurs et pour les peuples, qu'au moins des faits d'une expérience si récente et payée si chèrement, leur profite davantage par la suite. Nous tous, Français, sur-tout, pourrions-nous oublier jamais que naguères, par un Gouvernement despotique qui d'abord s'était enveloppé de ces formes trompeuses, de ces institutions mensongères, et qui bientôt osa s'en dépouiller pour se montrer tout à découvert avec la plus inconcevable, la plus révoltante audace, une immense partie de· la population, l'artisan, le cultivateur, l'homme de loi, le magistrat, la jeunesse entrant à peine dans son adolescence, les époux, les pères de famille mêmes, furent arrachés de leurs foyers, et entraînés loin de leur patrie dans des terres étrangères et encore à demi barbares; que ces malheureux

---

où il faut de nécessité que tout périsse, ou que tout se renouvelle». (*Ibid.* pag. 379.)—Nous abandonnons aux lecteurs éclairés le soin de tirer de cette assertion, et de la fin du passage ci-dessus transcrit, les inductions justes, dont l'auteur est quelquefois bien éloigné.

compatriotes, nos amis, nos parens, nos frères et nos fils, y ont été moissonnés et détruits bien moins encore par le fer et le feu des combats que par la rigueur de la saison, du climat, par l'excès des fatigues, par l'imprévoyance et l'impéritie, par la faim et la misère ; qu'ils sont morts abandonnés, dans les douleurs et les tourmens, sans secours, sans soins, sans nulle assistance, regrettant le toit paternel et le sol de la France...! Oublierons-nous que leurs membres mutilés, épars et sanglans, sont demeurés sans sépulture; que leurs mânes fugitifs et irrités errent encore sur ces lointains rivages, et que leurs ossemens, blanchis et desséchés par le temps, sont brisés, répandus, dispersés sur le sable de ces affreux déserts...! Oublierons-nous qu'à la suite de ces désastres, les sauvages habitans du Don, de l'Ukraine, du Volga, ont eu un chemin ouvert et facile jusque dans le sein de notre chère patrie, qu'ils en ont trouvé les frontières abandonnées, désertes, dépourvues de défenseurs; que deux fois ils ont envahi, infesté, ravagé, nos campagnes et nos villes, que deux fois ils ont souillé nos demeures...! Oublierons-nous les charges énormes que toutes les puissances réunies de l'Europe nous ont imposées, le joug sous lequel elles nous ont long-temps retenus, et les charges plus lourdes encore qu'elles nous ont de rechef imposées...? Ne comprendrons-nous donc pas enfin que des causes semblables peuvent tôt ou tard occasionner de semblables effets...? Ne concevrons-nous jamais que ces causes peuvent un jour ou l'autre, et si ce n'est pour nous, du moins pour nos neveux, produire les mêmes désastres ou d'autres infortunes...! Ah, s'il en devait être ainsi; si jamais nous pouvions perdre le souvenir de si douloureux événemens; si jamais nous pouvions en méconnaître et ne pas en détester les véritables causes, pourrions-nous dès à-présent nous croire dignes encore du nom d'homme, du nom de Français...! (*a*)

Nota. Nous avons prévenu dans l'avant-propos de cette seconde partie de la Science du Publiciste,

---

(*a*) Il faut aussi voir, relativement à quelques-unes des assertions renfermées dans cet article, les réclama-

et nous croyons devoir le rappeler ici, qu'il ne faut pas induire, des vérités développées dans cet article, qu'il ne doit pas exister en droit deux Chambres législatives ou représentatives. On verra, dans le livre suivant, que la division du pouvoir législatif en trois branches distinctes est bien réellement l'une des bases fondamentales les plus essentielles de l'organisation sociale ; mais on connaîtra en même temps quelles sont les hautes et puissantes considérations, puisées dans la nature vraie des choses, sur lesquelles la raison exige que cette division soit établie (a).

---

tions faites par MM. le duc de Choiseul, le comte de Ségur et le comte Boissy-d'Anglas, dans la session de 1819, contre une proclamation publiée par M. le Préfet de la Seine. (Séance du 26 juin 1820. — Journal constit. du mercredi 5 juillet, n° 187.)

(a) *Voy. ci-dessus*, 11e part. AVANT-PROPOS, vol. IV, pag. XXIV, n. (*a*) : et *ci-après*, liv. II, chap. II.

2° *Inexactitude, désordre, confusion et mauvaise foi dans la répartition des attributions des Puissances constitutives.*

SOMMAIRE. L'inexacte répartition des attributions des Puissances constitutives, même dans les Gouvernemens mixtes, produit encore infailliblement le désordre, la confusion, une sorte d'anarchie constitutionnelle, et par suite l'irrégularité, l'embarras, la contradiction, dans la volonté, l'action et les jugemens : elle nuit par conséquent à la stabilité et à la force réelle du Gouvernement.

LE premier chapitre de ce livre renferme les notions préliminaires ou les vérités fondamentales servant de base aux principes de l'Organisation sociale ; en conséquence nous y avons établi la distinction des trois puissances constitutives, et approfondi la nature même des choses, afin d'y découvrir aussi les véritables limites des diverses attributions de ces puissances.

Le titre premier du second chapitre a eu spécialement pour objet de rechercher quelle est la nature des Gouvernemens simples la plus favorable à l'exercice de chacune de ces puissances.

En commençant le titre deuxième de ce

second chapitre, nous avons aussi reconnu que ces diverses attributions des trois puissances ne sont pas indissolublement unies les unes aux autres, et que pouvant, au contraire, être disjointes, et très-diversement réparties, suivant la volonté de celui ou de ceux en qui repose de fait la possibilité d'instituer, il en résulte souvent un mélange d'élémens et une complication d'organisation très-nuisibles.

Il serait même difficile que, dans un Gouvernement mixte, dont l'organisation est déja simplifiée et se rapproche d'un certain degré d'amélioration, il n'en résultât pas un autre vice essentiel d'institution. Là se rencontre encore, et le tacticien exercé l'aperçoit aisément, l'un des derniers remparts où le despotisme peut se retrancher, lorsque les progrès des lumières et de la civilisation le chassent et ne lui permettent plus de se montrer à découvert; et dans lesquels, ainsi que nous l'avons dit dans l'avant-propos de cette seconde partie, il faut nécessairement chercher à le suivre et à le terrasser.

En effet, l'homme en général n'est pas jusqu'ici devenu assez philosophe et assez éclairé : faute d'une solide instruction, ou d'une pénétration capable d'y suppléer, l'homme jusqu'ici, le législateur même, a toujours été trop peu clairvoyant sur ses vrais intérêts, trop ennemi de son propre bonheur, pour avoir de lui-même consenti à restreindre son autorité dans les justes limites que la nature des choses, l'intérêt général de la société lui prescrivent, et qui sont conséquemment, aux yeux de la justice, du bon sens et de la droite raison, les seules légitimes.

Lorsque l'état de la civilisation, le développement de la population, obligent une société de choisir des chefs, de leur conférer certaine portion d'autorité; lorsque cette faculté ne lui a pas encore été ravie, cette société, ainsi que Locke le remarque judicieusement (a), n'agit pas avec assez de discernement, de réflexion, de prudence, pour

(a) *Voy. ci-dessus*, vol. IV, pag. 147 *et suiv.*

ne pas s'écarter des règles du droit constitutionnel : et lorsqu'au contraire le défaut
de prévoyance, et les événemens funestes
qui en ont été la suite, ont placé dans les
mains de quelques hommes, ou d'un seul
homme, une autorité trop étendue, ceux-ci
n'ont pas non plus, à leur tour, assez de
clairvoyance, d'équité, de sagesse, pour résister à ce prestige dangereux dont la toute-
puissance est environnée. Il est rare qu'on
ne les voie pas employer tout ce qu'ils ont
déja de pouvoir et d'adresse, pour étendre
de plus en plus cette même autorité, bien
loin de s'appliquer, ainsi qu'ils le devraient
faire, à la renfermer dans ses plus justes,
ses plus utiles et ses plus constantes limites.
« Il y a dans le pouvoir absolu, dit un
auteur, quelque chose de si séducteur pour
ceux qui ne l'ont point envisagé dans son
vrai point de vue, qu'il est toujours difficile
d'en soustraire une portion à ceux qui sont
accoutumés à l'exercer tout entier, à ceux
qui font consister leur gloire dans la faculté
de suivre aveuglément leurs fantaisies, à

ceux qui ont entre les mains des forces pour défendre ce pouvoir » (*a*).

Ainsi dans une monarchie, par exemple, si les principes, les élémens d'organisation, aristocratiques ou démocratiques, prédominent encore sur ceux du Gouvernement spécialement dit despotique (*b*), le peuple ou les nobles conserveront souvent, à leur propre préjudice, l'exercice de quelques-unes des attributions de la puissance exécutive; ou si, dans cette même monarchie, le chef de la puissance exécutive est déja parvenu à faire prédominer les élémens du Gouvernement d'un seul, ou le despotisme proprement dit, sur ceux de la démocratie ou de l'aristocratie, il s'efforcera de conserver au préjudice de la société, de l'État, à son propre préjudice, l'exercice de quelques-unes des attributions, soit de la puissance législative, telles que celles de conclure définitivement les traités de commerce, d'alliance et de paix, de résoudre une guerre

---

(*a*) Système soc., IIe part., chap. v.

(*b*) *Voy. ci-dessus*, IIe part., vol. IV, liv. I, chap. II. tit. I, pag. 124; et § I, *art.* 5, pag. 229.

offensive, etc. (*a*); soit de la puissance judiciaire, telles que plusieurs de celles présentement dévolues en France à quelques sections du Conseil d'État, et qui devraient l'être à l'une des branches de la Haute-Cour de justice ou de cassation, instituée d'après les élémens les plus propres à l'action de cette puissance judiciaire (*b*).

Les Institutions jusqu'ici se sont donc plus ou moins éloignées de la répartition exacte et véritablement légitime des attributions diverses des puissances législative, exécutive, judiciaire. On peut dire que toutes ces attributions des trois puissances constitutives n'ont jamais été exactement réparties chez aucun peuple ancien ou moderne, suivant leur caractère particulier, et d'après les strictes règles de la nature et du droit.

Un auteur anglais dit en quelque lieu que « dans tous les États libres, le pouvoir législatif et le pouvoir exécutif ont été séparés, c'est-à-dire, que les législateurs ont fait des lois, et mis

(*a*) *Voy. ci-dessus*, vol. iv, ch. i, § 2, p. 69 *et suiv.*
(*b*) *Ibid.* § i, pag. 98; et *ci-après*, liv. ii, tit. iii.

ensuite dans d'autres mains le pouvoir de gouverner d'après ces lois. » Il est certain que c'est là ce qui devrait être, en ajoutant toutefois que, dans une monarchie bien constituée, le prince, chef unique de la puissance exécutive, doit prendre une part active à l'exercice de la puissance législative (*a*). Mais il n'est nullement prouvé que, même à l'égard de ces deux puissances seulement, cette répartition de leurs attributions ait jamais existé d'une manière bien exacte.

Aussi l'auteur de la Défense des Constitutions américaines réfute-t-il cette opinion. «Je serais curieux de savoir, dit-il, en quel pays M. Nédham a vu cette institution. A Sparte, le pouvoir exécutif résidait dans des Rois héréditaires, qui n'étaient nommés ni par le sénat, ni par le peuple; à Athènes, dans les Archontes; à Rome, dans un Roi d'abord, ensuite dans les Consuls : mais quelques portions importantes de ce même pouvoir exécutif résidèrent, à Spartes, dans le Sénat; à Athènes,

---

(*a*) *Voy. ci-après*, liv. II, chap. II, tit. 1, § 1.

dans les Assemblées populaires; à Rome, dans
le Sénat » (*a*) et dans les Tribuns.

Le même Publiciste, en examinant le Gouvernement de Carthage, remarque «que l'un
des vices de ce Gouvernement provenait de
ce que la balance du pouvoir n'y était pas
naturelle; parce que le pouvoir exécutif n'y
était point exactement séparé du pouvoir législatif; parce que les autres parties de la législation n'étaient pas convenablement divisées et
balancées, et sur-tout parce que les deux pouvoirs exécutif et judiciaire résidaient en grande
partie dans les mains législatives» (*b*).

Ce serait le lieu d'appliquer ici un mot de
M. de Rohan, lequel disait que Louis XIII
n'était jaloux de son autorité qu'à force de ne
la pas connaître.

« Le maréchal d'Ancre et M. de Luynes,
remarquent les auteurs des Maximes du Droit
public français, n'étaient que des ignorans qui
n'étaient pas capables de l'en instruire (*c*).

(*a*) Défense des Constitut., t. II, p. 36. — *Voy. aussi
Ibid.* tom. III, pag. 31, *note* (*n*).

(*b*) *Ibid.* tom. I, Lettre 34ᵉ, pag. 344.

(*c*) Maxim. du Droit publ. fr. t. v, ch. vi, p. 397.

Or, de ce vice manifeste d'organisation dans un Gouvernement mixte, doivent infailliblement résulter de très - réels et très - graves inconvéniens. Non-seulement ce Gouvernement n'aura plus, en certains cas, les mêmes avantages, n'offrira plus les mêmes garanties, relativement à l'exercice de toutes les attributions de la puissance législative, et cependant ces garanties ne sont pas moins nécessaires pour les unes que pour les autres; non-seulement, en d'autres circonstances, ce Gouvernement n'aura plus le même ensemble, la même force, la même unité et la même promptitude dans l'exercice de toutes les attributions de la puissance exécutive, conditions essentielles et toujours nécessaires d'une bonne organisation sociale (a); mais, de ce défaut d'ordre, de cette confusion, résultera aussi une absence de fixité et de stabilité fort préjudiciable aux délibérations comme à l'exécution, aux opérations nombreuses de l'administration, à la marche de toutes les affaires en général; et de plus encore, extrêmement

(a) Voy. ci-des., vol. IV, tit. 1, § 3, art. 3, p. 512 et suiv.

nuisible à cette confiance que tout gouvernement a besoin d'inspirer.

En effet, une première déviation dans cette exacte répartition des attributions des puissances, quelque peu importante qu'elle soit en apparence, pourra insensiblement en entraîner une seconde, puis une troisième, puis bientôt plusieurs autres. Une déviation de cette nature pourra faire retomber promptement un peuple sous le despotisme de la démocratie où de l'aristocratie, simples, et définitivement sous le joug oppresseur du Gouvernement absolu d'un seul.

Dès-lors, la crainte de semblables fléaux, crainte si bien fondée et tant de fois justifiée par l'expérience, retient les hommes les plus éclairés dans un état de prévention, de défiance, dont il serait difficile de bien calculer et apprécier les nombreux et fâcheux résultats. Dès-lors même tous les actes des premiers Corps politiques, comme de toutes les autorités subalternes, ne présentent plus qu'une image affligeante et déplorable d'un chaos général, d'un inextricable bouleversement : au lieu d'être un monument d'une construction

solide, inébranlable, entre les parties duquel
l'ordre et l'équilibre se maintiennent naturellement, le Gouvernement même n'est plus au
contraire qu'un édifice chancelant et imparfait,
toujours prêt à tomber en ruines, et à écraser
sous ses débris peuples, rois et ministres; et,
l'on serait tenté de le dire avec quelque Critique, le sol soumis à l'influence funeste de ce
Gouvernement n'est plus qu'une terre de
ténèbres, où le trouble, l'iniquité, le désordre, l'inertie, remplacent l'ordre, la justice,
la morale, l'harmonie, et qu'habite une éternelle horreur. «*Terram miseriæ et tenebra-
rum, ubi umbræ mortis, et nullus ordo, sed
sempiternus horror inhabitat*» (a).

On peut déja faire ici l'application de ce que
dit encore John Adams, et peut-être en est-ce
même plus particulièrement le lieu : «Pour
maintenir la balance dans un État mixte, les
limites du pouvoir confié à chaque division
doivent être exactement décrites et généralement connues : autrement l'État sera sujet à
des convulsions occasionnées par la crainte

____

(a) Job, x, xxii.

réelle ou chimérique de perdre la prérogative ou la liberté, par les usurpations du petit
nombre sur les droits de la multitude, ou par
celles de la multitude sur celles du petit nombre : ce qui a toujours fini et finira toujours
par la tyrannie du petit nombre, ou de la
multitude, d'abord; mais, dans la suite, par
la tyrannie d'un seul homme.

« Toutes les fois que l'une des trois divisions
s'efforcera d'accroître son pouvoir, on peut
être sûr qu'à chaque nouvelle question qui
s'élèvera, cette division prononcera en faveur
d'elle-même; elle demandera beaucoup, accordera peu, et sortira toujours avec un gain
considérable. Ainsi l'équilibre sera insensiblement rompu, et la tyrannie introduite dans
le Gouvernement, n'importe par laquelle des
trois avenues » (a).

Depuis long-temps ces vérités sont assez
généralement senties par les publicistes. Filangieri s'attache à démontrer que l'un des
vices inhérens à la Constitution du Gouvernement mixte, est cette continuelle fluctua-

(a) Défense des Constit., tom. I, pag. 191.

tion du pouvoir entre les différens Corps qui se partagent l'autorité; mais il prétend que cette fluctuation est difficile à prévenir, et produit en dernière analyse l'instabilité de la Constitution....

Quoique. nous ne soyons pas de son avis sur ce point, ainsi qu'on le verra par la suite, nous croyons pouvoir faire ici une application utile des réflexions suivantes de cet auteur : « Il n'est point de Gouvernement plus vicieux, que celui où l'autorité publique est divisée en un certain nombre d'autorités particulières qui ne savent avec quel degré de force elles doivent agir. Telle était la situation malheureuse des Suédois avant le règne de Gustave Vasa. Les prétentions opposées du Roi, du sacerdoce, de la noblesse, des citoyens, formaient un système de désordre qui aurait cent fois entraîné la ruine de l'État, si les peuples voisins n'avaient été plongés dans la même barbarie. Gustave Vasa, en réunissant dans sa personne une grande partie de ces pouvoirs, changea tout d'un coup la forme du Gouvernement, et les Suédois furent moins malheureux sous le despotisme

de Gustave, que sous leur ancienne monarchie.

«Les lois fondamentales, ou constitutives,
doivent énoncer avec exactitude, dit-il ailleurs, quels sont les véritables droits de la couronne, et quel est le ministère de l'individu
qui la porte (objets importans dont les principes sont malheureusement encore presque
ignorés dans toutes les monarchies de l'Europe), déterminer l'étendue du pouvoir législ-
latif, indiquer le point où commence et le
point où finit le pouvoir exécutif, montrer les
subdivisions de ce pouvoir, distinguer les Ordres de la magistrature, établir et constater
d'une manière immuable leur dépendance res-
pective, la nature de leurs occupations....

« Si la sûreté des citoyens, dans les monarchies, dépend de cette exacte distribution ; si
c'est une atteinte mortelle à la puissance de
l'État, que l'usurpation d'une seule classe de
citoyens sur les droits des autres ; si du moment que le monarque veut être juge, et que
le juge veut devenir législateur, il n'y a plus
dans la nation ni liberté ni sûreté ; si enfin le
despotisme, exercé, soit par les magistrats,

soit par les nobles, soit par le prince, n'en est pas moins l'anéantissement de tous les droits de la nature, il est aisé de sentir avec quelle précision rigoureuse les lois (constitutives) doivent déterminer tant d'objets.

«Mais, je le répète, sur une matière si importante et si difficile à traiter, tout est incertain, équivoque et obscur, dans la législation moderne. Le talent le plus exercé peut à peine distinguer le sophisme de la vérité, l'usurpation du droit, la violence de l'équité. Nous voyons, dans l'examen des questions qui s'élèvent chaque jour sur ce point, les hommes les plus instruits dans la science du Droit public, être entraînés par des préjugés vulgaires, recourir au témoignage de l'histoire, pour trouver dans les opinions et les mœurs anciennes des nations, des exemples et des faits propres à déterminer leur jugement, et confondre avec les droits l'usurpation, l'usage ou la possession. Mais cet usage, ces concessions, ces chartes, en un mot, toutes ces preuves historiques peuvent-elles donner aux rois, aux magistrats, aux nobles, un droit contraire à la liberté des peuples, à la sûreté du citoyen, à l'intérêt de la nation dont le bonheur doit toujours être la loi suprême des empires » ? (*a*)

Cette incertitude n'existe plus, nous ne craignons pas de le dire, pour les lecteurs éclairés qui auront lu le premier chapitre de ce livre, et particulièrement le second paragraphe de ce même chapitre (*b*).

(*a*) Science de la législation, tom. 1, liv. 1, chap. x, pag. 131, 139 *et suiv.* ; et chap. xi, pag. 158.

(*b*) — *Voy. ci-dessus*, vol. iv, pag. 60 *et suiv.*

3° *Excellence du Gouvernement démocrati-monarchique, si les Puissances y sont exactement réparties.*

SOMMAIRE. Démonstration de cette proposition, que le Gouvernement monarchique participant exclusivement du Gouvernement d'un seul et de la Démocratie, est, de sa nature, et sauf les détails d'organisation, le plus parfait de tous les Gouvernemens mixtes.

Similitude réelle de ce Gouvernement avec le Gouvernement du père de famille.

« *Et miscebit , olim dissociabiles , principatum et libertatem omnium , et libertates omnes* ».

POUR démontrer l'excellence du Gouvernement démocrati-monarchique, il nous suffira de rassembler ici, dans un même cadre, les réflexions suivantes, en partie déduites des plus incontestables vérités, précédemment développées et démontrées.

Excellence du Gouvernement démocrati-monarchique.

Première observation. Nous avons vu « que le mécanisme le plus simple est toujours le plus fort, le plus solide, le plus durable; que plus une chose est compliquée, et moins elle est susceptible d'une marche régulière, moins il est facile d'y établir l'ordre et l'uniformité; que toute complication inutile est nuisible à la force, à la durée, au mouvement; que cette vérité s'applique tout aussi parfaitement à l'organisation du système social qu'à telle sorte de mécanisme que ce puisse être » (*a*).

Nous avons vu « qu'une des qualités distinctives du meilleur de tous les Gouvernemens, est de donner la plus grande garantie possible d'une exacte et constante observation des principes immuables et éternels du droit public, du droit politique et du droit des gens; et qu'une autre de ses qualités est la force et la promptitude d'exécution » (*b*).

C'est essentiellement dans l'exercice de la puissance législative, que réside la garantie des principes : car la puissance exécutive ne devant agir que d'après les volontés manifestées par cette première puissance, tout dépend réellement, à cet égard, de la sagesse

_____

(*a*) *Voy. ci-dessus*, 2ᵉ part., vol. IV, liv. I, chap. I, pag. 54.

(*b*) *Ibid.* pag. 50 et 51.

des résolutions prises et des lois dictées par celle-ci. Il est donc également vrai de dire que le meilleur, le plus parfait de tous les Gouvernemens mixtes ou composés, sera évidemment celui qui, avec le moins de complication, sera le plus propre tout à la fois à l'exercice de la puissance législative et à l'exercice de la puissance exécutive.

Deuxième observation. Les inconvéniens, les dangers déja si grands d'un Gouvernement théocratique augmentent et tous les avantages qui pourraient en résulter disparaissent par sa réunion avec toute autre sorte de Gouvernement. Il est dans la nature et de l'essence même de tout Gouvernement théocratique, de chercher à accroître sans cesse sa force, sa puissance : ce Gouvernement doit être absolu; il ne peut souffrir aucun contre-poids, aucun principe de modération et de discussion (*a*). Sa volonté, sa

(*a*) Nous pouvons appliquer ici ce que dit madame la baronne de Staël :

« Cette doctrine, faisant dériver tout pouvoir de Dieu, interdit aux hommes d'y mettre une limite. Certes,

puissance devant être considérées par le peuple comme étant celles de Dieu même, elles ne doivent éprouver aucune résistance, aucune opposition; et c'est sous cette forme de Gouvernement sur-tout, que l'obéissance doit être extrême, qu'il ne peut être permis d'examiner, approfondir, raisonner, délibérer, discuter; que tout se réduit d'une part à commander despotiquement, et de l'autre à obéir servilement.

Dans un Gouvernement mixte quelconque, l'admission du moindre élément de théocratie temporelle devient donc une cause active et pernicieuse de bouleversement et de trouble; il renversera nécessairement le Gouvernement auquel il se trouvera réuni, s'il n'est pas lui-même renversé par celui-ci : au lieu d'activer l'exécution et la marche des affaires, il les suspendra, les paralysera sans cesse,

---

ce n'est pas là ce que nous enseigne la religion chrétienne; mais il ne s'agit ici que de ce qu'en disent ceux qui veulent s'en servir dans leur intérêt particulier ». (Considérations sur les principaux événemens de la révolution franç., tom. 1, pag. 143.)

toutes les fois qu'il ne sera pas seul et absolu.

C'est par la conviction, c'est en éclairant les hommes sur les vrais principes de la morale, sur la nature de leurs droits et de leurs devoirs, que les ministres de la religion peuvent être réellement utiles à l'humanité et à la société; mais ils deviendront toujours dangereux sitôt qu'ils seront parvenus à s'emparer d'une portion quelconque de la puissance temporelle (*a*).

Ces vérités sont au surplus si généralement reconnues aujourd'hui par tous les hommes sages et éclairés, qu'il ne doit plus être permis pour quiconque aime la justice et la raison de les regarder comme choses douteuses (*b*).

Si donc il ne peut résulter nul avantage réel de la combinaison des Gouvernemens

---

(*a*) *Voy. ci-dessus*, 1re part., vol. i, pag. 212 *et suiv.;* et 2e part., vol. iv, pag. 345; et vol. v, pag. 88 *et suiv.*

(*b*) Ce que nous disons ici était écrit avant que le nouveau Concordat fût connu : mais il faut lire l'écrit que M. le comte Lanjuinais, Pair de France, a publié sur ce Concordat.

théocratiques avec les autres Gouvernemens simples, dans la formation des Gouvernemens mixtes ou composés, si de leur admission résultent au contraire les plus graves inconvéniens, il faut commencer par les en écarter irrévocablement ; et par là, diminuer déja la complication.

M. de Montesquieu a bien pensé, à la vérité, qu'un élément de théocratie dans la composition des Gouvernemens pouvait avoir quelque avantage en certains cas ; mais c'est uniquement, ainsi qu'il l'exprime lui-même de la manière la moins équivoque, lorsque le pouvoir n'a point d'autre balance dans les institutions. « Autant, dit-il, que le pouvoir du clergé est dangereux dans une république, autant il est convenable dans une monarchie, *sur-tout dans celles qui vont au despotisme.* Où en seraient l'Espagne et le Portugal depuis la perte de leurs lois, sans ce pouvoir *qui arrête seul la puissance arbitraire ?* Barrière toujours bonne, continue-t-il, *lorsqu'il n'y en a point d'autres :* car, comme le despotisme cause à la nature humaine des maux effroyables, *le mal même qui le limite est un bien* » (*a*).

Troisième observation. Le Gouvernement despotique et le Gouvernement olygarchique ayant tous deux les mêmes inconvéniens, provenans du défaut de garantie dans l'exercice de la puissance législative (*b*), et les mêmes avantages, les avantages relatifs à la force et à la promptitude d'exécution (*c*); il en résulte clairement que l'un ne peut suppléer aux inconvéniens de l'autre, et que la réunion de ces deux Gouvernemens en un seul, augmentant sans nécessité la complication, doit être plus nuisible qu'utile.

De même, le Gouvernement démocratique

(*a*) « Comme la mer, dit-il encore en cet endroit, qui semble vouloir couvrir toute la terre, est arrêtée par les herbes et les moindres graviers qui se trouvent sur le rivage, ainsi les monarques (entendez plutôt les despotes), dont le pouvoir paraît sans bornes, s'arrêtent par les plus petits obstacles, et soumettent leur fierté naturelle à la plainte et à la prière ». (Esprit des lois, liv. II, chap. 4).

(*b*) *Voy. ci-dessus*, vol. IV, tit. I, pag. 513 *et suiv.*

(*c*) *Ibid.* pag. 519 *et suiv.*

et le Gouvernement polygarchique ou aristocratique ayant l'un et l'autre les mêmes avantages, les avantages relatifs à l'exercice de la
puissance législative (*a*), et les mêmes inconvéniens relativement à l'exécution, qui y est
moins forte et moins prompte (*b*), il en résulte
aussi évidemment que l'un ne peut suppléer
aux inconvéniens de l'autre, et que leur réunion dans un même Gouvernement est aussi
sans aucune utilité; qu'elle y est même émi-
nemment dangereuse.

D'ailleurs l'aristocratie étant, de sa nature,
contraire au principe d'une juste et sage
égalité (*c*), tandis que la démocratie lui est
favorable et ne souffre pas un esprit ni des
élémens qui lui soient contraires, ces deux
Gouvernemens, par leur nature et leur caractère particuliers, se trouvent évidemment
en opposition directe; et, de leur réunion
dans un seul et même Gouvernement, il résultera toujours, ainsi que nous l'avons ample-

(*a*) *Voy. ci-dessus*, vol. iv, tit. 1, pag. 513 *et suiv.*
(*b*) *Ibid.* pag. 519 *et suiv.*
(*c*) *Ibid.* pag. 183 *et suiv.*

ment développé plus haut, un germe actif de rivalité, de haine et de révolution (*a*).

Quatrième observation. Le Gouvernement d'un seul et le Gouvernement olygarchique ayant tous deux les avantages de l'exécution (*b*), peuvent être réunis l'un ou l'autre avec plus ou moins d'utilité, soit au Gouvernement démocratique, soit au Gouvernement polygarchique ou aristocratique, qui tous deux ont les avantages relatifs à l'exercice de la puissance législative (*c*).

Cinquième observation. Mais le Gouvernement olygarchique n'ayant pas au même degré que le Gouvernement d'un seul, l'avantage de l'unité, de l'ensemble, de la force d'exécution; et le Gouvernement polygarchique ou aristocratique n'ayant pas non plus au même degré que le Gouvernement démocratique les avantages d'une aussi forte garantie dans l'exercice de la puissance législative (*d*),

(*a*) *Ibid.* vol. v, pag. 18 *et suiv.*
(*b*) *Ibid.* vol. iv, pag. 519 *et suiv.*
(*c*) *Ibid.* pag. 513 *et suiv.*
(*d*) *Ibid.* pag. 519.

il s'ensuit que', dans la composition de tous les Gouvernemens mixtes, le Gouvernement d'un seul est de beaucoup préférable au Gouvernement olygarchique, et que le Gouvernement démocratique est de même préférable de beaucoup au Gouvernement aristocratique ou polygarchique.

CONCLUSION. Des cinq observations précédentes, il faut indubitablement conclure que le Gouvernement mixte et monarchique, participant exclusivement du Gouvernement d'un seul et de la démocratie, est véritablement, de sa nature et sauf l'examen des divers détails de son organisation, le plus parfait de tous les Gouvernemens mixtes ou composés, et conséquemment de tous les Gouvernemens possibles.

— Si l'on voulait encore faire cette autre réflexion, qu'une garantie plus grande avec une exécution moins prompte est sans doute bien préférable à une exécution rapide avec une garantie moins entière et moins forte, on y trouverait le moyen d'apprécier les différens degrés de perfection de tous les autres Gouvernemens mixtes ou composés.

« Si donc, ainsi que le dit Burlamaqui, le Gouvernement de la multitude, non plus que le Gouvernement absolu d'un seul, n'est point propre à faire le bonheur d'un peuple, il s'ensuit que les meilleurs Gouvernemens sont ceux qui sont tellement tempérés, qu'en éloignant également de la tyrannie et de la licence, ils procurent aux sujets un bonheur assuré » (*a*).

Similitude du Gouvernement démocrati-monarchiq. avec le Gouvernement paternel.

Déja nous avons eu l'occasion de faire remarquer que plusieurs publicistes ont imaginé de comparer le Gouvernement spécialement dit despotique ou d'un seul au Gouvernement du père de famille, afin d'établir par là sa supériorité sur toutes les autres formes de Gouvernement; nous avons fait remarquer aussi que M. de Montesquieu opposait à cette comparaison l'exemple du Gouvernement des frères et des cousins - germains; mais nous n'avons rien trouvé d'exact et de concluant dans ces divers rapprochemens (*b*).

(*a*) Princ. du Droit de la nat. et des Gens., 2ᵉ part., tom. VI. chap. II, §. IX, pag. 232.

(*b*) Voy. *ci-dessus*, vol. IV, chap. I, pag. 37 et 38.

Il nous semble ici qu'il est un point de conformité important et bien sensible à saisir entre le Gouvernement du père de famille et le Gouvernement democrati-monarchique, tout comme entre ce même Gouvernement du père de famille et le Gouvernement spécialement dit despotique ou absolu d'un seul.

Dans le premier cas, le monarque est le bon père de famille, juste, équitable, accessible pour tous ses enfans, ne voyant, ne désirant que leur propre intérêt et leur bonheur.

Dans le second, le despote est le mauvais père, cruel, méfiant, tyrannique, rapportant tout à lui seul, séparant son intérêt personnel de celui de sa famille, n'écoutant jamais que le premier de ces intérêts, son égoïsme, et gouvernant sans règles, sans principes, sans justice, au gré de ses folles passions et de ses caprices.

Et dans la vérité, que fait le bon père, le vrai patriarche, lorsqu'il s'agit de prendre dans l'intérêt de la famille tout entière une résolution grave ? Il appelle, il assemble au-

tour de lui les membres de cette nombreuse
famille; il leur rend un compte exact et
fidèle du sujet de leur réunion; il les consulte, il écoute attentivement, avec confiance,
sans prévention, sans partialité, tous ceux
qui ont un avis à émettre, des observations à
proposer; il maintient l'ordre et le calme
dans leurs délibérations; chacun devant lui
parle avec respect, mais sans aucune crainte;
chacun exprime sa pensée avec une entière
liberté; ce chef vénéré de la famille recueille
et médite les avis, les opinions diverses ou
opposées, et n'agit qu'après s'être assuré
ainsi, que ce ne sera pas contre le plus grand
bien de tous, contre l'intérêt et le vœu général de la famille, et qu'en conséquence il
sera par tous activement et courageusement
secondé, ne rencontrant, au lieu d'obstacles,
qu'obéissance et soumission dans l'exécution
des résolutions qui auront été prises. Telle
est aussi la conduite du chef d'un Gouvernement vraiment paternel démocrati - monarchique; telle est la fidèle et touchante image
du plus parfait de tous les Gouvernemens,
de ce Gouvernement, en ce sens si près de

la nature, qu'on peut déja le considérer en ce sens aussi, comme étant d'institution divine.

C'est de cette manière qu'il faut entendre la sentence d'Aristote : « *Regis potestas est gentis unius quasi domestica quædam gubernatio* » (*a*).

« Et pour rendre un Gouvernement très-bon, dit avec raison l'auteur de la Science du Gouvernement, il faudrait un roi républicain et un peuple royaliste, c'est-à-dire, un roi qui commandât en père, et un peuple qui obéît en fils soumis » (*b*).

Cette première analogie a été sans doute appréciée et ambitionnée par tous les bons rois dans des contrées et à des époques bien éloignées les unes des autres.

En effet, les anciens peuples de la Palestine appelaient leurs rois *Abimélec*, mot qui, dans la langue hébraïque, signifie également *mon père* et *mon roi.*

(*a*) ARIST. Polit. 2.
(*b*) Science du Gouvernement, t. 1, chap. III, sect. III, *num.* 15.

On donnait de même ce nom à tous les rois de Gérare, comme l'on donnait celui de *Pharaon* à ceux d'Egypte.

Dans une loi adressée au sénat, les empereurs romains déclarèrent qu'il est conforme à l'humanité de délibérer des lois avec ceux qu'elles intéressent : « Nous assemblerons, disaient-ils, les Grands de notre Cour et votre Compagnie, pour traiter de la loi. Si elle plaît, elle sera dictée, et votre consentement sera confirmé par notre autorité. Sachez que nous ne publierons autrement aucune loi. Nous sentons que c'est l'intérêt de notre gloire » (*a*).

L'auteur de l'Abrégé de la République de Bodin remarque judicieusement à cet égard « qu'un prince qui place son trône au milieu de ses sujets, qui délibère avec eux des maux de l'État et de leurs remèdes ; qui veut entendre de leur bouche ce qui peut le mieux convenir à leurs besoins et à l'honneur de la république, est un prince qui craint les

---

(*a*) Liv. VIII. Cod. *de Legib. et constitut. principum et edictis.*

conseils pernicieux et intéressés de ses adula-
teurs. Ce prince aime et recherche la vérité,
qui le fuit par-tout ailleurs. Il souhaite, il mérite, et il obtient l'amour de ses peuples. Ce
n'est pas donner atteinte à ses droits, c'est
affermir sa couronne » (a).

Tacite dit que, chez les Germains, les
princes délibéraient sur les petites choses, et
toute la nation sur les grandes, de manière
pourtant que les affaires dont le peuple prenait connaissance étaient portées de même
devant le prince. « *De minoribus principes
consultant, de majoribus omnes; ita tamen
ut ea quorum penes plebem arbitrium est,
apud principes quoque pertractentur* » (b).

Le Baron d'Holbach dit aussi : « Suivant
Tacite, toutes les nations de la Germanie
jouissaient d'un Gouvernement *mixte*, dans
lequel le Chef délibérait avec les guerriers les
plus distingués ou les nobles, qui concouraient avec lui dans la confection des lois et

_____

(a) Abrégé de la Républiq. de Bodin, tom. 1. Liv. II,
chap. v, pag. 247.

(b) Tacite. *De morib. German.*

dans les affaires importantes. On retrouve la même forme de Gouvernement chez les Scythes, les Tartares, les Sarmates, les anciens Saxons ; et chez les modernes, parmi les Polonais, les Suédois, les Allemands, les Anglais, les Français, etc. » (a).

Sous la première race de nos rois, la nation se réunissait souvent en assemblées générales pour délibérer concurremment avec le prince sur les grands intérêts de l'État. Les rois convoquaient ces assemblées générales, où tout ce qui concernait le bien du royaume était réglé par le consentement du peuple et par leur autorité définitive ; car « c'est ainsi, disait Charles-le-Chauve, que les lois se font : *Quoniam lex consensu populi fit et constitutione regis* » (b).

— « Tout le monde sait, dit un historien, que les Français étaient des peuples libres qui se choisissaient des chefs sous le nom de rois, pour exécuter les lois qu'eux-mêmes avaient établies, ou pour les conduire à la

---

(a) Système social.
(b) *Capit. reg. franc.*, tom. II, pag. 177.

guerre; et qu'ils n'avaient garde de considérer les rois comme des législateurs qui
pouvaient tout ordonner selon leur bon plaisir. Il ne reste aucune ordonnance des deux
premières races de la monarchie qui ne soit
caractérisée du consentement des champs de
mars et de mai, et même aucune guerre ne
se faisait alors sans leur approbation » (*a*).

Sous la seconde race, et dans la suite, ces
Assemblées furent remplacées par celles des
Seigneurs et des Évêques, et les lois qui
furent faites alors sont ce qu'on appelle les
Capitulaires.

Mais toujours est-il certain qu'il n'est pas
de nation au monde à laquelle le Gouvernement despotique ait, en aucun temps, moins
convenu qu'à la nation française.

La constitution de France, disent les auteurs, a toujours tendu à la monarchie, et
non pas au despotisme; et ses rois prétendent au titre de monarque, et non pas à
celui de despote, *et amant dici pater atque
princeps.*

_____

(*a*) M. de Boulainvilliers.

Les Francs, dès leur origine, furent des peuples libres; et désormais, avec l'aide de Dieu, les Français ne dégénèreront pas.

Que font au contraire, en pareille occurrence, le mauvais père et le despote? Ils tiennent loin d'eux leurs enfans, leurs sujets, ou plutôt leurs esclaves, leurs victimes. S'ils prennent quelquefois conseil, ce n'est jamais que des êtres pervers et corrompus, des étrangers avides et mercenaires, auxquels ils se livrent, et qui les traînent à leur perte. Ils appliquent à des dépenses frivoles, à des plaisirs honteux ou futiles une fortune, des biens qui ne leur appartiennent pas, et dilapident, dissipent et consument ainsi les revenus et le patrimoine dont la conservation est confiée à leur administration et à leur surveillance : ou si, au lieu d'être vains, débauchés et prodigues, ils sont parcimonieux et avares, leur conduite n'est pas moins répréhensible; ils grossissent leurs trésors, ils accumulent leurs richesses, mais ne savent pas en faire usage, et tiennent toujours leurs peuples ou leurs enfans dans l'abandon et le dénuement. Aussi qu'en résulte-t-il? Ils ne sont ni aimés ni respectés, et ce ne sont ni l'affection ni le zèle, mais la force et la crainte seules, qui font exécuter leurs ordres.

Cette seconde analogie n'a pas été moins sentie par les hommes éclairés, que celle que nous avons indiquée d'abord. « La première règle que le vrai monarque consulte , dit Heinneccius, c'est l'intérêt et la sûreté des peuples. Le partage des tyrans est au contraire de rapporter à leur utilité propre l'empire qu'ils ont sur leurs sujets. *Ut populi securitas et salus suprema monarchæ lex esse debeat, eoque ipso hic differat à tyranno, qui ad suam tantùm securitatem utilitatemque omnia refert*» (a).

— «Le despotisme tyrannique des souverains, dit Fénélon, est un attentat sur les droits de la fraternité humaine; c'est renverser la grande et sage loi de la nature, dont ils ne doivent être que les conservateurs» (b).

— « Quand on veut être le maître des hom-

(a) Heinneccius. *Elementa juris naturæ et gentium.* Lib. ii, § 122.

(b) Supplément aux directions pour la conscience d'un prince, pag. 88.

mes pour soi-même, dit-il ailleurs, ne regardant que sa propre utilité, ses plaisirs et sa gloire...., on est le fléau du genre humain. Quand au contraire on ne veut gouverner les hommes que suivant les vraies règles (*a*), pour leur propre bien, on est moins leur maître que leur tuteur....; on est bien éloigné de vouloir étendre son autorité » (*b*).

— « Le Gouvernement monarchique, disent les auteurs du Droit public français, est un Gouvernement de père; et le Gouvernement paternel ignore l'usage du pouvoir arbitraire » (*c*).

Un autre point important de conformité, d'une part entre le Gouvernement du bon père de famille et le Gouvernement du monarque, et d'autre part entre le Gouvernement du père égoïste et le Gouvernement du

---

(*a*) *Voy.* quelles sont ces règles, dans la 1re part. de cet ouvrage, vol. I, II, III.

(*b*) Télémaque.

(*c*) Maximes du Droit public. français, t. II, chap. III; ayant pour titre : *Que le Royaume de France est un État monarchique, et non pas un Empire despotique.* pag. 143.

despote, c'est que les deux premiers conçoivent que, par la nature de leurs fonctions et de leurs devoirs, ils sont obligés de donner tous leurs soins à instruire leurs enfans, à exercer leur raison, à étendre chaque jour leurs connaissances et leurs lumières, à affermir et fortifier leur caractère, à exciter en eux l'émulation, l'énergie, l'activité, le courage, à leur inspirer le désir de se rendre utiles à eux-mêmes, à leurs familles, à la société, à faire naître en eux l'amour de la patrie, de l'humanité ; en un mot, à développer dans leur cœur le germe de toutes les vertus publiques et privées : tandis que le père indigne et le despote tiennent encore tous deux en ceci une conduite diamétralement opposée ; l'un néglige entièrement l'éducation de ses enfans, et leur donne l'exemple des vices plutôt que celui des vertus ; et l'autre pousse même le mal encore plus loin, parce que les hommes avides qui l'approchent parviennent facilement à lui persuader que ses peuples sont pour lui des ennemis implacables et dangereux, et que, pour les tenir dans la subordination, il faut nécessairement les dégrader, les rendre pauvres et misérables : il cherche donc en effet à les maintenir ou à les plonger dans l'ignorance et la barbarie, dans la misère et la pauvreté.

Le bon père et le monarque sacrifieraient tout, même leur vie, pour le bien-être de leur famille : l'égoïste renoncerait à tous les siens pour diminuer ses charges, pour donner davantage à ses prodigalités, à ses vains plaisirs; et le despote, enchérissant sur lui, verserait le sang de ses peuples par un pur caprice, ou sur un simple soupçon et dans l'espérance de se débarrasser de ses craintes. Caligula souhaitait que le peuple romain n'eût qu'une seule tête, afin de la pouvoir abattre d'un seul coup (a).

Néron avait résolu de perdre le sénat et le peuple romain, de réduire Rome en cendres, et de transporter ailleurs le siége de l'empire. Suivant Eutrope, il fit mettre le feu dans cette ville, afin de se donner la représentation de l'embrasement de Troye (b) : et l'on raconte

---

(a) SUETONE. *In vita Caligul.* liv. IV, cap. XXX.
(b) *Voy.* Sommaire de l'Histoire romaine. Liv. VII.

qu'en Asie un roi de Pégu conçut une haine si violente contre ses sujets qu'il leur défendit, sous peine de la vie, de cultiver la terre, pendant trois années entières, de sorte que la famine réduisit ses misérables sujets à se tuer les uns les autres, et à se nourrir de leur propre chair (*a*).

Les résultats de deux administrations si différentes dans leur esprit et leurs principes, doivent sans doute être bien opposés; et ils le sont en effet. Sous la première, la famille, ou le peuple, s'élève, s'agrandit et prospère : sous la seconde, l'une et l'autre s'abaissent, dégénèrent, s'avilissent, périclitent et déclinent promptement vers leur ruine. L'État s'appauvrit et dépérit infailliblement : en pourrait-il être autrement, lorsque la plus grande partie, la presque totalité des sujets tombent dans le dénuement et le besoin...?

« L'attachement des peuples est le plus ferme appui des empires ; ils s'affaiblissent à mesure que le Gouvernement s'y rend formidable » (*b*).

(*a*) Jean Moquet, Itinér. liv. iv.

(*b*) Denys d'Halycarnasse, lib. vi.

— « La crainte n'est pas propre à attirer le respect et l'estime ; c'est à l'amour qu'il appartient de produire ces sentimens » (a).

— « N'inspirer que la terreur n'est pas le moyen de faire prospérer un État, d'en étendre la durée. Le ressort de la crainte ne peut être que faible, parce qu'il est violent; il est réservé à la bienveillance d'être stable et permanente : *Malus custos diuturnitatis metus; contràque benevolentia fidelis est vel ad perpetuitatem* » (b).

— « *Nec verò ulla vis imperii tanta est, quæ, premente metu, possit esse diuturna* » (c).

— « *Perspicuum est benevolentiæ vim esse magnam, metús imbecillem* » (d).

— « *Unum est inexpugnabile munimentum, amor civium* » (e).

— « Un empire odieux ne fut jamais durable. *Invisum imperium nunquam retinetur diu* ».

— « Lorsque la crainte prend la place de

(a) PLINE : liv. VIII. *Epist.* 24, *num.* 6.
(b) CICER. *De Offic.*, lib. II, cap. VII.
(c) *Ibid....*
(d) *Ibid.* cap. VIII.
(e) SENEC. *De Clem.*, lib. I.

l'amour, elle n'est pas éloignée de produire la haine : *Metus et terror infirma vincula charitatis, quæ ubi removeris, qui timere desierint, odisse incipient »* (*a*).

Dans sa harangue aux États de Blois, un prélat s'exprimait ainsi : « Il n'y a que deux voies pour régner, l'une par force, et l'autre par amour. La première est très-dangereuse et périlleuse tant à la sûreté de la personne du prince qu'à la sûreté de l'État, fort éloignée de faire de la manière de nos rois...; mais la seconde, qui est par amour et bienveillance, est si ferme et assurée, et donne tant de repos et contentement au prince, qu'ayant en main le cœur de ses sujets, il se peut assurer d'avoir aussi tous leurs biens quand les grandes nécessités du royaume le requièrent, s'ils reconnaissent que l'on épargne leur bien et leur subsistance à l'usage de telles nécessités » (*b*).

— «Si l'autorité, dit M. de Réal, contraint

(*a*) Tacit. *In Agricola*, cap. xxxii.

(*b*) Recueil gén. des États tenus en France, 2ᵉ part., pag. 169.—Harangue de l'Archev. de Bourges, prononcée le 25 novembre 1588.

à l'obéissance, la raison la persuade; et il vaut mieux conduire les hommes par les moyens qui gagnent insensiblement leur volonté, que par ceux qui ne les font agir qu'autant qu'ils les forcent....

« Que n'a pas à craindre de ses propres sujets un prince qui gouverne tyranniquement? Cette maxime des tyrans, que tout ce qui plaît au prince est légitime, *Si libet, licet,* et cette autre qui fut celle de Tibère et de Caligula, qu'il importe peu d'être haï, pourvu que l'on soit craint, *Oderint, dum metuant,* sont pernicieuses. La crainte et l'amour sont deux passions dont l'une ne peut s'élever sur les ruines de l'autre. Si l'amour des sujets l'emporte sur la crainte, ils méritent de grandes louanges; mais si la crainte est plus forte, on n'en doit rien attendre que de funeste, selon ce principe incontestable, qu'on hait toujours celui que l'on craint, *quem metuunt oderunt.* Les princes qui abusent de leur puissance, s'exposent au danger de ne la pas garder long-temps. *Nec unquam satis fida potentia, ubi nimia est* (*a*).

(*a*) Tacit. *Hist.* lib. II, cap. 92, num. 3.

«Que n'a pas au contraire à espérer de ses sujets un prince qui règne justement? il a toute la terre pour temple et tous les gens de bien pour prêtres et pour ministres. Heureux le peuple qu'un sage roi conduit ainsi! Mais plus heureux le prince qui fait le bonheur du peuple, et qui trouve le sien dans la vertu! Il tient les hommes par un lien cent fois plus fort que celui de la crainte, c'est celui de l'amour. Non-seulement on lui obéit, mais il règne dans tous les cœurs; chacun craint de le perdre, et donnerait sa vie pour lui. L'amour que le prince acquiert sur les cœurs de ses sujets, en faisant régner la justice, est le plus puissant motif qui puisse déterminer les sujets à l'obéissance; et il est impossible que les sujets n'aiment pas leur prince, s'ils connaissent que la raison est le guide de ses actions » (a).

— «Le propre du despote, disent les auteurs des Maximes du Droit public français, est d'inspirer la terreur, de substituer le commandement arbitraire, le pouvoir versatile,

---

(a) Science du Gouvern., tom. IV, chap. IX, sect. 1ʳᵉ, ayant pour titre : *Des Devoirs du Souverain.*

au joug aimable des lois : mais aussi reçoit-il
autant de dommage qu'il en cause à ses sujets; il s'aliéne les cœurs, et, au lieu de trouver en lui un père, ils sont tentés de n'y voir
qu'un maître impérieux. C'est l'idée que les
auteurs payens eux-mêmes donnent des États
où l'arbitraire domine.....(*a*)

« Qu'il serait à souhaiter, continuent-ils, que
les princes ouvrissent les yeux sur leurs intérêts véritables ; qu'ils sentissent combien on
leur fait tort en rendant insupportable le joug
de leur autorité, combien on ébranle leur
trône, en paraissant chercher à l'affermir » ! (*b*)

— « Les rois qui ne cherchent qu'à se faire
craindre et qu'à abattre leurs sujets pour les
rendre plus soumis, c'est ainsi que s'exprime
l'immortel Fénélon, sont les fléaux du genre
humain ; ils sont craints comme ils veulent
l'être : mais ils sont haïs, détestés; et ils ont
encore plus à craindre de leurs sujets, que
leurs sujets n'ont à craindre d'eux » (*c*).

(*a*) *Voy.* les citations qui précèdent.

(*b*) Maxim. du Droit publ. franç., tom. 11, chap. 111,
pag. 113, 114.

(*c*) Fénélon. Télémaque.

— «La gloire d'être cher à son peuple et de le rendre heureux, dit Massillon, n'est environnée que de la joie et de l'abondance : il ne faut point élever de statues et de colonnes superbes pour l'immortaliser ; elle s'élève dans le cœur de chaque sujet un monument plus durable que l'airain et le bronze, parce que l'amour dont il est l'ouvrage est plus fort que la mort. Le titre de conquérant n'est écrit que sur le marbre : le titre de père du peuple est gravé dans les cœurs» (a).

Aussi est-il vrai qu'en France comme partout ailleurs les rois les plus modérés, et qui firent le moins usage du pouvoir absolu, ont toujours été le plus généralement aimés, tandis que les autres n'ont été ni regrettés ni pleurés au jour même de leur mort.

Qu'il nous suffise d'ajouter au sentiment unanime de tant d'hommes illustres, et comme en étant le complément nécessaire, cet autre passage d'un publiciste éclairé et justement célèbre :

«Toutes choses égales d'ailleurs, le Gouver-

(a) Massillon. 4e Dim. de Carême.

nement dont on sent le moins les effets, est celui qui a toujours été le plus aimé par les gouvernés; et nous voyons que les plus aimés ont toujours été les mieux balancés.... Tels furent ceux de Sparte, d'Athènes, de Carthage, de Rome, d'Angleterre; et nous pourrions ajouter celui de la Hollande ; car il a véritablement existé dans cette contrée une balance des trois pouvoirs, quoique ces pouvoirs fussent mal déterminés par la loi » (a).

L'amour de l'humanité, qui unit l'homme à son créateur et le fait coopérer aux vues les plus manifestes de la Providence, les grandes actions, les vertus qu'il inspire, les bienfaits qu'il fait opérer, sont les seules choses qui puissent réellement conduire l'homme à l'immortalité (b). Cependant les despotes y prétendent aussi, et malgré les entraves qu'ils

_____

(a) Déf. des Const. améric. tom. II, pag. 409.

Nous citons ce passage comme appui du grand principe d'Organisation; mais sans examiner le degré d'exactitude du rapprochement historique et de l'espèce de décision qu'il contient à cet égard.

(b) *Voy. ci-dessus*, Conclusion de la 1re part., t. III, pag. 165 *et suiv.*

mettent à l'accomplissement de ces desseins de la Providence, malgré les maux infinis qu'ils répandent sur la terre, malgré leurs vices, leurs cruautés, leurs forfaits et leurs crimes, ils poussent souvent l'aveuglement, l'ineptie et le délire, jusqu'à vouloir passer pour des êtres d'une nature supérieure, jusqu'à se persuader qu'ils doivent, pendant leur vie même, être adorés comme des dieux.

C'est ainsi qu'on vit des princes insensés faire élever leurs statues sur les autels, et ordonner à leurs peuples de fléchir le genou devant l'idole.

C'est ainsi qu'Héliogabale, Nabuchodonosor, Mérodac son fils, que sa folle ineptie fit surnommer *Évil,* ou *l'insensé,* Labassoarasc, et Nabonassar, ordonnèrent de croire à leur divinité.

C'est ainsi qu'Alexandre, enivré de ses conquêtes, prétendit aussi être un dieu, et se fit reconnaître pour tel par tous les peuples soumis à son empire. Les villes grecques firent différens décrets pour lui décerner cette qualité. Les Lacédémoniens en firent un conçu en ces termes : « *Puisqu'Alexandre veut être Dieu, qu'il soit Dieu* » (*a*).

D'après Plutarque (*b*), aucun des sujets des souverains de l'ancienne Perse n'osait paraître devant leur trône sans se prosterner : ils devaient se mettre dans cette attitude humble à quelque distance qu'ils l'aperçussent. Personne, pas même ses enfans, n'était dispensé de rendre cet honneur au souverain, et il l'exigeait même des ambassadeurs étrangers. Le capitaine de la garde avait ordre de demander à ceux qui désiraient d'être admis à son audience, s'ils étaient disposés à l'adorer. Lorsqu'ils refusaient de se soumettre à cette cérémonie humiliante, on leur disait que les oreilles du roi n'étaient ouvertes qu'à ceux qui lui rendaient cet hommage ; et ils étaient obligés de régler avec ses serviteurs et ses eunuques les affaires qui les avaient attirés à la Cour.

Une relation récente nous apprend qu'il en est encore de même chez les empereurs de la Chine (*c*).

(*a*) *Voy*. Œlian. Var. hist. lib. ii, cap. xix.

(*b*) *In Themisth.*

(*c*) Relation de l'Ambassade de lord Macarthney.

« Hérodote et Diodore supposent, dit M. le marquis de Pastoret dans son Histoire de la Législation, que, dans les temps les plus reculés, l'Égypte avait été gouvernée par des dieux (*a*). Desvignoles et Jablonski (*b*) ont cherché à démontrer que jamais les dieux n'avaient pu régner personnellement sur des hommes. Il y a aussi trop de naïveté à se croire obligé de faire cet usage du raisonnement et de la science; mais l'Égypte n'a-t-elle pas vu tous ses rois déifiés dans les premiers temps de l'Empire? Cette question ne peut être étrangère à la mesure du pouvoir de ceux qui la gouvernaient. Si la déification fut quelquefois l'ouvrage de la reconnaissance des peuples ou de leur admiration, quelquefois aussi elle leur

---

(*a*) (Hérod. ii, § 144 ; Diod. i, § 44.) — Selon celui-ci, les Dieux régnèrent dix-huit mille ans, les hommes ensuite quinze mille. Platon, dans le *Timée*, dit que l'Égypte avait des Rois depuis neuf mille ans, quand Solon y vint. Hérodote place Ménès près de douze mille ans avant le voyage qu'il y fit. *Voy.* sa Chronologie, par Larcher, tom. vi, pag. 207.

(*b*) Desvignoles , *Chronol. de l'Hist. sainte*, tom. ii , pag. 655, etc. — Jablonski, *Proleg.*, pag. 35 *et suiv.*

fut imposée par l'ambition des monarques ou
par une insolente tyrannie. Alexandre voulut
persuader, ou du moins faire dire, qu'il était
né de Jupiter : Héliogabale ne se contentait
pas d'un désir, il ordonnait de croire à sa divinité....

« En Syrie, quelques princes aussi prirent
même pendant leur vie le nom de Dieu, ou le
reçurent de leurs flatteurs : deux Antiochus
furent de ce nombre (a).

En parlant de l'un des princes ci-dessus désignés, de Nabonassar, le même auteur dit
encore : «Réunis ou séparés, les deux empires,
des Assyriens et des Babyloniens, eurent un
gouvernement semblable ; dans l'un comme
dans l'autre, la volonté du prince fut la seule
loi de l'État. *Le grand roi, le maître de la
terre* (b), telle était la qualification donnée à
ce monarque puissant. Daniel l'appelle *roi des
rois* (c), dans le moment même où il est in-

(a) Histoire de la Législ., tom. 1, chap. 11, pag. 346,
note 38. — *Ibid.* tom. 11, chap. 1, pag. 6 et 7.

(b) (JUDITH, XI, *v.* 1 *et* 5.)—La Vulgate ne le dit pas
v. 1; et *v.* 5, elle dit seulement : *Rex terræ*

(c) Chap. 11, *v.* 37.

spiré par le Seigneur. Aussi n'est-ce pas à un seul peuple, mais à tous les peuples, que les édits royaux étaient adressés (*a*).

« Il ne manquait plus que d'ordonner à la nation de fléchir devant le prince un genou adorateur; le despotisme l'osa, et la multitude se prosterna devant la statue même du tyran (*b*). Que dis-je, la multitude? Ce n'est pas seulement une populace servile; les chefs de l'administration, des tribunaux, des armées, de l'Empire, tous aussi se prosternent et adorent. Holopherne, dans une autre occasion, le superbe Holopherne, ne rougissait pas de demander s'il existait un autre Dieu que son Roi (*c*); langage digne d'un courtisan qui, s'élevant en élevant son maître, aime à diviniser un pouvoir dont il est le dépositaire » (*d*).

César fut mis au rang des dieux.

(*a*) DANIEL, III, *v.* 98; VI, *v.* 25.

(*b*) (*Ibid.* III, *v.* 1 *et suiv.*) — Nabuchodonosor veut qu'on extermine tous les Dieux, pour être seul adoré; Judith, III, *v.* 13.

(*c*) JUDITH, V, *v.* 29; VI, *v.* 2. — *Ibid.* ch. III, *v.* 13.

(*d*) Histoire de la Législ., tom. 1, chap. II, pag. 131 *et suiv.*

Tibère fit accuser un homme pour avoir vendu, avec sa maison, la statue de l'empereur.

Caligula même se fit adorer, et ordonna que sa statue fût placée dans le temple de Jérusalem.

Domitien, suivant le sommaire d'Eutrope, poussa l'impudence et l'impiété jusqu'à se faire appeler *Seigneur* et *Dieu*. Il ne voulut jamais souffrir qu'on lui dressât aucune statue dans le Capitole, si elle n'était d'or ou d'argent (*a*). On rapporte aussi qu'il fit condamner à mort une femme pour s'être déshabillée devant son image ; et un citoyen, parce qu'il avait la description de toute la terre peinte sur les murailles de sa chambre (*b*).

Dioclétien et Galère voulurent aussi être adorés comme les empereurs d'Asie, et l'ordonnèrent par un édit.

Enfin, selon le continuateur de l'Histoire de France, par Mézerai, le duc de La Feuillade

---

(*a*) Sommaire d'Eutropius, liv. vii.
(*b*) Grand. et Décad. des Romains, chap. xiv.

voulut persuader à Louis XIV qu'il était immortel (*a*).

(*a*) Il s'en exprime en ces termes : « La manière dont
tout était administré ne pouvait que déplaire aux princes
du sang royal, qu'on affectait de tenir dans une grande
dépendance. De là les cabales qu'ils formèrent pour s'affranchir d'un joug auquel ils avaient peine à s'accoutumer. Ils eurent l'année suivante (1686) une occasion de
les renouveler pendant une maladie dont le roi fut attaqué, qui leur fit croire sa mort fort prochaine. Cette
maladie était une fistule à l'anus. Il fallut y appliquer
le fer, et le roi souffrit beaucoup dans cette douloureuse
opération : il fut même réduit à une telle extrémité que
l'on désespéra de sa vie. Mais la force de son tempérament le rappela des portes de la mort. Ce fut donc pendant cette maladie qu'il se forma diverses intrigues pour
le plan d'un nouveau Gouvernement. Chacun s'empres-
sait auprès de *Monseigneur*, qu'on ne doutait pas qui
ne dût bientôt monter sur le trône. Et ce prince qui
avait toujours été élevé dans une dépendance servile, se
réjouissait de voir finir la tutelle à laquelle on l'avait
assujetti jusqu'alors. Déjà il réglait sa maison ; il distri-
buait les emplois, il marquait le nombre de ses officiers. .
Déjà il disposait de madame de Maintenon, dont la faveur faisait ombrage à la sienne. C'était à Anet, maison
de plaisance bâtie par le roi Henri II, que se faisaient
toutes ces dispositions. Le Duc de Vendôme y donna
une fête au Dauphin pendant que le Roi était à l'extrémité ; et ce monarque, qui ne voulait pas qu'on sût le

Le despote veut être regardé comme un
Dieu, et pour cela quelquefois il se renferme

---

danger où il était, crut donner le change aux yeux de la
Cour, en permettant alors ces divertissemens. Mais on
n'y parlait d'autre chose que des changemens que sa
mort produirait dans le Royaume, et ni lui ni sa vieille
maîtresse n'étaient épargnés dans la bouche des courtisans. Cependant la santé du Roi se rétablit, et les
partisans du Dauphin furent trompés dans leurs espérances.

« La Cour retomba dans la sujétion dont elle se croyait
près de sortir. Une basse flatterie prit la place de la
véritable politesse : on voulut persuader au roi qu'il était
immortel. Le Duc de La Feuillade fut celui qui s'avisa
de ce nouveau moyen d'adulation. Il fit bâtir à Paris
une place magnifique, qu'il nomma *la Place des Victoires*, parce que les victoires du roi y étaient représen-
tées au bas de sa statue qui est élevée dans le milieu. Cette
statue est de bronze doré, surmontée de la Victoire
tenant une couronne, sur un piédestal de marbre blanc,
aux quatre coins duquel sont quatre captifs enchaînés
représentant quatre nations que le roi a subjuguées par
ses armes. Et comme si ce n'eût pas été assez d'insulter
aux peuples voisins par un monument si orgueilleux,
on insulta aussi à la vérité par l'inscription placée aux
pieds de la figure, en ces mots : VIRO IMMORTALI. Ce ne
fut pas encore tout. On voulut faire l'apothéose du roi,
après l'avoir élevé au rang des immortels. Le Corps de
ville, composé du Prévôt des marchands et des échevins,

dans l'enceinte de ses palais, il se dérobe à tous les regards; d'autres fois il veut être environné de somptuosité, de magnificence et de prestiges; il prétend que son nom seul remplisse, étonne, épouvante la terre, qu'il frappe tous les cœurs de stupeur et de crainte.

Mais pour ceux dont l'œil sait pénétrer ce mélange confus de fausse gloire et de vanité, de mensonges, d'imposture et de bassesse, il

---

se rendit comme en procession devant la statue le jour qu'on devait la découvrir, qui fut célébré comme un jour de fête. On lui fit diverses révérences et génuflexions; on la harangua comme si elle eût été animée, et l'on parla de fonder une lampe à perpétuité qui devait brûler devant, nuit et jour. Mais le Roi n'ayant pas voulu consentir à cette dernière circonstance, le Duc de La Feuillade se contenta de placer aux quatre coins de la place quatre fanaux, soutenus par de riches colonnes, que l'on allumait régulièrement tous les soirs. Cette institution néanmoins n'a pas été de durée; car dans le temps que j'écris ceci (le 9 décembre 1718), on démolit les quatre fanaux pour en faire servir les colonnes à un usage plus saint, qui est d'en orner l'église des Théatins». (Abrégé chronologique de l'Histoire de France, pour servir de suite à celui de François Mézeray, tom. XII, pag. 391 *et suiv.*)

est à peine un homme : il est haï, souvent
abandonné de tous, et tout ce vain et trompeur appareil d'éclat, de grandeur, d'orgueil,
s'écroule, s'évanouit en un instant, comme
une ombre fuyant au lever du soleil.

Le despote veut retenir ses peuples dans
l'ignorance; mais, lui-même plongé dans une
ignorance profonde, nageant pour ainsi dire
dans une mer d'illusions et d'erreurs, n'a-
percevant jamais le flambeau salutaire de la
vérité, ne pouvant entendre sa voix qui n'arrive jamais à son oreille, ne connaissant pas
même ce qui se passe autour de lui et le touche de plus près, il s'égare, il se méprend
sans cesse sur ses propres intérêts et sur ceux
de la société tout entière; il agit donc contre lui-même, contre le bien public et contre
le vœu général....

S'il excite, et il est difficile que cela ne soit
pas, ou la haine, ou l'ambition et l'audace des
autres peuples, ses sujets, bien loin de le
défendre, s'arment également contre lui pour
consommer et accélérer sa ruine : l'excès de
leurs malheurs leur faisant négliger les leçons
de la prudence et de l'expérience, les déter-

minent à appeler l'étranger dans leur sein; extrémité cruelle et dangereuse, ressource fatale, et qui souvent leur devient aussi funeste que les maux mêmes dont ils cherchent à s'affranchir.

« Le despote, toujours sans prévoyance contre les ennemis du dehors, dit l'auteur de l'Éducation de l'homme, pourrait-il se flatter que des peuples habitués à trembler sous le fouet du pouvoir, assez vils pour se laisser lâchement dépouiller de la propriété de leurs biens, de leur vie, de leur liberté, le défendront contre l'attaque d'un ennemi puissant? Un monarque doit savoir qu'en brisant la chaîne qui lie l'intérêt de chaque particulier à l'intérêt général, il anéantit toute vertu; que la vertu détruite dans un empire, le précipite à sa ruine; que les étais du trône despotique doivent s'affaisser sous son poids; qu'uniquement fort de la force de son armée, cette armée défaite, ses sujets affranchis de toute crainte cesseront de combattre pour lui; que deux ou trois batailles ont, en Orient, décidé du sort des plus grands États; Darius, Tygrane, Antiochus, en sont des preuves. Les

Romains combattirent quatre cents ans pour subjuguer l'Italie; et pour soumettre l'Asie, ils ne firent que se présenter » (a).

> « Un roi qui ravit par contrainte
> Ce que l'amour doit accorder,
> Et qui, content de commander,
> Ne veut régner que par la crainte;
> En vain fier de ses hauts projets,
> Croit, en abaissant ses sujets,
> Relever son pouvoir suprême:
> Entouré d'esclaves soumis,
> Tôt ou tard il devient lui-même
> Esclave de ses ennemis » (b).

Et c'est ainsi que peu d'instans, que quelques revers, suffisent pour précipiter le tyran le plus formidable dans l'abyme, pour l'entraîner du faîte d'une apparente et passagère prospérité, dans le gouffre le plus profond du malheur, de l'humiliation et de l'ignominie.

Le vrai monarque, au contraire, juste et

(a) (HELVÉTIUS. De l'Homme et de son Éducation, tom. 1, pag. 289.)

— *Voy. aussi ci-dessus*, 1re part., tom. 11, pag. 81 *et suiv*. Et l'Appendice, liv. 11, *note* 9.

(b) ROUSSEAU, liv. 1v, *Ode* 4e.

sage, fort et modéré, environné de ses sujets comme le patriarche de ses enfans, attirant à lui, par ses vertus et son humanité, leur affection, leur amour, calme les tempêtes, voit insensiblement les nuages s'éloigner de son trône, et parvient à jouir de la sérénité qu'il a su répandre, du jour pur qu'il fait luire sur ses États, et dont la douce influence répand par-tout l'abondance et le bonheur.

Plus puissant et plus invincible mille fois par le seul dévouement de sujets vraiment patriotes et citoyens, que le despote précédé des armées les plus formidables, il n'a rien à redouter des nations étrangères ; et le cœur satisfait, plein de la vive jouissance que procure au bienfaiteur le bien qu'il a fait, ses jours affermis et prolongés au-delà d'un siècle s'écoulent dans une paix profonde ; son nom, chaque jour de plus en plus chéri, vénéré, digne en effet d'être adoré, monte avec assurance à l'immortalité (*a*).

_____

(*a*) Tel est à-peu-près le tableau qu'un auteur fait de la conduite d'un roi et de celle d'un tyran. « Le Roi, dit-il, se conforme aux lois de la nature : le tyran est obligé de les fouler aux pieds. L'un travaille

Enfin, pour terminer ce rapprochement de
l'organisation sociale et de l'administration paternelle, il nous semble que l'on est forcé
de reconnaître toujours dans le Chef d'une
monarchie dont la constitution participe exclusivement du Gouvernement d'un seul et
du principe de la démocratie, un père juste,
impartial, et dont l'affection s'étend sur tous
les membres de sa nombreuse famille; tandis
que l'on pourrait avec raison comparer le chef

---

pour le bien de ses sujets; il cherche à les enrichir par
la liberté et la facilité dans le commerce : l'autre ne
songe qu'à s'enrichir de leurs dépouilles. L'un venge les
injures faites au public, et pardonne celles qui regardent
sa personne : l'autre est obligé de venger cruellement
celles qui l'offensent; il a des soins plus intéressans que
celui de venger celles qui blessent le public. L'un aime
à laisser jouir ses sujets de sa présence : l'autre ne peut
se montrer à eux que comme à ses ennemis. L'un cherche
à faire naître l'amour dans les cœurs : l'autre doit y
répandre la terreur. L'un ne lève que les tributs nécessaires : l'autre a deux raisons pour en accabler ses sujets,
sa politique veut qu'il les affaiblisse, et il lui faut un
trésor. L'un règle ses mœurs à la mesure des lois : l'autre
fait des lois à la mesure des mœurs qui doivent lui être
propres.

« Quel est aussi le sort de tous les deux ? Le bon roi

de ce même Gouvernement, si l'aristocratie
héréditaire y prédomine encore, à un père
injuste et vain qui, suivant l'esprit avoué de
cette aristocratie, sacrifie ou méconnaît les
lois et les devoirs sacrés de la nature, pour
satisfaire sa folle ostentation, pour enrichir
sans remords des dépouilles de leurs frères
quelques-uns de ses enfans, et sur lequel le
ciel ne saurait, dans sa justice immuable, répandre ni sa bénédiction ni ses bienfaits.

Ainsi lorsque la réflexion, lorsque les preuves accumulées et résultantes d'une dialectique
soutenue, démontrent, sous tous les rapports

---

jouit d'un repos assuré : ses sujets courent à l'obéissance ;
ils volent au-devant de ses desirs ; tous s'empressent à
l'envi pour augmenter sa gloire ; et quand l'heure de
subir le sort commun à tous les mortels est arrivée, il
laisse à sa postérité les pleurs de ses sujets, pour premier
témoignage de leur fidélité. Le tyran, au contraire,
effrayé par des alarmes jamais interrompues, ne connait
de sommeil que celui d'un moment : il tremble sans cesse
pour ses Etats, et encore plus pour ses jours. Le trouble,
l'agitation, l'effroi lui présentent mille fois la mort devant les yeux : il finit par être déchiré. Les exemples de
fins tragiques sont fréquentes pour les tyrans ». (Abrégé
de la République de Bodin, tom. 1, liv. 11, chap. vii,
pag. 259, 260.)

et de la manière la plus évidente, l'excellence
de la nature du GOUVERNEMENT DÉMOCRATI-
MONARCHIQUE, de ce Gouvernement que le
simple bon sens et la raison naturelle doivent
déja faire préférer à tout autre, il importe peu
de rechercher, à travers la nuit des temps, à
travers les doutes, les incertitudes, les infidé-
lités de l'histoire, si cette institution, ce Gouvernement a ou n'a pas existé dans quelque
contrée, à une époque quelconque, en France,
par exemple, dans le troisième ou le quatrième
siècle, vers les premiers temps de la monarchie.

En effet, que ce Gouvernement ait ou n'ait
pas existé à cette époque chez les Francs; et
qu'alors ils eussent ou non parmi eux une Noblesse héréditaire, faisant Corps dans l'État,
il ne résulterait pas nécessairement de la plus
complète démonstration de l'une ou de l'autre
de ces deux hypothèses, que ce Corps de noblesse héréditaire soit une chose utile à admettre dans la Constitution d'un État, et que
tout Gouvernement monarchique où son existence n'entrerait pas dans les bases élémentaires de son organisation, de ses institutions,
fût de sa nature un mauvais Gouvernement.

Vouloir contraindre un peuple à conserver des coutumes barbares ou des lois vicieuses, par cela seul qu'elles auraient anciennement existé, ce serait, ainsi que le dit l'illustre Leibnitz, vouloir que les hommes se nourrissent de gland, lorsque l'on possède l'art de cultiver le froment (*a*); ce serait vouloir, suivant l'expression d'un auteur-roi, les forcer à ressembler à ces hérétiques qui, après de longues controverses, convaincus de leurs erreurs, les suivent encore ou par une triste habitude ou par la honte de ne pas mourir dans la religion où ils sont nés; ou bien encore aux hommes qui habitent des maisons provenues d'héritages, et qui, au risque d'en être écrasés, n'y veulent rien changer pour ne pas toucher à l'héritage de leurs pères; comme si c'était manquer à la vénération qui leur est due que de rétablir ou de perfectionner ce qu'ils ont fait » (*b*).

(*a*) LEIBNITZ. *Scriptores rerum*, Brunswick, p. 79.

(*b*) (STANISLAS. Préface de la Voix libre du Citoyen, ou Observations sur le Gouvernement de la Pologne.)

Le même auteur dit : « Il en est souvent de nous comme d'un malade qui, se confiant dans la force

Un écrivain anglais dit : « Les hommes sont
sujets à l'erreur, et les plus sages aussi-bien
que les meilleurs doivent s'appliquer à découvrir les fautes que leurs ancêtres ont pu
commettre, à y remédier, ou à perfectionner
ce qu'ils ont fait de bon. Cela est si vrai que
tout ce que nous possédons au-delà de ce que
nos ancêtres possédaient par rapport aux com-
modités de la vie, est uniquement dû à la liberté que nous avons eue de réformer ce que
nous avons jugé à propos, et d'inventer ce
qu'ils ne connaissaient pas; et je ne sais s'il
y aurait plus de folie à dire que nous sommes
encore obligés de vivre dans l'idolatrie des anciens Druides, et dans toutes les incommo-
dités et misères qui sont inséparables d'une
vie sauvage et barbare, qu'il n'y en aurait à
soutenir que, quoique nous soyons en droit
de nous écarter de la pratique de nos ancêtres
à cet égard, nous sommes cependant indispensablement obligés de ne rien changer à la

---

de son tempérament, méprise les symptômes mortels
dont il est menacé, et néglige de les prévenir par la
seule répugnance qu'il a pour les remèdes ».

forme du Gouvernement qu'ils ont établi, quelque préjudice que nous en puissions recevoir....

« Il ne s'agit pas tant de savoir ce qui est le plus ancien, que de connaître le meilleur et ce qui contribue le plus à l'avancement du bien public qu'on s'est proposé en établissant les Gouvernemens : comme on ne les a établis que pour obtenir justice, et pour le maintien de la liberté, nous ne devons pas examiner quel a été le premier Gouvernement parmi les hommes, mais seulement quel est celui qui pourvoit le mieux à l'administration de la justice et à la conservation de la liberté » (a).

Bentham dit aussi : «Rejeter toute innovation, c'est rejeter tout progrès : dans quel état serions-nous, si on eût suivi ce principe jusqu'à présent? Car enfin tout ce qui existe a commencé; tout ce qui est ÉTABLISSEMENT a été *innovation*. Ceux qui approuvent aujourd'hui une loi comme ancienne, l'auraient blâmée autrefois comme nouvelle....

(a) SIDNEY.

« D'ailleurs, si la multitude s'est trompée, est-elle condamnée à rester éternellement dans l'erreur? Les illusions qu'enfantent les ténèbres ne s'évanouiront-elles pas au grand jour? Veut-on que le peuple ait pu embrasser la saine raison quand elle n'était connue ni des Législateurs ni des Sages de la terre? N'a-t-on pas l'exemple d'autres nations qui sont sorties de la même ignorance, et où l'on a triomphé des mêmes obstacles....

« Après tout, les préjugés populaires servent moins souvent de motifs que de prétextes. C'est un passe-port commode pour les sottises des hommes d'État. L'ignorance du peuple est l'argument favori de la pusillanimité et de la paresse, tandis que les vrais motifs sont les préjugés dont ces hommes eux-mêmes n'ont pu s'affranchir » (a).

M. de Malesherbes disait pareillement : « Il y a des innovations utiles, il y en a souvent de nécessaires; si l'on avait rejeté constamment toutes les innovations, nous serions encore

(a) Princip. de Legisl., tom. ı, chap. xııı, § 3 et 8, pag. 110 et 125.

sous l'empire de la tyrannie, de l'ignorance et de la barbarie. Une très-ancienne Monarchie a toujours subi des révolutions de bien des genres, sur-tout quand elle a été fondée dans des siècles d'ignorance, et qu'elle a subsisté jusqu'au siècle le plus éclairé » (a).

On pourrait même appliquer ici les réflexions de Sénèque au sujet du développement des sciences physiques et astronomiques : « Il faut reconnaître ingénûment, disait-il, que les opinions de nos ancêtres sont peu exactes, et souvent même peu probables ; ils étaient encore bien éloignés de la vérité. Cela n'est point difficile à croire : tout étonne, tout rebute ceux qui commencent ; on ne se perfectionne qu'avec beaucoup de peine, et par un long détail. Cependant ces premiers doivent être encore applaudis, même de tout ce qu'on invente d'après eux. Leur courage à entrer dans la carrière vaut presque la gloire d'y être couronné.... »

(a) *Voy.* l'Essai sur la vie, les écrits et les mœurs de M. de Malesherbes, par M. le comte Boissy-d'Anglas, pair de France, tom. 1, pag. 355.

— « S'ils ont failli, observe Cicéron, ils ont acheté le droit de faillir par une infinité de choses excellentes qu'ils nous ont transmises....»

— «Si les Anciens n'ont pas tout vu, disait Quintilien, ils ont vu beaucoup de choses; s'ils n'ont pas tout découvert, ils nous ont enhardis à suivre leur exemple....»

— « Un siècle, quoique fertile en génies sublimes, continue Sénèque, ne suffit point pour dévoiler tout le spectacle de l'univers. Nous vivons peu d'années; et encore les partageons-nous, ces années si courtes et si promptement écoulées, entre l'étude et les affaires. Cela est cause qu'il faut beaucoup de réflexions enchaînées les unes aux autres, pour parvenir à quelque chose de fixe et de certain. Sans doute que nos neveux seront surpris que nous ayons ignoré tant de choses, qui leur paraîtront très-claires et très-aisées » (*a*).

(*a*) (*Quæst. natur.*, lib. vi.) — *Voy. aussi* l'Hist. crit. de la Philos. Préface, pag. xxvi et xxvii. — *Ibid.* tom. ii, liv. v, chap. xxvii, § 1, pag. 380.

Il en est enfin dans les matières de droit de même que dans la république des lettres, où, loin de souffrir aucune diminution, les richesses augmentent chaque jour, et où ceux qui pensent ont droit à la succession de tous ceux qui ont pensé avant eux.

« Quand on sait étudier, on s'approprie le travail de tous ceux qui ont déja paru avec quelque éclat, et l'on profite même de leurs fautes, presque autant que de leurs découvertes. *Corrigit enim sequentem lapsus prioris, et de reprehensione antecedentis exempli nascitur emendatio* » (a).

Au surplus, si l'on ajoute foi aux recherches d'historiens qui en sont dignes, on sera fortement disposé à croire que, dans les premiers temps de la monarchie en France, il n'y avait réellement qu'un seul Ordre de citoyens parmi les Francs, et qu'alors la noblesse n'y était pas héréditaire. Il paraît même hors de doute que, par la suite et pendant long-temps, les

---

(a) Symm. l. 10. *Epist.* — Hist. critiq. de la philos., tom. 1, liv. 11, chap. viii, § 1; et chap. x, § 4, p. 279 et 345.

Leudes, Vassaux, Autrustions ou fidèles, c'est-à-dire, ces volontaires qui suivaient les princes dans leurs entreprises et à la guerre, formaient bien à la vérité dans l'État un Corps ou un Ordre distinct de celui des hommes *libres*, c'est-à-dire, de ceux qui d'un côté n'avaient pas de bénéfices ou fiefs, et qui de l'autre, n'étaient pas attachés à la glèbe, et dont les biens, possédés par eux en toute propriété, étaient appelés *allodiaux*, mais que cet Ordre ne formait pas un Corps de Noblesse *d'origine* ou *héréditaire*, que les fiefs mêmes étaient primitivement *amovibles*, qu'ils furent ensuite donnés à vie, et qu'enfin ce fut à la faveur des troubles et des guerres que les détenteurs parvinrent à en transmettre la possession à leurs descendants, et à les rendre ainsi héréditaires, aussi-bien que leurs qualités et leur noblesse : ce qui fut bien, comme on le voit, une usurpation véritable, puisqu'ils prescrivirent réellement contre leurs titres.

Originairement, en France, les *Fiefs* n'étaient que ce qu'ont été, beaucoup plus récemment, en Pologne, les *Advocaties*, les *Tenutes*,

les *Starosties*, qui n'étaient pas non plus héréditaires.

On pense que l'hérédité des fiefs commença
à s'établir du temps de Charles-le-Chauve,
sous le règne duquel les Danois envahirent en
partie la France, la ravagèrent, et ne consentirent à se retirer que moyennant une grosse
somme d'argent que Charles ne put donner
qu'en la levant sur les Seigneurs, et que ceux-
ci ne consentirent à payer qu'après s'être fait
assurer l'hérédité des *fiefs*.

Après lui, Louis-le-Bègue, Louis et Carlo-
man, Charles-le-Gros, Eudes, Charles-le-
Simple, Louis IV, Louis V dit *le Fainéant*,
et enfin Hugues-Capet qui voulut, à son avénement à la couronne (en 987), gagner l'affection des Grands-Seigneurs; tous ces Rois con-
tribuèrent successivement à affermir l'hérédité
des fiefs, et permirent que ces mêmes Seigneurs
transmissent à leurs familles à perpétuité leurs
Offices, Gouvernements et Seigneuries.

Ce sont là les faits que plus d'un historien
atteste. M. de Valois, l'abbé Dubos, l'abbé
Mably, particulièrement, soutiennent que, dans
les premiers temps de la monarchie, il n'exis-

tait qu'un seul Ordre de citoyens parmi les Francs, et ils ont appuyé leur opinion sur diverses dispositions de la loi salique (*a*).

M. de Montesquieu, au contraire, combat avec chaleur cette opinion. Il consacre à sa réfutation plusieurs chapitres de l'Esprit des lois; il y accuse nommément M. Dubos d'avoir donné une signification fausse aux mots, spécialement au mot *Census*, d'avoir imaginé des faits et abusé des Capitulaires, de l'histoire et des lois. Il dit encore que son ouvrage et celui de M. le comte de Boulainvilliers, semblent être une conjuration, l'un contre la Noblesse et l'autre contre le Tiers-État (*b*).

Sous le point de vue qui nous occupe, une discussion si vive sur des faits et sur des mots est assurément fort dépourvue d'intérêt, par cela même qu'elle roule uniquement sur des faits et sur des mots, sans être soutenue du droit et de la raison, et que s'appuyer sur le

---

(*a*) *Voy. entre autres*, l'Etablissement de la Monarchie française dans les Gaules, par M. l'abbé Dubos, t. ııı, liv. vı, chap. ıv, pag. 3o4.

(*b*) *Voy. entre autres*, Esprit des Lois, liv. xxx, ch. x, xıı, xv, xxııı, xxıv et xxv.

fait sans consulter ni le droit ni la raison, c'est ne rien prouver du tout.

Dans cette discussion, roulant uniquement sur des points de fait, M. de Montesquieu eût-il évidemment remporté l'avantage; fût-il impossible d'établir qu'il n'est pas toujours parfaitement d'accord avec lui-même, il rend du moins hommage, au sujet de l'hérédité des fiefs, aux vérités historiques que nous venons de rappeler d'après les historiens même qu'il censure. En effet, voici quelles sont ses propres expressions à cet égard : « On ne peut douter que, d'abord, les fiefs ne fussent amovibles (*a*). On voit dans Grégoire de Tours (*b*), que l'on ôte à *Sunégisile* et à *Galoman* tout ce qu'ils tenaient du fisc, et qu'on ne leur laisse que ce qu'ils avaient en propriété. *Gontram*, élevant au trône son neveu *Childebert*, eut une conférence secrète avec lui, et lui indiqua ceux à qui il devait donner des fiefs (*c*), et

---

(*a*) *Voy.* le liv. 1, tit. 1, *des Fiefs*; et Cujas, sur ce livre.

(*b*) Liv. ix, chap. xxxviii.

(*c*) *Quos honoraret muneribus, quos ab honore depelleret.*, ibid., liv. vii.

ceux à qui il devait les ôter. Dans une formule
de *Marculfe* , le roi donne en échange, non-
seulement des bénéfices que son fisc tenait ,
mais encore ceux qu'un autre avait tenus (*a*).
La loi des lombards oppose les bénéfices à la
propriété (*b*). Les Historiens, les Formules, les
Codes de différents peuples barbares , tous les
monuments qui nous restent sont unanimes.
Enfin, ceux qui ont écrit le Livre des Fiefs(*c*)
nous apprennent que d'abord les Seigneurs
(comme le roi) purent les ôter à leur volonté, qu'ensuite ils les assurèrent pour un
an (*d*) , et après les donnèrent pour la
vie » (*e*).

Or, s'il est en effet incontestable que les
fiefs ne furent pas primitivement héréditaires,

(*a*) *Vel reliquis quibuscumque beneficiis , quotcumque
ille , vel fiscus noster , in ipsis locis tenuisse noscitur.*
liv. 1, *form.* 3o.

(*b*) Liv. III , tit. VIII , § 3.

(*c*) *Feudorom.* liv. 1 , tit. 1.

(*d*) C'était une espèce de précaire que le Seigneur renouvelait, ou ne renouvelait pas l'année d'ensuite, comme
Cujas l'a remarqué.

(*e*) Esprit des Lois, liv. XXX, chap. XVI.— *Voy. aussi*
ibid. liv. XVIII , chap. XXII.

ne doit-il pas paraître à plus forte raison vraisemblable que les honneurs, les titres, les dignités, la noblesse et les autres récompenses nationales ne furent pas non plus dans l'origine des titres et une noblesse héréditaires ? N'est-il pas constant, par exemple, qu'en l'année 1600, les titres de comtes et de marquis n'étaient pas encore héréditaires ? Et M. le comte Lanjuinais n'a-t-il pas pu dire avec raison : « la Noblesse de France était d'abord attachée aux fonctions, et simplement personnelle. Sous les rois faibles et imprudens, elle devint héréditaire; ensuite elle se partagea la puissance et les revenus publics, ne reconnaissant que la suzeraineté royale. D'usurpations en usurpations, elle fut, au dernier degré, oppressive et anarchique. Abattue par la ruse et le despotisme des rois et de leurs ministres, toujours restée onéreuse à l'État, quoique devenue inutile d'après le changement des mœurs, le progrès des lumières, du commerce et de l'industrie, elle se montra de plus en plus entreprenante, méprisante, exclusive, dissolue, avide et tracassière; en sorte qu'elle fut totalement abolie *en juin mil sept cent quatre-vingt-dix* » (*a*).

Enfin ce ne sera jamais que sous l'influence salutaire du Gouvernement DÉMOCRATI-MONAR-CHIQUE, lorsque le principe de la distinction et de la balance des trois puissances y sera enfin scrupuleusement observé dans toutes ses con-séquences et ramifications naturelles, ce ne sera que sous l'administration régulière, bien-faisante et équitable de ce Gouvernement vrai-ment paternel où tous les sujets seront frères, citoyens et égaux en droits comme en devoirs, de ce Gouvernement le premier, le plus na-turel, le plus parfait de tous, que les rois seront forts et respectés, les institutions sta-bles, la puissance législative sage dans sa marche, l'action de l'administration libre et régulière, l'exécution prompte, la justice im-partiale; que la vie, la liberté, la propriété seront inviolables et respectées, les charges et contributions publiques toujours également

---

(*a*) *Voy*. les Constitut. de la nation franç. — Et l'Hist. de la Noblesse révolutionnaire et des Nobles, sous les 68 rois de la monarchie, *Paris*, 1818.

réparties sans jamais être onéreuses, la religion favorable aux bonnes mœurs, à la paix, à la tranquillité de l'Etat et du monde, sans persécution et sans intolérance; que 'les lois civiles auront pour but l'intérêt général et le bonheur public ; que les lois pénales seront efficaces sans outrager la nature, sans être atroces et cruelles; que l'amour de la patrie redeviendra un sentiment national et universel; que l'agriculture, l'industrie, le commerce, les sciences et les arts prospéreront et fleuriront ; que la guerre ne sera jamais entreprise sans une nécessité absolue; que les étrangers seront accueillis, et trouveront par-tout, comme dans leur propre patrie, justice, bienveillance, protection ; qu'en un mot tous les principes du Droit philosophique et moral, religieusement observés, serviront en tous points de base constante et inébranlable à la législation intérieure, aux relations extérieures des nations, à la conduite de tous les peuples et de leurs Gouvernements; qu'ainsi l'on verra se préparer les moyens d'assurer infailliblement un jour le repos, la paix, le bonheur universel sur la terre, se resserrer plus étroitement les liens de bienfaisance, de charité, d'amour, d'union et de concorde entre les peuples et les hommes, entre tous les membres de la grande famille du genre humain ; en un mot que les peuples jouiront d'une prospérité réelle et durable.

Nota. C'est encore ici sous un rapport le lieu de rappeler le passage de Filangieri, transcrit ci-dessus, vol. v, pag. 56 *et suiv.*

CONSIDÉRATION GÉNÉRALE

Concernant les Principes élémentaires d'Organisation renfermés dans ce premier livre.

SOMMAIRE. Les Principes élémentaires d'Organisation développés dans ce livre sont positifs, immuables et universels.

Obstacles qui s'opposent à leur exécution. Influence que le climat, le sol et autres causes, soit physiques, soit morales, peuvent exercer à cet égard. — Influence non moins puissante que la nature, les principes et la forme de l'Organisation exercent sur le caractère, l'industrie, le commerce, l'agriculture, les habitudes, les usages, les lois, les mœurs des peuples, même sur le climat et sur le sol.

Conséquence de ce qui précède.

Situation favorable où se trouve en ce moment l'Europe, la France sur-tout, pour achever l'établissement des Institutions sur ces seules bases véritables d'une sage et bonne Organisation.

« Avant qu'il y eût des Lois faites, il y avait des rapports de justice possibles ».

MONTESQUIEU (*a*).

LES principes élémentaires d'organisation que nous venons de développer dans les deux titres de ce livre, sont positifs.

Ils sont *positifs* dans le sens que nous avons attaché à ce mot au sujet des principes fon-

Universalité et immuabilité des Principes élémentaires de l'Organisation.

(*a*) Esprit des Lois, liv. 1, chap. 1.

21.

damentaux du Droit philosophique et moral
(du droit public, du droit politique et du
droit des gens) (*a*), c'est-à-dire, qu'ils sont
universels, immuables, de tous les lieux, de
tous les temps; parce que, comme les premiers, ils reposent et sont fondés sur des
faits constans et généraux, sur des vérités
universelles, de tous les temps, tirées elles-
mêmes de la nature des choses.

La pensée qu'exprime M. de Montesquieu,
au premier chapitre de l'Esprit des Lois, est,
pour le fond, exactement semblable à celle
que nous émettons ici, quoiqu'il emploie dans
ce passage l'expression de *lois positives* dans
l'acception restreinte et vulgaire qui lui a été
donnée jusqu'à présent, et comme synonyme
d'une autre expression également usitée et
plus exacte, celle de *lois écrites* (*b*). « Les
êtres particuliers, intelligens, dit-il, peuvent
avoir des lois qu'ils ont faites; mais ils en ont
aussi qu'ils n'ont pas faites. Avant qu'il y eût
des êtres intelligens, ils étaient possibles; ils

_____

(*a*) *Voy. ci-dessus*, 1re part., liv. I, II, III.
(*b*) *Voy. ci-dessus*, 1re part., vol. I, pag. 242.

avaient donc des rapports possibles, et par conséquent des lois possibles. Avant qu'il y eût des lois faites, il y avait des rapports de justice possibles. Dire qu'il n'y a rien de juste ni d'injuste, que ce qu'ordonnent ou défendent les *lois positives* (entendez *les lois écrites*), c'est dire qu'avant qu'on eût tracé de cercle, tous les rayons n'étaient pas égaux.

« Il faut donc avouer des rapports d'équité antérieurs à la *loi positive*, qui les établit : comme, par exemple, que, supposé qu'il y eût des sociétés d'hommes, il serait juste de se conformer à leurs lois; que s'il y avait des êtres intelligens qui eussent reçu quelque bienfait d'un autre être, ils devraient en avoir de la reconnaissance; que si un être intelligent avait créé un être intelligent, le créé devrait rester dans la dépendance qu'il a eue dès son origine; qu'un être intelligent qui a fait du mal à un être intelligent, mérite de recevoir le même mal (*a*); et ainsi du reste » (*b*).

(*a*) La Loi *du Talion* n'est pas celle des peuples intelligens et éclairés. *Voy. ci-dessus*, 1re part., vol. 1, p. 268.

(*b*) Esprit des Lois, liv. 1, chap. 1.

Obstacles qui s'opposent à l'observation des Principes du Droit constitutionnel ou d'Organisation

Les principes d'Organisation, de même que ceux du Droit philosophique et moral, sont donc positifs, universels, immuables, et, pour ainsi dire, préexistants, comme bases certaines et nécessaires d'ordre et d'équité en cette importante partie de la science du Droit; mais, ainsi qu'on le voit, cela ne signifie pas que ces principes aient été jusqu'ici observés et mis en pratique : cherchons à connaître, s'il est possible, quelques-uns des principaux obstacles qui s'opposent à leur exécution.

Il est vrai que ces obstacles semblent infinis et comme impossibles à préciser; il est vrai que, plus l'esprit s'attache à les pénétrer et à les classer, plus ils semblent croître et se multiplier : mais il ressort du moins de cette étude une vérité bien certaine; il n'en devient que plus évident qu'en général, et sans nulle exception, tous ces obstacles ont pour cause principale la faiblesse, l'insuffisance de l'entendement humain, qui ne peut facilement concevoir tout ensemble la réalité, l'exactitude et l'utilité, embrasser, suivre et calculer d'un même coup d'œil l'enchaînement, la corrélation, les conséquences et les résultats naturels et nécessaires, des vérités primitives, des principes fondamentaux et de tous les détails de l'Organisation.

En effet, il ne suffit pas, par exemple, d'être bien pénétré, d'avoir acquis la conviction intime de la supériorité et de l'excellence du Gouvernement *démocrati-monarchique*, quant à sa nature, sur toutes les autres formes de Gouvernement possibles; conviction déja difficile à acquérir : il faut encore, et cela n'est ni plus exempt de difficultés, ni moins essentiel; il faut parvenir à coordonner tous les détails de son organisation d'après l'esprit de raison et d'équité rigoureuses qui appartiennent au caractère spécialement distinctif de cette forme de Gouvernement.

Cette tâche, aussi-bien que la première, exige l'attention et les méditations d'un esprit droit, dégagé de préjugés, un jugement sain et sur-tout impartial. Les recherches, l'application, les travaux et les veilles qu'elle nécessite, supposent que celui qui s'y livre a complètement reconnu qu'avec un amour ardent de la vérité et de la justice, avec la résolution ferme de tendre au bien de l'humanité et une invariable persévérance dans l'exécution de ce projet, on doit enfin atteindre ce but.

« Pour former un Gouvernement modéré, dit M. de Montesquieu, il faut combiner les puissances, les régler, les tempérer, les faire agir, donner, pour ainsi dire, un lest à l'une pour la mettre en état de résister à l'autre : c'est un chef-d'œuvre de législation que le hasard fait rarement, et que rarement on laisse faire à la prudence.....

« Le Gouvernement despotique, dit-il encore, est uniforme par-tout; et comme il ne faut que des passions pour l'établir, tout le monde est bon pour cela... » (a).

On peut en dire autant de tous les Gouvernemens *simples* : ils ne sont le résultat d'aucune combinaison; les passions suffisent de même pour les établir; les différences proviennent seulement de la différence du caractère et des passions des hommes qui les établissent et s'y soumettent. Les hommes robustes, fiers et courageux, mais irréfléchis, imprévoyans, sans instruction, sans expé-

(a) Esprit des Lois, liv. v, chap. xiv.

rience, préfèrent et recherchent ou le Gouvernement démocratique ou le gouvernement
polygarchique , parce qu'ils s'imaginent y
trouver plus de liberté. Les hommes craintifs,
efféminés, indolens et amollis , les hommes
rampans, vils et corrompus, se soumettent
sans peine ou au Gouvernement olygarchique
ou au Gouvernement absolu d'un seul (*a*). Les
hommes crédules , pusillanimes et superstitieux
subissent le joug d'un Gouvernement théocratique. Mais, pour savoir apprécier les avantages , la supériorité, l'excellence d'un Gouvernement monarchique bien constitué , il faut
des hommes instruits, éclairés , sages , réfléchis, prudens sans bassesse , courageux sans
extravagance , qui sachent se rappeler et embrasser le passé , saisir et juger le présent,
pénétrer et prévoir l'avenir.

Cela peut d'abord servir à expliquer en
partie comment l'accroissement de la population, l'étendue du territoire, les progrès de

(*a*) « Il est tout naturel que des hommes timides, stupides et paresseux reconnaissent un Despote». (Abrégé
de la République de Bodin, tom. II, liv. v, chap. XIV.)

la civilisation, la situation géographique, le
sol, le climat même, et autres causes physiques, influent indirectement sur la forme
du Gouvernement, et par quels motifs les institutions des peuples diffèrent, quant à l'éloignement où elles sont du véritable degré de
perfection possible (a).

Déja nous avons eu plusieurs fois l'occasion
de reconnaître dans cet ouvrage combien l'accroissement de la population et l'étendue du
territoire augmentent les difficultés de l'administration, provoquent et produisent l'oubli des
principes, et influent naturellement sur le caractère et les mœurs d'un peuple (b). Dès-
lors ils doivent aussi influer sur la nature des

(a) On peut voir à ce sujet l'Esprit des Lois, liv. xiv,
chap. ii, ayant pour titre : *Combien les hommes sont
différens dans les divers climats.*
Mais, après avoir lu ce qui suit dans cette CONSIDÉ-
RATION GÉNÉRALE, on reconnaîtra que ce que dit M. de
Montesquieu à l'endroit cité n'empêche pas que, d'après
lui-même, le meilleur Gouvernement possible ne soit un,
et ne puisse être par-tout le même.
(b) *Voy. ci-dessus, entre autres,* 1re part., liv. i, p. 52
et suiv. — Liv. ii, pag. 39 *et suiv.* — Liv. iii, pag. 231
et suiv.—2e part., vol. iv, liv. i, tit. i, pag. 142 *et suiv.*

Institutions et sur la forme du Gouvernement.

Le climat, le sol, la situation géographique,
doivent aussi exercer à cet égard une influence
indirecte plus ou moins puissante.

Une température égale, douce et modérée
doit en effet hâter le développement de toutes
les facultés physiques, de l'intelligence humaine, et faciliter sensiblement les progrès
de l'industrie, des arts, des sciences et, en
général, de la civilisation; tandis que l'âpreté,
la rigueur d'un froid excessif et prolongé, ou
l'ardeur et la sécheresse d'un ciel toujours
brûlant, arrêtent et retardent, au contraire,
l'accroissement de ces mêmes facultés, en
quelque sorte comme elles arrêtent et dessè-
chent jusque dans les plantes tous les principes de végétation et de vie. « La glace et le
feu, dit le plus célèbre de nos naturalistes,
sont les élémens de la mort; la chaleur tem-
pérée est le premier germe de la vie » (a) : et,
suivant l'opinion de Pythagore, « les peuples
nés dans un pays trop froid, tels que les

(a) Buffon. Hist. natur., 2ᵉ *Vue de la Nature.*

Scythes, et les peuples nés dans un pays trop chaud, comme les Éthiopiens, ne doivent pas avoir de dispositions et d'attachement aux sciences ». — « Il semble, dit aussi l'auteur de l'Histoire critique de la Philosophie, qu'au-delà de certaines bornes tout est stérile, tout est inanimé, et que la nature, devenue plus lente et plus paresseuse, n'y achève point ce qu'elle a commencé. La différence des climats, de l'air, de la nourriture, cause des différences infinies dans les ames, tout immatérielles qu'elles sont » (a).

Les peuples placés sous l'heureuse influence d'un climat tempéré doivent donc reconnaître plus promptement les dangers des divers Gouvernemens simples ou despotiques; rechercher avec plus d'empressement, de zèle, de sagacité et de succès, les moyens de les modérer; entrevoir et désirer les avantages résultans de la balance des puissances constitu-

---

(a) Hist. crit. de la Philos., liv. i, chap. ii, pag. 35 et 36. — *Voy. aussi* l'Abrégé de la République de Bodin, tom. ii, liv. v, chap. xv.

tives, et perfectionner l'institution des Goū-
vernemens vraiment monarchiques (*a*).

Les peuples qui se trouvent au contraire
aux extrémités du globe ou sous l'équateur,
dans les déserts glacés de l'Ingrie, de la Sibérie, du Spitzberg, du Groenland et des
terres australes, ou dans les sables brûlans
du Bilédulgérid, de la Nigritie, du Zangue-
bar, du Zara, du Congo, de la Syrie, de
la Nubie, de l'Abissinie ; ceux encore qui
habitent les bords de la Gambra, les royaumes
de Barsali, de Bara, de Kolar, de Cumbo,
de Jemarrow et de Kantor; les Anzikos et les
Jaggas, peuples les plus barbares de l'intérieur de l'Afrique ; tous ces peuples sem-

(*a*) L'exemple de la Turquie appuie peut-être plus
qu'il ne combat cette probabilité : d'une part, parce que
le Gouvernement auquel cette partie de l'Europe est aujourd'hui soumise provient d'un bouleversement opéré
par les conquêtes et les envahissemens des peuples du
Nord, des Arabes et des Tartares, eux-mêmes déjà tombés dans la barbarie, dans la dégradation, l'avilissement
et le dernier degré du despotisme théocratique; d'autre
part, parce que le sol et la température même de ce pays
peuvent bien n'être plus absolument les mêmes que ceux
de l'ancienne Grèce.

blent devoir être plus naturellement disposés
à souffrir le joug d'une autorité simple, unique, absolue et arbitraire. Et en effet si l'on
en croit les relations, à la vérité souvent
exagérées, des voyageurs, ces mêmes peuples
sont, pour ainsi dire, condamnés par la
nature à vivre courbés sous le poids du despotisme le plus absolu et le plus dur; leurs
fronts sont contraints par elle de s'abaisser
sous le joug, et leurs mains forcées de s'a-
vancer au-devant des chaînes et de l'esclavage (a).

Il ne faut pas croire cependant que cette
forme de Gouvernement soit plus favorable
pour eux que pour aucune autre nation de
la terre; mais leur intelligence trop bornée
est hors d'état d'en concevoir une autre, de
distinguer, de combiner et balancer sagement
les puissances constitutives, dont la réunion est au contraire plus funeste chez
eux que dans les pays où la douceur de la

(a) ARISTOTE disait de même que les Asiatiques et les
Africains étaient esclaves *par nature.* Politique, lib. III,
cap. X, XI, XII. — *Voy. aussi* EURIPIDE; *Iphig. in Aulid.*
vers 1400 *et* 1401.

température, celle des mœurs, les progrès de la civilisation et autres circonstances apportent quelque sorte de modération et d'adoucissement à la brutalité, à la rigueur naturelle de ce Gouvernement.

On peut penser aussi que les nations qui habitent de vastes plaines et cultivent des pays fertiles sont plus facilement asservies et pliées sous l'empire absolu et l'autorité despotique d'un seul homme, que ne le seraient les peuples des montagnes ou ceux qui habitent des terrains arides et couverts de forêts, et cela par des motifs semblables : car cette autorité conduisant les hommes évidemment et promptement à la perte de toute liberté, le principe de son administration étant la force, les mauvais traitemens, la violence, l'arbitraire, la terreur qu'ils inspirent, ces peuples montagnards, ceux qui vivent dans les forêts et sur un sol ingrat, peuvent plus aisément s'y soustraire, changer de lieu, fuir le pays où ils se trouvent maltraités, et chercher ailleurs un asyle, une patrie plus tranquille, où les ressorts, les mobiles du Gouvernement soient plus doux, plus modérés et plus con-

formes à l'esprit des vrais principes de morale,
d'équité, d'humanité, que prescrivent par-tout
la religion, la science, la raison et le droit.

« Les pays fertiles, dit l'auteur de l'Esprit
des Lois, sont des plaines où l'on ne peut
rien disputer au plus fort : on se soumet donc
à lui ; et quand on s'y est soumis, l'esprit de
liberté n'y saurait revenir ; les biens de la
campagne sont un gage de la fidelité (a). Mais,
dans les pays de montagnes, on peut conserver ce que l'on a, et l'on a peu à conserver. La liberté, c'est-à-dire le Gouvernement dont on jouit (b), est le seul bien qui

---

(a) Pour l'homme sensé, ces biens devraient être un
motif puissant de rechercher une forme de Gouvernement qui en puisse assurer la propriété et la jouissance.

Or, pour la trouver, la première condition est de ne
confier le pouvoir qu'avec une extrême circonspection :
il faut donner tout celui qui est nécessaire ; mais rien
au-delà.

(b) Cette sorte de définition, que M. de Montesquieu
donne ici de la *Liberté*, est pour le moins fort obscure.
Dans le chapitre qui précède, il pose en principe, ou,
si l'on veut, reconnaît seulement en fait, que le Gouvernement populaire est celui qui semble être le mieux
approprié aux pays montagneux et stériles ; d'où l'on

mérite qu'on le défende. Elle règne donc plus dans les pays montagneux et difficiles, que dans ceux que la nature semblait avoir plus favorisés.

« Les montagnards conservent un Gouvernement plus modéré, parce qu'ils ne sont pas si fort exposés à la conquête ; ils se défendent aisément, ils sont attaqués difficilement ; les munitions de guerre et de bouche sont assemblées et portées contre eux avec plus de dépense ; le pays n'en fournit point : il est donc plus difficile de leur faire la guerre, plus dangereux de l'entreprendre ; et toutes les lois que l'on fait pour la sûreté du peuple y *ont moins de lieu...(a).*

— « On pourrait, remarque judicieusement l'annotateur, alléguer une autre raison de ce

---

serait fondé à induire qu'il assimile ici cette forme de Gouvernement à la liberté : ce qui serait une grande erreur ; il n'en est pas au contraire de plus propre à la détruire. *Voy. ci-dessus,* vol. IV, tit. I, pag. 155 *et suiv.*

(a) Cette expression dont M. de Montesquieu fait ici usage « que toutes les lois que l'on fait pour la sûreté du peuple *ont moins de lieu* dans les pays de montagne que dans les pays fertiles », signifie-t-elle que ces lois sont moins nécessaires, moins utiles dans ces pays qu'ailleurs, ou bien qu'elles y sont moins efficaces ?

que les Gouvernemens modérés paraissent plus affectés aux pays stériles, et les Gouvernemens despotiques, aux pays fertiles. Lorsque le terrain fournit une subsistance aisée, on peut en quelque manière sévir impunément contre les habitants, parce qu'il n'y a pas lieu de craindre qu'ils déserteront le pays pour aller dans un autre : la bonté du pays balance en ce cas la dureté du Gouvernement; et c'est avec raison que M. de Montesquieu dit ailleurs : « Les « pays que l'industrie des hommes a rendu « habitables, et qui ont besoin pour exister « de la même industrie, appellent à eux le « Gouvernement modéré » : pourquoi? parce que la douceur du Gouvernement doit compenser la stérilité du pays ; parce que si vous ôtez à ces pays la liberté civile, rien n'y attache plus les habitans à la patrie : ils ne se soucieront point de faire des acquisitions qui seraient toujours à la merci d'un despote : ils iront ailleurs. Introduire l'esprit de despotisme dans le Gouvernement de ces sortes d'États, c'est donc un sûr moyen de les dépeupler ; et cette seule considération devrait porter les conducteurs des peuples à bannir

pour jamais l'idée et l'envie d'un Gouvernement arbitraire ».

— « La bonté des terres d'un pays, dit encore M. de Montesquieu, établit naturellement la dépendance. Les gens de la campagne,
qui y font la principale partie du peuple, ne
sont pas si jaloux de leur liberté : ils sont
trop occupés et trop pleins de leurs affaires
particulières. Une campagne qui regorge de
biens, craint le pillage, elle craint une
armée (*a*). « Qui est-ce qui forme le bon parti,
« disait Cicéron à Atticus (liv. vii) ? Seront-ce
« les gens de commerce et de la campagne? A
« moins que nous n'imaginions qu'ils sont op-
« posés à la monarchie (*b*), eux à qui tous les

(*a*) Si les pays fertiles, si les campagnes *qui regorgent
de biens*, suivant l'expression de M. de Montesquieu,
craignent les armées et le pillage, ce doit donc être encore, à notre avis, une raison de plus pour y désirer
vivement une bonne constitution, un Gouvernement bien
organisé, sage et fort tout ensemble, et qui conséquemment les préserve réellement de ces fléaux désastreux.

(*b*) Cicéron ne pouvait entendre parler ici que du Gouvernement despotique *simple*, et non pas d'une véritable Monarchie.

22.

« Gouvernemens sont égaux, dès lors qu'ils
« sont tranquilles » (a).

« Ainsi le Gouvernement d'un seul se trouve
plus souvent dans les pays fertiles, et le Gouvernement de plusieurs dans les pays qui ne
le sont pas, ce qui est quelquefois un dé-
dommagement.

« La stérilité du terrain de l'Attique y établit
le Gouvernement populaire (c'est-à-dire,
démocratique); et la fertilité de celui de Lacédémone, le Gouvernement aristocratique. Car,
dans ces temps-là, on ne voulait point dans
la Grèce du Gouvernement d'un seul : or le
Gouvernement aristocratique a plus de rapport avec le Gouvernement d'un seul (b).

(a) Il importe bien de remarquer que tous les honnêtes gens, tous les bons citoyens, n'ont rien à désirer
de mieux que cette tranquillité; mais ce sont précisément les moyens d'assurer, de garantir cette même tranquillité, qu'il s'agit de trouver; et l'auteur de l'Esprit des
Lois savait fort bien, il a assez clairement prouvé lui-
même, que, pour atteindre ce but, la forme du Gouvernement n'est pas une chose indifférente : c'est aussi ce
qu'il n'importe pas moins de bien comprendre, et ce à
quoi généralement on ne fait peut-être pas assez d'attention.

(b) M. de Montesquieu ne se trompe-t-il point dans

« Plutarque (vie de Solon) nous dit que, la sédition Cilonienne ayant été apaisée à Athènes, la ville retomba dans ses anciennes dissensions, et se divisa en autant de partis qu'il y avait de sortes de territoires dans le pays de l'Attique. Les gens de la montagne voulaient à toute force le Gouvernement populaire (démocratique); ceux de la plaine demandaient le Gouvernement des principaux (l'olygarchie); ceux qui étaient près de la mer, étaient pour un Gouvernement mêlé des deux, (c'est donc à dire oligo-démocratique) » (*a*).

---

ce passage sur la nature du Gouvernement *aristocratique ?*

Ce Gouvernement a plus de rapport avec le Gouvernement démocratique, qu'avec le Gouvernement d'un seul, ainsi que lui-même l'établit ailleurs. (*Voy. entre autres,* Esprit des Lois, liv. ii, ch. i et ii.) Mais ce qu'il est vrai de dire, c'est que lorsque le Gouvernement de Lacédémone était en grande partie confié à des Éphores et à des Rois, il participait essentiellement de l'*olygarchie*, qui en effet se rapproche plus du Gouvernement d'un seul que de la démocratie et même que de l'aristocratie.

(*a*) (*Voy. ci-des.*, vol. v, pag. 1 et 37.) Aussi pouvons-nous rappeler ici ce que nous avons eu lieu de faire remar-

De même, l'esprit national, l'amour de la patrie, se conservant mieux dans une île et en général dans un pays dont les frontières sont limitées, resserrées, fixes et immuables, que dans celui où elles peuvent changer fréquemment, se rapprocher, mais sur-tout s'agrandir (*a*); il y a aussi quelque raison d'espérer que l'on y devra souffrir moins patiemment les Gouvernements simples, absolus, despotiques : car par-tout où ce sentiment précieux, l'amour de la patrie, s'est conservé et prédomine encore, on ne se fera pas facilement à supporter l'existence d'un Gouvernement qui peut porter si fortement atteinte à la liberté et à tous les droits les plus sacrés de l'humanité.

« Les peuples des îles, dit toujours l'auteur

---

quer dans la première partie de cet ouvrage, qu'assez généralement les habitans des côtes et des ports de mer sont plus expérimentés et plus adroits que les habitans de l'intérieur des terres, plus sédentaires, et qui ont des relations moins nombreuses et moins étendues avec les peuples étrangers. (*Voy.* 1re part. vol. 11, pag. 347).

(*a*) *Voy. aussi ci-dessus*, 1re part., vol. 11, pag. 39 *et suiv.*

de l'Esprit des Lois, sont plus portés à la liberté que les peuples du continent. Les îles sont ordinairement d'une petite étendue (*a*); une partie du peuple ne peut pas y être aussi bien employée à opprimer l'autre; la mer les sépare des grands empires, et la tyrannie ne peut pas s'y prêter la main; les conquérans sont arrêtés par la mer; les insulaires ne sont pas enveloppés dans la conquête, et ils conservent plus aisément leurs lois » (*b*).

Quelquefois aussi, dans les contrées même les plus favorisées de la nature, il arrive que des commotions violentes et désastreuses bouleversent et changent la surface du globe, arrêtent et détruisent les progrès de la civilisation. Le territoire, les villes et les richesses de plus d'un peuple chez lequel les lumières avaient peut-être acquis un haut degré de

---

(*a*) Le Japon déroge à ceci par sa grandeur et par sa servitude. (*Rem.* de M. de Montesquieu.)

(*b*) *Voy.* sur tout ceci, l'Esprit des Lois, liv. xviii, ayant pour titre : *Des Lois, dans le rapport qu'elles ont avec la nature du terrain,* chap. i, ii, v, vi. — *Voy. aussi* l'Abrégé de la Répub. de Bodin, vol. ii, liv. v, chap. xiv, pag. 275 *et suiv.*

développement et de perfection, ont été con-
sumés par la lave et le feu des volcans, en-
gloutis par les tremblemens de terre, ensevelis
sous les eaux, envahis et recouverts par le
sable des déserts.

D'autres fois, tel autre peuple chez lequel
la raison et les lumières commencent à se développer, à dissiper les ténèbres, à extirper
les préjugés faux et funestes, où la civilisation
s'avance et où le perfectionnement des institutions semble se préparer, devient la proie
de nations barbares et restées en arrière des
progrès de l'intelligence et du droit; et par
là, il se trouve replongé, malgré lui, dans une
nuit et une inertie fatales, jusqu'à ce que la
Providence, avec l'aide du temps, faisant
apprécier de nouveau les douceurs d'une vie
juste et laborieuse, ranime insensiblement
l'industrie, l'agriculture, le commerce, et ral-
lume enfin, dans les mêmes lieux, le céleste
flambeau des sciences et des arts, du droit et
de la raison, que l'injustice et la guerre y
avaient éteint.

Au reste, les tristes effets de ces grandes
catastrophes dûrent être beaucoup plus fu-

nestes et plus irréparables avant la découverte de l'imprimerie qu'ils ne pourraient l'être désormais. Alors les plus utiles leçons de l'expérience étaient souvent perdues pour les générations nouvelles ; les traces de la vérité une fois effacées de la mémoire des hommes, restaient cachées et inconnues pour eux pendant des siècles entiers ; et si l'on fait réflexion que cette précieuse et salutaire découverte ne remonte pas au-delà du treizième siècle (*a*), on

---

(*a*) Pendant long-temps ce fut par de simples chansons que les habitans des Gaules, de même que divers autres peuples de l'ancien continent, firent passer de bouche en bouche le récit des évènemens remarquables, et parvinrent à conserver la mémoire de la vertu de leurs grands hommes.

Au moment où ils furent découverts par les Européens, les peuples du nouveau continent, entre autres les Péruviens, étaient plus avancés ; ils avaient imaginé des nœuds appelés *quippos*, lesquels, par les différentes manières de les faire et par leurs couleurs, servaient d'alphabet, et leur avaient donné le moyen de se former quelques sortes d'annales, tandis que les Goths, les Visigoths, les Ostrogoths n'en avaient aucunes.

En Chine, Fou-Hi, premier empereur élu par l'acclamation du peuple, lui avait appris à construire des chaumières, et avait aussi inventé l'art d'écrire, au moyen

sera moins étonné que les institutions et particulièrement l'Organisation du Gouvernement,
la plus importante sans doute, mais, en même
temps, la plus difficile et la plus compliquée, puisqu'elle les renferme toutes en elle-
même, soient encore de nos jours, chez les
peuples même les plus éclairés, trop éloi-

---

de petites cordelettes sur lesquelles il faisait différents
nœuds. (*Voy.* l'Histoire Génér. de la Chine).

En Europe, ce ne fut que vers l'an 1440 que Jean
Guttemberg, de Mayence, eut la première idée de l'art
de l'imprimerie. Il s'associa Jean Fust, de la même ville,
et Pierre Schoeffer, de Gernsheim. Leurs premières impressions furent faites sur des planches de bois. Fust
imagina ensuite les caractères séparés, qui d'abord furent aussi en bois, et que, depuis, Schoeffer rendit plus
parfaits et plus durables, en les composant avec un mélange de plusieurs métaux.

Le premier fruit de cette découverte fut la Bible sans
date, exécutée en 1450 ou 1455, et dont Fust apporta à
Paris un exemplaire qu'on y conserve encore.

En 1720, sous le règne de Louis XIV, Mahomet-Ef-
fendi, ambassadeur turc, étant venu à Paris, il trouva
l'invention de l'imprimerie si utile, qu'il prit la résolution de la faire établir à Constantinople; mais il n'en
put venir à bout que sept ou huit ans après, à cause de
l'opposition qu'y mirent les copistes, soutenus par le
Mufti, chef des Ecclésiastiques mahométans.

gnées du degré de perfection possible. Sans doute, il est plus d'une science moins difficile, moins vaste, moins abstraite, long-temps restée dans l'enfance, et d'autres, peut-être, dont les premiers élémens sont encore inconnus (*a*).

Voilà donc pour ce qui concerne les causes extérieures, étrangères et, pour ainsi dire, purement physiques, qui suspendent et retardent l'amélioration du Gouvernement et des institutions, et qui jusqu'ici se sont opposées à l'édification du plus parfait de ceux qui puissent réellement exister.

Venons-en maintenant aux causes intellectuelles et morales.

Influence des Causes morales.

Combien sous cet autre rapport, dans le

(*a*) Nous sera-t-il permis de faire remarquer ici que les moulins à eau ne commencèrent à être mis en usage que du temps d'Auguste, que les moulins à vent sont beaucoup plus récents, et ne datent guère que du temps des croisades?

Ne serait-ce pas aussi le lieu de rappeler que la physique de Newton, unanimement rejetée en France pendant cinquante années, y fut ensuite généralement enseignée dans toutes les écoles? (*Voy. ci-dessus*, 1re part., vol. iii, pag. 418.)

sein même du peuple le plus civilisé, sous l'influence du ciel le plus propice, n'existe-t-il pas encore d'obstacles non moins inévitables et difficiles à surmonter!

Nous ne répéterons pas ce que nous avons dit, dans l'Avant-propos de cette seconde partie de la Science du Publiciste, de ceux de ces obstacles qui proviennent des vices, de l'égoïsme ou seulement de l'insouciance criminelle de quelques hommes ou trop imprévoyans ou trop peu dignes d'estime (a); mais, indépendamment de cet intérêt personnel mal entendu, de ces passions désastreuses et funestes qui aveuglent tant les hommes, quelquefois même les plus éclairés; indépendamment de ces haines insensées et furieuses qui égarent, agitent et animent trop souvent les uns contre les autres des concitoyens, des parens, des frères, que les liens les plus sacrés de la religion, du droit et de la morale, devraient toujours unir entre eux, il n'est malheureusement pas donné à tous les hommes impartiaux et non prévenus, aux plus désin-

_____

(a) *Voy. ci-dessus*, 2ᵉ part. Avant-propos, pag. xxxvii.

téressés, aux plus généreux; il n'est pas même donné à tous les esprits justes et exercés dans l'art de la dialectique et du raisonnement, de pénétrer et rallier à propos toutes les vérités simples, primitives, essentielles et générales, d'où peuvent découler les propositions diverses dont l'ensemble et la solution constituent la science, et d'en suivre avec précision l'enchaînement pour en faire ressortir les principes les plus immédiats, et en rendre sensibles les conséquences et les régles plus éloignées. Ce ne fut que six cents ans après l'établissement des universités qu'il en sortit enfin un homme extraordinaire, Descartes, que son siècle persécuta, et mit ensuite au rang des demi-dieux, pour avoir enseigné aux hommes à n'admettre pour vrais que les principes dont ils auraient des idées claires. Et ce qui est peut-être plus facheux encore, « c'est que, pour la plupart des hommes, ainsi que le remarque Helvetius, les principes même les plus évidents ne renferment point de conséquences » (*a*).

Mais, quoi qu'il en soit et malgré ces diffi-

(*a*) De l'Esprit. *Disc.* 2, chap. xxi.

cultés infinies, on l'a dit également avec raison, « il en est des théories scientifiques comme
des machines qui commencent toujours par
être très-compliquées, et qu'on débarrasse
avec le temps des rouages inutiles qui en com-
pliquent le frottement et l'organisation » (a);
et malgré tous les obstacles qui peuvent
encore se rencontrer, la science du DROIT
CONSTITUTIONNEL, de même que toute autre
science, finira par s'éclaircir, se simplifier, et
se répandre davantage.

On ne doit donc nullement s'arrêter à ce
que l'on entend dire souvent : que l'on ten-
tera toujours en vain de démontrer d'une
manière victorieuse et incontestable la supériorité d'un système d'organisation sociale. Les
hommes qui émettent cette assertion, ou, pour
mieux dire, ce sophisme, s'appuient spécialement sur un premier raisonnement très-faux;
sur ce que les hommes ne sont pas généralement assez attachés aux choses d'utilité publique; sur ce qu'au contraire ils préfèrent leur

---

(a) *Voy. entre autres*, les OEuvres de M. l'abbé
Raynal.

intérêt personnel mal entendu et du moment, au bien commun dans lequel se retrouverait leur intérêt véritable, mais éloigné ; sur ce qu'enfin ils sont toujours dominés et entraînés par leurs passions, ou plutôt par leurs vices, puisqu'on peut être passionné plus encore pour la vérité, le bien et la justice que pour le mensonge, le mal et l'iniquité (a).

Admettons qu'il en dût toujours être ainsi ; en bonne logique, qu'en résulterait-il ? qu'en faudrait-il conclure ? non pas que des vérités réellement incontestables ne pussent être rendues très-évidentes et très-sensibles pour tous ; mais uniquement que des êtres tous vicieux, sans honneur, sans vertu, sans raison, refuseraient, malgré l'évidence même, de se conformer aux règles de conduite, aux devoirs que leur prescriraient en même temps leur véritable intérêt, leur raison et leur conscience ; et, pour le dire par anticipation, c'est justement là ce qu'il est vraiment déraisonnable et absurde de supposer.

On s'étaie ensuite d'un autre argument ; et,

(a) *Voy. ci-dessus*, vol. IV, pag. 151, note *a*.

il faut en convenir, l'objection est peut-être ici plus spécieuse, quoiqu'elle ne soit pas plus solide au fond : il est impossible, dit-on, de convaincre des gens qui ne veulent rien étudier ni rien entendre.

Cela est évident, et il est encore certain qu'il existe en effet des esprits ou matériels, ou prévenus et opiniâtres, ou superficiels et inattentifs, qui se refusent à toute démonstration relative à ce qui peut être réellement utile pour tous, et profitable pour eux-mêmes.

Mais que faut-il en conclure encore? cela prouve-t-il que la démonstration ne puisse pas avoir lieu ? non sans doute : il en résulte seulement qu'elle ne sera sensible que pour les hommes sensés, judicieux, intelligens, impartiaux : et, pour le dire encore ici en passant, toute la question se réduirait alors, comme on le voit, à savoir si le nombre de ceux-ci ne peut pas s'accroître de manière à l'emporter enfin sur celui des mauvais sujets, des ignorans et des sots, ou à les entraîner par l'influence et la supériorité de leurs lumières.

Au surplus, cela ne dût-il arriver jamais, ce qu'il serait déraisonnable d'admettre, ne voit-on pas au moins que l'objection est commune à tous les arts, à toutes les sciences, en général à tout ce qui peut exiger quelque réflexion et quelque étude ? ne pourrait-elle pas s'appliquer de même aux sciences les plus exactes ? Sans doute on ne fera jamais un grand mathématicien, un habile géomètre, un savant algébriste, de l'homme qui, par un motif quelconque, ne saura pas maîtriser assez son attention pour se rendre familières les premières notions de cette autre branche des connaissances humaines, pour comprendre les règles les plus simples de l'arithmétique ; sans doute on ne parviendra pas à rendre la solution des problèmes les plus ardus des logarithmes ou du calcul différentiel évidente pour celui qui n'aura pas même voulu se pénétrer des éléments indispensables et préparatoires. Cependant les mathématiques n'en seront pas moins pour cela une science positive, et ses résultats n'en seront pas moins journellement utiles, incontestables et certains. En un mot, aucun art, aucune connaissance, aucune science, de la nature de celle-ci, et peut-être en effet la science du DROIT, moins encore que toute autre, n'est faite pour les hommes sans noblesse, sans élévation dans le caractère, ou sans solidité, sans énergie dans la pensée, et en quelque sorte ineptes.

Mais, d'une part, si tous les hommes ne sont pas doués de ces vertus et de ces facultés, heureusement le nombre dé ceux qui les acquièrent et les possèdent, tend progressivement à s'accroître ; et, d'autre part, c'est précisément à ce résultat favorable que la science du Droit, simplifiée et rendue plus facile et plus commune, doit efficacement contribuer.

Ce qu'on peut dire avec vérité, c'est qu'une science aussi vaste et, si l'on veut même, sous certains rapports, presque uniquement problématique et conjecturale jusqu'ici, aura peut-être besoin pendant long-temps encore de méditations profondes, d'observations impartiales, de recherches fréquentes, de combinaisons multipliées, pour être amenée à un plus haut degré de perfection et de simplicité ; c'est qu'il faut peut-être encore plus de temps, d'expériences, de travaux et de veilles, pour appliquer et pratiquer avec un entier succès les principes résultant de cette science dont les véritables élémens ont été si long-temps ou inconnus ou laissés en oubli, et dans laquelle il est, tout à-la-fois, si important et si difficile de mettre l'ordre, la clarté, à la place de la confusion et de l'obscurité; c'est enfin que, quoique ses bases fondamentales soient, dans la vérité, fixes, immuables, positives, et que l'on puisse assurément parvenir à donner à leur démonstration toute la certitude, la précision, l'exactitude, d'une démonstration mathématique (*a*), elles sont néanmoins difficiles à faire généralement adop-

---

(*a*) Il y a déja long-temps que l'Académie de Berlin proposa la solution de ce problème : « *Savoir si les vérités métaphysiques en général, si les premiers principes de la théologie naturelle et morale sont susceptibles de la même évidence que les vérités géométriques.* » Mais quelqu'un a dit à ce sujet : « Que l'on commence par attacher aux mots des idées justes, fixes et invariables, et point de doute qu'il ne faille répondre à cette proposition de la manière la plus affirmative. »

Voy. aussi ci-dessus, 2ᵉ part. Avant-propos, pag. ix.

ter : qu'il doit sur-tout arriver naturellement que ceux entre les mains de qui l'autorité réside, et qui conséquemment auraient le plus la faculté d'opérer le bien, qui même, selon toute apparence, l'effectueraient s'il leur était parfaitement démontré de quelle manière ils doivent le faire , ne seront malheureusement pas eux-mêmes de long-temps assez éclairés, ou doués d'un esprit assez pénétrant pour qu'on puisse l'attendre d'eux seuls.

On reconnaît d'ailleurs, si l'on veut être juste à leur égard, que, distraits par les agitations, absorbés par les soins sans cesse renaissans d'une surveillance de tous les momens, par les détails nombreux d'une administration d'autant plus embarrassée, fatigante et laborieuse, que les institutions sont plus éloignées de leur perfection, ils ne peuvent guère en effet consacrer à la méditation qui serait nécessaire, pour atteindre le but, le temps précieux que des besoins urgens réclament toujours.

« Pour résoudre de grands problêmes , dit l'auteur du Livre de l'Esprit , il faut le loisir et l'habitude de méditer. Or comment

penser beaucoup quand il faut beaucoup exécuter. On ne doit pas demander à l'homme
en place un esprit d'invention qui suppose de
grandes méditations. Ce qu'on est en droit
d'exiger de lui, c'est un esprit juste, vif, pénétrant, et qui, dans les matières débattues
par les politiques et les philosophes, soit
frappé du vrai, le saisisse avec force, et soit
assez fertile en expédiens pour porter jusqu'à
l'exécution les projets qu'il adopte. C'est par
cette raison qu'il doit à ce genre d'esprit
joindre un caractère ferme, une constance à
toute épreuve. Le peuple n'est même pas
toujours assez véritablement reconnaissant du
bien que lui font les gens en place : ingrat
par ignorance, il ne sait pas tout ce qu'il faut
de courage pour faire le bien, et pour triompher
des obstacles que l'intérêt personnel met au
bonheur général. Aussi le courage éclairé est-
il le principal mérite des gens en place... » (*a*).

Le même auteur dit ailleurs : « Entre-t-on
au ministère, ce n'est plus le temps de se

(*a*) Helvétius. De ses œuvres, tom. ii ; de l'Esprit,
Disc. iv, chap. xv, pag. 377.

faire des principes, mais de les appliquer. Emporté par le courant des affaires, ce qu'on apprend alors, ce ne sont que des choses de détail qu'ignore à son tour celui qui n'est point en place » (*a*). En effet, c'est sur-tout alors que, si l'on n'a point des principes solides et des idées saines, l'atmosphère des Cours, comme on l'a dit aussi, a quelque chose qui porte à la tête, et qui change l'aspect des objets.

Le dernier paragraphe d'une lettre écrite par M. de Malesherbes au Dauphin, est terminé par cette pensée : « Ceux qui occupent les plus grandes places de l'État n'ont pas le temps de lire et de rien apprendre. »

— « Ils sont trop occupés du présent, dit un publiciste, pour qu'il leur soit possible de porter leur vue sur l'avenir. » (*b*).

— « L'esprit humain est trop borné, dit Burlamaqui; et ceux qui se trouvent à la tête des affaires partagent leur attention sur un

---

(*a*) De l'Homme et de son Éducation, tom. ii, pag. 3.

(*b*) Science du Gouv., tom. vi, pag. 442.

nombre infini d'objets différens ; en sorte qu'il est impossible qu'ils puissent porter leurs vues aussi loin que la connaissance de la vraie politique et les intérêts véritables des nations le demanderaient » (*a*).

C'est donc principalement pour les hommes qui gouvernent que les écrivains animés du sentiment de l'honneur, d'une solide et véritable gloire, de l'amour de la patrie et de l'humanité, doivent, dans le silence des passions, des préjugés, de tout intérêt personnel, réfléchir et méditer ; c'est à eux qu'il est possible, et qu'il appartient, de s'élever à des considérations générales, et de se mettre au-dessus des entraves qui peuvent résulter, pour d'autres, des temps, des lieux et des circonstances ; de planter l'étendard qui doit fixer tous les yeux et réunir tous les esprits et tous les cœurs : c'est à eux de dissiper ces mensonges funestes, ces fatales erreurs, ces illusions grossières qui obscurcissent et bornent encore l'horizon intellectuel, et que l'on pourrait comparer à ces nuages sombres, redoutables, formés par

---

(*a*) Principes du Droit de la nature et des gens, t. VII, 3ᵉ part. chap. III, § 1, pag. 182. Édit. de 1768.

les vapeurs pestilentielles et malfaisantes qui
s'élèvent des lieux impurs, qu'attire vers lui
l'astre du jour, et qui bientôt interceptent sa
lumière. Ils s'agitent et se heurtent; la lueur
des éclairs, précurseurs de l'orage, sillonne
par intervalles leurs masses imposantes qu'elle
peut à peine pénétrer. Ils s'avancent, ils
s'ébranlent, ils se froissent enfin dans tous les
sens, et, s'entr'ouvrant avec fracas, donnent
un libre essor aux coups redoublés de la
foudre et du tonnerre!

C'est à ces écrivains véridiques et courageux
de dessiller les yeux des peuples et des Rois.
Qu'ils s'attachent à faire comprendre à ces
derniers que, lorsqu'ils prennent soin de faire
eux-mêmes ce que la raison, la justice d'un
siècle réclament d'eux, il ne peut qu'en résulter un grand bien; mais que, s'ils luttent
et cherchent à résister, si les modifications
qui sont démontrées être devenues nécessaires
dans la forme du Gouvernement, dans les Institutions, dans toute l'Organisation sociale, ne
s'effectuent que par les peuples, et contre leur
gré, cette résistance fait infailliblement dé-
passer les bornes, et qu'il faudrait alors une

sorte de prodige pour que les choses s'arrê-
tassent précisément au point marqué par la
prudence, la justice et la raison (*a*). Qu'ils
s'appliquent à présenter toutes les erreurs,
les impostures, les maximes anti-sociales, les
injustices, tous les abus, les faux principes,
les systêmes de despotisme, de tyrannie, d'i-
gnorance et d'iniquité, sous le jour qui leur
appartient.

Que sur-tout ils s'efforcent de saisir tous les
élémens de vérité cachés, ensevelis dans le
vaste Océan des siècles passés, comme ces
légères parcelles qui reposent dans le sein
des mers et qui long-temps immobiles et inaccessibles à tous les regards, ne se montrent
que lorsque la fureur des vents et la violence
des tempêtes les agitent et les soulèvent à la
surface des flots..! De même ces élémens de
vérité, divisés, multipliés à l'infini, ne se font
souvent apercevoir qu'au milieu des orages
et du bouleversement des révolutions; et s'ils
ne peuvent se rattacher, se fixer à une base

_____

(*a*) *Voy. ci-dessus*, 1re part., vol. **1**, *Avertissement*,
pag. vij *et suiv.*

solide, ils retombent bientôt épars dans les profondeurs de l'abyme, et souvent ne laissent pas même un seul point d'appui sur lequel puisse, à l'avenir, s'attacher l'ancre du salut et du repos. Qu'ils les saisissent, et les rassemblent donc; qu'ils les cimentent et en forment un corps solide et inébranlable, qui brave et surmonte les outrages du temps. Qu'exaltés par la présence de cette vérité, de cette émanation divine, et obéissant au saint enthousiasme dont elle doit les pénétrer, ils la proclament et fassent retentir ses oracles dans l'univers entier! C'est ainsi qu'elle doit triompher un jour! C'est par ces nobles travaux que ces monumens informes et monstrueux, décrépits et ruinés, qui la cachent, seront réédifiés et raffermis, que les lambeaux dont on la surcharge, seront arrachés, et la laisseront enfin briller de tout son éclat :

« C'est ainsi qu'autrefois des prophètes fidèles
L'esprit s'affranchissant de ses chaînes mortelles ,
Par un puissant effort
S'élançait dans les airs comme un aigle intrépide ,
Et, jusque chez les Dieux, allait d'un vol rapide
Interroger le sort ».

Aulu-Gelle rapporte une lettre écrite par Philippe, roi de Macédoine, à Aristote, lors de la naissance d'Alexandre, et dans laquelle ce prince s'exprimait ainsi : *Je vous apprends que j'ai un fils. Je rends graces aux Dieux, non pas tant de me l'avoir donné, que de me l'avoir donné du temps d'Aristote. J'ai lieu de me promettre que vous en ferez un successeur digne de nous, et un roi digne de la Macédoine* (a).

« L'homme d'esprit, le philosophe, dit Cicéron, ne sont point de simples citoyens, mais de vrais législateurs »; et un illustre Anglais, Burck, dit aussi que les Écrivains sont les guides et les jalons des États.

Thémiste, philosophe payen, et malgré cela lié étroitement d'amitié avec saint Grégoire de Naziance, chargé, au rapport de ce dernier, par le Sénat de Constantinople, de haranguer Jovien dans une circonstance importante, lui dit, avec une noble et respectueuse franchise :

(a) (Aulu-Gell. *Noct. attic.*, lib. ix, cap. xxxvii.)
— *Voy. aussi*, Plut. *in vitâ Alex.*; et l'Histoire de la Philos., tom. ii, pag. 268.

Souvenez - vous que, si les gens de guerre
vous ont élevé à l'empire, les philosophes
vous apprendront à le gouverner. Les pre-
miers vous ont donné la pourpre des Césars;
instruisez-vous avec les seconds à la porter
dignement (a).

Charles V répondit à quelqu'un qui mur-
murait de l'honneur qu'il faisait aux *gens de
lettres*, appelés de son temps *Clercs : Les
Clers où a sapience l'on ne peut trop honorer ; et tant que sapience sera honorée dans
ce royaulme, il continuera à prosperité;
mais quand déboutée y sera, il décherra (b).*

« Les avantages que l'on tire d'un général
d'armée ou d'un homme d'état qui ne laisse
aucun écrit pour la postérité, sont bornés à
un terrain de petite étendue ; et d'ailleurs les
hommes qui ont une figure si brillante dans
le monde, ne procurent presque jamais de
bien à l'État qu'ils servent, qu'aux dépens de
quelque autre État; mais les lumières de l'es-

(a) *Voy.* l'Hist. crit. de la Philos., tom. III, liv. VII,
chap. XXXVIII, § V, pag. 179.

(b) *Voy.* l'Histoire de France.

prit qui ont leur source dans l'occupation paisible du cabinet, ne sont point limitées par les frontières d'un État ou d'un Empire. Elles s'étendent sur le genre humain, et l'humanité tout entière peut les mettre à profit » (*a*).

Après avoir apprécié, ainsi que nous venons de le faire, les obstacles trop réels et trop nombreux qui retardent le triomphe de la raison, l'établissement de l'ordre, de la régu-

Influence que le Gouvernement exerce sur le caractère, l'industrie, les mœurs d'un peuple, et par suite sur le sol et le climat même.

(*a*) Science du Gouv., tom. vi, chap. i, sect. 14, § iii, ayant pour titre : « *Combien les sciences sont utiles aux États* ».

— On rapporte que les anciens philosophes de l'Inde ne sortaient jamais de leur retraite qu'au commencement de l'année, et que c'était pour se rendre au palais du roi; que là, chacun d'eux apportait, pour ainsi dire, le suc et l'extrait des études qu'il avait faites pendant le cours de l'année précédente, déclarait à haute voix et ses réflexions politiques sur l'administration, et les changemens ou modifications qu'il croyait devoir être apportés dans la législation. Ceux dont les remarques étaient jugées, trois fois de suite, ou fausses ou peu importantes, perdaient à jamais le droit de parler: on ne leur permettait plus de quitter leur solitude, ni de retourner à la Cour. (*Voy.* l'Hist. crit. de la Philosophie, tom. i, pag. 10.)

Les Auteurs disent aussi que l'on distingue à la Chine

larité, de la justice, dans les institutions ; après
avoir entrevu les premiers moyens et l'espérance fondée de les surmonter, il importe
sur-tout, pour fortifier cette espérance et ra-
nimer les courages abattus, de jeter actuellement un coup-d'œil approfondi sur les
effets naturels que l'influence des Gouvernemens doit produire relativement aux habitudes, à l'industrie, à l'agriculture, au commerce, à l'intelligence, à l'esprit, au caractère,
aux mœurs et aux lois des peuples, et, par
conséquent, même au sol et au climat.

En effet si, comme nous l'avons reconnu,
l'accroissement de la population, l'étendue

---

deux sortes de ministres : les uns, qui sont appelés les
Ministres-*Signeurs*, donnent les signatures et les au-
diences ; les autres, qui portent le nom de Ministres-
Penseurs, sont chargés du soin de former des projets,
d'examiner ceux qu'on leur présente, et de proposer les
changemens que le temps et les circonstances exigent que
l'on fasse dans l'Administration.

Cette institution pourrait nous être adaptée avec avantage ; une distinction si importante, et fondée sur la nature même des choses, devrait exister entre notre Conseil
d'État et le Ministère. (*Voy. ci-après*, liv. II, chap. II,
tit. 2.)

du territoire, la situation géographique, la nature du sol et ses productions, le climat, les usages, le caractère, les mœurs, influent plus ou moins directement sur la forme du Gouvernement, sur la nature des Institutions, il n'est pas moins évident et incontestable que la forme du Gouvernement, la nature des Institutions, le plus ou moins d'ordre et de perfection dans l'Organisation, agissent tout aussi puissamment sur le caractère, les mœurs, les usages, les coutumes, etc., et peuvent ainsi contrebalancer l'influence d'un climat rigoureux, et de même changer le sol le plus fertile en un affreux désert.

Un Gouvernement modéré, où toutes les attributions des puissances sont savamment réparties, combinées et balancées, où, par une suite nécessaire de cette habile et sage combinaison, les principes du droit public, les premiers, les plus sacrés de tous, la sûreté, la liberté, la propriété, l'égalité sociale, les principes du droit politique et les principes du droit des gens, sont régulièrement respectés, un tel gouvernement où règne par-tout l'ordre et la justice, doit exciter l'industrie, favoriser le

travail, encourager les entreprises et hâter
les découvertes utiles à l'humanité. Il contribue par là à garantir les habitans de la
rigueur des élémens, de l'intempérie des
saisons; par là aussi le caractère du peuple
se modifie, les mœurs s'adoucissent, les facultés intellectuelles se développent; l'esprit,
la raison se fortifient; la civilisation s'avance;
les arts, les sciences, se prêtant un mutuel
secours, se perfectionnent, se répandent, se
propagent; les lumières, l'intelligence, le jugement pénétrent dans toutes les classes (a).

Au contraire, un Gouvernement despotique, absolu, où, par une suite non moins
naturelle et inévitable de l'accumulation des
puissances dans les mêmes mains, tout est
variable, fragile, changeant et arbitraire,
comme le seront toujours l'esprit, la volonté,
et même les forces, la puissance d'un homme;
où tous les principes de la morale universelle,
du droit public, du droit politique, du droit
des gens, seront toujours inévitablement en-

(a) *Voy. ci-dessus*, 1re part., vol. ii, pag. 347 ; et
2e part., vol. v, pag. 320 et 341, note *a*.

freints, violés, méconnus, un Gouvernement
qui craint et repousse les étrangers au lieu
de les accueillir et de les protéger, qui n'a
d'autres espérances de prospérité ou d'autres
ressources, que dans des actes de spoliation,
dans la guerre, la rapine, la conquête, un
Gouvernement où les sujets mêmes ne peuvent avoir de possession paisible et assurée,
où la propriété de tous les biens, la liberté, la
vie, sont sans aucune garantie, incertaines et
précaires, où l'on admet habituellement cette
fausse et détestable maxime, *qu'il est nécessaire de rendre les peuples misérables pour
qu'ils soient plus soumis et plus dociles;* un
tel Gouvernement éteint l'émulation, corrompt
les mœurs, combat et arrête les progrès de
la raison, de la justice et du droit, rétrécit
l'intelligence, chasse les sciences et les arts,
appelle et engendre l'ignorance, abat tous
les courages, détruit l'activité, l'énergie, et
plonge le peuple dans l'insouciance, la paresse,
l'inertie, dans une sorte d'engourdissement,
dans la misère et la stupidité; il fait haïr la
vie et craindre l'existence pour soi-même et

pour ceux à qui on pourrait la donner (*a*);
il tue le commerce, étouffe l'industrie, dé-
peuple les campagnes, ruine et fait abandonner l'agriculture même ; et des champs
incultes, des plaines stériles, des eaux stagnantes, des marais infects et fangeux, ou de
vastes solitudes, des ruines, des débris et des
ronces, remplacent les monumens utiles, les
fontaines, les jardins, les terres fertiles, les
prairies, l'abondance, les grains et les fruits.

Les habitans de l'Ingrie, de la Sibérie, de la
Nigritie et de plusieurs autres parties de l'A-
frique, sont plus abrutis par l'esclavage auquel ils sont assujettis sous des Gouvernemens
vicieux et despotiques, que par le climat glacé
ou le ciel brûlant de leur pays; et s'il était
possible. qu'ils reçussent le bienfait d'un Gouvernement qui assurât, par sa nature, la jouissance paisible de leurs droits et ne les soumît
jamais qu'aux devoirs naturels de l'homme envers ses semblables et la société, il y a lieu de
présumer que ce Gouvernement, par son in-

(*a*) *Voy. ci-dessus*, 1re part., vol. II, pag. 48.

fluence, adoucirait insensiblement la férocité de leur caractère, modifierait la rudesse, la grossièreté de leurs mœurs, animerait leur industrie, leur émulation, leur courage, fortifierait leur intelligence, développerait et mûrirait chaque jour davantage leur raison.

En un mot tous les talens se flétrissent, la pensée même s'éteint, dans la servitude; ils se raniment, elle se vivifie, avec la liberté.

« Le sophisme des ennemis de la raison humaine, c'est qu'ils veulent qu'un peuple possède les vertus de la liberté avant de l'avoir obtenue; tandis qu'il ne peut acquérir ces vertus qu'après avoir joui de la liberté, puisque l'effet ne saurait précéder la cause » (a).

Il n'est pas de vérité que l'on entende contester plus fréquemment dans le monde; et cependant il n'en est pas une peut-être qui ait été plus victorieusement établie par les philosophes et par les publicistes modernes; et nous n'éprouvons encore, à ce sujet, d'autre

---

(a) Considér. sur les princip. Événem. de la Rév. fr.; tom. iii, 6ᵉ part., chap. i, intitulé : *Les Français sont-ils faits pour être libres?* pag. 160.

embarras que celui de choisir entre les citations nombreuses, uniformes, concordantes,
que nous pouvons particulièrement puiser dans
les auteurs dont nous avons déja emprunté le
langage et invoqué l'autorité. «Les talens d'un
peuple, dit Ferguson, sont cultivés ou négligés à proportion que ces talens trouvent de
l'emploi dans la pratique des arts et dans les
affaires de la société. Ses mœurs sont épurées
ou corrompues, selon qu'il est encouragé ou
forcé à agir d'après des maximes de justice et
de liberté, ou selon qu'il est dégradé par la
servitude et l'avilissement» (a).

— «On a cru trop long-temps et trop généralement, dit John Adams, que le climat et le
sol déterminaient les caractères et les institutions politiques des nations. Les lois de Solon
et le despotisme de Mahomet ont gouverné
l'Attique à des époques différentes. Des consuls, des empereurs et des papes ont régi
Rome et ses habitans. Peut-on prouver par
des exemples plus frappans qu'on peut, au

_____

(a) Essai sur l'Hist. de la Soc. civile, 3e part., tom. II,
chap. III, pag. 6.

moyen de la politique et de l'éducation, triompher des désavantages du climat» (*a*)?

—« Tout se réunit pour prouver que, des différentes causes capables d'influer sur les hommes, il n'en est pas qui agissent sur eux d'une façon plus marquée que le Gouvernement. Pour peu que nous réfléchissions sur ce qui se passe sous nos yeux, nous reconnaîtrons les empreintes de l'administration dans le caractère, dans les opinions, dans les lois, dans les usages, dans l'éducation et dans les mœurs des nations. La nature donne les corps; le climat contribue au tempérament : mais le Gouvernement modifie et la nature et le climat. La nature inspire aux hommes les mêmes passions, la force ou la faiblesse de ces passions dépendent du tempérament; mais le Gouvernement dirige les passions données par la nature, et maîtrise le tempérament lui-même. Donnez des arbres de la même espèce à des cultivateurs différents, et vous les verrez varier étrangement par la culture qu'ils recevront. Les princes sont les cultivateurs; les

_____

(*a*) Défenses des Const. améric., tom. II, pag. 420.

hommes, qui sont les mêmes par leur nature, se diversifient entre leurs mains ; suivant les soins qu'ils leur donnent, ils produisent des fruits agréables ou pernicieux.

« Un illustre moderne semble accorder au climat une influence trop grande sur les institutions humaines (*a*). Quoiqu'on ne puisse pas

---

(*a*) « On a cru, et l'on croit peut-être encore, dit Filangiéri, que M. de Montesquieu a parlé le premier de l'influence du climat : cette opinion est une erreur. Avant lui, le délicat et ingénieux Fontenelle s'était exercé sur ce sujet. Machiavel, en plusieurs endroits de ses ouvrages, parle aussi de cette influence du climat sur le physique et sur le moral des peuples.

« Chardin, l'un de ces voyageurs qui savent observer, a fait beaucoup de réflexions sur l'influence physique et morale des climats. L'abbé Dubos a soutenu et développé les pensées de Chardin ; et Bodin, qui peut-être avait lu dans Polybe que le climat détermine les formes, la couleur et les mœurs des peuples, en avait déjà fait, cent cinquante ans auparavant, la base de son système, dans son livre de la République, et dans sa Méthode de l'Histoire. (« Il conviendrait, dit-il, de gouverner les peuples du Nord par la force et les armes ; les peuples du Midi par la religion et la crainte de la divinité ; les autres par la justice et l'empire de la raison »). Avant tous ces écrivains, l'immortel Hippocrate avait traité fort au long cette matière dans son fameux ouvrage *de l'Air, des Eaux et des*

nier que cette cause n'agisse d'une manière très-marquée sur les hommes, et ne contribue visiblement à plusieurs de leurs usages, de leurs lois, de leurs opinions, etc., il suffit pourtant d'ouvrir les yeux pour s'apercevoir que ce n'est pas le climat qui agit de la manière la plus forte sur les êtres de l'espèce humaine et sur leurs institutions. Ne voyons-nous pas que le despotisme établit également son trône dans les sables brûlants de la Lybie, et dans les forêts glacées du septentrion ; dans les plaines fertiles de l'Indostan, et dans les déserts de la Scythie? Il est vrai que l'habitant énervé d'un pays chaud, dont le sol généreux lui fournit presque tous ses besoins sans culture, doit être plus mou, plus lâche, plus ef-

---

Lieux ». (Science de la Législation, t. 1, liv. 1, ch. xiv, pag. 226).

Observons que ces trois choses : 1° la force ; 2° la religion ; 3° la justice appuyée de la raison ; nécessaires, suivant Bodin, pour gouverner les peuples, l'une au Nord, l'autre au Midi, l'autre dans les climats tempérés, sont utiles ou contraires, toutes les trois ensemble, pour tous les peuples et dans tous les climats. Le point important est de n'en faire qu'un bon usage, une juste et sage application.

féminé, et par conséquent plus disposé à recevoir des fers, que l'habitant robuste d'un pays montueux ou d'une terre ingrate, qui l'oblige à travailler; mais pourquoi voit-on l'Arabe vagabond éluder depuis tant de siècles le joug de l'esclavage, qui depuis tant de siècles accable le Persan, l'Égyptien et le Maure, ses voisins? Le climat de l'Arabie diffère-t-il beaucoup de celui de la Chaldée, de la Syrie, de Maroc? Le Tartare indompté habite-t-il une région plus favorable que le Sibérien? Est-il un mortel plus endurci à la fatigue, et pourtant plus esclave que le Russe, le Japonais et le Turc? Ils bravent la mort avec courage, et cependant ils vivent dans les fers.

« Mais, sans aller chercher des exemples éloignés, ne voyons-nous pas le pays des Romains, des conquérans du monde, habité de nos jours par des esclaves.... (a)?

(a) La différence des Gouvernemens a changé les mœurs et le caractère des habitans de l'Italie; et c'est ici tout ce que nous avons intention de prouver; mais pourrait-on bien affirmer que ces mêmes Romains furent en effet moins esclaves, lorsqu'ils devinrent conquérans, qu'ils ne le sont maintenant? C'est ce que nous laissons à nos lecteurs le soin de décider.

« Les Espagnols et les Portugais, engour-
dis aujourd'hui dans l'esclavage, la paresse et
la misère, n'occupent-ils donc pas les contrées qui furent jadis cultivées par des Ibé-
riens et des Lusitaniens remplis de courage
et d'activité....?

« Enfin le climat, le soleil, la terre, ont-ils
totalement changé pour ces Grecs qui, des-
cendus des défenseurs les plus généreux de
la liberté, tremblent aujourd'hui à la vue d'un
janissaire ?

« Ce n'est donc pas le climat qui fait les
hommes ce qu'ils sont, ou qui influe sur leurs
mœurs de la manière la plus forte; c'est sur-
tout l'opinion, qui n'est elle-même que l'assemblage des idées transmises et perpétuées
par l'éducation, la religion, le Gouvernement,
et continuellement fortifiées par l'exemple et
par l'habitude, qui parvient à les identifier
pour ainsi dire avec nous....

« On exige toujours des effets contraires à
leurs causes. Vouloir de la vertu, de la raison
et des mœurs sous un Gouvernement violent,
avec une Cour corrompue, avec des exemples

déraisonnables, n'est-ce pas exiger qu'un arbre desséché produise des fruits agréables?
La réforme des mœurs ne peut être que l'effet d'une administration sage et bien combinée.
Des mœurs dépravées, des vices épidémiques,
des folies multipliées, des crimes fréquents,
annoncent toujours la corruption des chefs,
des institutions mauvaises, des préjugés nuisibles, une éducation défectueuse, des opinions
impertinentes....

« Il n'y a qu'un Gouvernement équitable,
qui, à l'aide d'une législation éclairée, puisse
rendre les hommes plus sages et leur prê-
cher la morale avec fruit. Un Gouvernement
inique et déraisonnable, *un Gouvernement
mal organisé, mal institué*, ne formera jamais que des hommes injustes, vicieux, vains,
frivoles, étourdis, incapables d'écouter et de
suivre la raison, à qui la vertu même doit paraître incommode et ridicule....

« Les ravages du *despotisme*, dit ailleurs le
même auteur, sont tracés en caractères lisibles
sur toutes les parties de notre globe. Il est
aisé de reconnaître ses sinistres effets dans la

dépopulation, dans l'engourdissement, dans la pauvreté, dans l'inertie de toutes les nations qui éprouvèrent ses fureurs. Pourquoi des peuples que la nature avait placés dans un sol fertile, à l'industrie desquels tout fournissait d'amples matériaux, que les circonstances semblaient destiner à la félicité; pourquoi, dis-je, ces peuples languissent-ils dans l'indolence la plus lâche, dans la paresse la plus honteuse, dans le découragement le plus complet? Pourquoi sont-ils privés des arts les plus nécessaires à la vie, des manufactures les plus utiles, des connaissances les plus communes? Le sol a-t-il absolument changé dans la Grèce, que nous voyons aujourd'hui inculte et dépeuplée, dans cette Italie, dont les plus belles provinces sont désertes, dans cette Espagne, qui n'offre plus au voyageur étonné qu'une terre aride, habitée par quelques mendians vains et paresseux? Non, sans doute : le despotisme, à force de désordres, a vaincu la nature et rendu tous ses dons inutiles. Il a depuis long-temps enchaîné et les corps et les esprits; il est parvenu à éteindre dans les cœurs toute idée de *liberté;* il a même anéanti

jusqu'à la volonté de travailler à son bien-
être.

« Des princes, remplis d'un orgueil puéril,
et qui n'ont nulle idée de la vraie grandeur ni
de la vraie puissance, se contentent de régner
tristement sur d'immenses déserts, où l'on ne
rencontre que quelques malheureux éloignés
les uns des autres. Un souverain peut-il donc
se croire grand et puissant, quand ses États
ne lui présentent que le tableau lugubre de
la faiblesse, de l'affliction, de la servitude?
quand ses provinces deviennent le repaire des
bêtes féroces, des serpens venimeux, le sé-
jour de la contagion et de la mort....?

« Oui, je le répète, c'est l'avidité du despotisme, ce sont ses extorsions, sa négligence,
ses extravagances, qui changent les plus belles
contrées en d'affreuses solitudes, dont elles
font disparaître l'abondance et la salubrité.
Les terres abandonnées par le cultivateur produisent des famines suivies de contagions fréquentes qui achèvent d'emporter les malheureux que la fureur guerrière des tyrans avaient
épargnés.

« Des forêts stériles et malsaines, des eaux

croupissantes, des marais infects, qui répandent des vapeurs mortelles, viennent peu à peu remplacer des campagnes riantes, dont les habitans ont été forcés de se bannir. On dirait que les despotes se plaisent à repousser les dons de la nature, et veulent la forcer à n'être qu'une marâtre pour leurs malheureux sujets. A juger de leurs idées par leur conduite, on serait tenté de croire qu'ils font souvent consister toute leur gloire à exercer leur méchanceté sur des mendians et des pestiférés. Les pays ne deviennent salubres qu'en raison de leur culture; ils ne sont cultivés qu'en proportion de leur population; ils ne sont peuplés qu'en proportion du bien-être, de l'aisance et de la liberté dont jouissent les habitans. Ainsi le despotisme parvient même à corrompre l'air et à changer la nature du climat et du sol....

« Est-il une maxime plus fausse et plus détestable que celle de tant de princes à qui l'on persuade que, pour rendre les peuples plus dociles, il est avantageux de les tenir dans la misère ? Un souverain se trouve tôt ou tard cruellement puni, quand il prête l'o-

reille à ces affreux principes, dont la pratique
n'est propre qu'à jeter, ou dans une inaction
mortelle, ou dans un désespoir dangereux,
dont il peut devenir lui-même la victime; en
attendant, il s'apercevra bientôt qu'un souverain ne peut être aimé ni considéré, s'il n'a
sous ses ordres que des esclaves malsains, affamés et mécontents de leur sort. . . . (a)

— « Le Mogol, dit l'Ami des Hommes, est
propriétaire de toutes les terres dans son empire immense, semé de déserts; et le peu de
sujets qui lui restent, eu égard à la population des pays plus civilisés, vit au jour le jour
et enterre l'or qu'il a pu ramasser, sans se
soucier de rien édifier ni planter (b).

Nous avons rapporté dans le premier titre
de ce chapitre, ce passage de l'Esprit des Lois,
qui peut de même être invoqué ici:

« De tous les Gouvernemens despotiques,

(a) Système soc. 2ᵉ part., ch. III. *Des effets physiques
ou naturels du despotisme.*

— *Ibid.* 3ᵉ part. *Des vraies sources de la corruption
des mœurs ; de l'opinion.*

(b) L'Ami des Hommes, tom. 1, chap. IV. *Inconvéniens
qui font languir l'agriculture.*

il n'y en a pas qui s'accable plus lui-même, que celui où le prince *se déclare* propriétaire de tous les fonds de terre, et l'héritier de tous ses sujets. Il en résulte toujours l'abandon de la culture des terres; et si d'ailleurs le prince est marchand , toute espèce d'industrie est ruinée.

« Dans ces États, on ne répare, on n'améliore rien. On ne bâtit de maisons que pour la vie; on ne fait point de fossés; on ne plante point d'arbres; on tire tout de la terre, on ne lui rend rien ; tout est en friche, tout est désert.

« Pensez-vous que des lois qui ôtent la propriété des fonds de terre et la succession des biens, diminueront l'avarice et la cupidité des Grands? Non, elles irriteront cette cupidité et cette avarice. On sera porté à faire mille vexations, parce qu'on ne croira avoir en propre que l'or et l'argent que l'on pourra voler et cacher » (*a*).

——« Enfin, dit Helvétius, les moralistes doivent

(*a*) Esprit des Lois, liv. v, chap. xiv ; et *ci-dessus*, t. iv, pag. 260.

le sentir, et savoir que, semblable au sculp-
teur, qui, d'un tronc d'arbre fait un dieu ou
un banc, le législateur forme à son gré des
héros, des génies et des gens vertueux.....

« Quel spectacle offre la Perse, ajoute-t-il
ailleurs? Des habitans épars dans de vastes
régions infestées de brigands, et vingt tyrans
qui, le fer en main, se disputent des villes en
cendres....

« Si la différente température des climats
avait tant d'influence sur les ames et sur les
esprits, pourquoi ces Romains, si magna-
nimes, si audacieux sous un Gouvernement
républicain, seraient-ils aujourd'hui si mous
et si efféminés? Pourquoi ces Grecs et ces
Égyptiens, qui, célèbres autrefois, qui, jadis
recommandables par leur esprit et leur vertu,
étaient l'admiration de la terre, en sont-ils
aujourd'hui le mépris? Pourquoi ces Asiatiques, si braves sous le nom d'Éléamites, si
lâches et si vils du temps d'Alexandre sous
le nom de Perses, seraient-ils sous le nom
de Parthes devenus la terreur de Rome, dans
un siècle où les Romains n'avaient rien encore perdu de leur courage et de leur dis-

´cipline? Pourquoi les Lacédémoniens, les plus braves et les plus vertueux des Grecs, tant qu'ils furent religieux observateurs des lois de Lycurgue, perdirent-ils l'une et l'autre de ces deux réputations, lorsqu'après la guerre du Péloponèse, ils eurent laissé introduire l'or et le luxe chez eux? Pourquoi ces anciens Cattes, si redoutables aux Gaulois, n'auraient-ils plus le même courage? Pourquoi ces Juifs, si souvent défaits par leurs ennemis, montrèrent-ils sous la conduite des Machabées, un courage digne des nations les plus belliqueuses? Pourquoi les sciences et les arts, tour-à-tour cultivés et négligés chez des peuples différents, ont-ils successivement parcouru tous les climats?

« Dans un dialogue de Lucien (qui a pour titre *les Fugitifs*), Ce n'est point en Grèce, dit la Philosophie, que je fis ma première demeure. Je portai d'abord mes pas vers l'Indus; et l'Indien, pour m'écouter, descendit humblement de son éléphant, et toute la nation des Brachmanes, voisine des Nécréens et des Oxydraques, reçut ma doctrine et vécut sous ma loi. Des Indes, je tournai vers l'Éthiopie; je me transportai en Égypte; d'Égypte, je passai à Babylone, et y instruisis les Chaldéens et les Mages; je m'arrêtai en Scythie quelque temps ; je revins par la Thrace; je conversai avec Eumolpe et Orphée, et les envoyai devant moi en Grèce, où je ne tardai pas à les suivre.

« Pourquoi la Philosophie a-t-elle passé de la Grèce dans l'Hespérie, de l'Hespérie à Constantinople et dans l'Arabie? Et pourquoi, repassant d'Arabie en Italie, a-t-elle trouvé des asyles dans la France, l'Angleterre et jusque dans le nord de l'Europe? Pourquoi ne trouve-t-on plus de Phocion à Athènes, de Pélopidas à Thèbes, de Décius à Rome? La température de ces climats n'a pas changé : à quoi donc attribuer la transmigration des arts, des sciences, du courage et de la vertu, si ce n'est à des causes morales?

« C'est à ces causes que nous devons l'explication d'une infinité de phénomènes politiques, qu'on essaie en vain d'expliquer par la physique *seule*. Tels sont les conquêtes des peuples du Nord, l'esclavage des Orientaux, le génie allégorique de ces mêmes nations.

la supériorité de certains peuples dans certains genres de sciences; supériorité qu'on cessera, je pense, d'attribuer *(au moins uniquement)* à la différente température des climats, lorsque j'aurai rapidement indiqué la cause de ces principaux phénomènes » (*a*).

« Les Romains, dit Filangieri, vaincus dans un temps par les Septentrionaux, ne subjuguèrent-ils pas, dans un autre temps, les mêmes peuples? Leurs armes victorieuses ne triom-

---

(*a*) (De l'Esprit, tom. 1, Disc. 11, ch. xxii, pag. 344; tom. 11, Disc. 111, chap. xxvii, pag. 169 et 170. — De l'Homme et de son Éducation, chap. v, ayant pour titre : « *Des Éloges donnés par Rousseau à l'ignorance* ».

Dans le même sens, on peut aussi faire une juste application de cette réflexion du même auteur. « Nos idées sont, dit-il, des conséquences si nécessaires des sociétés où l'on vit, des lectures qu'on a faites, et des objets qui s'offrent à nos yeux, qu'une intelligence supérieure pourrait également, et par les objets qui se sont présentés à nous deviner nos pensées, et par nos pensées deviner le nombre et l'espèce des objets que le hasard nous a offerts ». (De l'Esprit, tom. 1, Disc. 11, ch. x, pag. 213.)

Voy. aussi Felice sur Burlamaqui, Princip. du Droit de la Nat. et des Gens, 2e part., tom. vi, chap. vii, § 5, *Rem.* 72, pag. 355; et l'Histoire crit. de la Philosophie, tom. 1, liv. 1, chap. 11, § 1, pag. 37.

phèrent-elles pas des Sarmates et des Bretons?
Tamerlan, parti des extrémités de l'Inde, ne
porta-t-il pas ses conquêtes jusque dans les
climats glacés de la Sibérie? Les Péruviens ne
subjuguèrent-ils pas plusieurs peuples situés au
nord de leur pays? Les étendards des croisés
ne furent-ils pas la proie des vaillans Sar-
rasins? Et ce peuple, sorti des sables ardens
de l'Arabie, ne soumit-il pas plusieurs
nations, n'abaissa-t-il pas la puissance espa-
gnole, ne porta-t-il pas la désolation jusqu'au
centre de la France? Les Huns n'abandon-
nèrent-ils pas les Palus-Méotides, pour aller
charger de chaînes des peuples plus septentrionaux? Les Parthes ne furent-ils pas la
terreur de Rome, dans un siècle où elle
n'avait encore rien perdu de son ancienne
valeur? Les Persans et les Égyptiens n'ont-ils
pas été comptés pendant quelque temps dans
le nombre des peuples les plus guerriers de la
terre? La Perse, sous le règne de Cyrus, était-
elle donc plus éloignée du soleil qu'elle ne
l'est aujourd'hui? La Laconie, maintenant
habitée par les plus vils esclaves, n'a-t-elle
pas été la patrie des guerriers et des héros?

Si Athènes n'a plus de Phocion, Thèbes de
Pélopidas, Rome de Décius, est-ce donc le
climat qu'il faut en accuser? Pourrais-je dire
encore que c'est le climat qui rend la liberté
plus chère aux peuples du nord qu'aux
peuples du midi, lorsque je vois le despotisme
placer également son trône sur les sables
brûlans de la Lybie et dans les forêts glacées
du septentrion, dans les plaines fertiles de
l'Indostan et dans les déserts de la Scythie?
Croirai-je que la liberté soit exclusivement
créée pour les septentrionaux, lorsque je vois
la féodalité étendre au loin ses racines dans la
Russie, le Danemarck, la Suède, la Hongrie,
la Pologne, et dans presque toute l'Europe?
Croirai-je que la chaleur du climat condamne
l'homme à la servitude, lorsque je vois l'Arabe
se dérober pendant tant de siècles au joug
du despotisme, qui opprime à côté de lui
le Persan, l'Égyptien et l'Africain; lorsque je
vois enfin, sous le même parallèle, le Tartare
indépendant et le Sibérien esclave? Me serait-il
permis enfin d'attribuer au climat ces suicides
si fréquens en Angleterre, lorsque, dans une
seule année, plus de cinquante malheureux

se donnent, à Paris, la mort de leurs propres
mains (*a*); lorsque, chaque année, on compte
à Genève dix ou douze suicides ? Rome, dans
l'espace de sept siècles, n'offre qu'un exemple
de suicide; c'est celui de Lucrèce : mais ensuite, dans un intervalle de quelques années,
et sans que le climat ait éprouvé le moindre
changement, on voit Caton, Brutus, Cassius,
et un grand nombre d'autres Romains, donner
au monde ce fatal exemple....

« On ne peut douter que le climat n'influe
sur le physique et sur le moral des hommes.
La matière ignée répandue sur notre globe
est certainement une des forces de là nature;
et cette force ne peut rester sans activité :
elle agit sur les végétaux comme sur les
animaux; l'homme, distingué de tous les êtres
vivans par la perfectibilité de sa raison, peut,
à l'aide de son intelligence, maîtriser quelquefois cette force toujours active, et en préparer les effets; mais il ne peut l'anéantir. La
quantité plus ou moins grande de cette matière répandue dans l'atmosphère, au milieu

_____

(*a*) L'auteur indique ici l'année 1774.

duquel l'homme existe, produit la chaleur ou le froid. L'homme pourra donc diminuer l'action de ces deux extrêmes; mais il ne pourra la détruire entièrement. Un degré violent de chaleur, soit qu'il naisse de la présence du soleil, soit qu'il ait une cause locale, doit relâcher ses fibres, en les rendant plus délicates, et énerver son corps par les transpirations trop abondantes, qui naissent de l'agitation des humeurs : sa chaleur naturelle, qui, d'après les physiologistes, est toujours en raison inverse de la chaleur du climat, doit donc enfin diminuer. Cela posé, les facultés morales de l'homme pourraient-elles ne pas se ressentir de l'altération de ses facultés physiques? Nous-mêmes, qui vivons dans des climats tempérés, n'éprouvons-nous pas, au milieu des chaleurs excessives de l'été, une sorte de langueur qui tient, pour ainsi dire, notre mémoire assoupie? L'état où nous sommes alors n'approche-t-il pas quelquefois de l'imbécillité? Ne nous semble-t-il pas qu'un voile est étendu sur nos idées, qu'une force étrangère comprime toute notre intelligence, et que nous n'avons plus le pou-

voir d'en user ? Telle est la nature des rapports
qui existent entre le corps de l'homme et son
esprit, que les affections de l'un doivent nécessairement se communiquer à l'autre. Il
serait donc étrange d'imaginer que le climat
n'influe point sur le physique et sur le moral
de l'homme ; mais il ne l'est pas moins de
regarder cette force comme l'unique cause qui
agit sur lui....

« Si l'esprit est soumis aux impressions du
corps, le corps l'est pareillement aux affections
de l'ame, et cette loi dérive de leur dépendance réciproque. L'éducation, les lois, la
religion, l'esprit, les maximes, les principes du
Gouvernement sont autant de forces qui
agissent à chaque instant sur l'homme civilisé.
Ce sont elles qui accélèrent ou retardent le développement de son intelligence, qui excitent,
ou maîtrisent, ou dirigent ses passions, qui
le rendent vil ou courageux, qui lui inspirent
l'amour de la liberté, ou qui le rendent in-
sensible au poids des chaînes dont l'accable
le despotisme ; toutes ces causes morales,
jointes aux causes physiques, parmi lesquelles le climat tient quelquefois le premier

rang et quelquefois le dernier, toutes ces causes, dis-je, concourent à modifier l'homme civilisé, et le rendent enfin tel qu'il est. Il est difficile de déterminer avec précision quels sont les degrés d'activité de chacune de ces forces; mais, en réduisant la question à des termes généraux, on pourra dire que les causes physiques ont toujours le plus grand degré de puissance dans une société de sauvages, comme les causes morales ont la plus grande énergie dans une société civilisée. Le climat influe donc sur le physique et sur le moral des hommes, comme cause concurrente, mais non comme cause absolue... (*a*).

(*a*) « Je ne peux m'empêcher de rendre justice sur cette matière à l'auteur de l'Esprit des Lois, dit judicieusement l'auteur de l'Abrégé de la République de Bodin; une critique peu réfléchie l'a accusé de regarder le climat comme la cause absolue des génies, des coutumes et des lois. Il est vrai que quelques expressions données au brillant ont pu le faire penser au premier coup d'œil; mais si on l'a suivi avec attention, on a dû reconnaître leur véritable sens : *Dans les pays tempérés*, dit-il, *le climat n'y a pas une qualité assez déterminée pour les fixer eux-mêmes.* (Esp. des Lois, liv. xiv, chap. ii.) Il n'a donc entendu parler ailleurs que des climats violens. Ce que l'on trouve encore ne peut laisser

« Une contrée a-t-elle des bois trop étendus,
est-elle environnée d'eaux stagnantes et de
marais infects ; les lois n'ont qu'à favoriser
l'agriculture et la population , et bientôt on
verra les forêts abattues et les marais desséchés : les eaux ne seront plus arrêtées dans
leurs cours, et l'âpreté du climat diminuera
par la suppression des causes qui concouraient à le rendre inhabitable. Ce n'est point
là une spéculation vaine et abstraite : les deux
hémisphères nous en fournissent un grand
nombre de preuves. L'histoire des révolutions

---

de doute : *Il n'y a peut-être pas de climat sur la terre
où l'on ne pût engager au travail des hommes libres ;
parce que les lois étaient mauvaises on a trouvé des hommes paresseux.* (*Ibid.* liv. xv, chap. viii). Il a donc pensé
que sous les climats les plus décidés, on pouvait corriger ce qu'ils ont de mauvais, par de bonnes lois.

« Lorsque cet auteur a recherché les raisons des coutumes et des lois, il en a trouvé quelques-unes dans la
nature du climat; cette opinion ne saurait être contredite. Les lois ont été faites par le consentement unanime
des nations, ou elles leur ont été données par des législateurs. Pourra-t-on croire qu'un peuple qui se trouve
accablé par le poids de la chaleur , fasse des lois qui l'obligent au travail ? Elles favoriseront la paresse lorsqu'il

de notre globe offre des milliers d'exemples de changemens opérés dans les climats de plusieurs contrées, par les progrès ou la décadence de la population et de l'industrie des peuples qui les ont habités. La douceur du climat de l'Italie disparut quelque temps après que les barbares du Nord furent venus là dévaster par leurs mœurs et leurs lois, autant que par leurs armes. La population et l'industrie, protégées en Hollande par les lois et par la liberté, ont adouci le climat rigoureux des anciens Bataves. Les mêmes causes ont

---

regardera l'inaction comme le plus heureux des états. Si le législateur ne se rencontre pas un de ces génies rares qui aperçoivent le bien et le vrai au travers des voiles les plus épais, il ne pensera pas, en sentant sa faiblesse et sa lassitude, qu'elles peuvent être vaincues par des efforts dont il se croit incapable, et qui lui répugnent. Les lois se ressentent partout du caractère, des caprices, du préjugé de celui qui les a faites. Ainsi c'est avoir donné le climat pour cause efficiente dans quelques occasions, et jamais comme cause nécessaire. Si l'on voulait séparer cette distinction de quelques termes répandus dans l'Esprit des Lois, il faudrait encore l'accuser d'être tombé en contradiction avec lui-même. » (Abrégé de la République de Bodin, tom. 11, liv. v, chap. xv, pag. 297 et 298.)

produit des effets semblables dans une grande
partie de l'Allemagne, en Angleterre, et dans
la Pensilvanie. Les hommes qui habitent cette
dernière contrée, ont su se dérober, avec
autant de gloire, aux rigueurs de leur climat,
qu'aux oppressions de leur métropole. Des
lois sages peuvent donc quelquefois adoucir
l'âpreté du climat; elles peuvent toujours en
corriger les effets, lorsqu'ils sont dangereux:
avec quelle étonnante facilité n'en pourront-
elles pas profiter lorsqu'ils seront utiles....!»(*a*).

— «Le Gouvernement, dit Bentham, influe de la même manière que l'éducation. Le
magistrat peut être considéré comme un in-
stituteur national; et même, sous un Gouvernement prévoyant et attentif, le précepteur
particulier, le père lui-même, n'est, pour ainsi
dire, que le député, le substitut du magistrat,
avec cette différence que l'autorité du premier
a son terme, et que celle du dernier se
prolonge sur toute la vie. L'influence de cette
cause est immense, elle s'étend presque à tout,

(*a*) Science de la Législ., tom. 1, liv. 1, ch. xi, pag. 230,
233, 246 et suiv.

ou plutôt elle embrasse tout : car la santé même peut en dépendre à plusieurs égards, en vertu de la police, de l'abondance, du soin d'écarter les causes nuisibles. La manière de diriger l'éducation, de disposer des emplois, des récompenses, des peines, déterminera les qualités physiques et morales d'un peuple.

« Sous un Gouvernement bien constitué, on verra généralement que les hommes seront plus gouvernés par l'honneur, et que l'honneur sera placé dans des actions plus conformes à l'utilité publique. Les sentimens religieux seront plus exempts de fanatisme et d'intolérance, plus libres de superstition et de respect servile : il se formera un sentiment commun de patriotisme. Les hommes s'apercevront de l'existence d'un intérêt national. Les factions affaiblies auront de la peine à recouvrer leurs anciens signaux de ralliement. Les affections populaires seront dirigées vers le magistrat plutôt que vers des chefs de parti, et vers la patrie entière, préférablement à tout le reste. Les vengeances privées ne se prolongeront pas et ne se communiqueront point : les goûts nationaux se dirigeront vers des dépen-

ses utiles, des voyages d'instruction, de perfectionnement, d'agriculture, les sciences, les
embellissemens de la campagne; on apercevra
même dans les productions de l'esprit humain, une disposition générale à discuter
avec calme des questions importantes au bonheur public » (a).

— « Voyez, dit M. Say dans son savant Traité
d'Économie politique, voyez l'Afrique presque
entière, l'Arabie, la Perse, cette Asie mineure, autrefois couverte de villes si floris-
santes, dont, suivant l'expression de M. de
Montesquieu, il ne reste de vestiges que dans
Strabon : on y est pillé par des brigands,
par des pachas; la richesse et la population
ont fui; et les hommes clair-semés qui restent
manquent de tout. Jetez, au contraire, les
yeux sur l'Europe occidentale ; quoiqu'elle
soit fort éloignée d'être aussi florissante qu'elle
le devrait, la plupart des États y prospèrent,
tout accablés qu'ils sont d'une foule de régle-

(a) BENTHAM. Princ. de Lég., tom. 1, ch. IX, sect. II,
§ VIII, pag. 68. (*Voy. aussi ibid.*, chap. X. *Analyse du
bien et du mal politique. Comment ils se répandent dans
la société*, tom. 1, pag. 86.)

mens et d'impôts, par cela seul qu'on y est
en général à l'abri des outrages personnels et
des spoliations arbitraires....

« Il est bon de remarquer, dit-il encore,
que ce n'est pas seulement en vous mettant
à l'abri des voleurs de grand chemin qu'un
bon Gouvernement vous protège. C'ést aussi
en vous garantissant des brigandages bien
plus redoutables des gens puissans par leur
crédit ou par leurs richesses. C'est en pré-
servant l'homme d'honneur des tracasseries
des gens de loi (*a*); c'est en forçant chacun
à respecter ses engagemens. Smith (*b*), passant en revue les véritables causes de la prospérité de la Grande-Bretagne, met au premier
rang cette prompte et impartiale administration de la justice, qui rend les droits du
dernier citoyen respectables pour le plus puissant, et qui, assurant à chacun le fruit de son
travail, donne le plus réel de tous les encou-
ragemens à toute espèce d'industrie » (*c*).

(*a*) *Voy. ci-après* l'Appendice.
(*b*) Richesses des Nations, liv. iv, chap. vii.
(*c*) (Traité d'Économie politique, liv. i, chap. xl, in-

D'accord en ce point avec M. Say et les
autres écrivains dont il entreprend souvent
de combattre la doctrine, M. Malthus s'exprime ainsi :

« Les causes les plus puissantes de l'avilissement du peuple sont le despotisme, l'oppression et l'ignorance; celles qui contribuent
le plus à en élever le caractère sont la liberté
civile et politique, et l'éducation:

« De toutes les causes qui tendent à donner des habitudes de prévoyance aux classes
inférieures du peuple, la plus essentielle est
sans contredit la liberté civile. Il est impossible
qu'un peuple s'habitue à former des plans pour
l'avenir, s'il n'est pas assuré que ses efforts
industrieux, honnêtes et louables, pourront
avoir leur plein effet, et s'il n'est pas certain

---

titulé : *En quoi l'autorité publique travaille efficacement
à la richesse nationale.*)

— Cependant nous avons déja eu l'occasion de remarquer plusieurs fois, nous reconnaîtrons encore par la
suite, et l'on peut même se convaincre par la simple
lecture des Commentaires de Blackstone, que l'état de la
législation civile et pénale, en Angleterre, est encore
éloigné de la perfection désirable et possible.

que la propriété qu'il possède ou qu'il peut acquérir, lui sera garantie par un code établi de lois justes, et administrées impartialement. Mais l'expérience a démontré que la liberté civile ne peut pas être assurée d'une manière stable sans la liberté politique. C'est pourquoi la liberté *politique* (*a*) devient presque aussi essentielle ; et, outre qu'elle est nécessaire sous ce rapport, la tendance évidente qu'elle a d'apprendre aux classes inférieures à se respecter, en forçant les classes supérieures à les respecter, doit contribuer puissamment à ajouter à tous les bons effets de la liberté civile » (*b*).

— « Ce n'est pas, dit l'auteur de l'Histoire critique de la Philosophie, que les Grecs mo-

---

(*a*) Ce que l'auteur nomme ici la Liberté *politique*, est plutôt, suivant la définition que nous en avons donnée dans la première partie de cet ouvrage, la Liberté *constitutionnelle ou sociale*. *Voy.* vol. 1, liv. 1, pag. 66, n. *a*.

(*b*) Principes d'Économie politique, considérés sous le rapport de leur application pratique, par M. T. R. Malthus ; traduits de l'Anglais, par M. F. S. Contancio, vol. 1, chap. IV, sect. II, pag. 362. — *Ibid., Précis des matières contenues dans l'ouvrage*, vol. II, pag. 371.

dernes soient dépourvus d'esprit et de raison.
S'ils avaient le bonheur de se trouver sous un
Gouvernement moins dur, moins despotique,
et qu'ils fussent, comme autrefois, animés
par l'amour de la gloire ou par l'attrait des
récompenses, peut-être iraient-ils aussi loin
que leurs ancêtres. Ce qui me le persuade,
c'est que la tranquillité dont on jouit dans
les différens monastères de la Grèce, pousse
souvent les Caloyers à faire un usage surpre-
nant de leur esprit. Et sans doute que cet
usage deviendrait plus utile, si les obligations
de leur état n'étaient immenses, et chargées
d'une infinité de détails, de prosternemens
et de minuties de dévotion » (*a*).

Citons enfin une remarque qui se trouve
dans l'un de nos ouvrages de droit les plus
répandus : « L'unité et l'uniformité doivent
être les bases de toute institution politique.
Sans elles, il est difficile d'assurer la félicité des
peuples. Plus un Gouvernement s'approche
de ce système d'unité, établi par Dieu dans

(*a*) Hist. critique de la Philosophie, t. III, liv. VIII,
ch. XXIX, § III, pag. 198.

l'ordre de la nature et dans l'édifice sublime de la religion, plus il approche de la perfection.

« L'uniformité législative a cependant d'illustres détracteurs. Ils subordonnent les lois à une prétendue influence qu'ils attribuent aux climats, aux localités, aux races. Hyppocrate est le premier qui ait manifesté cette opinion ; elle est consignée dans son livre *de aere, aquis et locis* (*a*), et a été reproduite depuis par Platon (*b*), Aristote (*c*), Gallien, Hoarte, Charron (*d*), le marquis de Mirabeau (*e*), Montesquieu (*f*), etc. etc.

« Quelques modernes érudits, qui ne connaissent les anciens que par les biographies, dictionnaires et tables de matières, ont attribué cette idée à Charron, et ont vivement reproché à Montesquieu, qui l'a reproduite, de ne l'avoir point cité. Elle n'appartient pas

---

(*a*) Cap. lv.

(*b*) De Legib., lib. v, tit. ii, pag. 747.

(*c*) Probl. xiv, tit. ii, pag. 75o.

(*d*) Dans son livre De la Sagesse.

(*e*) Dans l'Ami des Hommes.

(*f*) Esp. des Lois, liv. i, ch. iii ; et liv. xxix, ch. viii.

plus à Charron qu'à Montesquieu, et, pour être ancienne, elle n'en est pas moins fausse. Helvétius en a tiré, dans ses ouvrages *de l'Esprit* et *de l'Homme*, de bien dangereuses conséquences.

« Il importe de la réfuter au moins sommairement, d'autant plus qu'elle est professée par un de nos modernes publicistes les plus influens (*a*).

« L'une des plus importantes conclusions que l'on puisse tirer de l'histoire, c'est que le Gouvernement est la cause première du caractère des peuples; que les vertus ou les vices des nations, leur énergie ou leur mollesse, leurs talens, leurs lumières ou leur ignorance, ne sont presque jamais les effets du climat, les attributs d'une race particulière, mais l'ouvrage des lois; que tout fut donné à tous par la nature, mais que le Gouvernement enlève ou garantit aux hommes qui lui sont soumis l'héritage de l'espèce humaine. Aucune histoire ne met cette vérité sous un jour plus éclatant que celle d'Italie. Que l'on rapproche,

_____

(*a*) M. BENJAMIN CONSTANT. De l'Esprit des Conquêtes, chap. XIII.

en effet, les diverses races d'hommes qui se
sont succédées sur cette terre de grands sou-
venirs; que l'on compare les qualités qui les
caractérisent; la modération, la douceur, la
simplicité des premiers Étrusques; l'austère
ambition, le courage mâle des contempo-
rains de Cincinnatus; l'avidité, l'ostentation
des Verrès; la mollesse, la lâcheté des sujets
de Tibère; l'ignorance, la nullité des Romains
du temps d'Honorius; la barbarie des Italiens
soumis aux Lombards; les vertus du douzième
siècle; le lustre du quinzième, et l'abaissement des Italiens de nos jours. Le même sol
a nourri ces êtres de nature si différente, et
le même sang coule dans leurs veines. Le
mélange de quelques peuplades barbares,
perdues au milieu des flots d'indigènes, n'a
point suffi pour changer la constitution physique des hommes qu'enfantait la même région; la nature est restée la même pour les
Italiens de tous les âges, le Gouvernement
seul a changé; ses révolutions ont toujours
précédé ou accompagné l'altération du caractère national. Jamais les causes n'ont été liées
aux effets d'une manière plus évidente. Les

Étrusques, prédécesseurs des Romains, et les premiers peuples de l'Italie sur lesquels l'histoire jette quelque lueur, avaient couvert de leurs habitations les *Marennes*, aujourd'hui désolées. Riches en troupeaux, riches en grains, ils voyaient la terre répondre avec usure à leurs travaux; une longue prospérité leur avait permis de cultiver leur esprit par l'étude; et les Étrusques paraissent avoir devancé les Grecs dans la carrière des sciences et des arts, bien qu'ils n'aient pas pu, comme leurs successeurs, la parcourir tout entière. Les poëtes ont placé au milieu d'eux l'âge d'or sous le règne de Saturne, et leurs fictions n'ont voilé qu'à demi la vérité. Le Gouvernement des Étrusques était celui du bonheur et de la liberté....

« Il est juste de restituer aux causes morales, à la puissance des lois, l'hommage que l'on adresse aux causes physiques et à des moyens purement matériels » (*a*.)

Schaw, médecin anglais, dit, dans la Rela-

(*a*) Manuel du Droit français, par M. Paillet, avocat : Exposition, pag. vj, *note* 1, 3e édit. 1818.

tion de son voyage en Barbarie, en parlant des Maures : « Le peu de progrès de ces peuples dans les arts et dans les sciences n'est l'effet d'aucune incapacité ou stupidité naturelle. Les Maures ont l'esprit délié, et même du génie. S'ils ne s'appliquent point à l'étude des sciences, c'est qu'ils sont sans motifs d'émulation, et que leur Gouvernement ne leur laisse ni la liberté, ni le repos néces- saires pour les cultiver et les perfectionner. Les Maures, esclaves, comme la plupart des Orientaux, doivent être ennemis de tout tra- vail qui n'a pas directement leur intérêt per- sonnel et présent pour objet... » *(a)*

Mais ce n'est pas ainsi qu'ils étaient sous le Gouvernement de Carthage, ni même sous l'empire romain.

Térence était Africain.

Jésus-Christ naquit à Bethléem.

Et n'a-t-on pas vu dans les siècles derniers, et de nos jours, des hommes nés dans l'es- clavage, des Maures, des nègres mêmes, qui, admis à vivre sous les lois et l'Empire d'un

(a) Relation d'un voyage en Barbarie.

Gouvernement moins despotique et moins dur, ont su prouver qu'ils ne sont pas d'une nature inférieure à celle des autres hommes.

« La facilité avec laquelle la nation moscovite s'est policée, dit M. de Montesquieu, a bien montré que le czar Pierre Ier avait trop mauvaise opinion d'elle, et que ces peuples n'étaient pas des bêtes, comme il le disait. Les moyens violens qu'il employa étaient inutiles ; il serait arrivé tout de même à son but par la douceur.

« Il éprouva lui-même la facilité de ces changemens » (a).

Ce serait peut-être ici le lieu de mettre en parallèle les progrès de la civilisation, dans la république d'Haïti, jouissant d'un gouvernement modéré, et dans la partie de Saint-Domingue soumise au pouvoir despotique de Christophe (b).

(a) Esprit des Lois, liv. xix, chap. xiv, intitulé : *Quels sont les moyens naturels de changer les mœurs et les manières d'une nation.*

(b) *Voy.* à ce sujet les premières livraisons de la Revue Encyclopédique.

On connaît au moins le genre de mort de ce dernier, et les faits qui l'ont provoquée.

Dans le *Précis des événemens militaires, ou Essais historiques sur les campagnes des Français*, par M. le comte Mathieu Dumas, on lit le passage suivant : « Le général Kléber, après avoir affecté aux besoins les plus pressans du soldat les sommes qu'il avait imposées, ne songea plus qu'à rétablir l'ordre dans toutes les parties du service ; il renforça les régimens par des régimens de Cophtes et de Grecs, dont il forma plusieurs nouveaux bataillons ; il enrôla même des esclaves amenés d'Éthiopie. Ces hommes, naturellement braves, se montrèrent dignes de la liberté qui leur fut accordée : leurs mœurs s'adoucirent par l'exemple des Français ; ils devinrent d'excellens soldats : expérience remarquable pour les Européens, qui refusèrent si long-temps à cette race la dignité de l'espèce humaine, bien que le Créateur lui ait imprimé les mêmes traits, et réparti les mêmes priviléges.

. . . . *cœlumque tueri*
Jussit, et erectos ad sidera tollere vultus. »

M. de Montesquieu dit encore avec une piquante ironie : « Si j'avais à soutenir le droit que nous avons eu de rendre les nègres esclaves, voici ce que je dirais :

« Les peuples d'Europe ayant exterminé ceux de l'Amérique, ils ont dû mettre en esclavage ceux de l'Afrique, pour s'en servir à défricher tant de terres.

« Le sucre serait trop cher si l'on ne faisait travailler la plante qui le produit par des esclaves.

« Ceux dont il s'agit sont noirs depuis les pieds jusqu'à la tête, et ils ont le nez si écrasé, qu'il est presque impossible de les plaindre.

« On ne peut se mettre dans l'esprit que Dieu, qui est un être très-sage, ait mis une ame, sur-tout une ame bonne, dans un corps tout noir.

« Il est si naturel de penser que c'est la couleur qui constitue l'essence de l'homme, que les peuples d'Asie, qui font des eunuques, privent toujours les noirs du rapport qu'ils ont avec nous, d'une façon plus marquée.

« On peut juger de la couleur de la peau

par celle des cheveux, qui, chez les Égyptiens, les meilleurs philosophes du monde, étaient d'une si grande conséquence, qu'ils faisaient mourir tous les hommes roux qui leur tombaient entre les mains.

« Une preuve que les nègres n'ont pas le sens commun, c'est qu'ils font plus de cas d'un collier de verre que de l'or, qui, chez les nations policées, est d'une si grande conséquence.

« Il est impossible que nous supposions que ces gens-là soient des hommes ; parce que, si nous les supposions des hommes, on commencerait à croire que nous ne sommes pas nous-mêmes chrétiens.

« De petits esprits exagèrent trop l'injustice que l'on fait aux Africains ; car, si elle était telle qu'ils le disent, ne serait-il pas venu dans la tête des princes d'Europe, qui font entre eux tant de conventions inutiles, d'en faire une générale en faveur de la miséricorde et de la pitié ? » *(a)*

Un négociant anglais disait fort sérieuse-

_____

(*a*) Esprit des Lois, liv. xv, chap. v.

ment au contraire, dans une plainte portée
à la Chambre des Communes : « Messieurs,
vous n'imagineriez jamais les tours perfides
que nous font les nègres. Leur méchanceté est telle sur certaines côtes d'Afrique,
qu'ils préfèrent la mort à l'esclavage. Sont-ils
achetés, ils se poignardent, se jettent dans
des puits : autant de perdu pour l'acheteur.
Jugez par ce fait de la perversité de cette
maudite race » (a).

On peut encore observer avec un medecin
français connu par de savans écrits, que, dans
les pays libres, il règne plus de propreté que
dans les pays asservis : les esclaves se né-
gligent ; la propreté est le fruit de l'aisance
et contribue à la santé.

« Chaque Organisation sociale, dit-il, dans
l'un des plus intéressans articles du Dictionnaire des Sciences médicales, établissant un
genre d'habitudes, d'éducation, un régime particulier, influe nécessairement sur la constitu-

(a) *Voy*. HELVÉTIUS. De l'Homme et de son Éducation,
tome 1, pag. 316.

tion, sur la santé des hommes qui y vivent subordonnés » (*a*).

Molesworth a remarqué que depuis l'établissement du despotisme en Danemarck, il y a régné des épidémies désastreuses causées par la mauvaise nourriture du peuple.

Et si l'on se reporte aux exemples précédemment cités dans cet ouvrage, de la famine causée par le despotisme de Maxence, de la misère qui désola la Suède sous le tyrannique empire de Gustave III (*b*), de celles qui dépeuplèrent plusieurs provinces de la France sous les règnes de Louis XIII et de Louis XIV (*c*); enfin, à plusieurs des événements qui se sont passés en France, il y a quelques années, et sous nos propres yeux, n'y trouvera-t-on pas un moyen assez sûr d'apprécier avec exactitude ce qui fût peut-être arrivé avant peu, si un gouvernement qui n'eut que trop d'analogie avec le despotisme de Louis XIV, fût parvenu

---

(*a*) Virey. Dictionnaire des Sciences Médicales, *art.* Homme.

(*b*) *Voy. ci-dessus*, vol. iv, pag. 25ı et suiv.

(*c*) *Ibid.* vol. ii, pag. 48 et 49.

à surmonter les derniers obstacles, à maintenir plus long-temps sa tyrannie, et à en porter plus loin la fatale influence.

On peut donc dire , en thèse générale, que si, comme nous l'avons d'abord remarqué, les hommes robustes, fiers, courageux, sont, par une conséquence naturelle de leur caractère, portés à préférer la forme d'un Gouvernement ou démocratique ou poligarchique; les hommes indolens, mous, efféminés, un Gouvernement olygarchique ou despotique ; et les hommes crédules, brutes et superstitieux, un Gouvernement théocratique ; de même aussi, et par une sorte de réciprocité , les hommes nés sous le premier de ces divers Gouvernemens, le démocratique , deviennent généralement fiers, probes, courageux : parmi ceux qui sont nés sous un Gouvernement aristocratique , les uns aussi sont nobles, grands, généreux, mais, en même temps , souvent injustes, vains et présomptueux, et les autres soumis, découragés et avilis : sous un Gouvernement olygarchique, ils sont communément fourbes , perfides et rusés ; sous le despotisme d'un seul, bas, vils, rampans, corrompus et cruels; et sous la théocratie, ignorans, superstitieux et également barbares et stupides: tandis que, sous un Gouvernement mixte et modéré, dans une monarchie bien constituée sur-tout, bientôt ils deviendraient généralement paisibles, intelligens, humains, équitables, courageux, susceptibles de tous les sentimens nobles et généreux, de toutes les actions utiles; en un mot, et suivant l'expression du grand Fénélon, soumis sans être esclaves, et libres sans être effrénés (*a*).

« L'influence du climat n'est pas absolue, dit aussi M. le marquis de Pastoret. Le Gouvernement varie les objets. Ce sont les mêmes yeux, mais ils se promènent sur un horizon différent. Les Romains mettent aujourd'hui à la peinture et à la musique l'importance que

_____

(*a*) (Supplém. aux Directions pour la conscience d'un roi.)

« Tu te trompes, dit aussi Sénèque, si tu penses que nos vices naissent avec nous : ils nous sont survenus; on nous en a remplis. *Erras si existimas vitia nobiscum nasci: supervenerunt; ingesta sunt* ». (Senec. Epist. xxiv.)

— *Voy.* 1re part., liv. i, chap. i, § ii; et chap. ii, tit. ii, § iii.

leurs pères mettaient à la victoire. L'astuce et la subtilité sont devenus le seul emploi d'un talent que les Grecs consacrèrent aux arts et à la philosophie. *L'astuce est le génie des esclaves* » (*a*).

Et l'auteur du Système social dit avec plus de développement : « Le républicain est fier; le sujet du despotisme est souple et poli : le citoyen libre a du ressort, de l'énergie, du courage; il connaît ses droits; il sent sa dignité; il s'estime lui-même; il fait cas de l'estime des autres. Ces dispositions, inconnues aux ames aviles qui rampent sous le despotisme, viennent de l'idée de la sécurité, de la connaissance des appuis que la société procure, de la certitude où l'on est que personne n'est en droit de nuire. Dans une nation libre, chaque citoyen se sent défendu par la loi, et soutenu par tous ses concitoyens; il sait que sa personne et ses biens ne sont point à la merci du plus fort, et que nulle puissance ne peut lui arracher des

_____

(*a*) Lois pénales, tom. II, chap. IX, pag. 186.

avantages qui lui sont garantis par tous ses associés.

« Ainsi la liberté ennoblit l'homme, élève son ame, lui inspire le vrai sentiment de l'honneur, le rend capable de générosité, d'amour du bien public, d'enthousiasme pour la patrie, de noblesse et de vertu.

« Ce n'est que dans un pays libre qu'il existe une patrie digne d'être aimée et défendue par ses enfans. La nation n'est qu'une marâtre, peu faite pour être aimée, quand elle est asservie sous les caprices d'un tyran. C'est dans le sein d'une nation libre que l'on trouve des vertus publiques. C'est là que des citoyens opulens cherchent à plaire à la nation, à mériter son estime, à s'illustrer par des monumens utiles. Des esclaves abjects n'ont d'autre but que de plaire à leur despote, et de gagner ses faveurs par leurs bassesses. Le pouvoir absolu amortit l'amour de la patrie; l'idée du bien public lui fait ombrage; rien ne se fait pour la nation; tous les monumens et les travaux n'ont pour objet que de repaître le faste, la vanité, la fantaisie du maître; le public, dédaigné, n'est jamais compté pour rien dans les entreprises les plus ruineuses pour lui; on ne consulte que la commodité du prince, et jamais celle des sujets méprisés. Le bon citoyen est une plante exotique et rare, qui ne peut point prendre racine dans un terrain que le despotisme a desséché.

« La raison cultivée est le plus sûr antidote contre la corruption des mœurs ; mais la raison ne se cultive que dans un pays de liberté. Le despotisme, ainsi que la super-stition, est l'ennemi de la raison humaine; il ne veut commander qu'à des esclaves privés de lumières et de mœurs....

« Sous un gouvernement despotique, il n'est permis à personne de s'occuper de son sort ou de songer au bien public; ces objets, interdits à des esclaves, ne conviennent qu'aux citoyens d'un peuple *libre*. La vanité tient lieu de grandeur aux sujets d'un maître *absolu*. Un caractère étourdi, inconséquent, dissipé, est celui qui leur convient le mieux. Tout homme qui ne peut compter sur rien doit vivre à la journée; le lendemain n'est point à lui; le hasard et le caprice décidant

continuellement de son sort, il ne doit jamais
envisager un avenir affligeant; une fantaisie
peut anéantir ses droits, ses lois..., son état,
sa fortune et celle de sa postérité. Tout
homme qui porte ses vues sur l'avenir, ne
paraît qu'un rêveur incommode et chagrin,
dans des nations où les chefs sont sans principes, et où rien n'est fait pour avoir de
la stabilité. Les pays soumis au pouvoir
arbitraire ne renferment que des hommes
entièrement abrutis ou frivoles, également
incapables de réflexion. Une indifférence complète pour la patrie, une incurie stupide,
une passion désordonnée pour des amuse-
ment futiles, une aversion marquée pour tous
les objets sérieux, sont les effets naturels et
nécessaires d'un Gouvernement pour qui rien
n'est sacré, et qui traite légèrement les affaires les plus importantes. Comment serait-il
possible de faire sentir les intérêts d'une patrie, les idées de la vraie grandeur, les droits
de l'équité, à des êtres qui ne songent qu'à
s'étourdir sur le présent et sur l'avenir, ou à
des êtres stupides et, privés de toute énergie,
qui ne pensent à rien....?

« On se plaint souvent de voir que, dans des nations frivoles, des histrions, des chanteurs, des danseuses, etc., etc., sont en possession d'absorber l'attention du public, et que des talens futiles y soient préférés aux grands talents. Mais on ne s'aperçoit pas que le mérite, la science, les vrais talens sont inutiles ou déplacés dans des pays où des êtres sans mérite donnent le ton à la société; il ne faut que des poëtes galans, des bijoutiers, des inventeurs de modes, à des peuples efféminés par le despotisme, et qui demeurent dans une perpétuelle enfance... » (a).

On peut encore lire avec fruit à ce sujet ce qu'a écrit Helvétius dans son Traité de l'Homme et de l'Éducation (b). On y remar

---

(a) Système social, 2ᵉ part., chap. 5 : *Des effets du Gouvernement sur le moral de l'Homme.*

— *Ibid.* 3ᵉ part., chap. 5 : *De l'influence du Gouvernement sur le caractère national, sur les talens de l'esprit, sur les lettres.*

(b) De l'Homme et de son Éducation, tom. 1, s.ᵒⁿ 4, chap. 11, ayant pour titre : *Des changemens survenus dans le caractère des nations et des causes qui les ont produits*, pag. 285.

quera, entre autres, les passages suivans :
« Le peuple *libre* est courageux, franc, humain et loyal; le peuple *esclave* est lâche, per-
fide, délateur, barbare; il pousse à l'excès sa
cruauté. Si l'officier trop sévère, au moment du
combat, a tout à redouter du soldat maltraité;
si le jour de la bataille est pour ce dernier
le jour du ressentiment, celui de la sédition
est pareillement pour l'esclave opprimé le
jour long-temps attendu de la vengeance :
elle est d'autant plus atroce, que la crainte
en a plus long-temps concentré la fureur....

« Un prince usurpe-t-il sur ses peuples
une autorité sans *bornes*, il est sûr d'en changer le caractère, d'énerver leur ame, de la
rendre craintive et basse.....

« L'expérience prouve que le caractère et
l'esprit des peuples changent avec la forme
de leur Gouvernement; qu'un Gouvernement
différent donne tour-à-tour à la nation un caractère élevé ou bas, constant ou léger,
courageux ou timide.....

« C'est toujours à l'absurdité plus ou moins
grande des lois, qu'il faut, en tout pays.

attribuer la plus ou moins grande stupidité ou méchanceté des citoyens....

« Dans la plupart des empires de l'Orient, on n'a pas même l'idée *du droit public et du droit des gens*. Quiconque voudrait éclairer les peuples sur ce point s'exposerait presque toujours à la fureur des tyrans qui désolent* ces malheureuses contrées. Pour violer plus impunément les droits de l'humanité, ils veulent que leurs sujets ignorent ce qu'en qualité d'hommes ils sont en droit d'attendre du prince, et le contrat tacite qui le lie à ses peuples. Quelques raisons qu'à cet égard ces princes apportent de leur conduite, elle ne peut jamais être fondée que sur le desir de tyranniser leurs sujets....

« Si, dans ces Gouvernements, l'on fait peu de cas de l'esprit, et si l'on a plus de considération à Ispahan, à Constantinople, pour l'eunuque, l'icoglan ou le bacha, que pour l'homme de mérite, c'est qu'en ces pays on n'a nul intérêt d'estimer les grands hommes. Ce n'est pas que ces grands hommes n'y fussent fort utiles et désirables; mais aucun des particuliers dont l'assemblage forme le public n'ayant intérêt à le devenir, on sent que chacun d'eux estimera toujours peu ce qu'il né voudrait pas être.

« Qui pourrrait, dans ces empires, engager un particulier à supporter la fatigue de l'étude et de la méditation nécessaires pour perfectionner ses talens? Les grands talens sont toujours suspects aux gouvernemens injustes: l'es talens ne procurent ni les dignités ni les richesses; or les richesses et les dignités sont cependant les seuls biens visibles à tous les yeux, les seuls qui sont réputés vrais biens et sont universellement désirés.

« On est toujours fort dans un État *libre*, où l'homme conçoit les plus hautes pensées, et peut les exprimer aussi librement qu'il les conçoit.....

« Dans les États où la loi seule punit et récompense, où l'on n'obéit qu'à la loi, l'homme vertueux, toujours en sûreté, y contracte une hardiesse, une fermeté d'ame qui s'affaiblit nécessairement dans les pays *despotiques*, où sa vie, ses biens et sa liberté dépendent du caprice et de la volonté arbitraire *d'un seul homme*. Dans ces pays, il serait presque aussi insensé d'être vertueux qu'il eût été fou de ne l'être pas en Crète et à Lacédémone : aussi n'y voit-on personne s'élever contre l'injustice, et, plutôt que d'y applaudir, s'écrier, comme le philosophe Philoxène : « *Qu'on me remène aux carrières* » (*a*).

Conséquence qu'il faut tirer de ce qui précède.

S'il en est ainsi ; si les principes, l'organisation, la forme, la nature même des Gouvernemens, modifient effectivement les hommes, et influent sur-tout d'une manière aussi évidente, aussi immédiate et aussi constante, sur leurs mœurs, leurs usages, leurs caractères ; si la nature des Gouvernemens fait éclore les vertus ou les vices, et produit réellement le génie, les héros, les grands hommes, ou l'ineptie, la stupidité, les esclaves et les brutes; les sujets, les législateurs et les princes, tous les hommes éclairés doivent en effet avoir autant d'indulgence les uns pour

---

(*a*) De l'Esprit, Disc. 2, ch. xvii, xx; Disc. 3, ch. xix. *Le mépris et l'avilissement où sont les peuples entretiennent l'ignorance des visirs, second effet du Despotisme.* — *Ibid.* Disc. 4, chap. iv. *De l'Esprit fin, de l'Esprit fort.* — On peut aussi lire à ce sujet l'Abrégé de la République de Bodin, liv. v, chap. xv.

les autres, que de rigidité, de zèle, d'ardeur,
pour le perfectionnement des institutions (*a*).

Supposons, dit toujours Helvétius, qu'un
Français habitué à parler assez librement, à
rencontrer çà et là quelques hommes vraiment citoyens, quitte Paris, et débarque à
Constantinople : quelle idée se formera-t-il des
pays soumis au despotisme, lorsqu'il consi-
dérera l'avilissement où s'y trouve l'humanité;
qu'il apercevra par-tout l'empreinte de l'esclavage; qu'il verra la tyrannie infecter de
son souffle les germes de tous les talens et de
toutes les vertus, porter l'abrutissement, la
crainte servile et la dépopulation, du Caucase
jusqu'à l'Égypte; qu'enfin il apprendra qu'en-
fermé dans son sérail, tandis que le Persan
bat ses troupes et ravage ses provinces, le
tranquille sultan, indifférent aux calamités
publiques, boit son sorbet, caresse ses femmes,
fait étrangler ses bachas, et s'ennuie ? Frappé
de la lâcheté et de la servitude de ces peuples,

(*a*) « C'est le propre des têtes étroites, d'être extrêmement frappées des faiblesses des individus et fort peu
de l'esprit général des institutions ». (Essai sur l'indifférence en matière de religion, tom. 1, pag. 446.)

à-la-fois animé du sentiment de l'orgueil et de l'indignation, quel Français ne se croira pas d'une nature supérieure au Turc? En est-il beaucoup qui sentent que le mépris pour une nation est toujours un mépris injuste ; que c'est *de la forme plus ou moins heureuse des Gouvernemens*, que dépend la supériorité d'un peuple sur un autre ; et qu'enfin ce Turc peut lui faire la même réponse qu'un Perse fit à un soldat Lacédémonien, qui lui reprochait la lâcheté de sa nation : *Pourquoi m'insulter ?* lui disait-il ; *sache qu'il n'est plus de nation par-tout où l'on reconnaît un maître absolu....*

« Le désir même de la considération doit pareillement produire, en des siècles différens, des vices et des vertus contraires. Lorsque le crédit a le pas sur le mérite, ce désir fait des intrigans et des flatteurs; lorsque l'argent est plus honoré que la vertu, il produit des avares, qui recherchent les richesses avec le même empressement que les premiers Romains les fuyaient, lorsqu'il était honteux de les posséder : d'où je conclus que dans des mœurs et des Gouvernemens différens, le

même désir doit produire des Cincinnatus ,
des Papyrius , des Crassus et des Séjans... » (*a*).

— « L'amour du pouvoir, qui , dans une
république libre et bien gouvernée, dit aussi
Filangiéri, rend le citoyen vertueux et ami de
la patrie, en fait un monstre dans un Gouvernement despotique. Il produira, dans le
même temps, un Curtius, un Décius, un Fa-
bius, à Rome; et le plus vil des esclaves, dans
les contrées de l'Asie. Il ferait naître dans le
même pays, mais dans des circonstances et à
des époques différentes, un Cincinnatus ou
un Séjan....

« Au sein d'un Gouvernement libre, un ambitieux peut-être un citoyen honnête, qui ne
voit dans la charge qu'il désire, qu'un moyen
de faire son bonheur en travaillant à celui
des autres : dans un État despotique, c'est un
esclave adroit qui cherche à sortir de la classe
des opprimés pour entrer dans celle des op-
presseurs.

« Dans un gouvernement modéré, où les
lois ont su diriger l'amour du pouvoir, un

(*a*) De l'Esprit, Disc. 2 , ch. xxii; et Disc. 3, ch. xvi.

ambitieux est un bon citoyen qui ne désire d'autre autorité que celle dont il a besoin pour faire observer les lois, défendre la patrie, protéger sa liberté, et mériter ainsi l'estime et la reconnaissance de ses concitoyens, qui s'efforceront de contribuer à sa félicité. Dans un Gouvernement despotique, c'est un égoïste qui ne désire d'autre jouissance que celle de violer impunément toutes les règles de la justice, d'opprimer les malheureux et de resserrer les chaînes de l'esclavage » (a).

C'est principalement à l'égard des princes, et de ceux sur-tout dont le pouvoir est moins limité, qu'il faudrait, pour être juste, avoir peut-être le plus d'indulgence. «Tel critique aujourd'hui les rois, ainsi que Fénélon le remarque, qui gouvernerait demain moins bien qu'eux, *si on lui confiait la même puissance.*

(a) (Science de la Législation, tom. 1, liv. 1, ch. XII, pag. 183).

« Ce sont, a dit à la tribune un Membre de la Chambre des Députés, dans la session de 1820, les bons pères de famille qui font les dignes enfans ; de même ce sont les bons ou mauvais gouvernemens qui font les peuples vertueux ou criminels ». (Séance du 8 janvier 1821.)

La condition privée, quand on y joint un peu d'esprit pour bien parler, couvre tous les défauts naturels, relève des talens éblouissans, et fait paraître un homme digne de toutes les places dont il est éloigné. Mais c'est l'autorité qui met tous les talens à une rude épreuve, et qui découvre de grands défauts. La grandeur est comme certains verres qui grossissent tous les objets. Tous les défauts paraissent croître dans ces hautes places, où les moindres choses ont de grandes conséquences, et où les plus légères fautes ont de grands contre-coups. Le monde entier est occupé à observer un seul homme à toute heure, et à le juger à toute rigueur. Ceux qui le jugent n'ont aucune expérience de l'état où il est. Ils n'en sentent pas les difficultés, et ils ne veulent pas qu'il soit homme, tant ils exigent de perfection en lui.... » (*a*).

Mais d'un autre côté, combien ne serait-il pas utile pour tout le monde, combien ne serait-il pas important pour les princes eux-mêmes, qu'ils parvinssent enfin à se bien pé-

---

(*a*) Télémaque, liv. xii.

nétrer de cette vérité si constante, que ce sont réellement les bonnes, les justes et solides institutions qui doivent et peuvent attacher sincèrement les peuples à leurs personnes. Les Grands qui les environnent, qui sont comblés de leurs graces et de leurs bienfaits, qui accumulent sur eux-mêmes toutes leurs faveurs, quelquefois peuvent bien par reconnaissance leur être personnellement dévoués dans la sincérité de leur cœur; mais le peuple, la société qui ne les connaît pas, qui ne les voit pas dans l'intimité, qui ne peut pas juger de la bonté de leur caractère et de l'excellence de leurs qualités privées (qualités d'ailleurs qui, dans un mauvais Gouvernement, sont plus près d'être préjudiciables au bien public, que de lui être utiles) (*a*); le peuple leur est et doit en effet leur être réellement attaché beaucoup plus par amour pour ces mêmes institutions, par le désir et le besoin qu'il a du maintien de l'ordre, de la justice, de la tranquillité, que par toute autre cause : et cependant l'attachement véritable du peuple

_____

(*a*) *Voy. ci-des.* entre autres, vol. IV, pag. 144 et 250.

n'est pas moins nécessaire aux rois que le dévouement des grands : ce qui a fait dire au judicieux et spirituel Labruyère : « Que tout
prospère dans une monarchie où l'on confond
les intérêts de l'État avec ceux du prince » (a);
et au profond et véridique auteur de l'Esprit
des Lois, « que le Gouvernement est comme
toutes les choses du monde, et que, pour le
conserver, il faut l'aimer » (b).

Heureusement, dans un siècle de lumières,
préparé par les temps pour élever et étendre
les bornes de l'intelligence humaine, pour
régénérer la morale, la religion, les institutions et les lois, pour faire triompher enfin la
philosophie, les idées saines, la justice, la
raison, ces grandes vérités paraissent avoir été
déja, sinon approfondies et bien comprises,
au moins entrevues et pressenties par les législateurs, par les rois, par la plupart des
hommes, comme elles l'avaient été antérieurement par les philosophes et par les publicistes
les plus éclairés : et lorsque la vérité com-

L'Europe, la France sur-tout, sont dans la situation la plus favorable pour achever l'établissement des Institutions véritables d'une bonne Organisation.

(a) *Voy.* les Caractères, tom. 1, chap. x, pag. 478.
(b) Esprit des Lois, liv. iv, chap. v.

mence à luire, son éclat est si pur, la satisfaction qu'elle procure a tant de douceurs et
de charmes, que quiconque l'a suivie un jour,
veut ne la quitter jamais.

Heureusement, dans ce siècle destiné à
l'accomplissement d'une grande révolution in-
tellectuelle et morale, il existe déja en France,
en Angleterre, dans presque toutes les parties
de l'Europe, et dans le Nouveau Continent,
beaucoup d'hommes généreux et instruits qui
ne sont ni mazarins ni frondeurs, qui sentent
que le véritable intérêt personnel s'identifie
nécessairement avec l'intérêt général, qui conséquemment désirent avec sincérité, avec ardeur, le bien de l'État et de l'humanité, la
religieuse observation des principes, et le per-
féctionnement des institutions, qui seul peut
y conduire.

Heureusement, cette espèce d'hommes qui,
suivant l'expression du cardinal de Retz, ne
pouvant rien au commencement des troubles
et des révolutions, peuvent tout à la fin, sont
en plus grand nombre que quelques autres
hommes, détracteurs d'eux-mêmes et du genre
humain, ne veulent paraître le penser.

Aujourd'hui il existe par-tout une foule
d'hommes éclairés dont les opinions, les sentimens, les désirs, l'espérance, sont semblables et ont une tendance bien prononcée vers
le même but, et qui, en quelque sorte, ne
forment ainsi qu'une seule et même famille,
qu'un seul et même peuple dont tous les
membres sont unis et indissolublement liés
par la pensée, par un même vœu, quoique
dispersés au milieu de sociétés différant encore de mœurs, d'habitudes, de langages, de
coutumes, de lois et de Gouvernemens; tant
il est indubitable que les vrais principes de la
justice, de l'équité, de l'utilité, de la raison,
lorsque le despotisme, la superstition, ne les
ont pas étouffés et détruits entièrement, sont
réellement les mêmes dans tous les pays du
monde, et que par-tout les hommes judicieux,
sans préjugés et sans partialité, savent parfaitement les reconnaître et leur rendre hommage (*a*).

(*a*) Zénon enseignait déja que tous les Sages se soutiennent et s'étaient les uns les autres; que la distance
des lieux et la diversité des caractères n'empêchent pas

Les peuples de l'Europe sur-tout, loin de
toucher au déclin de la civilisation, s'avan-

---

ces secours réciproques. — « Cette propagation de vertu,
les Stoïciens l'appelaient ὠφέλεια, et ils croyaient unanimement que c'est la correspondance la mieux établie qui
existe dans la nature ». (Histoire crit. de la Philosophie,
tom. ii, pag. 407.)

Un Membre de la Chambre des Députés disait récemment à la Tribune : « Éteignez toutes les lumières en
France, vous ne fermerez jamais si bien toutes les ouvertures, qu'elles n'y pénètrent du dehors. Il y a en Angleterre, en Hollande, dans les deux Amériques, dans
plusieurs États d'Allemagne, des tribunes sonores dont
les voix ont des échos dans tous les cœurs européens ».
(Chambre des Députés, session de 1819, séance du 15
mai 1820, Discours de M. Français de Nantes.)

— « C'est une chose remarquable en effet, dit madame
de Staël, qu'à une certaine profondeur de pensée parmi
les hommes, il n'y ait pas un ennemi de la liberté. De la
même manière que le célèbre Humbolt a tracé, sur les
montagnes du Nouveau-Monde, les différens degrés
d'élévation qui permettent le développement de telle ou
telle plante, on pourrait dire d'avance quelle étendue,
quelle hauteur d'esprit fait concevoir les grands intérêts
de l'humanité dans leur ensemble et dans leur vérité.
L'évidence de ces opinions est telle que jamais ceux qui
les ont admises ne pourront y renoncer ; et, d'un bout
du monde à l'autre, les amis de la liberté communiqueront
par les lumières, comme les hommes religieux par les sen-

cent au contraire d'un commun accord vers
l'apogée de sa plus grande gloire. La civilisa-

---

timens, ou plutôt les lumières et les sentimens se réunissent dans l'amour de la liberté, comme dans celui de
l'Être-Suprême. S'agit-il de l'abolition de la traite des
Nègres, de la liberté de la presse, de la tolérance religieuse, Jefferson pense comme Lafayette, Lafayette
comme Wilberforce; et ceux qui ne sont plus comptent
aussi dans cette sainte ligue. Est-ce donc par calcul,
est-ce par de mauvais motifs que des hommes si supérieurs, dans des situations et des pays si divers, sont
tellement en harmonie par leurs opinions politiques?
Sans doute, il faut des lumières pour s'élever au-dessus
des préjugés; mais c'est dans l'ame aussi que les Principes de la liberté sont fondés : ils font battre le cœur,
comme l'amour et l'amitié; ils viennent de la nature, ils
ennoblissent le caractère. Tout un ordre de vertus,
aussi bien que d'idées, semble former cette chaîne d'or
décrite par Homère, qui, en rattachant l'homme au ciel,
l'affranchit de tous les fers de la Tyrannie....

« Examinez au contraire les adversaires de la liberté
dans tous les pays, vous trouverez bien parmi eux peut-
être quelques transfuges du camp des gens d'esprit;
mais, en général, vous verrez que les ennemis de la
liberté sont ceux des connaissances et des lumières : ils
sont fiers de ce qui leur manque en ce genre; et l'on
doit convenir que ce triomphe négatif est facile à mériter....

« Et qui veut sur-tout le pouvoir absolu par amour

tion et la liberté qui toujours doivent marcher
ensemble, les sciences, les arts, l'industrie
qui toujours les accompagnent, commencent
à fleurir dans un autre hémisphère, mais elles
ne nous ont pas abandonnés; et, accédant aux
invocations ferventes de leurs plus zélés sectateurs, leur brillant cortége ne fuira pas loin
de nous; il ne livrera point, par une retraite
précipitée, cette terre encore féconde, cette
belle partie du monde, à l'ineptie, au despotisme, à la destruction, à la mort.

Elles s'uniront plus que jamais pour pro-
pager, étendre et affermir dans tous les esprits
droits et justes les vérités positives, bases fondamentales de l'Organisation d'un Gouvernement qui peut à son tour, plus que toute
autre chose, assurer, éterniser leur empire.

Non! la civilisation, la liberté, la richesse,

pur, c'est-à-dire pour lui-même? Informez-vous de la
situation personnelle de chacun de ses défenseurs, et
vous connaîtrez bien vîte les motifs de leur doctrine. .».
(Considérations sur les princ. évén. de la Révol. franç.,
tom. iii, 6ᵉ part., chap. xii et dernier, pag. 385, 387,
390. — *Voy. aussi ci-dessus*, vol. iv, pag. 342, 343,
344, *nota.*)

l'agriculture, l'industrie, le commerce, ne dé-
laisseront pas subitement l'Europe, comme
elles ont délaissé l'Afrique et l'Asie. La décrépitude de la terre paraît, il est vrai, s'opérer
graduellement d'Orient en Occident et du
Midi vers le Nord; mais un Océan immense
semble être un obstacle, une barrière naturelle,
qui doit aussi s'opposer pendant long-temps
encore, et pour toujours peut-être, à cette fatale transmigration. De toutes les parties du
monde, l'Europe presque entière se trouve dans
la position la plus favorable, et est moins exposée que toute autre, aux ébranlemens, aux
grandes révolutions physiques du globe. La
France sur-tout semble n'avoir point, de long-
temps du moins, à les redouter. Une longue
suite de siècles s'écoulera avant que les eaux
de ce vaste océan se soient éloignées de ses
côtes; de nombreuses générations se seront
succédé, avant que les fleuves qui baignent
son territoire aient cessé de vivifier ses riches
campagnes, ses provinces fécondes et ses opu-
lentes cités, avant que les sables brûlans du
désert se soient accumulés sur ses ruines. Ses
frontières sont encore assez étendues et assez

fortes, sa population est encore assez nombreuse pour qu'elle n'ait point à redouter réellement les agressions, les entreprises ambitieuses d'aucune autre puissance, si elle peut
du moins rester intérieurement unie, et éteindre dans son propre sein, par de sages institutions, tout esprit de parti, tout germe de
trouble et de divisions intestines. Les leçons
d'une tradition éloignée ou étrangère ne sont
pas les seules dont elle ait pu généralement
s'instruire et dont elle doive profiter. N'a-
t-elle pas encore devant les yeux les exemples
les plus frappans d'une expérience récente et
personnelle, d'une expérience acquise par des
calamités, des malheurs et des revers bien
dignes de mémoire, par des coups et des bles-
sures profondes, par des plaies dont quelques-
unes commencent à peine à se cicatriser, et
dont plusieurs saignent encore abondamment?
Qu'elle sache donc retirer de ses propres infortunes le plus grand et le plus précieux de
tous les avantages! Qu'elle soit la première à
donner, sous le règne à jamais illustre d'un roi
juste et éclairé, le plus grand, le plus magna-
nime, le plus utile de tous les exemples, en

achevant d'édifier ce gouvernement indestructible et sacré, qui doit un jour fixer parmi les
hommes la paix et le bonheur, sur des vérités fondamentales, sur des bases d'organisation que la raison, l'intelligence et la justice
elles-mêmes aient dictées, et dont quiconque
leur rend hommage ne puisse méconnaître et
l'évidence et l'indispensable utilité.

Pour atteindre ce but, pour hâter l'époque
à laquelle la plus importante de toutes les
institutions sociales devra toucher enfin au
plus haut degré de perfection possible, que
les discours et les actions de tous les hommes
sages et éclairés, que le pinceau, le burin,
que l'éloquence de l'orateur, la plume de
l'historien, la dialectique du philosophe et du
publiciste, concourent et rivalisent de tout
leur pouvoir! Que par cet heureux et puissant
accord de volontés, de talens et de forces,
tout homme soit mis à portée de s'instruire
des vérités qu'il lui importe le plus de connaître; que, dans peu d'années, tout citoyen
soit confus d'ignorer cette théorie salutaire,
ces grandes et utiles vérités, de ne pouvoir en
saisir la corrélation, les rapports, les consé-

quences infaillibles; comme le serait, aujour-
d'hui, dans le monde policé, celui qui, ayant
atteint son sixième lustre, ne pourrait encore
parvenir à nombrer plusieurs unités ou à
assembler les premiers caractères de l'alphabet; et que sur-tout le déshonneur et l'a-
nathême tombent sur ceux qui persisteraient
à combattre leur bienfaisante influence!

Les siècles passés ont été successivement
ceux de l'enthousiasme religieux, des vertus
chevaleresques, de la gloire militaire, des
beaux-arts et des lettres; que le siècle qui
commence, soit, par-dessus tout cela encore,
celui du bon sens, de la raison, de la morale,
de l'amour des choses utiles, du travail, de
l'industrie, vertus qui peuvent aussi exciter
l'enthousiasme, mais qui ne produisent jamais
que le bien et la prospérité de tous.

Dans une société nouvelle ou peu nombreuse, l'État a besoin de défenseurs, et la
carrière la plus noble, parce qu'elle est la
plus utile, est peut-être la carrière des armes.
Dans une société nombreuse, où les dangers
extérieurs sont moins grands, où les attaques
étrangères sont moins fréquentes et suivies

de résultats moins rapides et moins désastreux, mais où d'un autre côté les principes sacrés du droit public sont moins vivement sentis et moins religieusement observés (*a*), le plus grand service que l'on puisse rendre à ses concitoyens, c'est de les éclairer sur leurs intérêts véritables, de contribuer par là à éteindre les factions, l'esprit de parti, le foyer des dissensions intestines, de diriger le sentiment de l'intérêt personnel et de le rattacher à celui du bien public et de l'amour de la patrie, qui s'affaiblissent alors de jour en jour, et particulièrement de leur enseigner les bases des bonnes institutions. « Dans l'origine des sociétés, dit l'auteur du Système social, l'homme fut exclusivement attaché au courage, parce que le courage était alors la vertu par excellence, c'est-à-dire la qualité la plus utile à des nations toutes guerrières. Chez les nations modernes et civilisées, qui pour leur intérêt devraient être plus pacifiques, il serait temps d'attacher l'idée d'honneur à des qualités plus paisibles et plus

(*a*) *Voy. ci-dessus,* vol. 1, pag. 52; vol. 11, pag. 58; vol. 111, pag. 232; vol. 1v, pag. 142.

avantageuses à la société, dont les besoins ont changé. » (*a*) « Quelles idées, dit un autre publiciste, ont pu rendre l'honneur et la gloire inséparables de la profession de s'entre-tuer! Ne devrait-on pas les placer plutôt dans celles qui seraient les plus utiles à l'humanité? » (*b*)

O vous, donc, qui êtes animés de ce sentiment du véritable honneur, qui désirez sincèrement le bien, qui aimez l'ordre,. la liberté, la justice, Français ou Étrangers, qui voudriez être gouvernés par des institutions fondées sur les mêmes principes, parce que vous êtes tous hommes, frères et égaux, et que cette sorte d'union peut seule assurer votre félicité commune, unissez-vous d'abord de vœux et d'intention! Chers compatriotes, jeunes Français, législateurs futurs, vous, sur-tout, qui reçûtes la vie au sein de la fermentation qui agitait déjà notre malheureuse patrie, qui vîtes le jour au moment où le

---

(*a*) Système social, 3ᵉ part., chap. xv : *Du Gouverne-ment militaire.*

(*b*) Abrégé de la Républ. de Bodin, tom. ɪ, liv. ɪɪɪ, chap. vɪ.

feu de la discorde se manifestait de toutes
parts ; dont les yeux, en s'ouvrant à la lumière, furent blessés de la lueur sanglante
du fatal incendie, et dont l'oreille fut frappée
du tumulte et des séditions d'une populace
effrénée, du gémissement des victimes nombreuses, immolées à la fureur, au désordre,
à l'anarchie, des cris affreux, des hurlemens
barbares de leurs bourreaux, du fracas
éclatant et terrible d'un peuple en armes, et
du bruit alarmant et sinistre de ses victoires
comme de ses revers ; vous, dont les premières
années ont été environnées de toute l'horreur
des plus cruelles révolutions, dont les jeux et
l'enfance ont été accompagnés de terreur, de
deuil et de larmes, dont les pères et les familles ont été frappés des coups de la tempête et sont tombés peut-être sous la hache
meurtrière ; vous enfin, que le douloureux
spectacle des maux qu'entraînent avec eux
la discorde, l'anarchie, le despotisme et la
guerre, a dû préserver des faux préjugés et
mettre en garde contre l'égarement, les excès
d'un dangereux et fol enthousiasme, mais
dont le cœur généreux éprouve l'élan des

nobles sentimens, et brûle du désir d'acquérir une solide gloire, ne la recherchez plus dans les camps, le fer et la flamme à la main, ne croyez pas la trouver uniquement dans le barreau, au forum, à la tribune même : entrez dans une plus utile et plus vaste carrière ; élevez la voix, parlez à l'univers entier ; éclairez, instruisez le monde ; portez dans toutes les classes de la société, répandez chez les peuples de l'un et de l'autre hémisphère la raison et la vérité ; achevez de dissiper les ténèbres et l'erreur ; excitez, ranimez dans tous les cœurs le feu céleste que les vôtres ont conservé au milieu de la dépravation et du bouleversement social ; employez votre courage, unissez vos efforts en faveur de l'humanité, pour la défendre contre les attaques nouvelles de l'égoïsme, du privilége, du mensonge ; pour la délivrer à jamais du joug, de l'oppression et de l'esclavage !

Sans doute, vous serez toujours disposés à secourir avec une même ardeur l'orphelin injustement dépouillé, la faiblesse et l'innocence arbitrairement opprimées ; sans doute, vous aimerez, vous servirez de préférence votre patrie, et, s'il le faut, votre bras s'armera, votre sang coulera pour elle : mais un soin pressant vous appelle; un grand et commun intérêt doit vous occuper en ce moment. Vous avez à soutenir une guerre du succès de laquelle dépendent ou la misère et l'infortune, ou le bonheur et la prospérité du genre humain : guerre d'autant plus dangereuse, qu'elle est sourde et cachée; d'autant plus difficile, que ses attaques sont souvent indirectes, qu'elles peuvent se dissimuler, se multiplier, se renouveler, se reproduire sous plus d'un aspect trompeur, sous mille et mille formes diverses, et sur une multitude de points différens; guerre telle, qu'il faut développer, dans la défense, pénétration, sagacité, lumières, talens, courage, et opposer à des obstacles multipliés et renaissans une persévérance et des efforts toujours nouveaux.

Dans cette lutte, il ne s'agit pas moins que de résister à la réaction inconsidérée d'une portion encore nombreuse de la génération qui s'écoule, excitée par le fanatisme de l'intérêt personnel égaré, dirigée par un aveugle et imprévoyant égoïsme, armée de toute la résistance de l'entêtement et de la fureur des faux préjugés qui sont en elle fortifiés par le ressentiment de malheurs dont elle cherche à dénaturer, ou méconnaît et se dissimule à elle-même les véritables causes : et cependant vous ne devez opposer aux tentatives de cette réaction que le calme d'une conscience pure, les armes de la justice, de la modération, et la force toujours invincible de la sagesse et de la raison.

Cette tâche est difficile ; mais plus elle est grande, et plus il sera glorieux de la remplir, et plus aussi vous devez vous fortifier par votre union. Promettez-vous donc d'agir d'un commun accord et vers un même but ; formez une nouvelle, une sainte et inébranlable alliance ; jurez d'y être fidèles ; et, si vous êtes convaincus en effet de la vérité, de l'utilité des principes éternels et sacrés de l'équité, ne trahissez pas ce serment ; qu'il demeure à jamais gravé dans vos cœurs ; et c'est alors que vous réussirez à dissiper les orages que l'on voudrait de nouveau faire éclater sur votre génération et sur les générations à venir ;

c'est alors que, semblable à ces astres lumineux, à ces fanaux protecteurs, qui ne répandent jamais une clarté plus vive et plus pure que lorsqu'ils brillent au milieu des ténèbres, la vérité sortira plus éclatante et plus radieuse de la nuit dont on cherche à l'envelopper, et que nous pourrons aussi avec assurance nous écrier comme saint Paul : *La nuit de l'ignorance est passée ; le jour de la science est venu. Sortons enfin de notre assoupissement ; couvrons-nous des armes de la lumière pour détruire les fantômes des ténèbres, et pour cet effet rendons à tous les hommes leur liberté naturelle et le plein exercice de leur raison.*

Nota. C'est bien ici que peut encore s'appliquer le passage suivant d'un orateur de nos jours. « Pour accomplir la destinée de l'homme selon les desseins de l'Être-Suprême, il ne suffit pas d'aimer le bien, il faut le vouloir, il faut le pratiquer ; et ce n'est pas un amour oisif, une volonté languissante, qui peuvent en assurer l'exécution : c'est un amour agissant, une volonté ferme, décidée à combattre et à vaincre toutes les résistances : car, à faire le bien, on en éprouve de plus d'un genre ; on y rencontre les résistances personnelles qui viennent de nos penchans et de nos propres passions; les résistances extérieures, qui sortent de la difficulté même des choses; les résistances étrangères, qu'opposent les intérêts, les vices et les passions d'autrui : or, cette volonté si combattue, cette pratique si exigeante, qui dans l'homme privé est vertu, n'est pour l'homme public que son devoir le plus rigoureux » (a).

(a) Discours qui a remporté le prix d'éloquence proposé par l'Académie française, en 1820, par M. de Lamalle, ancien avocat, conseiller-d'état, etc. etc.

Voy. aussi ci-dessus, 2ᵉ part., Avant-propos, vol. IV, pag. xxvij *et suiv.* — *Ibid.*, 329 *et suiv.*

FIN DU LIVRE PREMIER DE LA SECONDE PARTIE.

DEUXIÈME PARTIE.

DROIT CONSTITUTIONNEL,

ou

PRINCIPES ÉLÉMENTAIRES

D'ORGANISATION.

———

LIVRE DEUXIÈME.

MONARCHIE CONSTITUTIONNELLE.

———

« Descends du haut des cieux , auguste Vérité !
Répands sur mes écrits ta force et ta clarté.
Que l'oreille des Rois s'accoutume à t'entendre :
C'est à toi d'annoncer ce qu'ils doivent apprendre ;
C'est à toi de montrer aux yeux des nations
Les coupables effets de leurs divisions. »

VOLTAIRE.

TABLE · 451

29.

§ II.

CONSIDÉRATION GÉNÉRALE.

SCIENCE DU PUBLICISTE.

LIVRE DEUXIÈME.

~~~~~~~~~~~~

MONARCHIE CONSTITUTIONNELLE.

CHAPITRE PREMIER.

VÉRITÉS SERVANT DE BASES AUX PRINCIPES
DE SON ORGANISATION.

Sommaire. Ces Vérités sont une conséquence nécessaire de
celles qui ont été précédemment démontrées.

Quels avantages essentiels doivent en résulter pour
l'établissement de l'ordre et le triomphe de l'équité.

« *Magnus ab integro sæclorum nascitur ordo* ».

Pour donner aux vérités fondamentales qu'il
importe d'établir dans ce chapitre, toute l'évidence, la liaison et la force dont elles ont be-

soin, il suffit, ce nous semble, d'avoir présentes
à la pensée quelques-unes des précédentes vérités essentielles, et de même fondamentales
sur lesquelles nous avons déjà démontré que
reposent les principes jusqu'ici développés. Il
n'est pas nécessaire de revenir avec détail sur
chacune des vérités que nous avons fait ressortir des aperçus généraux contenus dans le
premier livre de cette seconde partie de la
Science du Publiciste : il suffit de ne pas perdre de vue sur-tout que, dans tous les Gouvernemens possibles, fût-ce même dans le
Gouvernement d'un seul, les trois puissances,
législative, exécutive, judiciaire, sont les élémens constitutifs ou d'organisation les plus
simples; qu'en effet toutes les branches et les
ramifications de l'administration en général
s'y rattachent nécessairement et directement;
mais que ces trois puissances doivent être essentiellement distinctes, et exercées suivant le
mode d'organisation propre à chacune d'elles;
que par-tout où elles se trouvent réunies dans
les mêmes mains, il y a dès-lors, et par cela
même, vice d'organisation, excès de pouvoir,
despotisme ; d'où il résulte infailliblement des

inçonvéniens graves, quoique différens, et se modifiant à l'infini, par la nature et la force même des choses, dans chacun des Gouvernemens *simples*, où les puissances se trouvent ainsi réunies et confondues; que la puissance législative doit être sage, et exercée dans la vue du bien public; la puissance exécutive sûre, prompte, forte et sans entraves; la puissance judiciaire, dans son esprit, une, subordonnée et conforme à la législation, et, dans son application, indépendante et libre.

Enfin il faut encore se rappeler que, de toutes les combinaisons possibles de ces divers Gouvernemens *simples*, la plus favorable aux fins que les sociétés doivent atteindre, est incontestablement celle du Gouvernement monarchique participant exclusivement de la démocratie et du Gouvernement d'un seul, c'est-à-dire, de celui où les libertés, les droits de tous, tous les principes élémentaires du Droit philosophique ou moral, peuvent être réellement le mieux garantis sans qu'il faille néanmoins renoncer à aucun des avantages de la simplicité d'organisation et de la promptitude d'exécution.

Ces points, précédemment établis, reconnus pour constans, il ne reste plus qu'à en faire découler les inductions nécessaires et naturelles les plus directes, et qui doivent à leur tour devenir la base fondamentale de tous les détails de l'Organisation de ce Gouvernement, dont ce second livre doit offrir le développement.

Or ces inductions sont si faciles à saisir pour tout esprit judicieux, que les énoncer seulement, ce sera les rendre évidentes et sensibles à nos lecteurs.

PROPOSITION GÉNÉRALE. Répartir la Puissance législative, la Puissance exécutive, et la Puissance judiciaire, de telle sorte que les hommes à qui chacun de ces pouvoirs sera confié ne puissent jamais, par la suite, s'emparer des deux autres, et par là changer la forme, la nature du Gouvernement :

Première proposition subsidiaire. A cet effet, faire concourir le monarque et le peuple ou ses représentans à l'exercice de toutes les attributions de la Puissance législative :

Seconde Proposition subsidiaire. Rassembler

de même, avec une scrupuleuse attention, toutes les attributions de la Puissance exécutive entre les mains du monarque, et assurer par là la promptitude, l'unité, la force d'exécution :

Troisième Proposition subsidiaire. Enfin instituer l'Ordre judiciaire, de telle sorte que toutes ses branches et ses attributions tendent et se réunissent également vers un centre commun, propre à conserver l'uniformité de la jurisprudence, à la rattacher au texte même comme à l'esprit de la législation, à devenir en quelque sorte le régulateur des deux autres puissances, et à procurer spécialement la juste application de la responsabilité ministérielle :

Telles sont dans leur ensemble les inductions ou propositions principales, dont l'Organisation matérielle d'une monarchie bien constituée doit donner la complète solution.

Nous avons déjà eu lieu d'indiquer dans le livre précédent (*a*), et il faut maintenant reconnaître comme une vérité essentielle et in-

_____

(*a*) *Voy. entre autres*, vol. v, pag. 56 *et suiv.*

variable, que cette solution est le seul moyen praticable d'établir véritablement l'ordre, la justice, dans toutes les institutions, dans toutes les parties de l'organisation, d'éviter le joug et les dangers de l'excès de pouvoir, du despotisme, sans tomber dans les abus et les inconvéniens de l'oligarchie, de l'aristocratie, ou de quelques autres institutions plus ou moins contraires à l'utilité publique, à l'intérêt, au bien général, et à la simplicité d'organisation.

Les publicistes les plus célèbres, les législateurs, les hommes d'état les plus éclairés l'ont proclamé : on peut dire que cette vérité est comme l'analyse et le résultat le plus substantiel de leurs travaux et de leurs méditations ; et si nous devions hésiter encore à y voir la base fondamentale d'une bonne organisation, il vaudrait autant renoncer à la science, ensevelir et laisser dans le plus profond oubli tant de doctes et sublimes écrits, où cette même proposition nous est signalée comme la ligne réelle de démarcation entre les ténèbres et la lumière, le mensonge et la vérité, l'empire funeste de l'ignorance, de la confusion, du cahos et du vice, et le règne salutaire de la science, de l'harmonie et de la justice.

C'est de cette vérité fondamentale, c'est de la religieuse observation des principes organiques qui en ressortent, que doivent aussi découler par la suite, comme d'une source féconde et salutaire, les bienfaits que la providence tient en réserve pour le genre humain. On peut y reconnaître le frontispice du plus beau temple que l'humanité puisse élever à l'Éternel, et une sorte d'image de l'un des premiers mystères d'une religion sainte, que Dieu sans doute veut rendre plus sensible aux hommes en réalisant sur la terre son image.

Dans un des plus beaux et des plus éloquens discours qui soient sortis depuis trente années de la bouche de nos législateurs, et digne sous plus d'un rapport d'être transmis à la postérité, M. le comte Boissy-d'Anglas, entre autres, a rendu un solennel hommage à cette même vérité, lorsqu'il a dit : « Il faut créer un Gouvernement ferme, sans qu'il soit dangereux ; rendre son mouvement rapide, en posant des bornes à son autorité ; combiner les pouvoirs, de sorte que leur réunion opère le bien, et que leur division rende le mal impossible; diviser le pouvoir qui fera des lois, sans l'affaiblir; ralentir la marche législative et la mettre à l'abri de toute précipitation funeste, sans paralyser son énergie; environner le pouvoir exécutif d'une autorité et d'une dignité qui puissent le faire respecter au-dedans et considérer au-dehors; assurer à l'Ordre judiciaire une indépendance absolue, qui ne donne jamais d'inquiétude à l'innocence, et qui ne laisse jamais de sécurité au crime; voilà le but sage et glorieux vers lequel doivent se diriger toutes les méditations » (a).

John Adams dit aussi que, d'après les Constitutions des États-Unis d'Amérique, non-seulement le Pouvoir législatif et le Pouvoir exécutif sont distincts, mais encore le Pou-

_____

(a) (*Voy*. le Discours prononcé par M. le comte Boissy-d'Anglas, à la Convention nationale, en présentant le projet de la Constitution du mois d'août 1795.)

Le but indiqué dans le passage ci-dessus transcrit n'a été atteint ni par la constitution qui fut adoptée à cette époque, ni par aucune autre; nous verrons avec détail (3e partie) quels furent les vices divers qui les en éloignèrent toutes.

voir judiciaire est totalement indépendant des deux autres. Puis il ajoute : « Certes, c'est là une des plus belles expériences qu'on ait faites dans l'art de gouverner les hommes, et qui constatera définitivement si un Gouvernement aussi populaire peut se soutenir long-temps ; et s'il se soutient, ce système promet incontestablement toute la liberté, l'égalité, et les autres avantages de la démocratie athénienne, sans en laisser craindre l'ingratitude, la légèreté, les intrigues et les convulsions » (a).

Nota. Nous ne devons cependant pas le dissimuler, parmi ces publicistes et ces législateurs les plus zélés pour la propagation et le triomphe d'une doctrine sociale aussi salutaire, plusieurs des plus éclairés et des plus sages, John Adams lui-même, Blackstone, Montesquieu, entravés sans doute par les obstacles infinis qu'a long-temps présentés l'état de la civilisation, n'ont pas reconnu dans cette division de la Souveraineté en trois puissances constitutives distinctes, et dans la subdivision de la première de ces trois puissances en trois branches unies, mais pareillement distinctes, libres et indépendantes, le préservatif certain qu'on

(a) Déf. des Constit. améric., tom. 1, *Lettre* XXXVIII, pag. 405.

en doit déduire, comme nous le verrons par la suite, contre les institutions d'orgueil, de vanité et de mensonge, contre ces élémens de révolution et de corruption, contre ces sources de fermentation et de ruine; ils n'ont pas vu dans ces vérités fondamentales d'Organisation un moyen infaillible de rendre impuissant tout véritable principe d'aristocratie, une barrière insurmontable et indestructible contre laquelle tous les efforts de ce monstre frapperont un jour sans succès, et au pied de laquelle il viendra lui-même expirer enfin de faiblesse et d'épuisement. Bien loin de là, ils semblent avoir reconnu la nécessité d'une Chambre héréditaire, l'admission d'un élément d'olygarchie ou d'aristocratie dans les institutions, et l'avoir fait résulter précisément de ces vérités fondamentales qui doivent donner les moyens de les détruire, d'en extirper toutes les racines.

L'orateur romain, cet homme d'une science si étendue, et dont le génie profond avait de bien loin devancé son siècle, Cicéron avait déja senti la nécessité de diviser la souveraineté en trois branches; mais, par les mêmes motifs, sans doute, il était tombé dans la même erreur; voici ses propres paroles : « *Statuo esse optimè constitutam Rempublicam, quæ ex tribus generibus illis, regali, optimo, et populari sit modicè confusa* » (a).

_____

(a) CICER. *Fragment. de Republ.* (*Voy. aussi*, BLACKSTONE, *Disc. préliminaire*, tom. 1, sect. 2.)

Le docteur Swift, cité par John Adams, rend hommage au principe; mais il ne paraît pas qu'il ait su non plus éviter une si grande erreur (*a*).

Ce dernier publiciste, sur-tout, l'a amplement partagée; et voici, entre autres passages, en quels termes il s'exprime à ce sujet : « Comme il existe, dit-il, dans tous les esprits des hommes *gentlemen*, une tendance naturelle à s'agrandir, à augmenter leurs richesses et leur autorité, il s'ensuit évidemment que, dans tous les pays du monde, sous toute espèce de Gouvernement, il existera toujours une aristocratie, et que l'aristocratie est indestructible : il s'ensuit aussi que ces deux classes d'hommes, *gentlemen* et *simplemen*, auront toujours des intérêts opposés, ce qui produira entre elles des jalousies et des ressentimens, le mépris, la haine et les craintes. Les individus de la classe inférieure chercheront à se faire parmi les *gentlemen* des amis et des protecteurs : de-là, les partis, les divisions et la guerre. Mais comme ceux-ci ont plus d'aisance et de capacité que les autres (*b*), ils gagneront continuellement du terrain jusqu'à ce qu'ils soient exorbi-

---

(*a*) Débats et Dissensions entre les nobles et le peuple d'Athènes et de Rome.

(*b*) L'Histoire de tous les siècles et de tous les pays prouverait tout le contraire de cette assertion au sujet de la capacité naturelle dans les classes aristocratiques et héréditaires : mais il paraît qu'il faut lire *moyens*, et non *capacité*.

tamment riches et les autres réduits à la plus profonde
misère (*a*). En suivant cette progression, les individus qui composent le peuple chercheront un
défenseur parmi les *gentlemen*, et ils placeront
leur confiance dans celui qui leur paraîtra le plus
capable de les protéger.

« Alors ils s'uniront par leurs sentimens plutôt
encore que par leurs réflexions, et ils s'accorderont à
lui confier un pouvoir additionnel, convaincus que
plus cet homme sera puissant, plus ils seront effectivement protégés. Tel est, en abrégé, le progrès des
passions et des sentimens qui ont produit toutes les
monarchies du monde (*b*). Le commun peuple établit
à Rome, en dépit des *gentlemen*, une monarchie
simple (*c*) dans la personne de César; à Florence,
dans celle de Médicis : bientôt peut-être verra-t-on
la même chose en Hollande ; et si jamais la Constitution anglaise devient une monarchie *simple*, cette
révolution, selon la prophétie de Hume, ne sera
que l'ouvrage du commun peuple.

« Si tel est le progrès et le cours ordinaire des
choses, il en résulte que le véritable intérêt du
commun peuple est de tenir le Corps des *gentlemen*

(*a*) C'est à coup sûr au moins ce qui est arrivé en Angleterre.

(*b*) C'est le Despotisme, et non pas la Monarchie, qui
résulte de l'extension du Pouvoir.

(*c*) C'est-à-dire, un Gouvernement *despotique*.

constamment éloigné du pouvoir exécutif et de la distribution des emplois, dont ils ne disposeraient qu'en faveur de leurs amis et parens ; mais de placer la totalité de ce pouvoir entre les mains d'un seul homme, et d'en faire un Ordre distinct dans l'État. Alors il s'élèvera entre les *gentlemen* et ce chef, une jalousie par laquelle ce dernier sera forcé d'être le père et le protecteur du commun peuple, et d'abaisser quiconque paraîtrait vouloir s'élever au-dessus de la loi constitutionnelle. Cette jalousie, si elle est bien formée, le portera encore à chercher, parmi le commun peuple, les hommes de mérite, pour les élever aux emplois publics ; ainsi la route qui conduit aux dignités sera plus généralement ouverte au commun peuple que dans toute autre espèce de Gouvernement » (*a*).

L'erreur dans laquelle tombe ici l'auteur de la Défense des Constitutions américaines (*b*), et qui semble le porter à vouloir attribuer les dignités et les emplois aux hommes pris dans les classes plé-béiennes de préférence à tous autres, est diamétrale-ment opposée à celle de l'auteur de l'Esprit des lois, qui considère *les rangs intermédiaires subordonnés*

(*a*) John Adams. Défense des Constit. améric.

(*b*) Il importe de remarquer que le passage ci-dessus transcrit l'a été sur une traduction, et que nous ne pou-vons en garantir l'exactitude.

et dépendans comme un pouvoir particulier à la noblesse, et entrant en quelque façon dans l'essence de la monarchie (*a*). Mais elle n'est pas moins dangereuse et moins funeste; parce qu'elle s'éloigne de même de la justice et de la vérité; parce qu'au lieu de combattre l'esprit de parti et d'effacer la division, elle tend à fomenter l'un et à établir l'autre.

Si l'auteur, par cette dénomination de *gentlemen*, entend désigner, comme nous le présumons, les membres d'une noblesse *héréditaire*, sa distinction est fausse et défectueuse : car, nous ne cesserons de le répéter, dans les élémens d'un gouvernement bien constitué, on ne doit pas admettre une distinction, une classification qui ne repose pas sur un principe d'équité, sur la nature utile et vraie des choses, quoique cette distinction ait pu exister jusqu'ici chez tous les peuples de l'univers par une suite naturelle de leur barbarie ou de leur corruption, de l'imperfection même de leurs institutions, et peut-être en l'absence des institutions.

C'est justement, au contraire, pour éteindre cette lutte, cette haine dangereuse, qui subsisteront toujours en effet entre les *gentlemen* et les *simplemen* (les *nobles* et les *roturiers*), tant que

***

(*a*) *Voy. ci-dessus*, 2ᵉ part., vol. iv, liv. i, chap. ii, tit. i, § 3, pag. 471 *et suiv.*

cette distinction sera admise dans les institutions ;
c'est pour ne pas être placé dans la nécessité
d'éloigner les uns ou les autres des emplois et
dignités , s'ils les méritent (ce qui dans l'un
comme dans l'autre cas serait un égale injustice),
c'est pour prévenir cette rivalité funeste du prince
avec l'une des classes de la société , c'est pour
écarter tous les inconvéniens et les malheurs qui
ne peuvent manquer de résulter de cette sorte de
combinaison désastreuse et machiavélique , que le
principe de la distinction des trois puissances et de
la subdivision de l'une d'elles en trois branches
doit être accueilli et admis ; et s'il est vrai que
cette autre maxime , si long-temps mal appliquée ,
divide ut regnes, puisse recevoir une juste et utile
interprétation, c'est uniquement dans ce sens , et
par suite des heureux résultats qui peuvent alors
en résulter.

L'auteur de la Défense des Constitutions américaines ne fournit pas d'argumens décisifs contre
ces vérités incontestables, lorsque , signalant dans
le même ouvrage les dangers des factions dans
un État, il dit : « Les deux puissantes familles
d'Annibal et d'Hannon ont causé la ruine de
Carthage ; une faction a soumis Rome à César,
Athènes à Pisistrate ; les factions ont introduit les
Turcs à Constantinople et dans la Hongrie, les
Goths et les Vandales en Espagne et en Italie , les
Romains dans Jérusalem ; les factions ont soumis

Gênes à la famille des Sforces, ducs de Milan ; elles ont conduit les Espagnols dans la Sicile et à Naples, les Français à Milan, d'où ils chassèrent les Sforces. On pourrait ajouter mille autres exemples à ceux-ci. Les factions ne peuvent être suscitées que par un seul homme, ou par un petit ou par un grand nombre d'individus ; une triple balance de pouvoirs égaux est le plus sûr moyen de les étouffer toutes ; mais s'il manque une des trois branches, il est probable, il est même presque certain qu'il s'élèvera dans l'État quelque faction contre laquelle la constitution ne fournira aucune espèce de défense » (a).

(a) (Défense des Constit. améric., tom. II, pag. 378).

La classification de la société en trois Ordres, le monarque, les nobles et le peuple, n'a aucune corrélation avec la distinction des trois puissances constitutives : car dans l'hypothèse de cette classification, on ne peut prêter au Législateur l'intention d'abandonner à la classe nobiliaire ou au peuple l'exercice de l'une de ces Puissances. La seule intention raisonnable qu'on puisse lui supposer serait tout au plus de considérer cette classe aristocratique comme l'une des trois branches de la Puissance législative : ce qui ne serait pas moins un vice d'Organisation et une infraction des Principes élémentaires du Droit, comme on peut déja le reconnaître par ce que nous avons précédemment démontré, vol. v, p. 61 *et suiv.*

Ce qui est vrai, ce que l'on peut dire, ce que nous avons nous-mêmes reconnu, c'est que le mal est bien réellement dans la cumulation et l'excès du pouvoir, et la difficulté dans l'emploi des moyens propres à le modérer.

Mais cependant nous verrons dans le cours du chapitre suivant, en entrant dans l'examen des Principes essentiels de l'Organisation, comment il est possible d'assurer l'observation de ce premier principe de la balance des trois pouvoirs, et de celui de la subdivision de la puissance législative en trois branches, en établissant dans la société une classification entièrement fondée sur la nature utile et vraie des choses, et non pas sur une distinction subversive de l'équité, du droit naturel, et conséquemment propre à provoquer ou entretenir parmi les hommes les préjugés les plus faux et les plus désastreux de l'injustice, du hasard, de l'arbitraire et de la vanité.

CHAPITRE II.

Principes élémentaires d'Organisation.

PROPOSITION GÉNÉRALE.

SOMMAIRE. Application du premier Principe fondamental de la distinction des trois Puissances, à l'Organisation du Gouvernement démocrati-monarchique, c'est-à-dire, de la Monarchie constitutionnelle.

« *Lapidem quem reprobaverunt ædificantes, hic factus est caput anguli.*

« *A Domino factum est istud, et est mirabile in oculis nostris ».*

« RÉPARTIR les trois Puissances constitutives, « législative, exécutive, judiciaire, de telle « sorte que les hommes, auxquels chacune « d'elles sera confiée, ne puissent dans la suite « s'emparer de l'une des deux autres, et « par-là changer la nature du Gouverne- « ment », telle est la proposition principale et la plus importante du vaste problème dont la constitution du GOUVERNEMENT DÉMOCRATI- MONARCHIQUE doit être la solution.

Nous pourrions, sans doute, nous borner

ici à faire remarquer que l'utilité de ce principe se trouve incontestablement établie par les détails dans lesquels l'étendue du sujet que nous avons embrassé nous a forcé d'entrer dans le livre précédent, entre autres par les réflexions que nous avons faites sur le double intérêt que tout homme, même celui qui gouverne, a dans l'état de société (*a*) : nous ajouterons cependant quelques développemens à sa démonstration, dans la vue d'en faire une application directe aux Princes entre les mains de qui l'autorité repose dans un Gouvernement monarchique.

La constitution physique et morale des hommes en général est telle, que l'autorité dont ils sont revêtus les aveugle aisément, et leur fait presque toujours oublier qu'ils sont hommes. Loin de se croire obligés par cette autorité à des devoirs plus étendus envers les autres membres de la société, ils s'imaginent ordinairement qu'ils doivent s'en faire un moyen de se délier de ceux auxquels tous ces

_____

(*a*) *Voy. ci-dessus*, vol. IV, liv. I, chap. II, pag. 142 *et suiv.*

membres sont tenus les uns à l'égard des autres. Ainsi d'une part, on ne peut de bonne foi espérer de rencontrer dans l'univers entier un seul homme assez sage, assez prudent, assez clairvoyant, assez parfait, pour ne pas faire de la toute-puissance un usage funeste à l'État et à lui-même; et d'un autre côté, il en sera peu cependant qui ne soient tentés d'accroître leur autorité, si elle n'est pas absolue, ou s'ils ne la sentent pas circonscrite par les barrières les plus difficiles à surmonter.

Un grand poëte a dit :

« Qui peut tout ce qu'il veut, fait plus que ce qu'il doit » (a).

Diodore pensait qu'il est dans la nature de l'homme d'aspirer continuellement à quelque chose de plus élevé que sa condition présente, et de désirer que son pouvoir puisse s'accroître au lieu de déchoir ou de rester au même point (b).

(a) . . . .

— « *Je réponds de moi*, disait l'abbé Terrasson, *jusqu'à un million* ».

(b) *Voy.* Diod. de Sic., lib. xix

L'auteur du Livre des Maximes fait une réflexion qui concerne l'humanité tout entière, et qu'il faut appliquer ici dans le même sens : « L'ambitieux, dit-il, se trompe lui-même, lorsqu'il se propose un but : car ce but, lorsqu'il est atteint, devient un moyen » (*a*).

— « Un esclave enchaîné, dit Bodin dans sa République, croit ne désirer que d'être déchargé du poids de ses fers; s'il en est dégagé, il désire sa liberté; libre, il demande à être citoyen; citoyen, il veut être magistrat; il n'est pas content de l'être, il aspire aux premières autorités; s'il y parvient, il veut être Souverain » (*b*).

Que sera-ce donc encore si l'on applique cette réflexion d'une génération à une autre, du père au fils, du fils au petit-fils, et ainsi successivement par voie d'hérédité ? Le fils voudra posséder, si rien ne le lie, plus que ne possédait son père, le petit-fils plus que le sien ; et tous ceux qui suivront, voudront pareillement augmenter la puissance qui leur

---

(*a*) LAROCHEFOUCAULT......

(*b*) BODIN. De la Républ. — Abrégé, liv. v, ch. XIII.

aura été transmise, jusqu'à ce qu'il ne reste plus rien à usurper.

Suivant Delolme, « l'expérience atteste que les caractères les plus heureux ne résistent pas à la tentation du pouvoir.... Il n'a de charmes, ajoute-t-il, qu'autant qu'il met en état d'aller plus loin ; et l'autorité, détestant jusqu'à l'idée des liens, ne cesse de s'agiter qu'elle n'en soit enfin affranchie » (a).

Un auteur anglais (b) dit : « Tels sont les mobiles qui gouvernent les hommes, telle est leur faiblesse et leur folie, leur désir de dominer, leur amour-propre et leur déprava-tion, qu'on ne peut, sans le plus grand dan-ger, en élever un au-dessus des autres. L'expé-rience de tous les temps prouve que rien n'enivre leurs esprits comme le pouvoir. Rien n'est donc plus mal entendu que de compter, dans l'établissement d'un Gouvernement civil, sur la discrétion de quelques hommes ».

— « Il n'est point avantageux pour un

(a) Constitution de l'Angleterre ou Défense de la Ba-lance politique des trois Pouvoirs, vol. I, chap. II.

(b) Le Docteur PRICE.

prince ou pour un magistrat, ainsi que s'exprime Fergusson, de posséder plus de pouvoir qu'il n'est compatible avec le bien de l'humanité, de même qu'il n'y a rien de bon à gagner pour un homme à être injuste; mais ces maximes sont une faible sauve-garde contre les passions et la folie des hommes. Ceux qui sont dépositaires de quelque portion d'autorité, sont portés, par pure aversion pour la gêne, à écarter les oppositions. Non-seulement le monarque qui porte un sceptre héréditaire, mais le magistrat qui ne possède son office que pour un temps limité, devient jaloux de sa dignité. Le ministre même, qui dépend pour sa place de la volonté passagère de son prince, et dont les intérêts personnels sont, à tous égards, ceux d'un sujet, a aussi la faiblesse de s'intéresser à l'accroissement de la *prérogative*, et de regarder comme un gain pour lui-même les usurpations qu'il a faites sur les droits du peuple, avec qui il est tout près de faire nombre lui et sa famille » (*a*).

_____

(*a*) Essai sur l'Hist. de la Société civ., 6ᵉ part., ch. v, ayant pour titre : *De la Corruption en tant qu'elle conduit à l'esclavage politique.*

— « Un pouvoir illimité entre les mains de l'homme, dit l'auteur du Système social, doit, par la nature même de l'homme, dégénérer en abus, et devenir aussi funeste pour celui qui l'exerce que pour ceux contre lesquels il est exercé » (a).

Il existe à la vérité un autre précepte, d'une application de même fort utile ; c'est qu'il ne faut avoir mauvaise opinion ni de soi ni des autres. Cette maxime est aussi celle de tous les hommes dont les sentimens sont purs, et dont le cœur est droit ; elle était une de celles que le célèbre Locke considérait comme la première base d'une bonne éducation (b).

Mais cette opinion favorable de l'humanité doit elle-même avoir des bornes : elle ne doit ni nous porter à un excès de vanité et d'orgueil, ni nous inspirer une confiance illimitée et aveugle dans autrui. Nous pouvons d'ailleurs désirer le bien et ne pas le connaître, nous pouvons le connaître et n'avoir

(a) Systéme soc., 2e part., chap. v.

(b) Voy. son Traité de l'Éducat., tom. ii, sect. xxii, pag. 144.

pas des facultés assez étendues pour qu'il nous soit possible de l'opérer.

Conséquemment l'homme sage et vraiment éclairé, qu'il soit roi ou sujet, ne doit avoir, soit en lui-même, soit dans les autres, qu'une confiance fondée sur la nature des choses, c'est-à-dire modifiée d'après la fragilité et l'impuissance de la constitution humaine.

Un roi réellement sage doit avant tout, dans l'intérêt de l'État, dans son propre intérêt, dans celui de sa famille, chercher à se mettre pour l'avenir à l'abri de ses faiblesses, des erreurs dans lesquelles il pourra tomber, des piéges dont l'ambition saura l'environner, des fautes que l'on parviendra infailliblement à lui faire commettre, si son pouvoir est trop étendu; en un mot se garantir, autant qu'il le pourra, des dangers infinis du Gouvernement despotique ou absolu; et d'un autre côté, tout bon citoyen, tout sujet fidèle, tout homme prudent et jaloux de conserver la liberté pour son pays, pour lui, pour sa postérité, (encore moins un peuple ou ses représentans,) ne doit jamais accorder un assentiment volontaire à une autorité quel-

conque, plus étendue que les besoins de l'organisation sociale ne l'exigent.

Or nulle société ne peut, il est vrai, subsister sans une Puissance législative, une Puissance exécutive, une Puissance judiciaire (*a*);
mais comme ces trois puissances sont de leur
nature parfaitement distinctes, et que, pourvu
qu'elles existent dans le Gouvernement, il n'est
absolument rien qui en rende la réunion nécessaire, c'en est assez assurément pour qu'on
ne doive jamais les réunir, et pour qu'il faille
au contraire désirer généralement un système
d'Organisation tel qu'elles y soient séparées,
et si parfaitement séparées, qu'elles ne puissent
arriver à se réunir par la suite, ou qu'elles ne
le puissent au moins qu'après qu'on aura renversé et détruit toutes les barrières que la prévoyance du législateur peut élever pour les
contenir dans leurs limites respectives.

Que si quelqu'un était tenté d'objecter
contre ce premier principe constitutionnel et
fondamental, que les trois Puissances ainsi

_____

(*a*) *Voy. ci-dessus*, vol. IV, liv. I, ch. I, § 2, pag. 60
et suiv.

distinctes et divisées se contrarieront , se
heurteront , ou seront contraintes de de-
meurer dans une sorte de repos et d'inaction ,
nous pourrions dès actuellement lui répondre,
d'abord par l'expérience; puisque, comme nous
l'avons déja vu , ces Puissances n'ont pas
toujours été jointes et confondues dans les
mêmes mains , que le Gouvernement entièrement despotique ou absolu a même rarement
existé (*a*) , et doit être considéré comme
l'exception plutôt que comme l'état de choses
habituel et régulier, et qu'enfin , quelque imparfaits que soient encore les rouages secon-
daires de l'Organisation , et la répartition des
attributions mêmes des trois Puissances, dans
les pays où on a adopté cette distinction , les
choses ne sont point encore tombées dans cet
état d'inertie et de mort que l'on voudrait
faire appréhender ; ensuite nous ajouterions
cette réflexion que, de ce que les Puissances
seront distinctes et diversement réparties , il
ne s'ensuit pas qu'elles ne puissent être

(*a*) *Voy. ci-dessus* , 2ᵉ part. , vol. v, liv. 1 , pag. 13
et suiv.

mues vers un même but et dans un même
esprit ; que même tel doit être l'objet , l'effet
naturel de leur division ; qu'une balance, une
compensation , un équilibre , sagement con-
certés , ne sont pas moins nécessaires au
mouvement qu'au repos; que de leur combinaison résulte une marche uniforme et régulière; et que, d'après les lois les plus
étendues de la nature, c'est par l'opposition ,
la balance, que subsistent toutes les forces,
tous les mouvemens, et que les corps célestes
eux-mêmes se soutiennent et se meuvent
dans l'espace avec un ordre admirable.

D'ailleurs c'est, ainsi que nous le verrons
bientôt, à la distinction et à la balance des
trois branches de la Puissance législative que
ces diverses réflexions s'appliquent plus particulièrement : car il importe de remarquer
que cette Puissance législative est bien réellement, comme le dit Blackstone, la Puissance
suprême , et qu'en conséquence la Puissance
exécutive , considérée isolément comme telle,
et la Puissance judiciaire, lui sont naturellement subordonnées , et ne doivent apporter
dans l'exécution, chacune en ce qui les con-

cerne, aucune opposition régulière ou constitutionnelle aux lois résultantes de la volonté
convenablement manifestée de la Puissance
législative.

Des princes généreux et éclairés auraient
sans doute eux-mêmes reconnu la nécessité de
cette balance, de ce principe modérateur nécessaire à apporter à leur autorité, s'il eût été mieux
connu de leur temps. Arbace, roi d'Assyrie,
persuadé que le despotisme avait perdu les deux
races de ses prédécesseurs, changea lui-même
la forme du Gouvernement, et se donna, dit
un auteur, des chaînes heureuses, en s'im-
posant l'obligation de convoquer des Assemblées nationales, de les consulter sur les
besoins de l'État, et de ne se conduire dans
les grande crises du Corps politique que par
leurs lumières (*a*).

Théopompe, après la création des Éphores
à Sparte, répondit à sa femme qui lui reprochait qu'il laisserait à ses enfans la royauté
beaucoup moindre qu'il ne l'avait reçue : *Je*

(*a*) *Voy.* l'Histoire d'Assyrie, par l'Auteur de l'Histoire
des hommes, tom. II, pag. 202.

la leur laisserai au contraire supérieure de beaucoup ; car elle sera plus durable.

Tullius, septième roi de Rome, eut aussi le courage de mettre des bornes à son autorité.

Un roi de France disait : *Ma liberté et grandeur consiste à être si bien lié, que je ne puisse mal faire.*

Et, suivant l'expression de Henri IV, *l'autorité des rois se détruit, en voulant trop s'établir.*

« Les quatres meilleurs rois de France, dit madame de Staël, Saint-Louis, Charles V, Louis XII, et sur-tout Henri IV, chacun suivant leur temps et les idées de leur siècle, ont voulu fonder l'empire des lois. Les croisades ont empêché Saint-Louis de consacrer tout son temps au bien du royaume. Les guerres contre les Anglais, et la captivité de Jean-le-Bon, ont absorbé d'avance les ressources que préparait la sagesse de son fils Charles V. La malheureuse expédition d'Italie, mal commencée par Charles VIII, mal continuée par Louis XII, a privé la France d'une partie des biens que ce dernier lui destinait; et les Ligueurs, les atroces Ligueurs, étran-

gers et fanatiques, ont arraché au monde le
roi, l'homme le meilleur, et le prince le plus
grand et le plus éclairé que la France ait produit, Henri IV. Néanmoins, malgré les obstacles
singuliers qui ont arrêté la marche de ces
quatre grands souverains, supérieurs de beaucoup à tous les autres, ils se sont occupés,
pendant leur règne, à reconnaître des droits
qui limitaient les leurs. Saint-Louis continua
les affranchissemens commencés par Louis-
le-Gros, et fit des réglemens pour assurer
l'indépendance et la régularité de la justice....
J'aimerais mieux, disait-il, *qu'un étranger*
de l'extrémité de l'Europe, qu'un Écossais
vînt gouverner la France, plutôt que mon
fils, s'il ne devait pas être juste et sage (a).

Enfin, accorde-t-on quelque confiance à
l'opinion impartiale des publicistes et des
écrivains les plus sages, les plus studieux, les
plus éclairés, à ceux dont on apprécie davantage la raison, la science, le génie, et pour
lesquels on a généralement le plus d'estime?

***

(a) Considérat. sur les princ. évén. de la Révol. franç.,
tom. 1, pag. 19 et 20.

A-t-on la ferme intention de ne pas se
borner à rendre un stérile et insignifiant
hommage à leurs talens et à leur mémoire?
Nous avons déja pu pressentir, dans le chapitre précédent et ailleurs, quelle est leur
opinion à ce sujet; et nous pouvons en ce
moment rechercher d'une manière plus directe, et considérer de plus près, l'hommage
qu'ils ont eux-mêmes pour la plupart rendu à
ces importantes vérités.

Si les anciens n'approfondirent pas bien
toute la force, l'étendue du principe, quelques-uns du moins surent l'entrevoir, mani-
festèrent des sentimens, professèrent des
doctrines, qui devaient naturellement y conduire avec le temps. Nous venons déja de
voir (a) quel était sur ce point le sentiment
de Cicéron, de cet homme doué d'une si vaste
science, d'un génie si profond; et Sénèque
avant lui avait déja en quelque sorte exprimé
la même pensée, en disant que la société ressemble à une voûte qui se soutient par

_____

(a) *Ci-dessus*, vol. v, pag. 468.

l'obstacle même que se font mutuellement les pierres dont elle est composée (*a*).

Salluste et Valère-Maxime disent que nul pouvoir sur la terre n'est assuré, s'il ne se fait des limites à lui-même ; que l'autorité est d'autant plus puissante et durable, qu'elle sait s'imposer des bornes. *Ea demùm tuta est potentia , quæ viribus suis modum imposuit* (*b*).

« A la vérité, Élisabeth ne se fit pas scrupule d'interdire à ses parlemens toute discussion sur les matières d'État ; et, suivant le langage constant de cette princesse et de ses ministres, *cette auguste assemblée ne devait pas traiter de la prérogative royale, ni la juger, ou y intervenir* (*c*) ; et son successeur (Jacques Ier), imbu de hautes notions sur l'essence presque divine de l'autorité royale, a plus d'une fois avancé dans ses discours que, *comme c'est, de la part d'une créature, un blasphéme, un acte d'athéisme, de disputer sur ce que peut*

(*a*) Senec. Epist. 96.
(*b*) Val. Max. Hist., lib. 1.
(*c*) D'Ewes , 479, 645.

*faire la divinité, il est de même audacieux, et
c'est un acte de sédition, de la part d'un sujet,
de disputer sur ce que le roi peut faire dans
la plénitude de son pouvoir : les bons chrétiens,
ajoutait-il, s'en tiennent aux volontés de Dieu,
révélées par sa parole ; et les bons sujets se
soumettent à la volonté du roi, révélée par
sa loi (a).*

« Mais, quelles qu'aient été les opinions de
quelques-uns de nos princes', dit à ce sujet
Blackstone, ce langage n'a jamais été celui de
notre Constitution et de nos lois anciennes.
La limitation de l'autorité royale fut un premier principe essentiel dans tous les systêmes
septentrionaux de Gouvernement établis en
Europe, quoique, dans la plupart des royaumes du continent, ce principe ait été écarté
par degrés, et rendu sans effet par la violence et par la chicane. Nous avons vu les
sentimens de Bracton et de Fortescue, à deux
siècles l'un de l'autre ; et sir Henri Finch,
sous Charles Ier, deux siècles encore après,
en exposant la loi de la prérogative en termes

_____

(a) King James's works, 557, 531.

emphatiques, la restreint généralement en ce qui concerne les libertés du peuple. Le roi, dit l'un d'eux, a une prérogative en tout ce qui ne nuit pas aux sujets : car il faut toujours se souvenir que la prérogative royale ne s'étend pas jusqu'à faire aucun tort (*a*); *Nihil enim aliud potest rex, nisi id solum quod de jure potest* (*b*).

« Nous pouvons remarquer ici avec quelque satisfaction, dit toujours le Publiciste anglais, à quel point la loi civile diffère de la nôtre, relativement à l'autorité des lois sur le prince, ou (comme un docteur en droit civil s'exprimerait de préférence) à l'autorité du prince sur les lois. C'est une maxime de la loi anglaise, comme nous l'avons dit en citant Bracton, que *rex debet esse sub lege, quia lex facit regem* : la loi impériale nous dit, *In omnibus imperatoris excipitur fortuna; cui ipsas leges Deus subjecit* (*c*) Nous n'hésiterons pas long-temps sur la préférence à donner à l'une de ces deux maximes,

(*a*) Finch, l. 84, 85.
(*b*) Bracton, l. 3, tr. 1, c. 9.
(*c*) Nov. 105, § 2.

comme conduisant bien mieux au but pour lequel les sociétés se sont formées et réunies ; sur-tout lorsque les jurisconsultes romains semblent eux-mêmes reconnaître combien leur constitution est déraisonnable. *Decet tamen principem*, dit Paulus, *servare leges, quibus ipse solutus est* (a). C'est tout-à-la-fois établir le principe du Pouvoir despotique, et en reconnaître en même temps l'absurdité » (b).

En général, les publicistes modernes les plus judicieux sont demeurés d'accord de ces vérités, « qu'un bon roi ne doit rien craindre tant en effet, que l'excès de son propre pouvoir, parce que, plus il est grand, plus l'abus en est facile » (c) ; et par suite, qu'il n'est pas de bon Gouvernement, pas de constitution stable, pas de protection assurée pour les lois, la liberté et les propriétés des peuples, sans la distinction et la balance des trois pouvoirs » (d).

(a) ff. 32, 1, 23.

(b) Commentaires de Blackstone, liv. i, chap. vii, *Trad. de M. Chompré.*

(c) *Voy. entre autres* les Maximes du Droit publ. fr. tom. iv, chap. v, pag. 256.

(d) *Voy. entre autres* John Adams.

L'un de ces publicistes, que nous avons précédemment cité, Delolme, a écrit, pour démontrer spécialement cette dernière vérité, un ouvrage estimé, et ayant pour titre : *Apologie des Constitutions anglaises, et Défense de la balance politique des trois Pouvoirs.* On y lit le passage suivant, dans lequel l'auteur pousse si loin les conséquences naturelles de ce principe, qu'il semble accorder une véritable supériorité au Gouvernement despotique simple sur les Gouvernemens mixtes, où la Puissance judiciaire serait réunie et confondue avec la Puissance exécutive. «Dans un État où, par une suite d'événemens, on en est venu, dit-il, au point que la volonté du prince tient lieu de loi, il exerce sans résistance une oppression générale, les plaintes même sont étouffées ; et chaque objet particulier, indiscernable à ses yeux, trouve une sorte de sûreté dans son néant (*a*).

(*a*) C'est une erreur assez commune que de penser que l'obscurité des rangs et de la fortune mette les sujets à l'abri des vexations sous un Gouvernement despotique. M. de Montesquieu n'a pas peu contribué peut-être à l'ac-

« Mais dans un État où les exécuteurs des lois trouvent à chaque pas des obstacles, leurs passions même les plus fortes sont continuellement mises en jeu, et cette portion de

---

créditer, en disant « que le Principe de ce Gouvernement « exige que le peuple soit jugé par les lois, et les Grands « par la fantaisie du Prince; que la tête du dernier sujet « soit en sûreté, et celle des Bachas toujours exposée » (Esprit des Lois, liv. III, chap. IX). Nous avons déja fait remarquer au sujet de ce passage, que M. de Montesquieu se met dans une sorte de contradiction avec lui-même, lorsqu'il parle de la protection et du jugement des lois sous le despotisme. (*Voy. ci-dessus*, vol. IV, pag. 271, note *c.*) Nous ajouterons que si les classes inférieures ne sont pas aussi directement exposées aux caprices, aux violences du despote, que le Visir ou le Pacha, ceux-ci, sans cesse en butte à toute sa fureur, s'en dédommagent incessamment sur leurs inférieurs, qui se vengent à leur tour sur les autres, en sorte que la contagion se communique et s'aggrave de proche en proche jusqu'aux derniers rangs, ou plutôt que le même mal existe par-tout, avec cette seule différence qu'il va croissant, se multipliant et empirant d'un étage à l'autre de la société. Et d'ailleurs les sévices particuliers fussent-ils moins fréquens contre ceux qui se trouvent perdus dans la foule, le vice général dont l'État est atteint, et qui le conduit à sa décadence, n'en serait pas moins universellement ressenti.

la force publique (la justice criminelle), qui est entre leurs mains l'instrument qui doit assurer à l'État la tranquillité, devient facilement une arme très-dangereuse. Pour ne prendre d'abord que le cas le plus favorable, supposons celui d'un prince qui a en tout les intentions les plus droites; supposons encore qu'il ne prête jamais l'oreille aux suggestions de ceux qui ont intérêt de le tromper : mais il sera sujet à l'erreur; et cette erreur qui, on veut le croire, ne viendra que de son attachement au bien public, pourra néanmoins le conduire à agir comme s'il avait des vues opposées. Dans les occasions qui se présenteront, et il s'en présentera souvent, de faire le bien de l'État, en passant par-dessus les règles, d'un côté rassuré par la droiture de ses intentions, et de l'autre n'étant pas naturel qu'il emploie beaucoup de sagacité à découvrir les conséquences fâcheuses d'actes dans lesquels sa vertu même fait qu'il se complaît, il ne verra point que, pour obtenir un avantage présent, il donne atteinte aux lois qui font la sûreté de la nation, et que ces actes, si louables quand on regarde à leur principe, ouvrent la brèche par laquelle doit un jour entrer la tyrannie.

« Bien plus, il ne comprendra pas même les plaintes qu'on pourra lui faire ; insister dessus lui paraîtra la chose la plus injurieuse : l'amour-propre, peut-être sans qu'il s'en doute, viendra se mettre de la partie ; il poursuivra avec chaleur ce qu'il a commencé avec sang-froid ; et si les lois (c'est-à-dire la constitution) n'y ont pas pourvu, il pourra être dans la bonne foi, et faire traiter comme ennemis de l'État des hommes dont tout le crime sera ou d'avoir plus de lumières que lui, ou d'avoir été dans une meilleure position pour juger de l'effet des choses ».

C'est à la suite de ces judicieuses remarques que l'auteur ajoute une autre réflexion, dont partie a déja été citée dans cet article, et qui est ainsi conçue dans son ensemble : « Mais c'est faire beaucoup d'honneur à la nature humaine de supposer que ce cas d'un prince qui n'a jamais l'intention d'augmenter sa puissance, soit un cas bien ordinaire. *L'expérience atteste au contraire que les caractères les plus heureux ne résistent pas à la tentation du pouvoir : il n'a de charmes qu'autant qu'il met en état d'aller plus loin ; et l'autorité dé-testant jusqu'à l'idée des liens, ne cesse de s'agiter qu'elle n'en soit enfin affranchie »* (a).

On peut encore invoquer à l'appui de la démonstration du même principe les passages suivans extraits d'Arrington, de Burlamaqui, du professeur Félice, des auteurs des Maximes du Droit public français, de l'auteur de la Dé-fense des Constitutions américaines, et du plus célèbre des publicistes français, de Mon-tesquieu.

Arrington dit : « La droiture et l'équité sont les bases naturelles d'une république, je l'accorde ; mais un homme n'examine jamais l'équité en elle-même : il s'inquiète seule-ment de savoir si elle est favorable ou défa-vorable à ses intérêts. Ainsi tant que vous n'aurez pas dans le Gouvernement quelque Ordre qui, semblable à celui que Dieu a établi dans la nature, pourra contraindre tel ou tel

---

(a) Constitut. d'Angleterre, ou Défense de la balance des trois pouvoirs, vol. i, chap. ii, intitulé : *Justice cri-minelle.*

32.

homme à surmonter telle inclination qui lui est particulière, et à prendre celle qui convient à l'intérêt commun, tout ce que vous pourrez faire sera absolument inutile» (a).

— « Quelque distance qu'il y ait entre les sujets et le souverain, à quelque degré d'élévation que celui-ci soit placé par-dessus les autres, disent Burlamaqui et, avec lui, les auteurs des Maximes du Droit public français, il est homme comme eux. Leurs ames sont, pour ainsi dire, jetées au même moule; ils sont tous sujets aux mêmes préjugés, tous accessibles aux mêmes passions. Bien plus, le poste même qu'occupent les princes, les expose à des tentations inconnues aux particuliers : la plupart d'entre eux n'ont ni assez de vertu ni assez de courage pour modérer leurs passions, quand ils se voient tout permis. Il est donc à craindre pour les peuples qu'une autorité sans bornes ne tourne à leur préjudice, et que, ne s'étant réservé aucune sûreté que le souverain n'en abusera pas, il n'en abuse effectivement.

« Ce sont ces réflexions justifiées par l'expérience qui ont porté la plupart des peuples,

---

(a) *Voy.* Arrington......

et les plus sages, à mettre des bornes au pouvoir de leurs souverains et à leur prescrire la manière dont ils doivent gouverner, et c'est ce qui produit la Souveraineté limitée. Mais si cette limitation du pouvoir souverain est avantageuse aux peuples, elle ne fait aucun tort aux princes ; on peut même dire qu'elle tourne à leur avantage, et qu'elle fait la plus grande sûreté de leur autorité » (a).

Burlamaqui continue ainsi : « Cette limitation du pouvoir ou de la souveraineté est avantageuse aux princes, puisque ceux dont le pouvoir est absolu, et qui veulent s'acquitter de leurs devoirs en conscience, sont engagés à une vigilance et à une circonspection beaucoup plus grandes et beaucoup plus fatigantes pour eux, que ceux qui ont, pour ainsi dire, leur tâche toute marquée, et ne peuvent s'écarter de certaines règles.

« Elle fait la plus grande sûreté de l'autorité des princes ; car étant moins exposés à la tentation, ils évitent la vengeance terrible

(a) *Voy.* Maximes du Droit publ. fr., tom. ii, ch. iv, pag. 2o2.

qu'exercent quelquefois les peuples sur les princes qui, ayant une autorité absolue, en abusent avec excès. Le pouvoir absolu dégénère aisément en despotisme (c'est-à-dire en tyrannie), et le despotisme donne lieu aux plus grandes et aux plus funestes résolutions pour les souverains ; c'est ce que l'expérience a justifié de tout temps. C'est donc une heureuse impuissance pour les rois de ne pouvoir rien faire contre les lois de leur pays » (*a*).

A quoi le professeur Félice ajoute : « On pourrait justement comparer un monarque absolu à un vaisseau faible exposé à une tempête violente, avec une grande voile et sans gouvernail. Nous avons, dans le livre d'Esther, un exemple qui ne confirme que trop la justesse de cette comparaison. Un infâme calomniateur avait fait de faux rapports contre la nation juive à un roi imprudent : ce roi prévenu ordonna par un édit qu'on exterminât ce peuple innocent; mais, peu de temps après, informé de la vérité, il donna un second édit qui

---

(*a*) BURLAMAQUI. Principes du Droit des Gens, tom. VI, 1ʳᵉ part., chap. VII, § 10 et 11, pag. 124 *et suiv.*

permit à ce peuple de mettre à mort qui bon lui semblerait, ce qui coûta la vie à soixante-dix mille personnes, que ce peuple fit servir de victimes à sa vengeance.....

« La nature humaine est si corrompue, que l'on a tout à craindre de l'ambition d'un despote, dont la volonté a force de loi. Les maux et les extravagances que son autorité sans bornes a produits dans tous les siècles sont si grands, si nombreux et si manifestes, que toutes les nations qui n'ont pas été tout-à-fait stupides, serviles et brutales, ont toujours eu ce Pouvoir absolu en horreur, et se sont particulièrement appliquées à chercher des remèdes efficaces pour prévenir ces malheurs, en divisant et mettant dans un si juste équilibre les différentes parties du Gouvernement, qu'un homme ou un nombre d'hommes ne puissent ni opprimer ni détruire ceux qu'ils doivent conserver et défendre. Cette sage précaution n'a même pas été moins agréable aux bons princes que nécessaire aux plus faibles et aux vicieux. Moïse lui-même déclara qu'il ne pouvait porter seul le poids du Gouvernement, et Dieu choisit soixante-dix personnes pour le soulager dans les soins de l'administration » (a).

— « Dans tout État libre, dit John Adams, le mal que l'on doit par-dessus tout éviter, c'est la tyrannie, c'est-à-dire le *summum imperium* ou pouvoir illimité....

« Nous adoptons l'opinion de Butler plutôt que celle de Hobbes, et nous croyons que c'est moins par méchanceté que par faiblesse que les hommes sont incapables d'exercer sans abus un pouvoir illimité....; mais il est exactement vrai de dire qu'il existe naturellement dans chaque société d'hommes une tendance forte et continuelle au Pouvoir absolu, et que cette tendance ne pouvant être totalement détruite, il s'agit au moins de la surveiller et de la contenir. Le grand secret d'un bon Gouvernement consiste donc à combiner les pouvoirs de la société, de manière que cette tendance ne puisse jamais prévaloir; et quelle forme de Gouvernement peut mieux remplir

---

(a) FÉLICE sur Burlamaqui. Principes du Droit des Gens, tom. VI, 1re part., ch. VII, § 10 et 11, *Rem.* 21, pag. 125 *et suiv.*

cet objet que la distinction des trois Puissances....? »

Plus sévère ailleurs et s'exprimant avec
moins de réserve à l'égard des Grands de la
terre, l'auteur ne craint pas de dire : « Dans
tous les Gouvernemens simples, la pire portion de l'espèce humaine est la moins con-
tenue, et la plus exposée aux variations ; et
cette observation fournit un nouvel argument
en faveur d'un mélange capable de fermer
toutes les avenues au vice et à l'imposture.
Il est impossible, sans doute, dans un monde
où le bien et le mal se trouvent mêlés,
d'extirper radicalement les vices et les folies,
non plus que les infirmités attachées à l'humanité ; mais on peut dire que la balance
des trois puissances (c'est-à-dire des trois
branches de la Puissance législative) est seule
capable de donner à une Constitution toute la
perfection dont elle est susceptible dans l'état
actuel des choses : c'est du moins jusqu'ici
la plus sage de toutes les précautions que l'on
ait pu imaginer....

« Ce serait sans doute une folie de pré-
tendre qu'on ne peut pas faire de nouvelles

découvertes dans la science du Gouvernement.
Le monde moral et intellectuel nous est aussi
peu connu que le monde physique; il y a lieu
d'espérer que l'éducation, l'étude et l'expérience agrandiront de ce côté la sphère de nos
connaissances; mais contentons-nous quant
à présent d'adopter les expédiens que l'on a
déja mis en usage avec succès » (a).

M. de Montesquieu exprime par-tout avec
la franchise et l'énergie qui lui appartiennent
son aversion pour le despotisme. L'Esprit des
Lois semble avoir été composé en entier principalement dans la vue d'en inspirer la crainte :
nous en avons déja indiqué de nombreux
passages évidemment conçus et rédigés dans
cette même vue (b); on peut en ajouter plusieurs autres, particulièrement ceux-ci : « C'est
une expérience éternelle que tout homme qui
a du pouvoir, est porté à en abuser. Il va
jusqu'à ce qu'il trouve des limites.....

« Pour qu'on ne puisse abuser du pouvoir,

(a) Défense des Constit. améric., tom. 1, lettre 24,
pag. 185. — Ibid., tom. 11, pag. 381.

(b) Voy. entre autres ci-dessus, 2° part., vol. iv,
liv. 1, chap. 11, tit. 1, § 1, art. 4, pag. 229 et suiv.

il faut que, par la disposition des choses, le pouvoir arrête le pouvoir » (*q*).

« Le Gouvernement monarchique a un grand avantage sur le républicain : les affaires étant menées par un seul, il y a plus de promptitude dans l'exécution (*b*); mais comme cette promptitude pourrait dégénérer en rapidité, les lois (fondamentales ou constitutionnelles) y mettront une certaine lenteur. Elles ne doivent pas seulement favoriser la nature de chaque constitution, mais encore remédier aux abus qui pourraient résulter de cette même nature.

« Le cardinal de Richelieu (*c*) veut que l'on évite dans les monarchies les épines des compagnies qui forment des difficultés sur tout. Quand cet homme n'aurait pas eu le despotisme dans le cœur, il l'aurait eu dans la tête.

« Les Corps qui sont le dépôt des lois n'agissent jamais mieux que quand ils vont à pas tardifs, et qu'ils apportent dans les affaires

---

(*a*) Esprit des Lois, liv. xi, chap. iv.
(*b*) *Voy. ci-dessus*, vol. iv, pag. 519 *et suiv.*
(*c*) Testament politique.

du prince cette réflexion, *qu'on ne peut guère attendre du défaut de lumières de la Cour sur les lois de l'État, et de la précipitation de ses Conseils (a)*.

« Que serait devenue la plus belle monarchie du monde, si les magistrats, par leur lenteur, par leurs plaintes, par leur prières, n'avaient arrêté le cours des vertus mêmes de ses rois, lorsque ces monarques, ne consultant que leur grande ame, auraient voulu récompenser sans mesure des services rendus avec un courage et une fidélité aussi sans mesure » (*b*)?

Si ces réflexions sont d'une sagacité et d'une justesse relative dont on ne peut douter, si elles pouvaient recevoir une application directe et utile dans un état de choses encore bien imparfait, sous le rapport de l'admission d'un principe modérateur de l'autorité dans l'Organisation, à combien plus forte raison ne deviendront-elles pas applicables à un ordre

---

(*a*) « *Barbaris cunctatio servilis, statim exequi regium videtur* ». (Tacit. Annal., lib. v).

(*b*) Esprit des Lois, liv. v, chap. x.

de répartition plus exact, plus régulier, plus conforme à la séparation, à la distinction que comporte la nature même des trois puissances constitutives !

L'auteur de l'Esprit des Lois était trop profond pour ne l'avoir pas bien compris; on ne saurait manifester plus clairement qu'il ne l'a fait, la préférence qu'il donnait à cette base fondamentale de l'Organisation, déja admise dans la Constitution anglaise, sur ces moyens d'opposition incohérens, tardifs et imparfaits, vestiges récrépis d'une sorte de féodalité, encore subsistans en France à l'époque où il écrivait.

La lecture de quelques chapitres de l'Esprit des Lois, entre autres les chapitres V, VI, XI et XX du Livre XI, ne peut laisser aucun doute à ce sujet. « Dans le Gouvernement des Rois des temps héroïques, y est-il dit (ch. XI), les trois pouvoirs étaient mal distribués. Ces monarchies ne pouvaient subsister : car, dès que le peuple avait la législation, il pouvait au moindre caprice anéantir la royauté, comme il fit par-tout.

« Chez un peuple libre, et qui avait le

Pouvoir législatif; chez un peuple renfermé dans une ville, où tout ce qu'il y a d'odieux devient plus odieux encore, le chef-d'œuvre de la législation est de savoir bien placer la puissance de juger. Mais elle ne le pouvait être plus mal que dans les mains de celui qui avait déja la puissance exécutrice. Dès ce moment, le monarque devenait terrible. Mais en même temps, comme il n'avait pas la législation, il ne pouvait pas se défendre contre la législation; il avait trop de pouvoir, et il n'en avait pas assez.....».

On lit plus loin (chapitre XX) ce passage que nous avons déja cité ailleurs (*a*): « Je vou-
« drais rechercher dans tous les Gouverne-
« mens modérés que nous connaissons, quelle
« est la distribution des trois pouvoirs, et cal-
« culer par-là les différens degrés de liberté
« dont chacun d'eux peut jouir...».

Et précédemment (chap. V et VI) se trouvent ces autres paroles si formelles et aussi en partie rapportées plus haut : « Quoique tous

_____

(*a*) *Voy. ci-dessus*, vol. v, 2ᵉ part., liv. ɪ, chap. ɪɪ, tit. ɪɪ, pag. 194.

les États aient en général un même objet, qui est de se maintenir, chaque État en a pourtant un qui lui est particulier. L'agrandissement était l'objet de Rome ; la guerre, celui de Lacédémone ; la Religion, celui des lois judaïques ; le commerce, celui des lois de la Chine ; la navigation, celui des lois des Rhodiens ; la liberté naturelle, l'objet de la police des Sauvages ; en général, les délices du prince, celui des États despotiques ; sa gloire et celle de l'État, celui des monarchies (*a*) ; l'indépendance de chaque particulier est l'objet des lois de Pologne, et ce qui en résulte, l'oppression de tous.

« Il y a aussi une nation dans le monde « qui a pour objet direct de sa constitution « la liberté politique (*b*). Nous allons exami- « ner les principes sur lesquels elle la fonde.

(*a*) Sans doute telle que celle de la France, du temps de M. de Montesquieu.

(*b*) On désignerait plus exactement, ce nous semble, la liberté *politique*, dont parle ici M. de Montesquieu, sous la dénomination de liberté *constitutionnelle ou sociale*. — *Voy. ci-dessus*, 1re part., vol. 1, liv. 1, p. 66, note (*a*) de la pag. 64.

« S'ils sont bons, la liberté y paraîtra comme
« dans un miroir.

« Pour découvrir la liberté politique dans
« la constitution, il ne faut pas tant de peine.
« Si on peut la voir où elle est, si on l'a trou-
« vée, pourquoi la chercher...?

« Voici donc la Constitution fondamentale
du Gouvernement dont nous parlons. Le
Corps législatif y étant composé de deux
parties (a), l'une enchaînera l'autre par la faculté mutuelle d'empêcher. Toutes les deux
seront liées par la puissance exécutrice (b) qui
le sera elle-même par la législative.

« Ces trois puissances (c) devraient former

(a) Deux parties, c'est-à-dire, la Chambre haute et la
Chambre des communes.

(b) C'est-à-dire, par le Roi.

(c) Les trois Puissances constitutives sont plutôt la
puissance législative, la puissance exécutive et la puissance judiciaire. (*Voy. ci-dessus*, 2ᵉ part., vol. ıv, liv. ı,
chap. ı, § 2, pag. 60 *et suiv.*) La Chambre haute, la
Chambre des communes et le Roi, dont M. de Montesquieu entend évidemment parler ici, ne sont donc pas
ces trois puissances, ainsi qu'il les désigne, mais bien les
trois branches de même essentiellement distinctes de la
première des trois puissances, de la puissance législative.
(*Voy. ci-après*, § ı.)

un repos ou une inaction. Mais comme, par le mouvement nécessaire des choses, elles sont contraintes d'aller, elles seront forcées d'aller de concert» (*a*).

Enfin il nous serait facile d'établir que ce premier point fondamental de doctrine constitutionnelle est présentement admis comme incontestable et sacré, non-seulement par le grand nombre de nos législateurs les plus éclairés, mais encore par les hommes d'État qui exercent de l'influence sur l'esprit de conduite et les actes du ministère.

Un pair de France, M. le comte Boissy-d'Anglas, disait déjà, dans le discours prononcé au mois d'août 1795 (et certes, depuis cette époque, son opinion n'aura pas varié sur ce point) : « Quelle que soit la forme du Gouvernement, le soin le plus important de ceux appelés à l'organiser, doit être d'empêcher les dépositaires de tous les genres d'autorité d'établir une Puissance oppressive. Pour y parvenir avec certitude, il faut combiner l'Organisation des pouvoirs, de manière

_____

(*a*) *Voy. ci-dessus*, pag. 368, note (*a*).

qu'ils ne soient jamais rassemblés dans les mêmes mains : par-tout où ils se trouvent réunis, par-tout où ils sont confondus, il n'existe plus de liberté, il n'y a plus que despotisme » (a).

Conformément à ce principe, l'un des commissaires de Sa Majesté, chargés de soutenir dans la Chambre des Députés la discussion du projet de loi relative à la liberté de la presse, dans la session de 1817 (M. Jacquinot de Pampelune), disait lors de cette discussion : « Non-seulement le roi veut être juste, mais il veut que la loi lui ôte jusqu'aux moyens de ne l'être pas. Belles et nobles entraves qui font la gloire du monarque et la sécurité des peuples » (b).

Nous citerons encore, à l'appui de la même doctrine, ce passage de l'ouvrage, récemment publié et très-répandu, d'un maître des requêtes au Conseil-d'État, professeur d'histoire à l'académie de Paris, de M. Guizot : «Nous le dirons

_____

(a) *Voy. ci-dessus*, vol. v, pag. 466, note (a).
(b) *Voy.* le Moniteur du lundi 22 décembre 1817, *num.* 356.

donc sans crainte d'offenser les rois justes, et sans nous soucier de déplaire aux flatteurs ambitieux : les institutions représentatives, en général..., ont pour objet de contenir le pouvoir royal dans des bornes légales (ou plutôt naturelles), et de le placer dans une situation telle qu'il ne puisse se déployer et agir que conformément aux véritables intérêts et aux vœux légalement (entendez régulièrement) exprimés des peuples. Cette forme de Gouvernement suppose et déclare qu'aucune raison humaine n'est infaillible, qu'aucune volonté humaine ne doit être arbitraire ; elle établit en principe que l'erreur ou l'excès peut se glisser auprès du trône, et qu'il est nécessaire de les prévenir ; elle tend à ôter aux rois le pouvoir de faire le mal, et de ne pas entendre la vérité » (*a*).

A l'exemple des grands hommes que nous avons nommés en commençant cet article, le roi de France, lui-même, à deux époques solennelles, à l'ouverture de la session des

_____

(*a*) Du Gouvernement Représentatif et de l'état actuel de la France, chap. III, pag. 54.

33.

Chambres de 1818, et à l'ouverture de la
session de 1820, a fait entendre ces augustes
et mémorables paroles : « En secondant mes
vœux et mes efforts, vous n'oublierez pas,
Messieurs, que notre Charte, en délivrant la
France du DESPOTISME, a mis un terme aux
révolutions. Je compte sur votre concours
pour repousser les principes pernicieux qui,
sous le masque de la liberté, conduisent par
l'anarchie au POUVOIR ABSOLU, et dont le
funeste succès a coûté au monde tant de sang
et tant de larmes.....

« Ce qui accroît la force et l'indépendance
des Chambres, ajoute à l'autorité et à la
dignité de ma couronne. Cette session achè-
vera, je l'espère, l'ouvrage heureusement commencé par la session dernière. En affermissant
les rapports nécessaires entre le Monarque et
les Chambres, nous parviendrons à fonder le
système du Gouvernement qu'exigerait, dans
tous les temps, une aussi vaste Monarchie ;
que commande plus impérieusement encore
l'état actuel de la France et de l'Europe.

« C'est pour accomplir ces desseins que je
désire voir se prolonger les jours qui peuvent

m'être encore réservés ; c'est aussi pour les accomplir que nous devons compter, vous, Messieurs, sur ma ferme et invariable volonté, et moi, sur votre loyal et constant appui » (a).

Il s'agit donc de savoir si les peuples continueront de perfectionner leurs institutions en surmontant les difficultés qui restent à vaincre pour achever d'édifier sur cette première base généralement reconnue, par les législateurs éclairés, pour un principe fondamental, positif, constant et universel d'Organisation ; ou si la prudence et les lumières de la raison rétrograderont de plusieurs siècles, en retombant encore, sur ce point capital, dans une incertitude funeste, mère trop féconde de l'injustice, du désordre et de la confusion.

(a) *Voy.* le Moniteur du vendredi 11 décembre 1818 ; et celui du 20 décembre 1820.

TITRE PREMIER.

POUVOIR LÉGISLATIF.

Première Proposition Subsidiaire.

SOMMAIRE. Application du Principe de la Distinction du Pouvoir législatif en trois branches, à l'Organisation du Gouvernement démocrati-monarchique, ou de la Monarchie constitutionnelle.

« Le mal est dans la cumulation du Pouvoir ; et la
« difficulté, dans l'emploi des moyens propres à le mo-
« dérer » (a).

« L'existence des deux Chambres nécessaires pour
«opérer la division du Pouvoir législatif en trois bran-
« ches, doit être assise sur une distinction prise dans la
« nature vraie et utile des choses, et non sur l'Hérédité
« et le Privilége » (b).

I°.

De l'Exercice du Pouvoir législatif dans une Société d'une population et d'un territoire peu étendus.

De l'Exercice du Pouvoir législatif dans une Société peu nombreuse.

N'ACCUMULONS pas les difficultés dans l'application des principes fondamentaux que

(a) *Voy. ci-dessus*, vol. v, pag. 475.
(b) *Ibid.*, 2ᵉ part., AVANT-PROPOS, pag. xxv.

nous venons de résumer, et dans l'examen
qu'il nous reste à faire des nombreux détails
de l'Organisation du Gouvernement dont nous
avons commencé par déterminer la nature et
le caractère véritable : pour que nos idées se
classent avec ordre et méthode dans notre
esprit, pour qu'elles soient plus nettes et plus
claires pour nous-mêmes, plus évidentes et
plus intelligibles pour les autres, plus fixes et
plus durables en général et pour tous, com-
mençons toujours par les simplifier, autant
qu'il nous sera possible de le faire ; et tentant
ici de nouveau l'application de cette méthode
nécessaire, plaçons-nous d'abord dans l'hypothèse d'une société de peu d'étendue, et dont
la population telle, par exemple, que celle de
Sparte, ou d'Athènes, se trouverait en grande
partie réunie et comme circonscrite dans l'enceinte d'une ville ; admettons même que cette
ville ne soit pas encore assez populeuse pour
qu'il fût utile d'y admettre le système de la
représentation (*a*).

(*a*) *Voy. ci-dessus*, 2ᵉ part., vol. iv, liv. i, chap. ii,
tit. i, pag. 391 *et suiv.*; et vol. v, tit. ii, pag. 135 *et suiv.*

Cela posé, si le Gouvernement de cette société doit avoir la nature, le caractère propre au Gouvernement dont nous avons reconnu, dans le livre qui précède, l'excellence et la supériorité sur tous les autres gouvernemens mixtes, s'il doit être ce Gouvernement que jusqu'ici nous avons nommé *démocrati-monarchique*, mais que nous désignerons à l'avenir sous la dénomination déja plus familière de MONARCHIE CONSTITUTIONNELLE, Gouvernement qui offre, à un plus haut degré, la garantie des droits et intérêts de tous, unie aux avantages d'une exécution plus sûre et plus prompte ; dans cette hypothèse, chaque citoyen exerçant une profession indépendante et utile, participera à l'exercice de la Puissance législative, c'est-à-dire que toutes les fois qu'il s'agira de prendre, dans l'intérêt général de l'État ou du Corps social, une résolution qui ne sera pas la conséquence naturelle d'une première décision déja connue de cette Puissance législative, sur quelque matière que ce soit, de droit public, de droit politique ou de droit des gens (a), la société s'assemblera, et

(a) *Voy. ci-des.*, vol. IV, liv. I, ch. I, § 2, pag. 69 *et suiv.*

que chacun sera admis à faire connaître son
vœu personnel sur l'objet de la délibération.
Et c'est ainsi qu'en effet la volonté générale,
l'intérêt public véritable, en cette circonstance, de même qu'en toute autre semblable,
pourront être appréciés et sentis par la connaissance de la volonté librement manifestée
du plus grand nombre des intéressés (a).

II°.

*Classification nécessaire, ayant pour base la
distinction naturelle de la propriété et de
l'industrie.*

Les premiers législateurs sentirent tous le
besoin de diviser la société en plusieurs
classes.

Brama, qui le premier policia les Indes,
Brama, ce législateur si vénérable aux habitans de ces contrées qu'ils lui rendent encore
aujourd'hui un culte et des honneurs divins,
avait partagé le peuple en quatre castes ou

Classification
nécessaire
ayant pour
base naturelle
la distinction
de la propriété
et de
l'industrie.

(a) *Voy. ci-dessus*, 2ᵉ part., vol. ιv, liv. ι, chap. ιι,
pag. 513 *et suiv.*

tribus principales : la première, celle des *Brachmanes*, qui seuls devaient être les dépositaires des sciences, donner des prêtres aux dieux, des maîtres aux écoles, des juges à la nation; la seconde des *Rageputes*, dont l'unique emploi était de faire la guerre et de défendre les frontières de l'État; la troisième des *Banianes*, destinés uniquement au négoce, à faire travailler les artisans et à débiter leurs ouvrages en gros et en détail; la quatrième des *Artisans*, dont la tribu se subdivisait ensuite en plusieurs autres, suivant la nature des divers métiers (*a*).

Sous le règne de Ménès, premier roi des Égyptiens, et sous celui des dynasties qui gouvernèrent ce royaume pendant le premier des trois âges qui servent de division à l'histoire de ce pays, le peuple était partagé en trois classes seulement; celle des laboureurs, celle des bergers et celle des artisans (*b*).

(*a*) *Voy*. l'Histoire générale du Mogol, par Catrou; Lord Bemier; le 24ᵉ et le 26ᵉ Recueils des Lettres édifiantes : *Lettres de Saigues et de Pons*.

(*b*) *Voy*. la Science du Gouvernement, tom. 1, ch. 11, § 12.

Depuis, ces classes furent portées au nombre de six : les prêtres, les guerriers, les laboureurs, les artisans, les bergers et les chasseurs.

Diodore de Sicile n'en avait supposé que trois, les prêtres, les laboureurs, les ouvriers. « Les gens de guerre, observe à ce sujet l'auteur de l'Histoire de la législation, sont oubliés dans cette division; mais, suivant Diodore, ils étaient choisis parmi les laboureurs.

« Strabon les réduit aussi à trois : les prêtres, les cultivateurs, les guerriers.

« Isocrate, dans son Éloge de Busiris, divise de même les Égyptiens. *On établit les uns pour être les ministres de la religion,* dit-il ; *on en destina d'autres à l'exercice des arts ; le reste prit le métier des armes : persuadé,* ajoute-t-il, *que l'agriculture et les arts fourniront aux besoins et aux agrémens de la vie, mais que la sûreté générale dépend de la science militaire et du respect pour les dieux.*

« Strabon comprend dans la classe des cultivateurs tous ceux qui faisaient valoir les productions de la terre par le commerce ou l'industrie.

« Les marchands, les gens de mer, les interprètes sont expressément nommés par Hérodote (a); et cela, remarque encore l'auteur de l'Histoire de la législation, porterait à croire que la division primitive avait reçu quelque modification, ou de l'usage, ou de la loi. Les interprètes sur-tout, comme formant une classe particulière de l'État, ne pouvaient être devenus assez nombreux pour acquérir ce caractère, que depuis que les travaux de Psamméticus et de Nécos avaient agrandi, pour ainsi dire, l'entrée de l'Égypte aux étrangers. Bornée d'abord aux besoins du commerce, elle s'étendit bientôt des rivages de la mer jusqu'à la capitale de l'empire, quand les relations avec les Grecs se furent multipliées sous le double rapport de la politique et de l'instruction. Les Égyptiens ne dédaignèrent pas de laisser étudier à leurs enfans une

(a) Sa division est septénaire. Des idées religieuses auraient pu faire prévaloir cette division. *Voy.* Jablonski, *Proleg.*, § 25.

langue qui devenait un moyen de plus d'établir ces communications avec les négocians et les philosophes de l'Asie mineure et de la Grèce, objet continuel d'hommage et d'admiration pour eux, source toujours nouvelle de lumières et d'industrie, époque brillante de l'histoire de l'Égypte.

« Hérodote ajoute aux prêtres, aux guerriers, aux gens de mer, aux interprètes, les porchers et les bouviers.

« Diodore et Platon les rangent dans une seule classe, sous le nom de *pasteurs.*

« Platon suppose également une classe de chasseurs (*a*); mais il est difficile d'admettre cette supposition pour un pays qui avait de nombreux canaux, d'assez longues inondations, peu de forêts, et beaucoup d'animaux à respecter. Quant aux pasteurs, dont Diodore et lui parlent positivement, s'ils firent une classe particulière, elle fut, dit-on, peu considérée; on va jusqu'à dire qu'elle fut méprisée. Si le fait était certain, il s'expliquerait

_____

(*a*) Dans le Timée, il compte six classes : prêtres, guerriers, laboureurs, artisans, bergers et chasseurs.

encore par la forme même du Gouvernement;
il pourrait ajouter aux preuves que nous
avons données de son despotisme. C'est déja
une grande faute dans l'ordre politique et
moral de jeter sur une profession le dédain, et
plus encore le mépris; l'homme vil à ses
propres yeux, le devient bientôt à ceux des
autres : mais avilir une classe dont tous les
travaux s'associent au labourage, et portent
sur les premiers besoins de la vie! Nous le
croirions à peine d'un peuple voué à l'ignorance et à la stupidité..... (a).

« Chez les Hébreux, les familles sacerdotales
elles - mêmes étaient devenues trop nombreuses : David les subdivisa en vingt-quatre
classes, dont seize venues d'Éléazar, et huit
d'Ithamar son frère. Le sort régla entre elles
la primauté, et chacune eut un chef pris dans
son sein.

« Les Lévites furent-ils partagés de même?
L'historien Josèphe l'assure (b); les Parali-

(a) Diod., de Sic., liv. 1, S. 74, S. 28. — Strabon,
lib. xvii, pag. 787. — Hérod., lib. ii, § 154 et 164.

(b) Liv. vii, chap. xiv, § 7.

pomènes ne parlent que des chantres (*a*); mais il est vraisemblable que la division fut générale » (*b*).

D'après l'institution de Lycurgue, le peuple de Sparte se réunissait en deux Assemblées, dont l'une était composée des habitans de la ville, au nombre de neuf mille, et l'autre des habitans de la campagne, au nombre de trente mille.

La ville d'Athènes était partagée en tribus, dont le nombre varia selon ses accroissemens. D'abord il y en eut trois, puis quatre, puis six, puis dix, et ensuite treize.

Thésée, dixième roi de cette ville, avait trouvé le peuple divisé en trois classes, dont la première avait exclusivement le privilège de fournir des magistrats ; il en forma une quatrième.

Solon le partagea également en quatre classes, qu'il détermina d'après l'importance de la propriété de chaque citoyen. Il donna

---

(*a*) 1 *Paral.* xxv, *v.* 1.

(*b*) Histoire de la Législation, tom. ii, ch. vii, pag. 127 *et suiv.* — *Ibid.*, tom. iv, chap. xxix, pag. 277.

aux trois premières exclusivement le droit d'aspirer aux emplois publics (*a*).

Du temps de Démosthènes, Athènes était divisée en dix tribus, dont chacune occupait une partie de son territoire, et prenait son nom d'un héros du pays ; savoir : la tribu *Acamantide*, ainsi nommée d'Acamas fils de Thésée ; l'*Ajantide*, d'Ajax, fils de Télamon ; l'*Antiochide*, d'Antiochus, fils d'Hercule ; la *Cécropide*, de Cécrops, fondateur et premier roi d'Athènes ; l'*Égéide*, d'Égée, neuvième roi d'Athènes, et père de Thésée ; l'*Érechthéïde*, d'Érechthée, sixième roi d'Athènes ; l'*Hippothoontide*, d'Hippothoon, fils de Neptune ; la *Léontide*, de Léon, qui dévoua ses filles pour le salut de la patrie ; l'*OEnéide*, d'OEnéus, fils de Pandion ; la *Pandionide*, de Pandion, cinquième roi d'Athènes.

Chacune de ces tribus était subdivisée en trois parties, appelées *Tiers de tribu* ; et chaque Tiers de tribu, en trente familles.

Les trois tribus qui furent par la suite ajoutées aux anciennes, et formées de quelques

---

(*a*) *Voy.* l'Esprit des Lois, liv. **ii**, chap. **ii**.

démembremens de celles-ci étaient : la *Ptolé-maïde*, du nom de Ptolémée, fils de Lagus ; l'*Attalide*, de celui d'Attalus, roi de Pergame ; et l'*Adrianide*, de l'empereur Adrien (*a*).

Romulus partagea les citoyens de sa ville naissante en trois tribus égales, et il assigna à chacune d'elles pour habitation un quartier de la ville.

Chaque tribu fut ensuite subdivisée en dix curies ou compagnies de cent hommes, qui avaient chacune un centurion pour les commander.

Servius Tullius divisa tous les habitans, sans distinction de naissance ou de rang, en quatre tribus, appelées les tribus de la ville. Il rangea sous vingt-six autres tribus les citoyens qui demeuraient à la campagne, dans le territoire de Rome. Il partagea ensuite tous les citoyens en six classes, selon l'ordre de leurs richesses, et fixa la part de l'impôt à proportion de celle que chacun avait dans le Gou-

---

(*a*) *Voy.* Menard. Mœurs et Usages des Grecs, 2e part., chap. 1, § 2, pag. 125 *et suiv.*; et la Science du Gouvernement.

vernement. « Il arrivait de là, remarque M. de
Montesquieu, qu'on souffrait la grandeur du
tribut, à cause de la grandeur du crédit, et
que l'on se consolait de la petitesse du crédit
par la petitesse du tribut » (a).

« Le peuple romain, dit-il encore, d'après
Tite-Live et Denys d'Halicarnasse, était divisé
de trois manières, par centuries, par curies, et
par tribus : et quand il donnait son suffrage,
il était assemblé et formé d'une de ces trois
manières.

« Dans la première, les patriciens, les principaux, les gens riches, le sénat, ce qui était
à peu près la même chose, avaient presque
toute l'autorité; dans la seconde, ils en avaient
moins ; dans la troisième, encore moins.

« La division par centuries était plutôt une
division de cens et de moyens, qu'une division de personnes. Tout le peuple était partagé en cent quatre-vingt-treize centuries, qui
avaient chacune une voix. Les patriciens et
les principaux formaient les quatre-vingt-dix-

_____

(a) Esprit des Lois, liv. xi, chap. xix. — *Voy. aussi*,
ibid., liv. ii, chap. ii.

huit premières centuries ; le reste des citoyens était répandu dans les quatre-vingt quinze autres. Les patriciens étaient donc, dans cette division, les maîtres des suffrages.

« Dans la divison par curies, les patriciens n'avaient pas les mêmes avantages ; ils en avaient pourtant. Il fallait consulter les auspices, dont les patriciens étaient les maîtres; on n'y pouvait faire de proposition au peuple, qui n'eût été auparavant portée au sénat, et approuvée par un sénatus-consulte.

« Mais, dans la division par tribus, il n'était question ni d'auspices ni de sénatus-consulte, et les patriciens n'y étaient pas admis.

« Or, le peuple chercha toujours à faire par curies les assemblées qu'on avait coutume de faire par centuries, et à faire par tribus les assemblées qui se faisaient par curies ; ce qui fit passer les affaires des mains des patriciens dans celles des Plébéiens.

« Ainsi, quand les plébéiens eurent obtenu le droit de juger les patriciens, ce qui commença lors de l'affaire de Coriolan, les plébéiens voulurent les juger assemblés par

34.

tribus (*a*), et non par centuries : et lorsqu'on établit en faveur du peuple les nouvelles magistratures de tribuns et d'édiles, le peuple obtint qu'il s'assemblerait par curies pour les nommer ; et quand sa puissance fut affermie, il obtint qu'ils seraient nommés dans une assemblée par tribus » (*b*).

Chez les nations modernes, il s'était formé avec le temps, à la suite des guerres intestines et étrangères, du désordre et de l'anarchie, une foule de petites corporations, de communautés, de maîtrises et de jurandes ; mais indépendammment de ces divisions et subdivisions nombreuses et locales, on reconnaissait généralement, en France sur-tout,

---

(*a*) Contre l'ancien usage, comme on le voit dans DENYS D'HALICARNASSE, liv. v, pag. 520.

(*b*) Esprit des Lois, liv. xi, chap. xiv. — TITE-LIVE, lib. i ; DENYS D'HALICARNASSE, lib. iv, v, vi, vii, ix.

— Histoire des Révol. de la Républ. Rom., par M. l'abbé Vertot, liv. 1, pag. 25.

— Histoire Romaine, par Rollin, vol. 1, pag. 247 *et suiv.* ; édit. in-12.

— *Voy. aussi* J.-JACQUES, Contrat Soc. ; et BLACKSTONE, Commentaires sur les lois anglaises., liv. 1, chap. ii.

avant la révolution, trois Ordres principaux :
le Tiers-État, le clergé, la noblesse.

Et chez les peuples du nord, particulièrement en Suède, à ces trois ordres, 1° de la
noblesse, 2° du clergé, 3° du Tiers-État ou des
bourgeois, on ajoute un quatrième Ordre,
celui des paysans (*a*).

Ce qui résulte de l'histoire des peuples en
général observée sous ce point de vue, aussi
bien que du raisonnement et de la réflexion,
c'est qu'une classification quelconque est inévitable et nécessaire, qu'elle peut être déterminée et modifiée de diverses manières, que
ses conséquences sont graves et de la plus
haute importance, relativement à la prospérité des sociétés, par suite de l'influence toute
naturelle qu'elle exerce sur l'esprit, les mœurs,
le caractère des nations.

Si l'on donne pour base, par exemple, à
cette classification une distinction fondée
sur le privilége, sur l'admission d'un élément d'aristocratie héréditaire et subversive
des principes universels du droit public,

(*a*) Tamerlan forma douze classes de ses sujets.

elle provoquera nécessairement, dans une classe plus ou moins nombreuse, la vanité, l'orgueil, le mépris du travail et de l'industrie, la paresse, l'oisiveté, le goût des amusemens frivoles, ou peut-être, ce qui est pis encore, celui de la guerre, du faux honneur, de la vaine gloire.

Par-tout, de tout temps, l'expérience et l'histoire justifient cette vérité, et attestent que chez un peuple où le Gouvernement de sa nature participe d'un principe d'aristocratie, les habitudes, les inclinations et les mœurs de la classe aristocratique, noble ou patricienne, sont en opposition avec celles des classes plébéiennes ou roturières ; que celle-là est généralement ennemie du travail et de l'industrie, portée à la frivolité, à la paresse ou à la guerre, favorable au maintien des plus faux, des plus dangereux préjugés ; et que celles-ci au contraire sont actives, laborieuses, sentant le besoin d'acquérir et spécialement intéressées à la prospérité du commerce, à la stabilité de la paix et au perfectionnement des institutions. « Une noblesse remuante et pour qui la paix est un état violent, dit le baron d'Holbach, excite incessamment à la guerre, et des armées nombreuses dévorent la nation qui peu-à-peu tombe dans l'indigence et la misère » (*a*). — « Une aristocratie peut être plus favorable, dit John Adams, aux vues d'un peuple qui se propose de faire des conquêtes, qu'une monarchie; mais non pas plus favorable à la liberté et au commerce, qui sont aujourd'hui les deux grands objets d'un bon Gouvernement » (*b*).

Suivant le même auteur, les Cantons de la Suisse, où les familles nobles ou patriciennes dominent, où la forme du Gouvernement est soit aristocratique soit oligarchique, sont ceux qui toujours négligèrent le plus l'agriculture, et qui, ne pouvant guerroyer et conquérir pour leur propre compte, entretinrent du moins une plus grande quantité de troupes au service des Cours étrangères.

Mais l'histoire romaine, l'ancien ordre de choses existant en France, et ses résultats les

---

(*a*) Syst. soc., 2ᵉ part., chap. II.

(*b*) Défense des Constit. améric., Lett. 18ᵉ. *Réfutation du 10ᵉ argument de M. Nedham.*

plus évidens, fournissent sur-tout ici une preuve certaine et péremptoire.

Une classification quelconque est nécessaire dans l'hypothèse même où nous venons de nous placer, c'est-à-dire chez un peuple dont le territoire et la population seraient encore peu étendus, et dont le Gouvernement participerait uniquement du Gouvernement d'un seul et de la démocratie quant à l'exercice de la Puissance législative.

« Un bon prince, dit un auteur, qui voudra s'assurer un long règne, agira avec sagesse s'il fait procéder au cens à son avènement; dans le but de fixer la place des citoyens en jugeant d'eux par leurs vertus, leurs anciens services, leurs talens, leur industrie et leur fortune.

« Ainsi les rangs ne seront point confondus; ainsi les assemblées du peuple ne seront point tumultueuses. Chacun connaîtra sa propre dignité : les suffrages ne seront point vendus dans les élections, et, par suite, les charges ne deviendront pas l'apanage *exclusif* des riches » (*a*).

(*a*) Princ. étern. de Polit. const., tom. II, liv. IV, ch. I.

— « Dans l'État populaire, dit M. de Montesquieu, on divise le peuple en de certaines classes. C'est dans la manière de faire cette division que les grands législateurs se sont signalés, et c'est de là qu'ont toujours dépendu la durée de la démocratie, et sa prospérité » (*a*).

Cette classification doit avoir pour objet principal de faire régner l'ordre dans les assemblées du peuple, d'en éloigner le trouble, la confusion; car il est aisé de concevoir que les délibérations ne peuvent être calmes et avoir un résultat utile dans ces réunions publiques, que les hommes ne peuvent mutuellement s'y éclairer par une discussion paisible et sage, si les vues, les connaissances, les intérêts particuliers de ceux qui en sont membres sont trop confus et dans une trop grande opposition. Alors, au lieu de chercher à approfondir l'objet de la discussion, d'étudier les conséquences probables, les avantages et les

(*a*) Esprit des Lois, liv. II, chap. II, intitulé : *Du Gouvernement républicain et des Lois relatives à la Démocratie.*

inconvéniens réels d'une proposition, on s'arrête à la superficie, on ne consulte, on n'écoute que les préjugés et les passions, on juge tout par prévention : faute d'une division méditée par l'impartialité et la sagesse, fondée sur la nature vraie et utile des choses, en rapport avec l'état de la civilisation, avec la nature, l'esprit, les bases, les principes du Gouvernement et des institutions, ces assemblées se divisent d'elles-mêmes en plusieurs factions, désordonnées et discordantes; et, comme nous l'avons déja remarqué dans le titre qui précède, les décisions loin d'y être conformes aux véritables intérèts de ceux mêmes qui les prennent, leur sont le plus souvent contraires et directement opposées.

Un auteur dit à ce sujet, en s'appuyant de l'autorité de Cicéron : « Écoutez dans un concert le dessus, la taille et la basse : si ces trois voix sont confuses et sans ordre, elles ne produiront qu'un son étourdissant et désagréable; mais qu'elles soient arrangées et mariées l'une à l'autre par un compositeur habile, elles vous transporteront de plaisir ». Et c'est là ce qu'en effet on peut entendre

par le passage suivant de l'orateur romain :
« *Ut in fidibus, ac tibiis, atque cantu ipso ac vocibus, concentus est quidam tenendus ex distinctis sonis, quem immutatum ac discrepantem aures eruditæ ferre non possunt; isque concentus ex dissimillimarum vocum moderatione concors tamen efficitur et congruens : sic ex summis, et infimis, et mediis interjectis ordinibus, ut sonis, moderatá ratione civitas consensu dissimillimorum concinit ; et quæ harmonia à musicis dicitur in cantu, ea est in civitate concordia, arctissimum atque optimum omni in republica vinculum incolumitatis ; quæ sine justitia nullo pacto esse potest* » (a).

Mais, si une assemblée où toute la population d'une cité se trouverait confondue sans aucune distinction ou d'âges, ou de rangs, ou d'états, ou de fortunes, etc., ne peut former qu'une réunion sans ordre, une cohue livrée au trouble, à la confusion, dont les membres ne peuvent s'entendre et s'éclairer réciproquement, il est de même certain qu'il n'y aurait pas moins d'inconvéniens à partager le peuple en

---

(a) *Fragm. de Republ.*, lib. ii.

un trop grand nombre de divisions et de subdivisions, de classes, de corporations, etc. Par là
on produirait, on introduirait dans les institutions mêmes ; le désordre et la confusion
que l'on aurait eu en vue de prévenir. On ne
doit pas compliquer l'organisation par des
rouages inutiles, et multiplier les divisions
sans une nécessité évidente. Toutes celles qui
ne sont pas commandées par la nature même
des choses, qui ne sont pas, comme nous venons de le dire, en rapport exact, en harmonie
parfaite avec l'état de la civilisation, avec la
nature, l'esprit, les bases, les principes du
Gouvernement, sont indubitablement plus
nuisibles qu'utiles.

C'est encore ce que l'expérience et l'histoire
justifient. A Rome les assemblées devinrent de
véritables conjurations ; et la confusion, l'anarchie, y furent poussées si loin, qu'il ne fut plus
possible de savoir si le peuple avait fait une ordonnance ou s'il ne l'avait pas faite. « Les
Assyriens, dit fort bien à ce sujet l'auteur de
l'Histoire de la législation, ne trouvèrent ni dans
leurs habitudes, ni dans leurs mœurs, ni dans
leurs premières lois, des moyens d'alléger le

despotisme *monarchique* (c'est-à-dire d'un seul). La division du peuple en tribus ayant toutes des occupations et des usages particuliers, réunies séparément par des goûts et un intérêt semblables, ne produisit pas cet effet, quoiqu'il semble d'abord que les associations ainsi formées devraient être par cela même plus capables d'une résistance unie et courageuse. Condillac a pensé du moins que le despotisme était moins pesant là où le peuple était divisé en tribus (a). Il considère ce qu'il appelle leurs priviléges comme un adoucissement nécessaire, un obstacle réel à la tyrannie. Le monarque, selon lui, n'oserait attenter à ces priviléges; il n'a d'autorité qu'autant qu'il ménage à-la-fois toutes les tribus et les oppose les unes aux autres; il craindrait, s'il discutait leurs prétentions, qu'on ne finît par discuter les siennes; il plie donc, comme le dernier de ses sujets, sous le poids des chaînes que l'opinion fait porter à tous. Condillac applique même ces réflexions aux anciens peuples de l'Asie, aux Assyriens en particulier. Elles ne

---

(a) Tom. vi, chap. vii, pag. 371 et 372.

sont pas justifiées par l'histoire. Toujours, au
contraire, ce morcellement des sujets en
classes isolées, jalouses, haineuses, a favorisé
le plus grand asservissement des peuples.
Leurs rivalités, les divisions qu'elles produisent et perpétuent, n'ont pour juge et
pour réparateur que ce maître de l'empire, qui
profite sans peine de ces animosités mutuelles pour étendre sur tous une domination plus tyrannique. Loin de se soustraire
par là au pouvoir du prince, la nation y re-
tombe de tout le poids de ses inimitiés partielles, du besoin que chaque tribu a sans
cesse d'invoquer l'aide et la protection du monarque, de la facilité qu'il trouve à les contenir
tous par la lutte de chaque portion de l'empire
contre toutes les autres. On ne trouve pas,
dans ce qui nous reste des Assyriens et des
Babyloniens, un seul fait, un seul exemple,
qui permettent de croire que la division du
peuple en tribus amena des résultats favorables pour la liberté publique....

« Rien n'est plus fréquent dans l'Écriture,
dit encore le même auteur, que les dissensions
entre ces tribus. Chacune d'elles avait dans son

propre sein un esprit de nation ou de famille qui ne s'étendait guère au-delà, qui ne s'associait à une autre que lorsqu'il fallait venger ensemble un outrage... Un esclavage commun était toute leur fraternité » (*a*).

C'est en ce sens, sans doute, qu'il faut entendre ce que dit un autre historien de nos jours. — « Tous les intérêts doivent-ils être représentés? — Oui; mais dans l'intérêt général, qui les comprend tous, et non pas en détail. Hors de là, il n'y a plus que confusion, et même impossibilité; il faudra faire des catégories pour toutes les professions de la société; car toutes aussi ont des intérêts particuliers, dont quelques-uns même sont opposés entre eux : il n'y a qu'une manière de les accorder, c'est de les ranger tous également sous l'intérêt général, qui dans une protection commune fait trouver la protection de tous les intérêts particuliers. Les sociétés ne peuvent avoir une autre marche. La généralité les maintient, les détails les tuent » (*b*).

(*a*) Hist. de la Législ., tom. i, chap. i, pag. 74 *et suiv.* — *Ibid.*, chap. ii, pag. 332 et 333.

(*b*) Petit Catéchisme sur l'état de la France, par

Et c'est aussi spécialement le lieu de rappeler ici le passage suivant du Système social :
« Des distinctions vaines et des priviléges font naître l'esprit de Corps, qui est très-contraire à l'esprit social ou au vrai patriotisme, dont l'équité doit faire la base. Dans tous les États, le clergé, la noblesse, la magistrature, etc.; forment des Corps à part, jaloux les uns des autres, divisés d'intérêts, qui, uniquement entêtés de leurs avantages frivoles et de leur vanité, sont les uns après les autres attaqués avec succès par le despotisme..... Presque en tout pays, on est prêtre, on est noble, on est magistrat, etc., l'on n'est pas citoyen ; et; quand le despote le veut, l'on n'est plus rien. Successivement chacun vit du malheur de son voisin » (a).

Conformément à ce principe, dans la session de 1816, lors de la discussion du projet de loi relatif aux élections, M. Laisné, alors président de la Chambre des députés ; disait :

M. l'abbé de Pradt, ancien archevêque de Malines, ch. IV, pag. 102.

(a) Système social, chap. XIV. — *Voy. aussi ci-dessus*, 1re part., vol. 1, pag. 249, 250.

« Ce n'est pas pour l'exercice des grands droits politiques que les corporations sont désirables. Elles peuvent influer utilement, lorsqu'elles sont resserrées dans le cercle du régime municipal (*a*). Étendez leurs facultés, permettez-leur des correspondances, livrez-les aux disputes politiques; et vous verrez bientôt naître des associations et des ligues qui réclameront l'autorité plutôt qu'elle ne serviront de lien commun » (*b*).

Et dans la même session, M. Bourdeau, rapporteur de la Commission chargée de l'examen du même projet de loi, disait aussi : « Le système des Chambres de commerce, les Corporations, les Syndicats, toutes ces Institutions partielles appartiennent exclusivement aux localités, à l'administration intérieure de la Cité, et non à l'Ordre *politique* (c'est-à-dire *constitutionnel ou social*) (*c*).

D'autres orateurs, à la même époque, et depuis, ont souvent dit avec raison dans le même sens : « Il faut diviser ce qui naturelle-

---

(*a*) *Voy. ci-après*, même §, division 11ᵉ.
(*b*) *Voy.* le Moniteur du samedi 4 janvier 1817.
(*c*) *Ibid.*, 6 janvier 1817.

ment doit être divisé; mais il faut unir aussi
ce qui de sa nature peut être uni, afin de ne
point compliquer sans utilité les ressorts
de l'organisation. Il faut éviter sur-tout les
subdivisions , afin de ne pas arriver à des
intérêts trop partiels.... Tous principes d'organisation, toutes classifications qui ne sont
fondées que sur des distinctions chimériques
et vaines, sont des fléaux destructeurs , des
germes de contagion et de ruine, dont on
doit , dans un état avancé de civilisation,
s'attacher à extirper les dernières racines; et
pour cela , il faut nécessairement adopter,
cultiver et affermir ceux qui sont indiqués et
prescrits par la nature même et par l'équité.

« L'amour de l'or devient plus vif à mesure que
le trésor grossit; et tout ce qui satisfait la vanité
la fortifie ». Un publiciste profond, l'auteur
de la Défense des Constitutions américaines,
émet lui-même cette réflexion judicieuse;
comment n'en a-t-il donc pas senti la véritable étendue ? Comment du moins a-t-il
pu négliger d'en faire l'application la plus
juste et la plus indispensable, lorsque, tout
en signalant avec une véritable énergie les

maux extrêmes qui résultent habituellement de la division de la société en classes aristocratiques et démocratiques, il croit néanmoins devoir admettre, ainsi que nous l'avons vu précédemment, cette même division comme l'un des élémens utiles et nécessaires d'une bonne organisation?

A coup sûr, ce ne serait pas non plus une conception fort heureuse dans ses applications, que celle qui aurait pour objet de former une Chambre des Communes investie du *Pouvoir politique suprême* (c'est-à-dire sans doute *de l'autorité souveraine*), divisée en trois chambres, l'une d'invention, l'autre d'examen, et la troisième d'exécution; de subdiviser la première de ces Chambres en trois sections, et de composer ces Chambres et ces sections 1° d'ingénieurs civils, d'ingénieurs en chef des ponts et chaussées, de membres de l'académie française, de poëtes ou autres inventeurs en littérature, de peintres, de sculpteurs ou architectes, et de musiciens; 2° de physiciens occupés de la physique des corps organisés, de physiciens occupés de la physique des corps bruts, et de mathé-

35.

maticiens; 3° enfin de la classe des sciences
physiques et mathématiques de l'institut :
comme si tous les intérêts d'un royaume se
trouvaient renfermés dans le cercle des
travaux nécessaires pour le percement des
routes, les ouvertures de canaux, les dessé-
chemens, les défrichemens, les parcs à l'anglaise, les décorations d'opéra, la musique,
les fêtes publiques, *de souvenir*, *d'espérance*,
pour les hommes, les femmes, les garçons, les
filles, les pères et mères, les enfans, les ouvriers, les chefs d'ateliers, etc., etc., » (*a*).

Quelle est, dans la réalité, la classification
d'une exécution praticable, puisée dans la
nature utile et vraie des choses, et qui soit en
rapport exact avec l'état d'une civilisation
avancée, avec la nature de la monarchie
constitutionnelle, avec son esprit d'équité ?

Si l'on daigne y faire quelque réflexion, et
que l'on se dégage du préjugé résultant de
ce qui existe ou de ce qui a précédemment

(*a*) *Voy.* sur tout ce détail, la première livraison de
l'Organisateur, ouvrage sémi-périodique ; entre autres,
lett. vi, pag. 5o *et suiv.*

existé, on concevra que, dans l'hypothèse où
nous raisonnons en ce moment, la division
de toute société peut aisément s'opérer en
deux classes principales, et qui se déterminent
par la distinction toute naturelle de la propriété foncière et de l'industrie : l'une se
compose des propriétaires de biens fonds,
sur lesquels pèsent plus particulièrement les
impositions directes ou foncières ; l'autre
comprend tous les hommes qui, s'ils ne
possèdent pas des propriétés territoriales,
exercent du moins dans la société une profession utile et indépendante, tels que sont
les jurisconsultes, les médecins, les savans,
les gens de lettres, les manufacturiers, ban-
quiers, négocians, agens de change, notaires,
artistes et autres qui supportent plus spécialement les charges et contributions personnelles
ou indirectes (*a*), et dont les intérêts se

(*a*) **M. Say** n'admet que deux classes d'impôts ; celle
de l'impôt *direct* qu'il appelle *forcé*, parce que, dit-il,
il n'y a rien de volontaire dans son acquittement, et
celle de l'impôt indirect qu'il appelle *indirect* ou *volontaire.*

Cette dernière dénomination n'est pas fort exacte : car

rattachent aussi d'une manière immédiate aux résolutions législatives que doit prendre le Gouvernement.

Cette classification de la société fondée sur

---

il n'est personne qui ne soit forcé de se vêtir et d'acheter les choses nécessaires pour sa subsistance.

Quant à la classification, nous croyons pouvoir remarquer qu'elle est insuffisante.

Dans l'état actuel des choses, il nous semble que les impôts peuvent être divisés en trois classes, savoir :

1° L'impôt *direct* ou *foncier*, c'est-à-dire, celui qui se perçoit sur l'appréciation du produit des terres et qui s'acquitte *directement* par les possesseurs des propriétés immobilières ou *foncières*.

2° L'impôt sur les *consommations* ou impôt *indirect*, qui pèse sur les manufacturiers, fabricans, commerçans, artisans, plus particulièrement encore que sur les propriétaires uniquement et consommateurs.

3° L'impôt *personnel*, *mobilier*, ou *domiciliaire*, qui se perçoit au *domicile* du contribuable sur les choses qui tiennent de plus près à ses jouissances et à sa *personne* même, sur le prix de sa location, sur l'importance de son *mobilier*, qui doit conséquemment être supporté par chacun des membres de la société proportionnellement à ses facultés, et qui devrait aussi dès-lors frapper d'une manière plus spéciale sur les objets d'opulence et d'agrément, tels que les carrosses, les chevaux et chiens de luxe, etc. etc.

la nature même des choses, déterminée par le genre des professions, des propriétés, du travail, de l'industrie, n'a rien d'idéal, de chimérique, d'injuste et de funeste, comme celles qui ne sont fondées que sur les préjugés de la vanité et de l'orgueil.

Dans toute société où l'agriculture et l'industrie ont commencé à prendre un certain développement, cette distinction de l'agriculture et de l'industrie, cette division générale de la société qui en est la conséquence, en deux classes, l'une agricole et foncière, l'autre industrieuse et commerçante, existent de fait, par la nature, par la force même des choses.

Il est évident que chacune de ces deux classes a des intérêts distincts et qui lui sont particuliers, mais qui tendent tous au bien-être, à la prospérité générale de l'État et de la société. Il est évident que les inclinations, les vues, le goût, l'aptitude, les études, les connaissances acquises, des membres de l'une et de l'autre de ces deux classes principales, sont diverses et dirigées vers des points et un but différent.

Plusieurs des auteurs qui écrivent de nos jours sur l'économie politique, M. Malthus, entre autres, ont cru pouvoir assurer qu'il n'existe pas de classe de la société dont les intérêts soient autant d'accord avec ceux de l'État que la classe des propriétaires fonciers (a); d'autres, au contraire, particulièrement MM. Ricardo, Sismondi et Say, semblent plus enclins à accorder cet avantage aux classes industrieuses, manufacturières et commerçantes (b).

Nous n'avons pas à nous prononcer ici entre ces deux opinions. Ce qui importe, c'est que la différence des intérêts, des connaissances et des vues particulières de ces deux classes soit reconnue et constante; car on doit alors en tirer la conséquence nécessaire qu'il résulte infailliblement de cette différence

---

(a) Principes d'Économie politique considérés sous le rapport de leur application pratique par M. T. R. Malthus, traduits de l'anglais par M. F. S. Constancio, tom. I, chap. III, sect. X, pag. 322. — Et *ibid.*, Précis des matières contenues dans l'ouvrage, tom. II, p. 365.

(b) Principes de l'Économie polit., par M. Ricardo. — Nouveaux Principes d'Économie polit., par M. Sismondi. — Traité d'Économie polit., par M. Say.

d'intérêt et de connaissance une nuance bien réelle et très-essentielle dans les facultés législatives de l'une et de l'autre, ou, si l'on veut, dans les questions que chacune d'elles est plus propre à approfondir, à décider; et cette classification est réellement la seule, l'unique, qui repose sur la nature utile et vraie des choses, et dont les résultats puissent en conséquence être conformes aux principes de l'ordre et de l'équité. Si on ne l'admet pas, il faut alors, ainsi que nous l'avons déja vu, et que nous le reconnaîtrons encore par la suite, il faut en rechercher d'autres qui n'ont rien de réel et de vrai, et dont les suites ne peuvent être que le désordre et l'iniquité.

Cette classification est tellement dans la nature, qu'elle peut avec raison être considérée comme une de ces lois constantes et immuables émanées de la volonté du législateur suprême, et que les législations humaines ne peuvent anéantir, lors même qu'elles n'en tirent pas les conséquences, qu'elles ne savent pas en faire les applications convenables et les plus importantes aux principes et aux règles fondamentales de l'organisation sociale.

En effet, la rejeter, la méconnaître, pour en
admettre une autre, ce n'est pas la détruire;
elle subsiste et subsistera toujours : mais c'est
en contrarier, en détruire les bons effets, les
plus heureux résultats; c'est agir sans but,
sans utilité, et au grand détriment de la chose
publique; c'est en quelque sorte produire la
confusion et le chaos, repousser les lois de la
nature pour y substituer celles de l'homme,
méconnaître les volontés du premier de tous
les législateurs, et renverser l'ordre, les institutions solides et durables que lui-même
prescrit d'établir, pour édifier les institutions
frivoles, mobiles et passagères de l'orgueil et
de la vanité.

Dans toute société, indépendamment de
ces deux classes principales, il existe, il
existera toujours une troisième classe qui
doit comprendre tous ceux qui n'ont pas une
fortune, un état, libres et indépendans, tous
ceux dont la profession, la propriété, le
commerce, sont tels, que leurs vrais intérêts,
dépendant nécessairement de ceux des deux
premières classes, ne se lient aux résolutions
législatives que par leur intermédiaire et con-

séquemment d'une manière tout-à-fait secondaire.

Dans cette troisième classe sont placés les
petits laboureurs, cultivateurs ou fermiers,
les petits marchands en détail, et dont le
commerce a peu d'importance et d'étendue,
les artisans, commis et ouvriers, les hommes
à gages ou en état de domesticité, en général
tous ceux dont le sort et le bien-être sont
effectivement une suite nécessaire de la situation plus ou moins prospère de ceux qui les
emploient, qui les mettent en œuvre, et dont
ils dépendent.

Dans cette troisième classe sont aussi naturellement placés tous les agens du Pouvoir
exécutif, les employés et commis des diverses
administrations publiques, parce qu'ils n'ont
de même qu'un intérêt médiat et secondaire,
parce que d'ailleurs ils ne sont pas censés non
plus avoir une volonté parfaitement indépendante et libre. ·

Un des plus graves inconvéniens des anciennes classifications, c'était l'injuste et funeste exclusion par suite de laquelle nul ne
pouvait sortir de la classe où le sort et la
naissance l'avaient placé.

Cette exclusion contrarie les sentimens du cœur humain les plus nobles et les plus utiles à conserver. Elle choque le principe philosophique et moral d'une juste et sage égalité; elle avilit ou enorgueillit l'homme à ses propres yeux; elle rend les uns arrogans et présomptueux, et détruit au contraire l'estime de soi-même, l'émulation, le véritable patriotisme, le courage, l'industrie dans les classes inférieures et les plus nombreuses de la société. « Les lois qui ordonnent que chacun reste dans sa profession, et la fasse passer à ses enfans, dit en quelque endroit l'auteur de l'Esprit des lois, ne sont et ne peuvent être utiles que dans les États despotiques, où personne ne peut, ni ne doit avoir d'émulation.

« Qu'on ne dise pas que chacun fera mieux sa profession, lorsqu'on ne pourra pas la quitter pour une autre. Je dis qu'on fera mieux sa profession, lorsque ceux qui y auront excellé espéreront de parvenir à une autre » (a).

En Égypte, il n'était permis à personne de

_____

(a) Esprit des Lois, liv. xx, chap. xxii.

sortir de son rang, et d'abandonner la profession de son père (*a*).

On ne pouvait même pas entrer dans l'Ordre des ministres des autels sans être de famille sacerdotale : les artisans, les laboureurs, les guerriers ne pouvaient pas plus sortir que les prêtres, de l'état au sein duquel ils avaient reçu la naissance (*b*).

Au Mogol, une loi générale à toutes les castes, c'est qu'une tribu ne peut jamais s'allier avec une autre, qu'un homme ne peut exercer deux professions, ni passer de l'une à l'autre. Un laboureur, un tisserand, un orfèvre, ne fait jamais apprendre à son fils un métier différent du sien, et ne marie jamais ses enfans à des personnes d'une autre profession que la sienne (*c*).

Chez les Athéniens, une loi défendait aussi d'exercer deux arts à la fois. « *Duas artes ne exerceto* » (*d*).

— « A l'établissement des tribus, dit l'au-

(*a*) Sc. du Gouvern., tom. 1, ch. 1, sect. III, *n*. 12.
(*b*) Histoire de la Législ., tom. II, chap. X, pag. 395.
(*c*) Science du Gouvern. , tom. 1, ch. III, sect. 3.
(*d*) DEMOSTH., *in Timocratem.*

teur de l'Histoire de la législation, les Assyriens joignirent une institution qui se lie à la première ; institution regrettée par quelques philosophes pour nos Gouvernemens modernes, où, certes, on ne l'établirait pas sans danger : je veux parler de l'obligation imposée aux enfans d'exercer la profession de leurs ancêtres (*a*). Le législateur fut séduit par l'espérance de conserver le respect dû aux arts utiles ; il ne voulut pas que, placé loin de l'atelier de son père, ingrat à tous ses soins, à tous ses sacrifices, un fils pût jeter de dédaigneux regards sur cet asyle modeste, où il devait sur-tout bénir cette vertu laborieuse qui l'a nourri et le protége encore » (*b*).

Si l'on s'est en effet proposé par cette mesure quelque chose de moral et d'utile, et non pas seulement d'assurer à jamais aux classes élevées une injuste supériorité, ne pouvait-on pas atteindre ce but, et même avec plus de succès encore, par des moyens qui ne fussent

---

(*a*) Diodore ne le dit d'une manière précise que des Chaldéens (II, § 29) ; mais tous les Écrivains l'étendent à toutes les professions.

(*b*) Histoire de la Législ., tom. 1, ch. 1, pag. 71.

point eux-mêmes en opposition directe avec les premiers principes de la liberté naturelle, de la morale et du droit, et qui, comme celui-ci, n'entraînassent pas en conséquence avec eux les plus graves inconvéniens (*a*).

Au contraire, la classification dont il est ici question n'exclut, dans la réalité, personne de la participation que tout citoyen doit raisonnablement avoir à l'administration de la chose publique, à l'exercice de la Puissance législative; et elle doit inspirer à tout homme probe, actif, intelligent, laborieux, placé d'abord par sa naissance dans la troisième classe, l'espérance d'être admis dans les deux premières aussitôt que sa position, l'état de sa fortune, sa propriété, son commerce, le mettront dans le cas de prendre un intérêt plus direct et bien réel aux divers actes de la législation ; elle doit naturellement contribuer à encourager l'homme au travail, exciter en lui l'émulation, le patriotisme, l'industrie : elle n'a rien dans le fait qui soit contraire au principe d'une sage et juste égalité sociale,

(*a*) *Voy. à ce sujet* l'APPENDICE, 1re part., liv. I, *n.* 18.

et elle ne peut avoir les dangers, produire
les malheurs inhérens à toutes les institutions
qui tendent à élever entre des hommes souvent égaux en vertus, en intelligence, en
mérite, toujours égaux en droits et en devoirs, par les véritables bases du pacte social,
par la nature, par la religion, des barrières
et des distinctions que les uns doivent naturellement chercher à détruire, tandis que les
autres consument tous leurs efforts pour les
défendre, des distinctions qui excitent les
haines, l'aversion, qui ne peuvent manquer
d'armer les membres d'une même société les
uns contre les autres, et seront toujours, chez
un peuple civilisé, le germe fécond des plus
sanglantes et des plus cruelles révolutions.

C'est par ces réflexions que nous répondrions, s'il en était besoin, à ceux qui pourraient être tentés de nous faire ici une
objection, en recourant à la définition que
nous avons donnée dans le livre précédent
du Gouvernement aristocratique ou poligarchique (a).

_____

(a) *Voy. ci-dessus*, vol. IV, pag. 121.

Nous avons considéré ces deux mots comme synonymes l'un de l'autre; et dans leur acception générique, dans le sens le plus étendu, nous les avons définis, comme M. de Montesquieu, le Gouvernement du grand nombre, le Gouvernement où une partie du peuple seulement prend part à l'autorité souveraine.

Nous avons même reconnu qu'un Gouvernement peut être proprement dit *aristocratique*, sans que la noblesse ou l'aristocratie y soit héréditaire; que l'hérédité soit des places et emplois, soit de la noblesse et des honneurs, n'est pas ce qui caractérise et constitue à proprement parler l'aristocratie; qu'elle est seulement un abus habituellement inhérent à cette forme particulière de Gouvernement (*a*).

On pourra donc dire que le principe d'organisation, dont nous indiquons ici la base, aura pour résultat d'introduire dans la forme du Gouvernement une véritable aristocratie, en ce sens qu'il remet l'exercice de la Puissance législative entre les mains du grand

---

(*a*) *Voy. ci-dessus,* 2ᵉ part., tom. iv, pag. 183 *et suiv.*

nombre, en ce sens qu'il n'y admet pas, la masse entière du peuple.

Mais cette objection n'a pas de fondement solide ; elle tombe d'elle-même du moment où l'on fait réflexion que d'une part ce principe appelle sans distinction de rangs, de titres, d'honneurs, de puissance, à l'exercice de la Puissance législative, dans lequel réside la garantie de l'observation des principes du Droit philosophique et moral universel, tous ceux qui ont un intérêt direct à l'observation de ces principes, à la sagesse des résolutions législatives, et qui sont mus par une volonté indépendante, libre et éclairée ; ne laissant absolument éloignés de cette participation à l'administration de la chose publique, que cette dernière partie du peuple qui s'en trouve naturellement détournée par la force même des choses, par la nécessité de pourvoir incessamment à sa subsistance et par le genre de ses travaux journaliers.

Cette objection s'évanouit entièrement, si l'on remarque sur-tout que chacun peut de jour en jour remplir les conditions, acquérir ou perdre les qualités déterminées et requises, d'une manière générale, par la constitution, pour acquérir le droit de participation à l'exercice de cette puissance suprème , et qu'en conséquence le principe n'établit pas de véritable exclusion.

Un Publiciste, l'auteur de l'Essai sur l'histoire de la société civile , s'exprime ainsi : « La plus parfaite égalité n'exclut pas l'ascendant des esprits supérieurs. Les Assemblées d'un corps ne peuvent être gouvernées que par la direction de Conseils choisis : à cet égard, le Gouvernement populaire ressemble à l'Aristocratie. Mais ce n'est pas ce seul point qui constitue la nature de ce qu'on appelle habituellement Gouvernement aristocratique. Les membres de l'État y sont divisés au moins en deux classes, dont l'une est exclusivement destinée à commander , et l'autre exclusivement destinée à obéir. Le mérite ni les défauts n'y font monter ni descendre un citoyen d'une classe à une autre. Tout ce que peut faire le caractère personnel, c'est de procurer à l'individu un degré de considération proportionnel dans l'ordre dont il est membre , et non de changer son rang. Dans l'une de ces

deux situations, il apprend à s'arroger, dans
l'autre, à céder, la prééminence : il est (à jamais) protecteur ou client, souverain ou sujet
d'un pays » (*a*).

Voilà quels sont en effet les résultats ha-
bituels, le caractère distinctif d'une véritable
aristocratie : et rien de cela n'a rapport avec
le principe dont nous nous appliquons à faire
pressentir la sagesse et l'utilité.

Un peuple dénombré et classé d'après ce
principe, n'eut pas eu d'ilotes pour cultiver
les terres et vaquer aux affaires domestiques :
car tout homme y eût été libre, nul n'y eût
été esclave.

Un peuple ainsi divisé n'eût pas été contraint de se contenter de meubles grossière-

---

(*a*) (Fergusson. Essai sur l'Histoire de la Société civile,
chap. x, pag. 184.)

— On peut aussi, jusqu'à un certain point, appliquer
ici ce qu'a dit M. Royer-Collard, à la tribune de la
Chambre des Députés, dans la session de 1819, lors de
la discussion du projet de loi sur les élections : « Toute
inégalité n'est pas aristocratique.... Or il n'y a que l'inégalité aristocratique (*ou héréditaire*) qui soit un titre
au privilége ». (Séance du 17 mai 1820.)

ment travaillés avec la scie et la cognée : car
le travail et l'industrie y eussent été par-
dessus tout en honneur.

Le vol, le larcin, n'y eût pas été considéré
comme une action louable et digne de récompense : un enfant ne s'y fût pas laissé
déchirer les entrailles par un renard furtive-
ment enlevé et caché sous sa robe ; car il
n'eût pas été encouragé à le soustraire par
l'espoir de voir son adresse louée et récom-
pensée : le principe, le droit de la propriété
eût déja été pour lui une chose sacrée, parce
qu'il eût été inviolable et sacré pour le Gouvernement, pour le peuple tout entier lui-
même. Et toutefois ce peuple n'en eût pas
moins été un peuple véritablement patriote,
courageux et libre.

Chez une nation classée d'après ce principe,
nul homme n'eût été assez hardi sans doute
pour s'exposer au blâme universel, en essayant
à la tribune de déverser lui-même le mépris
sur les classes laborieuses par qui l'État existe,
et en soutenant qu'il est une classe que sa
naissance exclut du commerce, de l'industrie,

et que sa seule naissance met au-dessus de toutes les autres (a).

III°.

Participation à l'exercice de la Puissance législative, des deux principales classes de citoyens, correspondantes à la distinction, puisée dans la nature des choses, de la propriété et de l'industrie.

Distinction importante de la Propriété et de l'Industrie relativement à l'exercice de la Puissance législative. La société étant divisée, ainsi que nous venons de l'établir, en trois classes principales, les deux premières, celle que nous désignerons sous le nom de *Classe de la Propriété,* et celle que l'on peut appeler *Classe de l'Industrie (ou du Commerce, des sciences et des arts)*, formeront deux Assemblées distinctes; et chacune d'elles délibérera et donnera son avis séparément sur la proposition de toutes les lois.

C'est ainsi qu'à Sparte, à Athènes, à Rome, par-tout où il a existé deux, ou plusieurs classes de citoyens, reconnues par la Consti-

---

(a) *Voy. ci-dessus*, 2ᵉ part. , vol. v, pag. 67, n. (a).

tution, ces classes, pour éviter la confusion
et le trop grand mélange des intérêts et des
opinions, durent s'assembler, et s'assemblèrent
en effet séparément, pour délibérer et voter ;
c'est ainsi, que particulièrement en France, le
Tiers-État , le Clergé , la Noblesse devaient
autrefois s'assembler et délibérer à part (*a*).
En 1776, le docteur Francklin, président de
la convention de la Pensilvanie, après avoir
d'abord préféré et défendu le projet d'un
Gouvernement composé d'une seule Assemblée, changea d'opinion, et, plus éclairé sur
cette importante question, il employa tous
ses efforts à persuader ses compatriotes , à
leur faire suivre son exemple. Dans cette
vue , il leur proposa cette espèce d'apologue.
« On peut comparer, leur dit-il, l'usage d'une
double Assemblée à celui que les charretiers
sont forcés d'adopter , lorsqu'ils ont à descendre une montagne rapide avec une charge
pesante et plusieurs paires de bœufs. Ils en
détachent quelques-uns, et, les attelant à la

(*a*) *Voy*. les Ordonnances de 1335, 1336, celle d'Orléans de 1560, etc. etc.

partie postérieure du chariot, les chassent ou les retiennent en arrière, tandis que ceux de devant, secondés par le poids de la charge et par la pente du terrain, attirent lentement et modérément bœufs et chariot vers le bas de la montagne ».

Quant à la troisième classe, si elle n'est point admise à délibérer, à prendre part à l'exercice de la Puissance législative, ce ne sera pas, ainsi qu'on l'a dit quelquefois assez mal-à-propos, *à cause de son état de bassesse et d'abjection* (*a*); car cette classe de la so-

---

(*a*) Blackstone et M. de Montesquieu mêmes, se sont, à ce sujet, exprimés en ces termes : « La véritable raison, dit l'un, qui fait qu'on exige certaines conditions dans les électeurs relativement aux biens qu'ils doivent posséder, est la nécessité d'exclure les individus, qui sont dans une situation *si basse*, qu'ils sont censés n'avoir pas de volonté qui leur soit propre, etc. (Commentaires sur les lois anglaises, tom. I, liv. I, chap. II.)

— « Tous les citoyens, dans les divers districts, dit l'auteur de l'Esprit des Lois, doivent avoir droit de donner leurs voix pour choisir les représentans, excepté ceux qui sont *dans un état de telle bassesse*, qu'ils sont réputés n'avoir point de volonté propre ». (Esprit des Lois, liv. II, chap. VI).

ciété, pour n'être pas la plus favorisée du
sort et de la fortune, n'en est pas moins importante, moins utile, moins respectable; et
ses intérêts ne doivent pas être plus sacrifiés
et plus méconnus que ceux des deux autres.
La pauvreté de l'indigent, disent avec plus
d'humanité, de justice, de raison, les philosophes et de sages législateurs, a le droit
d'être protégée comme l'opulence du riche,
et l'industrie de l'artisan comme la maison du
cultivateur. Mais ce sera par les motifs que
nous avons déja indiqués; ce sera parce que
le véritable intérêt de cette troisième classe
dépend nécessairement de l'intérêt des deux
autres, parce que les résolutions législatives
n'atteignent qu'indirectement à cette troisième
classe, parce qu'en général les hommes qui
en font partie ne sont pas en effet dans une
position telle qu'ils puissent être présumés
avoir une volonté personnelle parfaitement
libre et indépendante, parce que le plus grand
nombre d'entre eux ne saurait ni avoir ni sur-
tout manifester un avis sage, éclairé et vraiment salutaire sur les objets de discussion

qui, même d'une manière directe et immédiate, pourraient les intéresser.

Les plus grands malheurs de toutes les révolutions proviennent particulièrement de ce que cette dernière classe du peuple, trop facile à séduire, trop aisément égarée et induite en erreur sur la nature des droits et des devoirs véritables de l'homme en général, sur celle de ses vrais intérêts, sur les bases et les principes fondamentaux et élémentaires de toute organisation sociale, est mise en action, quelquefois par des citoyens que des sentimens généreux, que le desir de voir réprimer les abus, égarent eux-mêmes, ou qui sont trop irréfléchis, trop dépourvus de prévoyance et d'instruction ; et le plus souvent par des ambitieux, des égoïstes, des intrigans, des démagogues, par des hommes sans principes, sans probité, sans honneur, toujours disposés à bouleverser les institutions les plus utiles, les plus sages, et, s'ils le pouvaient, l'univers même et ses lois, pour satisfaire leurs intérêts personnels, leur cupidité, leurs aveugles et funestes passions.

On peut, d'après cela, juger de la faute

grave que Solon, que les fondateurs de Rome, que nos propres législateurs firent dans les institutions qu'ils voulurent établir. Nous venons de voir que le premier de ces légis-lateurs avait divisé le peuple d'Athènes en quatre classes déterminées d'après l'impor-tance de la propriété, et qu'il avait bien ré-servé aux trois premières le droit exclusif d'aspirer aux emplois publics, afin sans doute d'en exclure par ce moyen tous ceux qu'il pré-sumait n'avoir pas assez de sagesse et d'in-struction ; mais il avait pourtant donné à la quatrième le droit de voter dans les Assemblées du peuple ; et il en résulta que cette quatrième classe donna tant et de si violens échecs à la constitution que bientôt elle causa sa ruine.

A Rome, lorsque les Assemblées avaient lieu par tribus, les dernières classes avaient tout l'avantage de la prépondérance ; dans les Assemblées par curies et par centuries, elles en avaient moins ; mais elles en avaient encore trop, suivant que le remarque l'auteur de l'Esprit des Lois, et les conséquences en furent de même graves et funestes.

Sous ce rapport, un orateur avait donc

raison de dire, à la tribune de la Chambre des Députés, dans la session de 1816, lors de la discussion relative au projet de loi sur les élections : « Appeler la multitude, qu'est-ce autre chose que d'inviter les factions à la remuer à toutes les profondeurs, à la corrompre, à l'enivrer de fausses espérances, à lui promettre des proscriptions et des dépouilles : c'est l'histoire de tous les temps, et c'est aussi la nôtre » (*a*).

A quoi on peut joindre cette réflexion non moins judicieuse d'un autre membre de la même Chambre, dans le cours de la même session : « Si le paisible citadin et le modeste agriculteur, si les simples artisans et les pauvres villageois doivent trouver un appui dans le Gouvernement, il ne doit pas non plus suffire d'être riche et puissant, pour être opprimé » (*b*); et c'est cependant ce qui ne

_____

(*a*) *Voy*. le Discours de M. Royer-Collard, sur le projet de loi relatif aux élections. (Séance du 26 décembre 1816, Moniteur du 27.)

(*b*) *Voy*. le Discours de M. Froc de la Boullaie. (Séance du 13 janvier 1817, Moniteur du 15 de ce mois).

manquera pas d'arriver toutes les fois que la dernière classe du peuple, la classe la plus nombreuse et la plus ignorante, celle des simples prolétaires, sera admise à s'assembler, à délibérer, à prendre une part quelconque à l'administration du Gouvernement.

Lors donc que les deux premières classes seulement auront manifesté publiquement le vœu de leurs Assemblées, les résultats de leurs délibérations préparées et conduites avec bonne foi, maturité et réflexion, avec calme, avec ordre, si ces résultats se trouvent être contradictoires et entièrement opposés, évidemment les propositions qu'elles auront eu pour objet de discuter ne devront pas acquérir force de loi et seront rejetées : car elles sont nécessairement présumées blesser au moins l'intérêt d'une classe importante de la société, et, pour qu'un État soit bien gouverné, il ne faut pas que l'intérêt de l'une de ces classes soit jamais sacrifié à l'autre. Il vaut incomparablement mieux que les choses se maintiennent, qu'elles demeurent dans l'état où elles se trouvent, que d'être détériorées et empirées encore par de mauvaises lois.

Le grand nombre de lois est, seul, un grave inconvénient, dont tous les peuples ont éprouvé les suites funestes. La France sur-tout n'en a que trop fait, à diverses époques, et plus particulièrement depuis trente années, une triste expérience; et malheureusement nous sommes aujourd'hui fondés à dire, comme Tacite autrefois : « *Ut olim flagitiis, sic nunc legibus laboramus (a)*. Combien ne serait-il pas désirable que les lois, même les lois fondamentales, fussent en effet moins nombreuses, mais plus conformes aux Principes du Droit philosophique et de la morale, à l'intérêt public, plus généralement et plus évidemment utiles ?

On dit que le sage Solon voulut non-seulement abolir celles de Dracon, dont l'absurde sévérité punissait les moindres fautes comme les plus grands crimes ; mais qu'il prit encore le soin de rejeter toutes celles qui ne servaient qu'à exercer la science des jurisconsultes et le génie subtil des sophistes : et c'est là ce que

(a) Annal., lib. 1, chap. xxv.

doivent se proposer encore tous les législateurs éclairés.

Pufendorf, dans son Traité des Devoirs de l'homme et du citoyen, tels qu'ils sont prescrits par la loi naturelle, s'exprime en ces termes : « Il ne faut pas trop multiplier les règlemens, ni contraindre la liberté des sujets au-delà de ce que demande le bien de l'État en général, et de chaque citoyen en particulier. Car, comme les hommes dans l'exercice de ce qu'ils doivent faire, se déterminent plus souvent par les lumières naturelles de leur raison, que par la connaissance des lois civiles, si ces lois sont en trop grand nombre, en sorte qu'ils ne puissent pas les retenir aisément, et qu'elles défendent des choses que la raison ne condamne pas en elles-mêmes, les sujets y contreviendront infailliblement par pure ignorance, de sorte qu'ils auront lieu de les regarder comme des piéges qu'on leur tend pour les exposer à être punis, et comme des ordonnances fâcheuses par lesquelles on se plaît à gêner inutilement leur liberté, ce qui est con-

traire au but des lois civiles et de la société » (a).

Le Bret dit aussi : « De la publication des
mauvaises lois, il est toujours arrivé dans
les États une infinité de séditions, de changemens, de désordres ; et, si nous faisons
une curieuse recherche de l'origine de tous
les malheurs dont la France est depuis si long-
temps affligée, nous trouverons qu'ils ne pro-
cèdent que de quelques édits qui ont été pu-
bliés, sans qu'on en ait auparavant considéré
soigneusement les conséquences.... » (b).

En posant en principe que toute monarchie doit avoir des lois fixes, et qu'un royaume
dont la législation n'aurait aucune consistance
serait le théâtre du désordre et de la confusion, les auteurs des Maximes du Droit public français font justement observer que Bossuet a regardé l'instabilité des lois comme le
pronostic de la chute prochaine des empires.
« On perd la vénération pour les lois, dit en

(a) PUFENDORF. Traité des Devoirs de l'homme et du
citoyen, liv. II, chap. XI, § 6.

(b) LE BRET. De la Souveraineté, liv. I, ch. IX, pag. 18,
édit. 1689.

effet ce prélat, quand on les voit si souvent changer : c'est alors que les nations semblent chanceler comme troublées.... L'esprit de vertige les possède, et leur chute est inévitable.... C'est l'état d'un malade inquiet qui ne sait quel mouvement se donner.... On tombe dans cet état quand les lois sont variables, sans consistance, c'est-à-dire quand elles cessent d'être lois.... » (*a*).

— « La légèreté avec laquelle on les multiplie, dit Mably, dégrade le législateur. Leur grand nombre les affaiblit, et prouve que l'ignorance les a faites. Au lieu d'en publier de nouvelles, il serait très-souvent utile de se borner à prendre des mesures pour faire obéir aux anciennes. Le plus grand service qu'on pût rendre à quelques nations de l'Europe, ce serait peut-être de débrouiller le chaos de leurs lois, et d'apprendre du moins aux jurisconsultes quelles parties de leurs codes sont en vigueur, et quelles parties ne subsistent plus » (*b*).

(*a*) BOSSUET. Politique, liv. 1, *art.* 4, *propos.* 8.

(*b*) MABLY. De la Législation ou Principes des Lois, liv. III, chap. III, pag. 293 et 313.

— « Chaque peuple, suivant l'auteur de la Science du Gouvernement, peut avoir des lois qui lui soient propres; et une nation ne doit pas attendre, pour se gouverner, que le bon sens lui vienne d'ailleurs : mais la multiplicité des lois dans un même pays est un mal presque aussi grand que la fréquence des crimes. »

Enfin M. le comte Boissy-d'Anglas, dans un discours précédemment cité et si digne d'être transmis à la postérité, disait mieux encore, et nous pouvons aujourd'hui répéter avec lui : « Comment les lois seraient-elles respectées, lorsque, graces à leur multiplicité sans bornes, l'esprit le plus vaste ne pourra ni les posséder, ni les comprendre. Veiller à ce qu'il y ait peu de lois dans un empire, c'est veiller à ce qu'elles soient mieux comprises, mieux exécutées; c'est préparer un code simple, qu'une instruction familière, qu'une expérience facile, peuvent graver dans le cœur des hommes; c'est les recommander davantage à l'affection et au respect....

« Il n'y a pas la moindre comparaison entre le danger d'avoir une bonne loi de moins, et celui d'avoir une mauvaise loi de plus.... » (*a*).

Au surplus, dans un Gouvernement bien organisé, et où les citoyens les plus sages et les plus intéressés au maintien de la tranquillité et de l'ordre public seraient appelés seuls à l'exercice de la puissance législative (ce qui n'est pas d'une exécution impossible, ainsi que nous le reconnaîtrons par la suite), il sera facile de rapprocher les opinions, de proposer réciproquement des modifications, des amendemens, et même de prendre un terme moyen qui concilie tous les intérêts.

Mais ces modifications et amendemens, cet accord, fussent-ils même impraticables, nous ne cesserions pas de le répéter, tant cette vérité est d'une haute importance, l'ajournement ou le refus d'une bonne loi seront toujours moins pernicieux que ne serait funeste l'obligation imposée à la société entière d'exécuter une loi dont l'utilité serait encore incertaine, ou, ce qui revient au même, non

---

(*a*) Discours de M. Boissy-d'Anglas à la Convention, août 1795. — On peut encore voir à ce sujet l'Esprit des Lois , liv. v, chap. x.

suffisamment démontrée; et à l'appui de cette vérité, nous invoquerons un dernier passage des Maximes du Droit public français, dont il est encore facile de faire ici l'application, quoique les circonstances aient changé, et que, sous ce rapport, les institutions se soient améliorées jusqu'à un certain point; et ce passage nous conduira naturellement à l'examen d'une autre partie de la question dont nous nous occupons en ce moment :

« Quand on admettrait quelque réalité dans le cas presque métaphysique d'un concert de tout le Corps de la magistrature pour rejeter une loi, sans motifs, ou même contre l'évidence de son utilité, le mal qui en serait la suite ne serait pas comparable à celui de la publication d'une mauvaise loi contre le vœu de la magistrature. L'État serait privé d'un avantage qu'il n'a pas encore connu; il ne perdrait aucun de ceux qu'il possédait. Les anciennes lois conserveraient tout leur empire; sa constitution ne serait point ébranlée. En un mot, la monarchie ne demeurerait pas sans loi, parce qu'un nouvel édit ne serait pas reçu.

« Mais quelles funestes conséquences ne peut pas entraîner une loi pernicieuse? Elle peut opérer ou préparer le renversement de la monarchie, changer la nature de ses institutions, y introduire une forme nouvelle de Gouvernement, exciter le mécontentement des peuples, occasionner des troubles et des discordes. Il n'y a donc aucune proportion du danger de l'établissement d'une mauvaise loi à l'inconvénient qui peut résulter du refus d'en enregistrer une bonne.

« Le plus grand de tous les malheurs sans doute serait la subversion totale de la monarchie, sa conversion en despotisme. Or ce malheur serait la suite inévitable du principe qu'on cherche quelquefois à établir, que les magistrats sont tenus par obéissance d'enregistrer toutes les lois, lorsque le roi le leur commande.

« On le sentira aisément : si le roi, trompé par les flatteurs, se déclarait propriétaire de tous les biens de son royaume, maître absolu de la liberté, de la vie même de ses sujets; s'il entreprenait de changer l'ordre de la succession à la couronne, de la partager entre ses enfans, de la transmettre à un puîné, il y aurait un renversement total dans l'ordre de la monarchie, à laquelle on aurait substitué le pouvoir arbitraire et le Gouvernement despotique (a). Or, s'il est vrai que le Parlement soit obligé d'enregistrer toutes sortes de lois, après avoir fait des représentations qui seront méprisées, rien n'est plus facile au roi que d'opérer tout ce bouleversement. Il lui suffit de se rendre au palais, ou d'y envoyer quelqu'un de sa part, qui fera enregistrer de force un édit par lequel le roi se sera arrogé tous ces droits. Dès l'instant de cet enregistrement, les magistrats, qui n'ont pu le rejeter en cette qualité, seront tenus de l'exécuter comme sujets. Les autres citoyens seront soumis à la même obligation; et voilà la face du royaume entièrement changée, les droits des sujets totalement anéantis, et ceux des souverains accrus aux dépens de la liberté publique. Et on ose, après cela, alléguer l'inconvénient qu'il y aurait à ce que

---

(a) *Voy. ci-dessus*, 2ᵉ part., vol. ɪᴠ, pag. 258 *et suiv.*; et *ci-après*, liv. ɪɪ, ch. ɪɪ, tit. ɪɪ, § 2.

les Parlemens pussent refuser l'enregistrement de quelque édit : ne devrait-on pas rougir de telles objections... » (*a*) !

IV°.

Concours et Sanction nécessaires du Prince relativement à l'exercice de la Puissance législative et à la promulgation des Lois.

ON voit que, comme nous l'avons annoncé, la dernière citation ci-dessus transcrite nous conduit déja fort avant dans l'examen d'une autre partie de la proposition qui nous occupe ; et, pc. r reprendre la suite et la progression naturelle des idées , nous serons même obligés de revenir à un certain point sur nos pas.

Du Concours et de la Sanction du Prince quant à l'exercice de la Puissance législative.

Nous avons eu jusqu'ici pour but de prouver que le concours de la volonté de deux Assemblées délibérantes doit être considéré

(*a*) (Maximes du Droit publ. franç., tom. vi, ch. vi, pag. 286.) — *Voy. aussi*, à ce sujet, l'ABBÉ DUGUET. Institutions d'un Prince , tom. i, 2ᵉ part. , chap. vii , *art.* 2, § 2, 3, 4 , etc., *jusqu'au* § 12 *inclusivement.*

comme une garantie indispensable dans l'exercice de la puissance législative. Nous avons maintenant à établir que, dans une monarchie bien constituée, cette garantie serait encore insuffisante, et que la raison, le bon sens, l'intérêt même de la société, exigent impérieusement de ne pas la considérer comme complète, si l'on n'y joint pas l'approbation et la sanction expresse du prince.

Cette sanction, ce concours de volonté avec les deux assemblées délibérantes, est un complément de garantie réellement indispensable sous plus d'un rapport.

D'abord, le prince fait lui-même partie du peuple, de la société; il doit être considéré comme le père de famille, comme le premier citoyen de l'État. Suivant une expression analogue à celle dont se sert Grotius, il est en quelque sorte au corps de la société ce que la tête ou le cerveau est au corps humain; et, si les deux premières classes de la société doivent nécessairement, dans l'intérêt du corps entier, être admises à lui transmettre distinctement leurs idées, leurs sensations, l'expression des divers besoins qu'elles éprouvent, il faut aussi qu'il puisse les apprécier, et prendre part aux résolutions que ces divers besoins nécessitent et déterminent. Il est même beaucoup de circonstances dans lesquelles le prince peut mieux apprécier les besoins du corps entier de la société que chacun des autres principaux membres de ce même corps ; premier motif assez important de sa participation à l'exercice de la puissance législative.

Loin d'être restreinte au pouvoir de sanctionner, cette participation du Prince à l'exercice de la Puissance législative s'étend même jusqu'au droit de proposer.

Dans une monarchie constitutionnelle et régulière, ce droit doit être entièrement réciproque entre chacune des trois branches de la puissance législative, sans aucun inconvénient réel, par cela seul qu'il importe peu de quel côté émane la proposition, pourvu que toujours sa conversion en loi soit essentiellement subordonnée à l'acceptation unanime des deux assemblées délibérantes et du prince.

Que si, au contraire, par un renversement total des choses et des idées naturelles, l'on prétendait restreindre le droit de proposition

à une initiative royale exclusive, on verrait
alors infailliblement naître les difficultés inso-
lubles de la prétendue, de l'inextricable et
incompréhensible théorie des amendemens.
« Il a été assez démontré par nos meilleurs
publicistes, dit l'auteur des Constitutions de
la nation française (M. le comte Lanjuinais),
que la proposition directe des lois devrait appartenir également à chacune des trois branches du Pouvoir législatif.... L'expérience et la
raison ne prouvent que trop combien l'initiative indirecte est décourageante et puérile-
ment illusoire par le vice des *ricochets;* qu'enfin il est trop étonnant d'avoir établi qu'un
membre d'une des Chambres peut proposer
à sa Chambre de proposer à l'autre Chambre
de proposer au Roi de proposer à l'une des
Chambres, pour être proposé une seconde
fois à l'autre Chambre, un projet de loi, pour
être présenté par cette Chambre à la sanction
du Roi » (*a*).

(*a*) « Voici, continue l'auteur, ce qui en est arrivé, en
France, depuis quatre ans (l'ouvrage a été publié au mois
de janvier 1819) : « Les Ministres ne proposent rien, ou

Revenant ensuite à notre première hypothèse, nous ajouterons que ce qui fait encore
qu'il ne suffit pas du concours de la volonté
des deux assemblées pour donner aux résultats de leurs délibérations le caractère et la
force d'une loi, lorsque ces mêmes résultats
ne sont pas en outre expressément approuvés
et sanctionnés par le roi, c'est que, s'il en
était ainsi, si cette sanction n'était point rigoureusement et indispensablement requise,
le prince alors serait réellement soumis et dépendant; il ne serait plus le chef véritable

---

presque rien, que le Budjet. La Chambre élective propose
des lois que souvent ont repoussées l'autorité de la Charte
et l'opinion publique. La Chambre des Pairs ne propose
rien, et il faut convenir que (*dans son Organisation
actuelle*) ce n'est pas à elle qu'il conviendrait d'exciter
le mouvement. Ainsi la Charte, contrariée d'ailleurs, ou
formellement offensée, ou suspendue, a paru se mourir
d'inanition dans son berceau. Ainsi l'on nous a donné,
depuis 1814, quelques pages de lois et de contre-lois,
et douze volumes d'Ordonnances, qui font un mélange
incompatible de l'ancien et du nouveau régime, des mesures oppressives de l'Empire et des institutions libérales
de la Charte ». (Constitutions de la nation franç., tom. 1,
liv. III, chap. VI, pag. 247; et *ibid.* 250 *et suiv.*)

d'une monarchie, mais seulement le sujet,
l'agent des deux assemblées, de quelque manière qu'elles fussent composées. Alors il
pourrait toujours dépendre de ces assemblées
de le renverser, de miner, de méconnaître,
de détruire son autorité, d'arracher de ses
mains l'exercice même de la Puissance exécutive qui, ainsi que nous l'avons précédemment
démontré et que nous le verrons encore par
la suite, ne peut être exercée utilement que
par lui seul; de le dépouiller tout-à-coup ou
par degrés des attributions de cette seconde
Puissance, pour s'en emparer elles-mêmes;
de les réunir, de les confondre ainsi avec les
attributions de la Puissance législative déja
exercées entièrement par elles, et de changer
totalement, de cette manière, la forme du
gouvernement qui, dans ce cas, aurait le véritable caractère et tous les vices d'une aristocratie ou d'une démocratie simple. Aussi
Bodin, en ce sens, dit-il avec raison dans
son Traité de la République, que « Si le
Prince est sujet aux États, il n'est ni Prince
ni souverain, et que la République n'est ni
royaume ni monarchie ; *ains* une pure aristo-

cratie de plusieurs magistrats en puissance égale, où la plus grande partie commande à la moindre en général, et à chacun en particulier » (*a*).

Il faut donc tenir désormais pour bien démontré et bien constant que, dans une société d'un territoire et d'une population peu étendus, tels que nous venons de les supposer pour simplifier l'exposition et le développement du principe en lui-même, la Puissance législative ne peut être utilement exercée dans l'intérêt du gouvernement et de la société tout entière, si elle ne l'est concurremment par le prince et par tous les membres de cette société exerçant une profession utile, indépendante et libre, divisée en deux classes et assemblées nationales d'après le mode qui vient d'être indiqué. La distinction et l'exacte répartition des trois puissances est le premier principe de l'organisation de la monarchie constitutionnelle : celui-ci en est le second.

(*a*) (Bodin. De la République, liv. 1, chap. viii.) — *Voy. aussi*, les Maximes du Droit publ. franc., tom. iii. *Dissertation sur le Droit de convoquer les États-Généraux.*

Nous verrons bientôt à faire une application directe et essentielle de ce même principe à l'état actuel de la civilisation, à l'organisation du gouvernement chez une nation où l'étendue du territoire et de la population rendent nécessaire l'admission du système représentatif; mais c'est d'abord ici le lieu de citer quelques exemples remarquables de cette participation de plusieurs volontés distinctes à l'exercice de la Puissance législative, ainsi que les opinions de plusieurs publicistes ou législateurs modernes qui ont rendu un hommage solennel à l'importance, à la vérité de ce principe fondamental et constitutionnel d'organisation.

L'Angleterre offre sans doute l'exemple le plus frappant de cette réunion, de ce concours de trois volontés distinctes pour déterminer les subsides et former les lois; et certes les hommes de ce pays ne sont pas, plus que d'autres, étrangers à l'esprit de résistance, on pourrait même dire, de parti ou de faction; et cependant l'État n'y reste jamais sans lois, ni même sans impôts.

Mais ce royaume n'est pas le seul où, depuis

long-temps déja, ce même concours unanime
de la volonté du Prince et de plusieurs Corps
ou Assemblées dans l'exercice de la plupart
des attributions de la Puissance législative, ait
été considéré comme une base fondamentale
du gouvernement. « Quand il s'agit de délibérer, écrivait l'auteur de la Science du gouvernement il y a plus d'un demi-siècle, les
États de l'Empire se partagent en trois Colléges dont chacun tient ses conférences à part
sous un directeur ou président particulier.

« On a quelquefois agité la question de
savoir si la pluralité pourrait avoir lieu à l'é-
gard des résolutions prises dans les trois Colléges, en sorte que l'avis de la majorité de
ces trois Colléges pût passer pour celui de
tous les États de l'Empire. Mais ceux-mêmes
qui souhaiteraient, dans certaines circonstances, qu'il en fût ainsi, sentent si bien les
conséquences qui en pourraient résulter dans
les cas qui ne leur seraient pas favorables,
qu'on n'a eu garde de décider pour l'affirmative....

« Quoique les trois Colléges soient du
même avis, il faut encore le consentement

de l'Empereur à qui ils le communiquent. Si l'Empereur n'adopte pas cet avis, on reprend les délibérations dans chaque Collége; et, si l'on ne peut lever l'opposition entre l'Empereur et les États, la question reste indécise...

« Dans les Provinces-Unies de la Hollande, dit le même auteur, la pluralité des suffrages n'a lieu dans les délibérations que lorsqu'il s'agit de l'exécution de lois déja faites. Il faut un consentement unanime pour faire ou la guerre ou la paix, pour conclure des alliances, pour fixer la valeur numéraire des espèces, pour augmenter les forces de terre et de mer, et pour lever des taxes extraordinaires. Dans tous ces cas, l'opposition d'une seule province et même celle d'une seule ville empêche que les délibérations des autres aient leur effet. On en vit un exemple éclatant vers la fin du siècle dernier (en 1680). La France et l'Espagne étaient en guerre; les Provinces-Unies étaient disposées à épouser la querelle de l'Espagne; le prince d'Orange n'avait rien oublié pour les faire déclarer : mais tous les mouvemens qu'il se donna furent inutiles; la contradiction de la seule ville d'Amsterdam empêcha les Provinces-Unies de prendre part à cette guerre.

« En Angleterre, dit-il encore, c'était autrefois le Roi qui proposait les lois, et le Parlement qui leur donnait la force en les approuvant. Aujourd'hui ce sont les Chambres qui proposent, et le Roi qui approuve, soit qu'il s'agisse de faire une loi nouvelle, soit qu'il soit question d'en abroger ou d'en changer une ancienne. Un membre des Communes propose un acte à sa Chambre, qui le discute. Si elle approuve à trois différens jours l'acte dont on fait la lecture, elle le fait communiquer à la Chambre-Haute, qui l'examine de même. S'il est approuvé dans cette Chambre les trois fois qu'il y est lu, il est présenté au Roi, qui peut refuser de l'approuver sans donner aucune raison de son refus. Chaque membre peut faire des changemens au projet; et lorsqu'on en fait dans une Chambre, il faut que l'acte repasse dans l'autre, afin qu'elle le discute sur le nouveau pied où il a été mis. Ce n'est qu'aux actes qui ordonnent des levées de deniers que les Seigneurs ou la Chambre-Haute ne peuvent faire aucun changement;

ils ont simplement le droit de les rejeter en entier; ce qui n'arrive presque jamais, les levées ne se faisant ordinairement qu'à la réquisition du Roi et pour l'exécution de ses projets » (*a*).

Nous devons surtout invoquer, sur ce point important, l'autorité de l'un des plus célèbres publicistes anglais ; quoique ce que nous allons en transcrire, aussi bien que le passage qui vient d'être cité, exige, pour ne pas donner lieu à de fausses inductions, qu'on fasse une attention soutenue aux principes que nous avons commencé par établir relativement aux seules bases véritables et naturelles de la distinction du peuple en deux classes principales, concordantes avec la distinction de la propriété foncière et de l'industrie.

« Tacite, dit Blackstone, traite la notion d'un Gouvernement mixte, formé de la dé-

---

(*a*) Science du Gouvernement, tom. II, chap. VII, sect. 4 ; *Gouvernement de la République germanique*, pag. 182 *et suiv.* ; et *ibid.*, sect. 7 : *Gouvernement des sept Provinces-Unies*, pag. 306, *etc.*

— *Voy. aussi* PUFENDORF. Introduction à l'Histoire, tom. I, pag. 421.

mocratie, de l'aristocratie et de la monarchie, et participant des avantages de chacune
d'elles, comme une idée bizarre et sans consistance, dont l'exécution, si elle avait lieu,
ne serait ni durable, ni sûre (*a*).

« Mais heureusement pour nous, habitans
de cette île, la Constitution anglaise a long-
temps été, et, j'espère, sera long-temps encore une exception sans réplique à la vérité
de cette assertion. Car, chez nous, le pouvoir
exécutif des lois est placé dans les mains d'une
seule personne, d'où résultent, pour la force
et l'expédition, tous les avantages qu'on peut
trouver dans la monarchie la plus absolue; et
quant à la puissance législative, elle est confiée à trois pouvoirs distincts (ou trois branches) entièrement indépendans entre eux (*b*).

(*a*) « *Cunctas nationes et urbes populus aut primores
aut singuli regunt : delecta ex his et constituta reipublicæ
forma laudari facilius quàm evenire vel, si evenit, haud
diuturna esse potest* ». (Annal., lib., iv.)

(*b*) Cette indépendance absolue des trois branches de
la Puissance législative entre elles devrait avoir lieu;
mais existe-t-elle plus en Angleterre qu'en France ? c'est
ce dont il est encore permis de douter.

38.

Le premier est le Roi; le second, ce sont les
Lords spirituels et temporels, assemblée aristocratique de personnes choisies pour leur
piété, leur naissance (a), leur sagesse, leur
valeur ou leurs propriétés; le troisième est
la Chambre des Communes, élue librement
par le peuple et parmi le peuple, ce qui en
fait une sorte de démocratie. La réunion de
ces trois pouvoirs compose le Parlement britannique, et dispose de tout souverainement;
et comme ils sont mus par des ressorts différens, qu'ils portent leur attention sur des intérêts différens, aucune tentative contre le
bien général ne peut être faite par l'une des
trois branches, qu'elle ne soit combattue par
l'une des deux autres; chacune d'elles étant
armée d'un pouvoir (ou plutôt, pour éviter
toute confusion, d'une faculté, d'un droit)
négatif, suffisant pour repousser toute inno-

(a) On doit maintenant concevoir facilement en quoi
la composition de cette Chambre est imparfaite et vicieuse;
et l'on peut juger par ses résultats en Angleterre, où
elle existe depuis plus long-temps, ce qu'ils seront par
la suite en France, s'il n'y est pas apporté quelques modifications réclamées par la justice, le droit et la raison.

vation qu'elle jugerait non convenable ou dangereuse.

« La Souveraineté de la Constitution britannique, ainsi placée, l'est aussi avantageusement qu'elle puisse l'être pour la société. Sous aucune autre forme nous ne pourrions avoir autant de certitude de trouver si bien et si heureusement unies les trois grandes qualités requises dans un gouvernement. Si le pouvoir suprême était attribué à l'une quelconque des trois branches séparément, nous serions exposés aux inconvéniens ou de la monarchie absolue (a), ou de l'aristocratie, ou de la démocratie; et il nous manquerait deux des trois principaux élémens d'un bon Gouvernement, la probité des vues, la sagesse, ou le pouvoir. Si la puissance suprême était confiée à deux seulement des trois branches, par exemple, au Roi et à la Chambre des pairs, nos lois pourraient être faites avec maturité et être bien

***

(a) C'est ce qui arrive souvent, en effet, par une suite naturelle de l'influence indirecte et illégitime que le Roi, ou le Ministère, se ménage, contre l'esprit même de la Constitution, non-seulement dans la Chambre-Haute, mais encore dans la Chambre des Communes.

exécutées ; mais elles pourraient n'avoir pas toujours en vue le bien du peuple (*a*). Supposons l'autorité souveraine dans les mains du Roi et de la Chambre des Communes ; nous aurions à regretter cette circonspection, cette prudence médiatrice, qui sont l'effet de la sagesse des Pairs (*b*). Si les droits suprêmes de la législature appartenaient aux deux Chambres seulement, et que le Roi n'eût pas la négative à leur opposer, elles pourraient être tentées d'empiéter sur la prérogative royale, peut-être même d'abolir la royauté, et d'af-

---

(*a*) C'est ce qui arrive même dans l'état actuel des choses, et il faut en voir l'une des principales causes dans la composition aristocratique de la Chambre des Pairs. De là les droits d'aînesse, la concentration des propriétés territoriales dans quelques mains, et la misère déplorable d'une immense partie de la population. *Voy.* *ci-dessus*, 1re part., vol. iii, pag. 210, *note* (*a*).

(*b*) La prudence et la circonspection seraient encore bien mieux le résultat d'une classification puisée dans la nature vraie et équitable, telle que celle qui correspondrait à la distinction de la propriété et de l'industrie, que d'une classification uniquement fondée sur l'hérédité, l'orgueil, l'iniquité et le privilége, et qui doit même produire nécessairement des effets tout opposés.

faiblir ainsi, sinon de détruire entièrement, la force du pouvoir exécutif. Mais le Gouvernement constitutionnel de cette île est si admirablement réglé et composé, que rien ne peut le mettre en danger ni l'ébranler, si ce n'est la destruction de l'équilibre du pouvoir entre une branche de la législature et les deux autres. Car s'il arrivait jamais que l'une des trois branches perdît son indépendance, ou qu'elle en vînt à servir d'instrument aux vues des deux autres ou de l'une d'elles (*a*), notre Constitution cesserait bientôt d'exister. Le Pouvoir législatif ne serait plus tel que, dans la supposition d'un contrat primitif (soit réel, soit présumé), on doit croire qu'il a été constitué originairement par le consentement général et l'acte fondamental de la société; et un pareil changement, de quelque manière qu'il soit effectué, est tout-à-la-fois, suivant

---

(*a*) Blackstone indique ici d'une manière assez sensible le danger trop réel que peut courir le gouvernement anglais, le germe de destruction et de ruine, dont les gouvernemens monarchiques réglés d'après les bases de leur véritable organisation doivent en effet chercher par-dessus tout à se garantir et à se défendre.

Locke (*a*) (qui peut-être porte trop loin sa théorie), la dissolution entière des obligations envers le Gouvernement : le peuple est ainsi réduit à l'état d'anarchie, et libre de se constituer à lui-même un nouveau Pouvoir législatif....

« Il est très-nécessaire, pour maintenir la balance de la Constitution, dit ailleurs le même publiciste, que le Pouvoir exécutif soit une branche du Pouvoir législatif, quoique sans être le Pouvoir législatif entier. Nous avons vu que leur réunion dans une même main conduirait à la tyrannie : leur séparation absolue produirait à la fin les mêmes effets, en amenant cette union même à laquelle on aurait cru mettre obstacle. Le Pouvoir législatif deviendrait bientôt tyrannique, parce qu'il empiéterait sans cesse sur les droits du Pouvoir exécutif, et qu'il se les attribuerait par degrés. Ainsi le long Parlement, sous Charles Ier, fit des lois salutaires, redressa des griefs très-graves, tant qu'il agit constitutionnellement et avec le concours du Roi. Mais quand les

---

(*a*) *On government*, part. 22, § 212.

deux chambres s'emparèrent du pouvoir législatif, à l'exclusion de l'autorité royale,
bientôt après elles s'emparèrent aussi des
rênes de l'administration; et à l'aide de ces
pouvoirs réunis, elles bouleversèrent l'Église
et l'État, et établirent un systéme d'oppression pire qu'aucun des abus auxquels elles
avaient prétendu remédier. C'est donc pour
empêcher de pareilles usurpations que le Ròi
est lui-même une partie du Parlement; et,
d'après le motif de cette disposition, il était
très-convenable que la part de la puissance
législative donnée à la couronne par la Constitution consistât dans le pouvoir de *rejeter*,
plutôt que dans celui de *statuer*, puisque cela
suffit pour le but qu'on s'est proposé. Car
nous pouvons appliquer ici à la négative
royale ce que dit Cicéron de la négative des
Tribuns de Rome : la Couronne est sans pouvoir pour *faire* le mal; elle n'a que le pouvoir
d'*empêcher* le mal d'être fait (a). Le Roi ne
peut par lui-même introduire aucun change-

(a) « *Sulla Tribunis plebis suâ lege injuriæ faciendæ
potestatem ademit, auxilii ferendi reliquit* ». (De leg. 3, 9.)

ment dans les lois actuellement établies; mais il peut approuver ou désapprouver les changemens proposés et consentis par les deux Chambres. Le Pouvoir législatif ne peut donc, sans le consentement du Pouvoir exécutif lui-même, restreindre aucun des droits qui sont attribués à ce dernier Pouvoir par la loi; puisque la loi ne peut varier, à moins que tous les Pouvoirs (c'est-à-dire les trois branches du Pouvoir législatif) ne soient d'accord pour la changer. Ce contrôle respectif de toutes les parties entre elles est réellement ce qui constitue l'excellence du Gouvernement anglais dans la législature. Le peuple est un frein pour la noblesse, et la noblesse pour le peuple, par le privilége mutuel pour chaque côté de rejeter ce que l'autre a résolu; et le même droit exercé par le Roi sur l'un et l'autre préserve le Pouvoir exécutif de toute usurpation. Et ce Pouvoir exécutif lui-même est à son tour retenu dans de justes bornes par les deux Chambres, qui ont même le privilége de rechercher, d'accuser et de punir la conduite, non du Roi (a), ce qui détruirait

_____

(a) Statut 12, Car. II, c. 30.

son indépendance constitutionnelle; mais, ce qui est bien plus utile pour le public, de ses conseillers mal-intentionnés et pervers. C'est ainsi que chacune des branches de notre système politique appuie les autres, reçoit leur appui, et leur sert de régulateur comme elles lui en servent; car les deux Chambres étant naturellement dirigées en sens différent par des intérêts opposés (*a*), et la prérogative royale dans un sens encore différent, elles empêchent mutuellement qu'aucune d'elles excède ses propres limites, tandis que le tout se maintient réuni et joint artificiellement par la nature mixte de la·Couronne, qui, seule revêtue de la magistrature exécutive, est en même temps l'une des parties de la législa-

---

(*a*) **Malheureusement** l'intérêt trop séparé de l'une de ces deux Chambres, ou du moins celui de la noblesse privilégiée, exclusive, héréditaire, se trouvera toujours dans une opposition trop directe, trop absolue, avec l'intérêt général de la société; tandis que, comme nous l'avons dit plus haut, les intérêts de la Propriété et de l'Industrie, quoique pouvant différer entre eux en quelques points, tendent néanmoins tous deux à la plus grande prospérité de l'État. (*Voy. ci-dessus*, vol. v, pag. 548 *et suiv.*).

ture. Semblables à trois forces différentes, en mécanique, ces branches réunies poussent la machine du Gouvernement dans une direction qui n'est pas celle que lui eût donnée l'une quelconque d'entre elles agissant seule, mais qui est le résultat des directions particulières de chacune d'elles; et c'est sur cette direction que se trouve la vraie ligne et de la liberté et du bonheur de tous » (a).

Quant aux États-Unis d'Amérique, voici ce que l'auteur de la Défense des Constitutions de ce pays dit à ce sujet : « Les Américains n'ont pas à la vérité imité le système du gouvernement d'Angleterre autant qu'ils auraient pu le faire : ils n'ont pas, par exemple, donné une négative assez étendue sur leur législature au pouvoir exécutif; et c'est en quoi, je suis forcé de l'avouer, leurs balances sont incomplètes....

« Je n'ajouterai plus à toutes les preuves que j'ai exposées en faveur d'une Constitution

(a) Commentaires sur les lois anglaises, tom. 1, Disc. préliminaire, sect. 2; et *ibid.*, liv. 1, chap. 11. *Traduct de M. Chompré.*

triplement balancée qu'une seule réflexion. L'effet de cette forme de Gouvernement est sûr (*a*) ; il est sous vos yeux, et celui de toute autre Constitution est plus qu'incertain. Tous les exemples historiques que j'ai rapportés concourent à prouver que le système de la triple branche du Pouvoir est fondé sur la base immuable de la nature ; qu'elle existe dans toute société, soit naturelle, soit artificielle ; que toute espèce de Constitution se disant libre, dans laquelle ces trois branches du Pouvoir n'auront pas été reconnues et exactement décrites, se trouvera à l'essai être imparfaite, peu stable ; et que bientôt le peuple qui l'aura adoptée sera asservi ; que les Autorités législative et exécutive sont naturellement distinctes, et que la liberté et l'exécution des lois dépendent de l'exacte séparation de ces deux Pouvoirs ; que le législatif est naturellement et nécessairement souverain, mais que l'exécutif doit former une branche essentielle du premier, qu'il doit

---

(*a*) Sauf quelques modifications dont on reconnaîtra, par la suite, l'absence et la nécessité.

avoir sur le législatif un *veto* ou une faculté *négative* ; car autrement il serait incapable de se défendre, et le législatif l'aurait bientôt miné sourdement, attaqué, envahi, et, d'une manière ou de l'autre, ruiné, anéanti.

« Le système que nous proposons est applicable à chacun des États d'Amérique dans sa capacité individuelle; il est également applicable aux États-Unis dans leur capacité fédérale.

« Quant au projet de former la législation en deux branches seulement, c'est-à-dire, de placer le Pouvoir exécutif dans les mains d'un Gouverneur auquel on adjoindrait un Conseil, et le législatif dans les mains d'une Assemblée *simple*, il résulte de tous les exemples qu'on vient de voir, que ce système est aussi illusoire que celui de la démocratie. Tôt ou tard l'une des deux branches sera écrasée par l'autre; ce qui arrivera à la première commotion que l'État pourra éprouver : et alors il ne restera plus au peuple que les maux provenant de la tyrannie d'un seul homme, ou les maux plus effrayans encore provenant d'une seule Assemblée démocratique et non balancée. Dans ce cas, l'exécutif sera forcé de n'être que l'instrument ou l'agent des Chefs de l'Assemblée. Ce pouvoir étant pour le peuple un objet de défiance et de jalousie, l'Assemblée législative, qui a plus de moyens de se rendre populaire, saura toujours miner son autorité, et le rendre odieux ou au moins suspect. Mais, en supposant que le peuple supporte pour un temps un Pouvoir exécutif qui s'accorderait mal avec les Chefs de la Chambre, toujours est-il certain que, dans ce cas, une portion des citoyens de cet État haïra la Constitution. La nation sera alors divisée en deux Corps, et la question ne pourra être décidée que par la force des armes. Si c'est le pouvoir exécutif qui prend le dessus, l'inconvénient est le même. Une Constitution composée d'un *exécutif* dans une Assemblée et d'un *législatif* dans une autre n'est autre chose, dès son origine, que deux armées en bataille, qu'aucun pouvoir ne réprime, et qui n'attendent que le signal du combat, à moins qu'avant l'instant décisif, l'une des deux branches ne soit parvenue à rendre vaine et illusoire l'autorité de sa rivale. Dans toutes les nations, il se forme infailliblement des partis : le grand secret est de les contenir, et il n'y a pour cela que deux moyens; l'un est le Gouvernement despotique soutenu par une armée toujours sur pied, l'autre est une balance dans la Constitution. Toutes les fois que le peuple aura sa voix dans l'administration du Gouvernement, et qu'il n'y aura pas une balance établie, on n'y verra qu'une éternelle fluctuation, des révolutions et des horreurs, jusqu'à ce qu'un général, à la tête d'une armée, vienne rétablir la tranquillité, ou jusqu'à ce que la nation entière soit d'accord sur la nécessité d'un équilibre » (a).

En France, l'un des vices les plus évidens et les plus graves des dispositions constitutionnelles de 1789 et 1791 fut d'abord de n'avoir admis qu'une seule Assemblée législative, et ensuite d'avoir attribué à cette Assemblée une excessive extension de Puissance; puisque, aux termes des articles XI et XII, le refus du Roi n'était que suspensif, et que

_____

(a) Défense des Constit. améric., tom. 1, pag. 143; et *ibid.*, tom. 11, pag. 416.

le même projet reproduit finissait par acquérir force de loi sans son aveu : ce qui, dans la réalité, rendait son autorité totalement dépendante et illusoire, et introduisait dans la Constitution une irrégularité vicieuse et funeste, dont l'attentat sacrilége commis sur la personne de Louis XVI, et tous les malheurs publics et privés qui l'accompagnèrent et le suivirent, devenaient comme une suite infaillible et inévitable.

Déja cependant l'auteur de l'Esprit des lois, d'autres philosophes, publicistes, législateurs, avaient élevé la voix pour proclamer et enseigner ce principe fondamental et salutaire que l'on eût dû dès-lors s'empresser d'adopter.

« Si la Puissance exécutrice n'a pas le droit d'arrêter les entreprises du Corps législatif, avait dit M. de Montesquieu, celui-ci sera despotique; car, comme il pourra se donner tout le pouvoir qu'il peut imaginer, il anéantira toutes les autres Puissances....

« La Puissance exécutrice, comme nous avons dit, doit prendre part à la législation par sa faculté d'empêcher ; sans quoi, elle sera bientôt dépouillée de ses prérogatives. Mais si la Puissance législative prend part à l'exécution, la Puissance exécutrice sera également perdue.

« Si le monarque prenait part à la législation par la faculté (exclusive ou absolue) de statuer, il n'y aurait plus de liberté. Mais, comme il faut pourtant qu'il ait part à la législation, pour se défendre, il faut qu'il y prenne part par la faculté d'empêcher.

« Ce qui fut cause que le Gouvernement changea à Rome, c'est que le Sénat qui avait une partie de la Puissance exécutrice, et les magistrats qui avaient l'autre, n'avaient pas comme le peuple la faculté d'empêcher » (a).

Nous avons eu déja, ou nous aurons par la suite, lieu d'invoquer au soutien d'un autre principe (la distinction naturelle entre la Puissance judiciaire et les deux autres Puissances, la législative et l'exécutive) cet autre passage qui s'applique également ici. « Dans le Gouvernement des Rois des temps héroïques, les trois pouvoirs étaient mal distribués. *Ces monarchies ne pouvaient subsister : car, dès*

(a) Esprit des Lois, liv. xi, chap. vi.

que le peuple avait la législation, il pouvait, au moindre caprice, anéantir la royauté, comme il fit par-tout.

« Chez un peuple libre, et qui avait le pouvoir législatif; chez un peuple renfermé dans une ville, où tout ce qu'il y a d'odieux devient plus odieux encore, le chef-d'œuvre de la législation est de savoir bien placer la Puissance de juger. Mais elle ne le pouvait être plus mal que dans les mains de celui qui avait déja la Puissance exécutrice. Dès ce moment le monarque devenait terrible. *Mais en même temps, comme il n'avait pas la législation, il ne pouvait pas se défendre contre la législation; il avait trop de pouvoir, et il n'en avait pas assez* » (*a*).

Un grand publiciste avait donc ainsi posé le principe; un ministre éclairé, et dont la France eut plus d'une fois lieu de reconnaître les louables intentions, le pensait, l'écrivait de même; et un orateur dont l'éloquence n'est pas contestée, dont les vues n'étaient pas, comme on va le voir, dénuées de prévoyance

---

(*a*) Esprit des Lois , liv. xi , chap. xi.

39.

et de sagesse, le soutint avec chaleur à la tribune de l'Assemblée constituante.

« On vient de voir, écrivait le ministre, de quelle manière la composition du Corps législatif, en influant sur les sentimens de respect et d'obéissance envers les lois, seconde ou contrarie le Gouvernement dans l'exercice des devoirs qui lui sont confiés. On concevra plus facilement encore comment l'intervention du Chef de l'État dans les actes législatifs, comment sa participation à cette solennité politique, ont un rapport intime avec la dignité du trône, et avec l'autorité du pouvoir dont le monarque est dépositaire.

« Aucun bill du parlement d'Angleterre n'a force de loi sans l'adhésion du monarque; et les décrets d'accusation, connus sous le nom de *bills of impeachment*, sont les seuls exceptés de cette règle générale.

« Il n'en est pas de même en France. La nouvelle Constitution a imposé diverses restrictions au droit de sanction : les unes limitent sa durée; les autres circonscrivent son application.

« Le droit d'opposition que la Constitution

accorde au monarque; ce droit connu sous
le nom de *veto suspensif*, ne peut arrêter
l'effet d'une loi nouvelle, lorsque trois légis-
latures consécutives ont persisté dans le même
vœu; au lieu qu'en Angleterre cette loi n'est
jamais complète sans l'assentiment du monarque; et cette belle prérogative établit une
différence marquante entre l'éclat (et la stabilité) des deux couronnes....

« La Constitution fédérative des Américains
a exigé le concours de trois volontés pour la
confection des lois nationales(*a*), l'assentiment
de la Chambre des représentans, l'assentiment
du Sénat, et la sanction du Président-général
du Congrès....

« Les États particuliers de l'Amérique,
malgré leur petitesse, et nonobstant le dépôt

(*a*) Le Passage de John Adams, précédemment transcrit
(pag. 604) ferait soupçonner ici une erreur; mais cette
erreur est rectifiée par l'auteur ainsi qu'il suit : « La nécessité de cette dernière condition (la sanction du Président-général du Congrès) est la seule soumise à de certaines restrictions; mais ces restrictions sont moins fortes
que les limites apposées au Droit d'opposition ou de
veto dont le monarque français est investi ».

qu'ils ont fait entre les mains du Congrès
d'une portion des fonctions de la Souveraineté, ont (pour la plupart) également soumis
à la délibération de deux Chambres, les décrets relatifs à leurs affaires intérieures; et la
Nouvelle-Yorck, ainsi que la Nouvelle-Angle-
terre, ont encore assujetti ces décrets à la
sanction du Chef de l'État, sanction pareille
dans ses formes aux dispositions adoptées par
les États-Unis » (a).

Mirabeau disait : « Je crois le *veto* du Roi
tellement nécessaire que j'aimerais mieux vivre
à Constantinople qu'en France, s'il ne l'avait
pas. Oui, je le déclare, je ne connaîtrais rien
de plus terrible que l'aristocratie souveraine
de six cents personnes qui demain pourraient
se rendre inamovibles, après-demain héréditaires, et finiraient, comme les aristocrates de
tous les pays du monde, par tout envahir.....

« Deux Pouvoirs sont nécessaires à l'existence et aux fonctions du Corps politique, celui

(a) M. NECKER. Du Pouvoir exécutif dans les grands
Etats, tom. I, chap. v. *Participation du monarque au
Pouvoir législatif,* pag. 86 et *et suiv.* ; et *ibid.*, tom. III,
chap. VIII, pag. 115.

de vouloir et celui d'agir. Par le premier, la
société établit les règles qui doivent conduire
au but qu'elle se propose, et qui est incontestablement le bien de tous. Par le second, ces
règles s'exécutent, et la force publique sert à
faire triompher la société des obstacles que
cette exécution pourrait rencontrer dans l'opposition des volontés individuelles. Chez une
grande nation, ces deux Pouvoirs ne peuvent
être exercés par elle-même. De là, la nécessité
des représentans du peuple pour l'exercice de
la faculté de vouloir ou de la Puissance législative : de là encore, la nécesité d'une autre
espèce de représentation, pour la faculté
d'agir ou la Puissance exécutive.

« Plus la nation est considérable, plus il
importe que cette dernière puissance soit active : de là, la nécessité d'un Chef unique et
suprême, d'un Gouvernement monarchique,
dans les grands États, où les convulsions, les
démembremens seraient infiniment à craindre, s'il n'existait une force suffisante pour
en réunir toutes les parties, et tourner vers
un centre commun leur activité.

« L'une et l'autre de ces Puissances sont

également nécessaires, également chères à la nation.

« Il y a cependant ceci de remarquable; c'est que la Puissance exécutive, agissant con- tinuellement sur le Peuple, est dans un rap- port plus immédiat avec lui; que chargée du soin de maintenir l'équilibre, d'empêcher les partialités, les préférences, vers lesquelles le petit nombre tend sans cesse au préjudice du plus grand, il importe à ce même peuple que cette puissance ait constamment en main un moyen sûr de se maintenir.

« Ce moyen existe dans le Droit attribué au Chef suprême de la nation d'examiner les actes de la Puissance législative, et de leur donner ou de leur refuser le caractère sacré de la loi.

« Appelé, par son institution même, à être tout-à-la-fois l'exécuteur de la loi et le pro- tecteur du peuple, le monarque pourrait être forcé de tourner contre le peuple la force publique, si son intervention n'était pas re- quise pour compléter les actes de la législa- tion, en les déclarant conformes à la volonté générale.

« Cette prérogative du monarque est parti-

culièrement essentielle dans tout État où, le
Pouvoir législatif ne pouvant en aucune manière être exercé par le peuple lui-même, le
peuple est forcé de confier ce Pouvoir à des
représentans.

« La nature des choses ne tournant pas
nécessairement le choix du peuple pour la
nomination de ces représentans vers les plus
dignes (*a*), mais vers ceux que leur situation,
leur fortune et des circonstances particulières
désignent comme pouvant faire le plus volontiers le sacrifice de leur temps à la chose publique, il résultera toujours du choix de ces
représentans du peuple une sorte d'aristocratie
de fait qui, tendant sans cesse à acquérir une
consistance légale, deviendra également hostile
pour le monarque à qui elle voudra s'égaler,
et pour le peuple qu'elle cherchera toujours
à tenir dans l'abaissement.

« De là, cette alliance naturelle et nécessaire

(*a*) Cela est en effet un mal auquel la Constitution doit
spécialement s'appliquer à apporter certains palliatifs
jusqu'ici trop négligés, et sans lesquels cependant il
n'existera jamais un bon système électoral. (*Voy. ci-dessus*
vol. IV, pag. 416; et vol. V, pag. 138 *et suiv.* — Et *ci-
après*, même chap., tit. I, § I).

entre le prince et le peuple contre toute espèce d'aristocratie, alliance fondée sur ce qu'ayant les mêmes intérêts, les mêmes craintes, ils doivent avoir un même but et par conséquent une même volonté.

« Si d'un côté la grandeur du prince dépend de la prospérité du peuple; d'un autre côté, le bonheur du peuple repose principalement sur la puissance tutélaire du prince.

« Ce n'est donc pas pour son avantage particulier dans la législation, mais pour l'intérêt même du peuple, que l'on peut et que l'on doit dire que la sanction royale n'est pas la prérogative du monarque, mais la propriété, le domaine de la nation » (a).

Que l'on prenne la peine de consulter la suite de ce discours, on reconnaîtra avec quelle précision cet orateur y avait prédit tous les malheurs qui bientôt après vinrent fondre sur la France, et qui devaient être en effet la conséquence naturelle de la violation du principe qu'il s'efforça vainement de faire adopter.

_____

(a) *Voy.* Mirabeau, peint par lui-même, ou Recueil des Discours qu'il a prononcés, etc., tom. 1.

Les événemens, et l'expérience qui en résulte quelquefois, ont enfin mûri les esprits, dessillé les yeux du Gouvernement et du peuple français; ils ont, en partie du moins, effectué ce que la raison et la prévoyance des sages n'avaient pu, seules, opérer.

Non-seulement le concours nécessaire de la volonté du prince et du peuple relativement à l'exercice de la puissance législative, est généralement reconnu en France, comme en Angleterre, et le sera bientôt de tous les peuples civilisés du monde; mais encore le principe de la distinction de cette puissance suprême en trois branches semble devoir être, avant peu, perfectionné et généralement adopté; on doit même dire qu'il ne peut déja plus faire l'objet d'un doute innocent dans l'esprit de tout homme instruit et éclairé. En preuve, nous croyons essentiel de rapporter ici ce que nous avons été à même de recueillir dans les écrits d'auteurs que l'on ne saurait accuser d'accueillir trop favorablement les doctrines considérées comme nouvelles. L'expression de la pensée y manque peut-être d'une certaine clarté; on pourrait desirer de rencontrer un

peu plus de précision sur-tout dans la ré-
daction des passages que nous allons citer :
mais ils sont néanmoins assez intelligibles
pour qu'ils ne puissent laisser aucun doute
sur le fond des sentimens relatifs au point
important qui nous occupe. On lit, dans
la Correspondance politique et administra-
tive, par M. J. Fiévée, ce qui suit : « L'un
des Pouvoirs de la société (*a*) peut empêcher que la loi ne soit. On ne doit jamais
supposer qu'il se croie plus de raison, de
lumières, de prévoyance politique, de patriotisme que les autres Pouvoirs; autrement
la guerre la plus déplorable s'établirait entre
les Pouvoirs de la société. On pense que les
intérêts qu'il est plus spécialement chargé de
défendre, lui font considérer la loi sous un
autre aspect. Le *veto* qui, en Pologne, appartenait à chaque membre de la Confédération,
appartient à chaque Pouvoir (*b*) dans le Gou-

(*a*) **Ou**, pour parler avec plus d'exactitude, l'une des
branches du Pouvoir législatif.

(*b*) C'est-à-dire, à chaque branche du Pouvoir législatif.

vernement représentatif. Rien n'est plus juste et plus conforme à la raison de tous les siècles. Si deux Pouvoirs, qui seraient d'accord, avaient le droit de contraindre le troisième, aucun des Pouvoirs de la société ne subsisterait. Si la Chambre des députés refuse, la Chambre des pairs ne doit pas délibérer » (a).

L'autre passage est extrait d'un article intitulé, *Profession de foi d'un ami de son pays, par M. L. F. P. de Kergolay*, et inséré dans la neuvième livraison du journal semi-périodique qui a paru sous le titre de *Conservateur*. On y lit ce qui suit : « Sans croire que les institutions humaines puissent jamais devenir parfaites, nous pensons qu'elles sont toujours susceptibles de quelques perfectionnemens. Nous pensons que, d'une part, la dignité de notre nature et notre reconnaissance envers son divin auteur exigent que nous ne cessions jamais de tendre vers ce perfectionnement avec une infatigable ardeur; mais nous pen-

(a) Correspond. polit. et admin., par J. Fiévée, 6ᵉ part. 1816, pag. 52.

sons aussi que, d'autre part, l'infirmité de cette même nature ne nous prescrit pas moins cette humilité pieuse qui, se défiant de soi-même, appelle Dieu à son aide, et ne procède, même dans le bien, qu'avec une sage lenteur.....

« Nous pensons donc que, parmi l'imperfection inhérente aux institutions humaines, les meilleures (institutions) sont celles qui, portant en elles-mêmes les moyens de leur propre perfectionnement, soumettent néanmoins la tentative à de prudens obstacles, à des épreuves salutaires, pour prévenir ou tempérer du moins la précipitation et l'erreur.

« Sous ce point de vue, l'essence de notre Charte, c'est-à-dire, la *division de la Puissance législative en trois branches distinctes*, dont *l'une est le monarque héréditaire même, auquel seul appartient la Puissance exécutive, nous paraît faite pour satisfaire les esprits sages et élevés.*

« Cette institution fondamentale permettait, lorsqu'elle nous fut donnée, d'espérer que les

complémens nécessaires, et les réparations suc-
cessives de l'édifice, l'affermiraient au lieu de
l'ébranler » (*a*).

Nous l'avons déja dit; il est des vérités tellement évidentes que les hommes qui paraissent les plus opposés d'opinion leur rendent
un pareil hommage. Le principe que nous
établissons ici est incontestablement de ce
nombre; aussi le voit-on reconnu dans un
ouvrage que l'on peut croire avoir été rédigé
dans un esprit différent de ceux des écrits qui
viennent d'être indiqués. « La raison et l'expérience ont démontré, dit l'auteur de cet
ouvrage, qu'il n'y a d'autre moyen de prévenir, autant que la faiblesse humaine le permet, les inconvéniens extrêmes des lois trop
légèrement consenties, *que d'établir, pour
concourir aux actes législatifs, deux Corps
délibérans, qui soient hétérogènes sous quelques points de vue* (*b*), *et dont l'accord mutuel*

(*a*) *Voy.* le CONSERVATEUR, 9ᵉ livraison, pag. 397.

(*b*) *Voy.* en quoi doit consister cette hétérogénéité,
ci-dessus, vol. v, pag. 548 *et suiv.*

soit nécessaire pour que les résolutions puis-
sent être présentées à la sanction du Chef de
l'État ».

Puis cet auteur ajoute avec non moins de
sagesse et de vérité, quoique ce dernier sentiment trouve encore quelques contradicteurs :
« Avant d'en venir à cette division en deux
Chambres chez les peuples anciennement civilisés, il faut commencer par abolir tous·les
priviléges, toutes les supériorités ou exemptions légales du droit commun, qui ne seraient
pas liées naturellement à des fonctions publiques. De tels priviléges ne peuvent être
que des abus. Lorsqu'ils ont cessé, la division
de l'autorité législative entre un Roi et deux
Chambres devient sans inconvénient réel, et
peut offrir les plus grands avantages » (*a*).

Enfin l'un des commissaires chargés par le
ministère de soutenir, dans le cours de la session de 1816, devant la Chambre des députés,
le projet de loi relatif aux élections, disait aussi :

(*a*) Constitutions de la nation franç., par M. le comte
Lanjuinais, tom. 1, liv. III, chap. III, pag. 205.

« Cette heureuse distribution de l'autorité législative en trois pouvoirs (ou trois branches), qui paraît devenir générale en Europe, n'a pas été le résultat de la sagesse des législateurs; elle a été amenée par les événemens, même dans les pays où elle est arrivée à sa plus grande perfection » (*a*).

Cette dernière réflexion, lorsqu'on la médite, conduit en effet à remarquer que la distinction de la Puissance législative en trois branches paraît avoir une étroite analogie avec l'un des principes évidens de l'organisation universelle, en sorte qu'elle-même semble avoir sa place dans l'ordre des lois fondamentales et positives que la nature a fixées pour le maintien, l'équilibre, l'harmonie des choses, et pour sa propre conservation. Ce principe est tout-à-la-fois celui de la solidité, de l'unité, de la stabilité ; et bientôt à l'avenir, en matière d'Organisation sociale, en principe de

---

(*a*) (Moniteur du 30 décembre 1816).

On peut voir aussi à ce sujet l'Analyse d'un ouvrage de M. de La Serve, tom. VII, 86ᵉ livraison de la Minerve française, *art. signé* P. T. F.

Droit constitutionnel, de même qu'en fait de
religion, on admettra universellement cette
maxime : « *Ita ut per omnia, et unitas in
trinitate, et trinitas in unitate veneranda
sit* » (1).

FIN DU TOME CINQUIÈME.

ERRATA DU TOME V.

Pag. 55, ligne 5; Louis douze *lisez* Louis XII
— 80, — 23; le l'a vue — l'a vue
— *Ibid.* — 24; ses époque — ses époques
— 81, *à la fin du 2ᵉ alinéa ajoutez* (14).
— 256, — 7.; ainsi qu'on le — ainsi qu'on a déja
              verra par la suite, pu le voir,
— 266, — 19; (*supprimez la seconde virgule*).
— 273, — 1; le considérer *lisez* le considérer,
— 363, — 14; les Ecrivains — les grands Ecrivains
— 440, — 1; infaillibles; — infaillibles, comme
              comme le serait le serait
— 515, — 20; que nous — que nous avons
              avons nommés nommés,

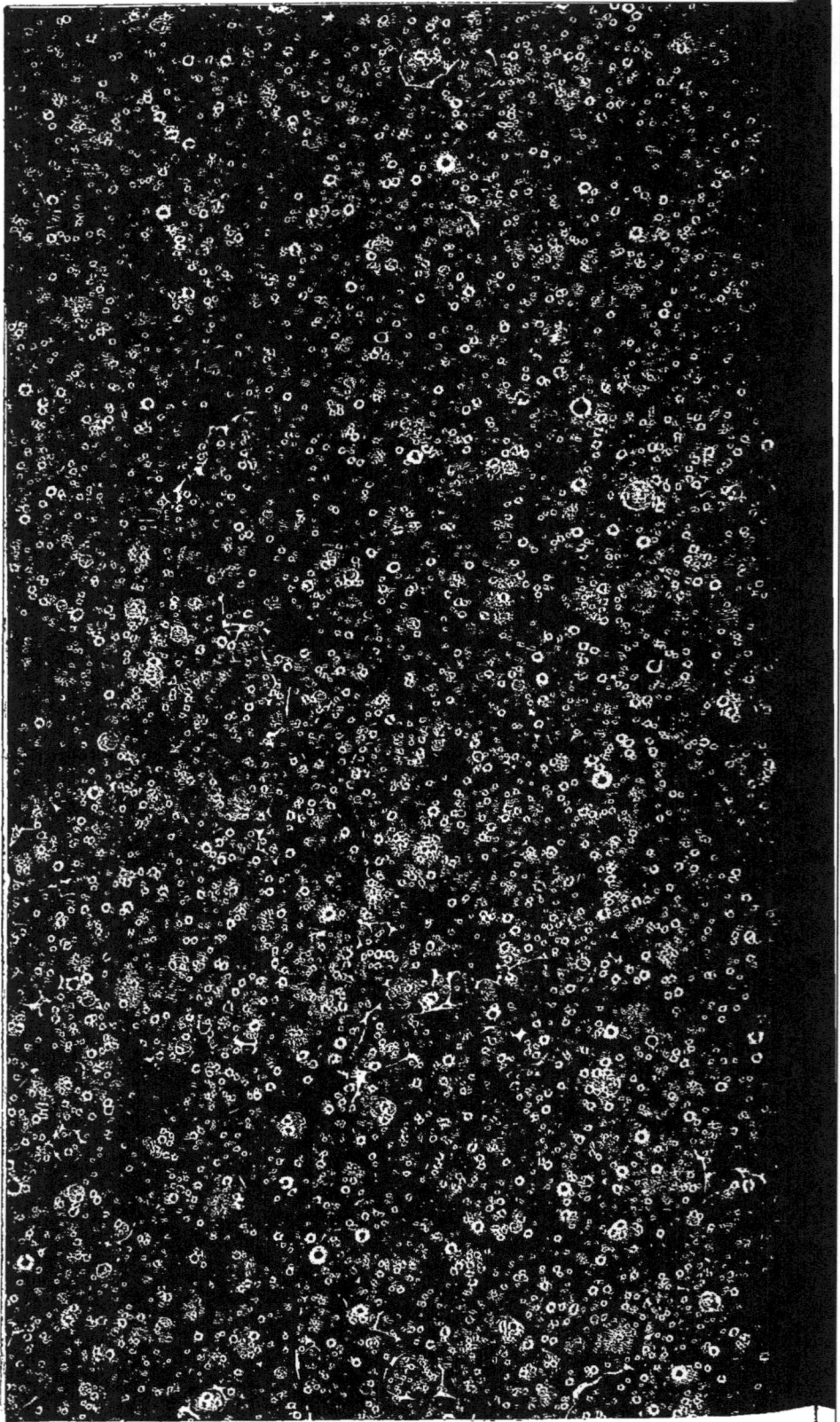

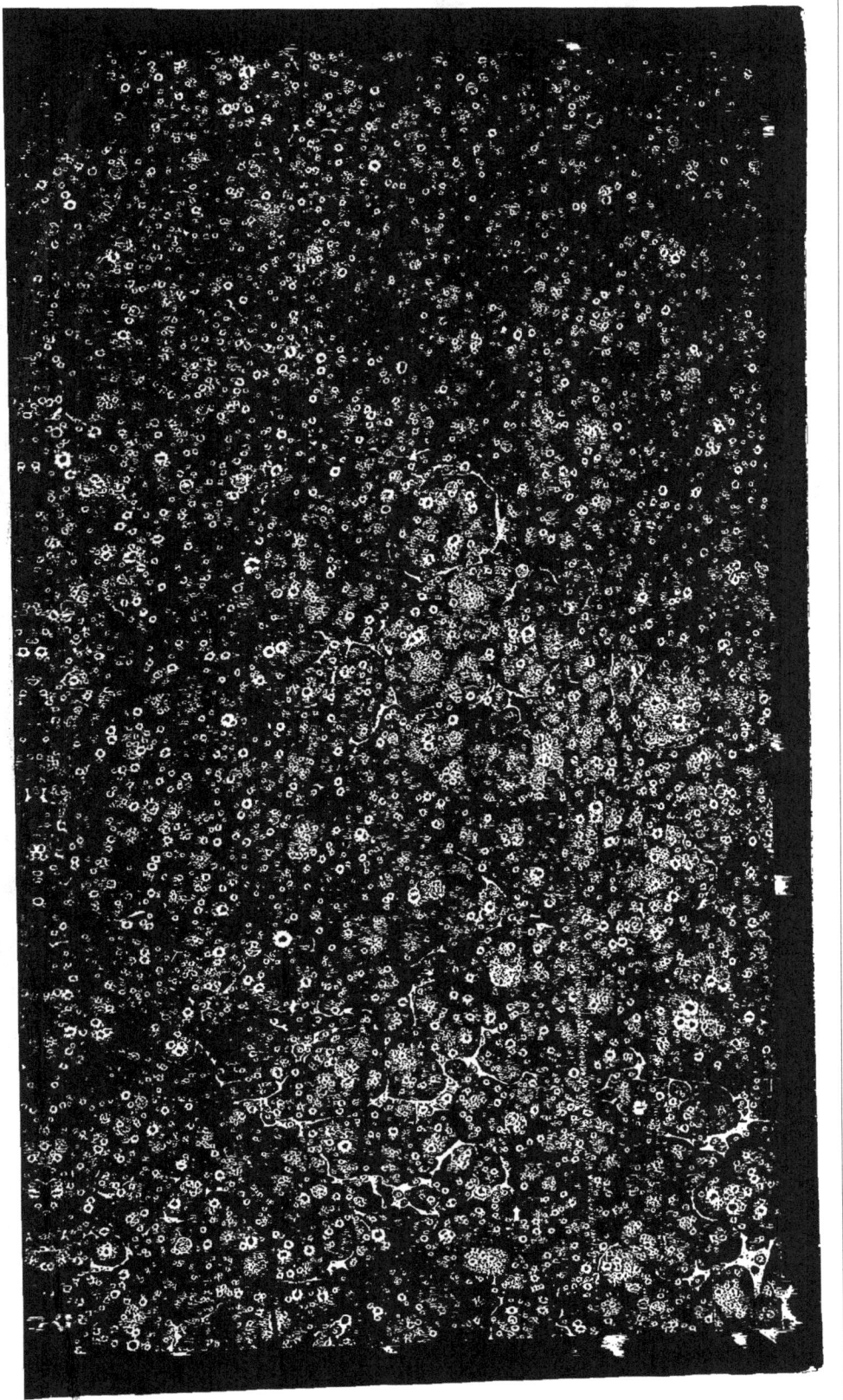